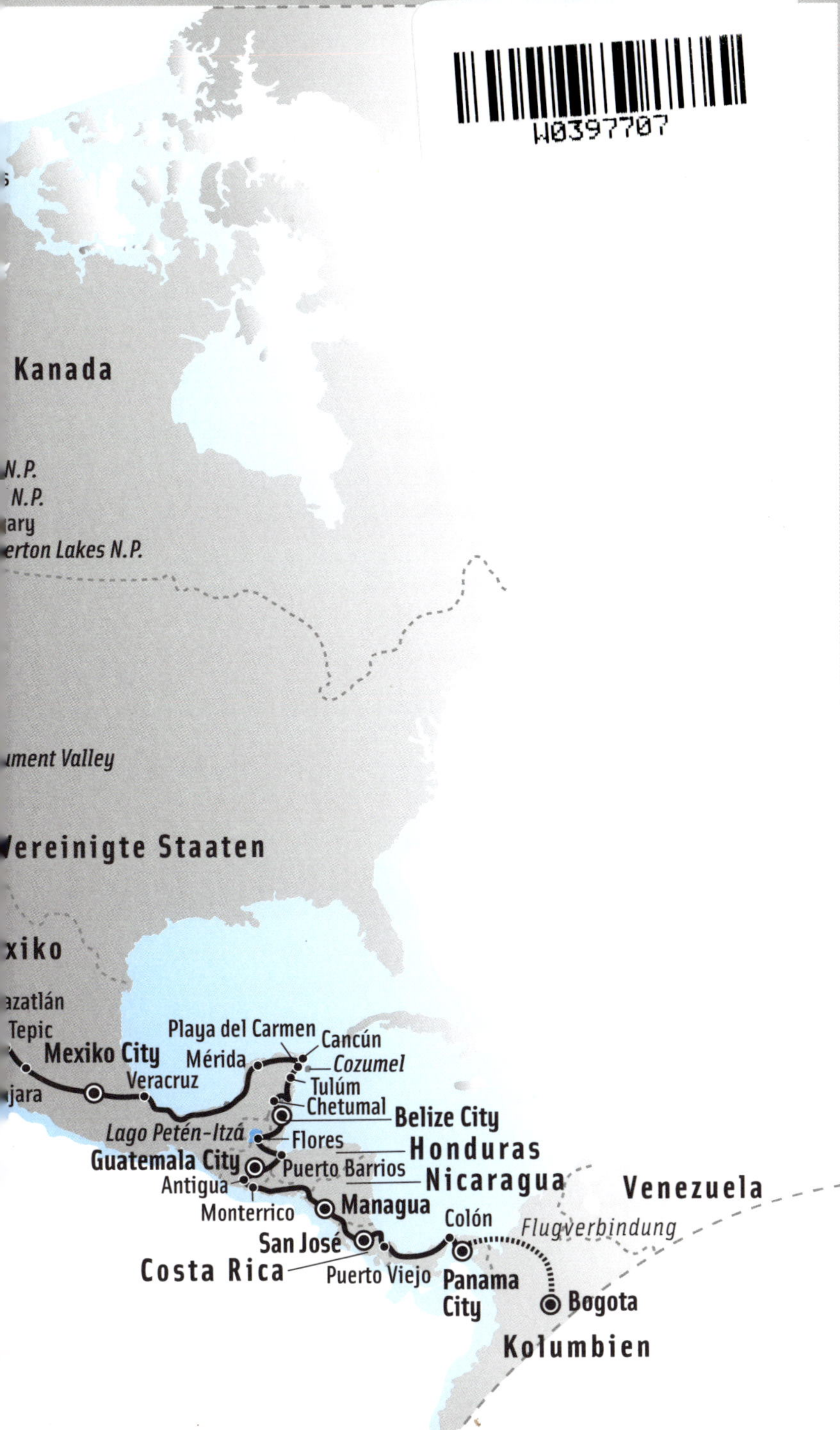
Kanada
N.P.
N.P.
ary
erton Lakes N.P.
ument Valley
ereinigte Staaten
xiko
azatlán
Tepic
Mexiko City
jara
Veracruz
Mérida
Playa del Carmen
Cancún
Cozumel
Tulúm
Chetumal
Belize City
Lago Petén-Itzá
Flores
Honduras
Guatemala City
Puerto Barrios
Nicaragua
Antigua
Monterrico
Managua
Venezuela
Colón
Flugverbindung
San José
Costa Rica
Puerto Viejo
Panama City
Bogota
Kolumbien

DELIUS KLASING

Dan Hilgert

SOUTHBOUND

Mit dem Motorrad von Alaska nach Feuerland

Delius Klasing Verlag

Dieser Reisebericht beschreibt die Ereignisse während einer Motorradtour durch Nord-, Zentral- und Südamerika in den Jahren 1998 und 1999. Im Text enthaltene reisebezogene Aussagen etwa zu Straßen-, Fähr- und Flugverbindungen entsprechen dem damaligen Informationsstand des Autors und sind deshalb für die aktuelle Situation nicht immer zutreffend.
Der Autor dankt allen, die ihm bei dieser Reise mit Rat und Tat geholfen haben. Ein ganz besonderer Dank und Gruß aber geht an diejenigen, die den einen oder anderen Kilometer mit ihm gemeinsam unterwegs waren.

Bibliografische Information Der Deutschen Bibliothek
Die Deutsche Bibliothek verzeichnet diese Publikation in der Deutschen Nationalbibliografie; detaillierte bibliografische Daten sind im Internet über »http://dnb.ddb.de« abrufbar.

1. Auflage
ISBN 3-7688-1683-4
ISBN 978-3-7688-1683-0

Fotos: Dan Hilgert
Karten: Karin Buschhorn
Schutzumschlaggestaltung: Buchholz/Hinsch/Hensinger, Hamburg
Druck: GGP Media GmbH, Pößneck
Printed in Germany 2005

Delius Klasing Verlag, Siekerwall 21, D-33602 Bielefeld
Tel.: 0521/559-0, Fax: 0521/559-115
E-Mail: info@delius-klasing.de
www.delius-klasing.de

Inhalt

Prolog 7

Nordamerika

Alaska 8

Kanada 54

USA – die Westküste entlang 94

Zentralamerika

Mexiko 117

Belize, Guatemala und weiter 143

Südamerika

Durch Kolumbien und Ecuador 200

Von der Küste Perus ins bolivianische Hochland 223

Durch Argentinien und Chile nach Feuerland 262

Epilog 286

Dieses Buch widme ich meinem Vater,
der in mir die Leidenschaft
für das Motorradfahren weckte
und mich Selbstvertrauen und spontanes
Handeln auch in schwierigen
Situationen lehrte, und meiner Mutter,
die mir die Reiselust schon in die
Wiege legte und mich später bei meinen
Reiseplänen unterstützte.

I'm just a biker, a prisoner of the white lines on the highway.

– FREI NACH J. MITCHELL

Prolog

Am 18. Februar 1999, dem 227. Tag meiner Panamerika-Reise, kam es zum GAU: Aus, Schluss, Ende, dachte ich, und du kannst froh sein, wenn du hier lebend rauskommst. Selbst aus heutiger Sicht hatte ich wohl nicht so ganz unrecht damit.

Zwar hatte ich zuvor das Flussbett an dieser Stelle barfuß durchquert und es gab eine Furt, gewiss, aber es gab auch einen Stein von der Größe eines Kürbises, den ich nicht gesehen hatte. Und der brachte mich und meine BMW zu Fall. Mitten in dem kalten, rasch dahinfließenden Hochlandflüsschen kam ich plötzlich mit einem Schlag zum Stehen und der Bock kippte mit der Strömung seitlich weg. So schnell, dass ich ihn nicht mehr halten konnte. Beladen mit allem, was ich für meinen Trip brauchte und was mir heilig war.

Vom Alltime-High des Dauer-Travellers stürzte ich unvermittelt ins rauschende, eisige Wasser. Ernüchterung wich einsetzender Panik, die mich zu allem Übel dazu brachte, etwas zu tun, was man absolut nicht tun sollte. Nachdem ich den Adrenalin-Ausstoß meines Körpers dazu genutzt hatte, das Moped wieder aufzurichten – unter normalen Umständen ein Unding –, beging ich den Fehler schlechthin. Ich wollte nur noch eins: raus aus dem Fluss – und betätigte den Anlasser.

Wenn bis zu diesem Zeitpunkt alles nur halb so schlimm gewesen war, jetzt war es das nicht mehr. Anstatt Kraftstoff und Luft anzusaugen, inhalierte der Motor mit dem Drehen des Anlassers jede Menge Wasser und Schlamm, und danach ging nichts mehr. Nass, zitternd vor Aufregung stand ich mitten in der bolivianischen Pampa, am Ende der Welt, und war mir sicher: Das ist das Ende der Reise.

Dabei hatte alles recht gut und viel versprechend begonnen, selbstverständlich mit den üblichen Reibungen und Haken und Ösen, wenn man so eine gewaltige Tour fernab der Heimat antritt, aber immerhin ...

NORDAMERIKA

Alaska

Die ersten Schritte

Im Passagierterminal des Flughafens von Newark hatte ich zum ersten Mal meinen Laptop hervorgekramt und damit begonnen, Tagebuch zu führen. Es war Montag, der 6. Juli 1998, und ich wartete auf meinen Weiterflug nach Seattle. Für mich war das Ganze noch immer unvorstellbar: Meine Mopedreise hatte begonnen! Zwar zunächst nur mit dem Flugzeug, noch ohne Motorrad unterm Hintern, aber immerhin, ich war unterwegs. Wie lange hatte ich schon von so einer Tour geträumt – von Nord- über Zentral- nach Südamerika – und nun sollte der Traum endlich in Erfüllung gehen. Ich war natürlich gespannt wie ein Flitzebogen, denn noch nie hatte ich eine derartige Reise unternommen, und schon gar nicht alleine.

Der Abschied am Morgen in Deutschland – von meiner Freundin Mina, meiner Schwester Eva und meiner Mutter – war mir leichter gefallen, als ich zunächst gedacht hatte. Zu meinem Glück flossen nicht allzu viele Tränen, denn das kann ich überhaupt nicht leiden. Ich muss auch wirklich zugeben, dass Mina die letzten Tage sehr tapfer gewesen war. Eva und meine Mutter hatten es ebenfalls geschafft, »bye-bye« zu sagen, ohne dabei etliche Tempos zu vernichten. Dadurch fiel mir der Verlust meines vertrauten Umfeldes deutlich leichter. Außerdem – wenn es mir nicht mehr gefällt, dann breche ich die Tour eben ab und fliege zurück, hatte ich mir immer wieder gesagt. Aber – na ja, das wollte ich nicht hoffen, und ich glaubte ehrlich gesagt auch nicht, dass es so weit kommen würde. Angedacht und offiziell von »meinen Frauen« genehmigt waren sechs Monate, in denen ich von Alaska bis nach Santiago de Chile kommen wollte. Ich persönlich hatte mir das Ende offen gelassen, immer nach dem Motto: »Mal sehen, was passiert.« An die sechs Monate fühlte ich mich nicht unbedingt gebunden.

Mein Bauch signalisierte mir hier in Newark nach diesen ersten Reisekilometern ein positives Gefühl. So richtig relaxed würde ich mich jedoch erst fühlen, wenn ich mein Motorrad durch den Zoll hatte. Mein Plan war, mir am besten gleich eine Pension zu suchen, in die ich mich drei oder vier Tage einquartieren konnte. Schließlich hatte ich noch etliche Dinge vor dem eigentlichen Reiseantritt zu erledigen. Was mir vor allem Sorgen bereitete, war das viele Gepäck. Falls sich meine Befürchtungen bestätigen sollten, dass ich tatsächlich zu viel Zeug dabei hatte, würde ich gleich einen Karton mit den unnötigen Sachen klar machen und zurück nach Deutschland schicken. Wer hat schon Lust, jeden Morgen den Reisetag damit zu beginnen, die Koffer mit Gewalt irgendwie zuzuquetschen?

Schon daran kann man erkennen, dass ich es mit den Reisevorbereitungen in mancherlei Hinsicht nicht so genau genommen hatte. Schließlich hätte ich schon vor dem Abflug das Motorrad beladen können, um herauszufinden, ob ich alles transportieren kann. Insgesamt muss ich zugeben, ich bin ziemlich blauäugig an die gesamte Tour herangegangen, wie ein Greenhorn sozusagen. Dass mein Trip über weite Strecken etwas anders verlaufen würde, als ich es mir vorgestellt hatte, kann man sich schon jetzt denken.

Etwas zu optimistisch war ich auch, als ich mir vorgenommen hatte, einen Fragenkatalog zu erstellen, den ich im Verlauf meiner Reise Hörgeräteakustikern vorlegen wollte, die ich unterwegs traf. Diese Geschichte hatte mit meinem Beruf zu tun. Ich hatte gerade meine Ausbildung zum Hörgeräteakustikermeister abgeschlossen und wollte nach meiner Rückkehr nach Deutschland in das Geschäft meiner Eltern einsteigen. Da hielt ich es für eine gute Idee herauszufinden, was die Kollegen in Nord- und Südamerika fachlich so draufhatten. Mein Plan war, die Ergebnisse daheim in Deutschland auszuwerten und in einer Fachzeitschrift zu veröffentlichen.

Eine weitere Überlegung dabei war, dass ich dadurch noch mehr Gelegenheit hatte, meine Reiseländer kennen zu lernen. Außerdem konnte ich zwischendurch möglicherweise bei einem Hörgeräteakustiker jobben, um meine Reisekasse aufzufüllen, falls das nötig sein sollte. Diese Überlegung war besonders im Hinblick auf Südamerika interessant. Die Ausbildung zum Hörgeräteakustiker bewegt sich in Deutschland auf höchstem Niveau und ist damit weltweit einzigartig. Einen zeitlich befristeten Arbeitsplatz in

Bogotá, Santiago de Chile oder einer anderen südamerikanischen Großstadt zu finden, war damit durchaus vorstellbar.

Dazu sollte es jedoch nie kommen, wie auch zu manch anderem von dem, was ich mir vorgenommen hatte. Dafür sind viele andere Dinge passiert, mit denen ich im Vorfeld nie gerechnet hätte.

Ein weiterer Tagesordnungspunkt war mein Laptop. Würde die Internetverbindung mit den diversen Einwahlknoten klappen? Außerdem brauchte ich eine Stromversorgung, die zum hiesigen Stromnetz passte, und ein Anschlusskabel vom Computer zur Telefonbuchse. Alles ganz schön aufregend, wenn man die ersten Tage in einem fremden Land ist.

Gleich zu Anfang meiner Tour fiel mir auf, dass man so ziemlich alles mit sich allein ausmachen muss, wenn man solo reist. Ich bekam mit der Zeit den Eindruck, wenn man »on the road« ist, kann man nur wenigen Leuten seine Gedanken, seinen Kummer und seine Freude mitteilen. Ob das stimmte und wie ich damit klarkommen würde – in Newark hatte ich noch keine Ahnung; das würde sich erst noch zeigen.

Eine große Hilfe sollte mein Mac und damit mein Tagebuch sein, dem ich alles erzählen konnte, wann immer ich wollte – und vor allem ohne mit Widerrede rechnen zu müssen.

Mein fahrbarer Untersatz für mein großes Vorhaben war eine BMW 1000 GS Paris-Dakar mit Boxermotor und dem guten alten Bing-Vergaser, also ohne elektronische Einspritzung, und daher bei Langstreckenreisenden sehr beliebt. Paris-Dakar-Ausführung heißt: Der Tank ist aus Kunststoff und größer als bei der Serienausführung. Darüber hinaus sind sturzempfindliche Teile wie Scheinwerfer, Tank und Zylinder mit Sturzbügeln versehen. Der Motorblock ist von unten mit einer Platte vor Steinschlag geschützt. Dank der kurzen Ein-Mann-Sitzbank ist eine Verlängerung der Gepäckbrücke möglich, wodurch mehr Platz für zusätzliche Ausrüstung entsteht. Die Original-BMW-Koffer hatte ich gegen größere, klobige und dafür deutlich stabilere Alukoffer getauscht, die zusätzliche Befestigungsmöglichkeiten boten. Das Gefährt hatte bei Reiseantritt schon 50 000 Kilometer auf dem Buckel; Zylinder und Ventile waren gerade generalüberholt worden. Nach 5000 Kilometern musst du unbedingt daran denken, die Ventile nachstellen zu lassen, Dan! Außerdem musste der Motor nach der Generalüberholung erst wieder eingefahren werden, aber das sollte bei der Strecke, die vor mir lag, kein

Problem sein: vom nördlichen Anchorage in Alaska bis in den Süden Südamerikas, durch eine Menge Länder und über Tausende Kilometer von mehr oder minder befestigten Straßen. Blieb nur zu hoffen, dass mein Maschinchen die Tour ohne größere Pannen überstehen würde. Extrem schlecht wäre es, wenn man mir das Ding klauen würde. Da ich durch Länder kommen würde, wo man ein etwas anderes Verhältnis zum Eigentum anderer hat, als ich es bisher gewohnt war, war gut aufpassen angesagt! Was ich machen sollte, wenn es dennoch dazu käme, konnte ich mir zu der Zeit überhaupt nicht vorstellen.

Wenn ich heute an die letzten Tage daheim zurückdenke, wird mir bewusst, wie nett und herzlich ich eigentlich von allen Freunden, Bekannten und Verwandten verabschiedet worden war. So gab es einen Abschiedsabend bei der Familie meiner Freundin, mit ihren Cousinen und Verwandten, außerdem einen Abschiedsabend im Kreis meiner Freunde und natürlich eine Sause mit den Kumpels aus dem Judoverein. Sogar meine Kindergartenfreunde Tobias, Oliver und Jodel aus Spanien kamen mich besuchen, und darüber hatte ich mich sehr gefreut. Alles zusammen irgendwie ein bunter Haufen, aber wenn es wirklich mal drauf ankommt, sind sie immer zur Stelle.

Touchdown

Am 7. Juli früh morgens landete ich in Anchorage. Kaum hatte ich den Flieger verlassen, traf mich der Hammer: Mein Moped war nicht mitgekommen! Eine freundliche Dame von Northwest Airlines verkündete lächelnd die schlechte Nachricht. Sie teilte mir mit, das Moped sei aus platztechnischen Gründen in Detroit auf einen Truck verladen worden und nun auf der Straße unterwegs nach Anchorage. Wie lange das dauern würde, konnte sie mir nicht sagen. Mit ein paar Tagen müsse ich jedoch sicherlich rechnen. Detroit? Wo liegt eigentlich Detroit? Zu dem Zeitpunkt wusste ich das gar nicht so genau. Na, das fing ja gut an!

Nach dieser netten Nachricht wollte die Dame mir zum Ausgleich bei der Hotelbeschaffung helfen, doch leider konnte sie nichts für meinen Geldbeutel finden. In der Ankunftshalle entdeckte ich eine Anzeigentafel von Hotels der Region. Beim Durchschauen stieß ich auf ein für Anchorage günstiges Hotel, nicht weit vom Flughafen entfernt gelegen. Es war eine recht einfache Unterkunft, kostete aber trotzdem stolze 70 US-Dollar pro Nacht. Ich konnte nur hoffen, dass mein Bock bald den Weg in den hohen Norden Amerikas geschafft hatte. Sonst würde das noch ein teurer Spaß werden. Und das gleich am Anfang der Reise.

Ich schlief erst einmal aus und begrüßte den neuen Tag mit einem wahrscheinlich typisch amerikanischen Frühstück, bestehend aus einer Schüssel Cornflakes und einem Kaffee im Stehen. Vom Empfang des Hotels aus ließ ich mir nochmals telefonisch bestätigen, dass das Moped noch unterwegs war. Man wolle mich benachrichtigen, sobald es da sei. Na schön.

Was mich außerdem extrem nervte: Es war mir unmöglich, über den Laptop eine Verbindung zum Internet-Provider CompuServe herzustellen. Außerdem waren die Akkus dabei in die Knie zu gehen, und ich hatte noch keinen Stromanschluss in US-Norm. Ich bin zwar kein Internet-Junkie, aber dennoch ein Kind unserer Zeit, das gern per E-Mail mit anderen kommuniziert – mit den Daheimgebliebenen und mit anderen Reisenden, von denen ich wusste, dass sie irgendwo entlang der Panamericana unterwegs waren. Ich fragte einen Hotelboy und der fuhr mich zu einem Computerladen, wo man wenigstens das Stromproblem lösen konnte; eine Verbindung zu meinem Provider konnten sie dort aber auch nicht herstellen.

Nach diesem ernüchternden Erlebnis lief ich kreuz und quer durch die ganze Stadt und suchte nach einer Lösung. In einem Internet-Café, an dem ich zufällig vorbeikam, konnte ich immerhin die neuesten E-Mails lesen. Das Abrufen von E-Mail war weiter kein Problem: Internet-Cafés gibt es selbst im peruanischen Dschungel und ich hatte mir sicherheitshalber drei E-Mail-Accounts eingerichtet, die ich immer parallel beschicken ließ. Nur hätte ich zu gerne meine eigenen Mails zunächst in aller Ruhe irgendwo in meinen Laptop gehackt und dann bei passender Gelegenheit ins World Wide Web gejagt.

In den Mails konnte ich nachlesen, dass meine Mutter und meine Schwester schon über mein Problem mit dem Motorrad unterrichtet worden waren. Es sei jetzt bei der Pflanzenschutzbehörde in Chicago oder Seattle, stand da auf dem Bildschirm. Auch nicht schlecht! Dazwischen liegt ja kaum mehr als ein halber Kontinent. Hoffentlich bringt mir der nächste Tag mehr Glück, dachte ich. Vamos a ver, mal sehen, was passiert, hätte mein Freund Claus aus Chile gesagt. Mir blieb nicht viel anderes übrig!

Ich packe meine Koffer ein (und wieder aus)

Schöner Mist! Das war alles, was mir am nächsten Morgen einfiel. Ich hatte versucht, alles motorradgerecht zu packen. Und wusste ziemlich schnell nicht mehr, wohin ich mit all dem Kram sollte. Viele Dinge, vor allem die Reiseführer – mehrere deutsche Werke, das Central- und das South America-Handbook, dazu umfassendes Kartenmaterial und natürlich der Milepost, für Alaska ein absolutes Muss – das war einfach alles viel zu viel. Ein zusätzliches Problem bestand darin, dass ich es nicht so mit dem Wegschmeißen habe. Ich bin und bleibe eben Sammler und Jäger. Wohl oder übel würde ich mir eine zusätzliche Tasche kaufen müssen.

Dafür gab es kurz darauf eine gute Nachricht: Mein Motorrad war da! Ich zog mich schnell an und lief gleich zu Fuß zum Northwest-Cargo-Terminal. Endlich habe ich mein Moped, war mein Gedanke, als ich die BMW vor mir stehen hatte. Ärgerlich war allerdings, dass irgend so ein Mistkerl mir den Sattel, weiß der Henker warum, von vorne bis hinten aufgeschlitzt hatte. Daran ließ sich jetzt nichts mehr ändern – außerdem gibt es Schlimmeres!

Am Nachmittag ging ich die restliche, noch fehlende Ausrüstung wie Kocher, Geschirr, Besteck und eine weitere Packtasche kaufen. Laut Erzählungen eines Bekannten – der nach eigenen Angaben Nord- und Südamerika komplett kannte, und dem es im nördlichsten US-Bundesstaat am besten gefallen hatte – gab es in Anchorage erstklassige Läden, um derartige Einkäufe zu tätigen. Den Eindruck hatte ich überhaupt nicht. Problem Nummer eins: Die Kocher, die es hier gab, funktionierten alle nur mit Propangas oder mit diesem speziellen Coleman-Benzin. Ich wollte jedoch einen normalen Benzinkocher, damit ich ihn jederzeit vom Mopedtank befüllen konnte. Ein weiterer Vorteil meiner Idee war, dass ich den Benzinbehälter des Kochers zum Reservekanister umfunktionieren konnte, falls ich aus Versehen den Mopedtank komplett leer fahren sollte.

Irgendwann gab ich die Sache schließlich auf und beschloss, nach dem Bus von Mr. Vielreisender zu schauen. Er hatte sich während seiner Zeit in Alaska eine Art Campingbus, eines von diesen Mobile Homes, zugelegt und der sollte immer noch irgendwo in Anchorage herumstehen. Angeblich bei einem Bekannten vor dem Haus, der ein Auge darauf haben sollte. Ich hatte versprochen, dort vorbeizufahren und nach dem Rechten zu sehen. Als ich die verflixte Straße endlich gefunden hatte und auch die Hausnummer, war weit und breit kein Bus oder Mobile Home zu sehen. Eine freundliche Nachbarin erzählte mir, sie habe den Bus irgendwann gesehen, gewiss, er stünde jedoch schon lange nicht mehr hier. Ganz offensichtlich war der Typ, der darauf aufpassen sollte, weggezogen und hatte den Bus mitgenommen. Und wie das in Nordamerika so geht: Wenn keiner richtig mitkriegt, dass man umzieht, ist man schnurstracks spurlos aus der Welt.

Wir suchten den Mann über die Telefonauskunft, aber er war einfach nicht aufzufinden. Keine Adresse und auch sonst nichts war in der ehemaligen Wohnung hinterlegt worden. Und ein Einwohnermeldeamt gibt's halt nicht. Komisch, dachte ich, bei uns in Deutschland hätte man doch wenigstens irgendwo die neue Adresse oder Telefonnummer hinterlassen, wenn man gerade umgezogen ist. Die Frau war jedenfalls sehr freundlich und hilfsbereit und lud mich sogar zum Essen ein, was ich aber ablehnte; irgendwie war mir nicht danach.

Auf der weiteren Suche nach zusätzlichen Teilen für meine Ausrüstung lernte ich dann meinen ersten Mopedfahrer vor Ort kennen. Ich traf ihn zufällig auf der Straße, wie fast alle Menschen, denen ich später auf meiner Reise begegnen sollte. Er war Halbindianer, etwa in meinem Alter und wie die meisten Menschen im hohen Norden sehr freundlich. An seine flotte Straßenmaschine kann ich mich noch gut erinnern: ein aufgemotzter Japaner, neu und blitzsauber. Gemeinsam fuhren wir zu verschiedenen Outdoor-Ausrüstungsläden und fanden schließlich einen richtigen Benzinkocher. Eines muss man den Menschen in Alaska lassen – sie sind sehr hilfsbereit. Das sollte ich später noch mehrfach bestätigt bekommen.

Wieder im Hotel angekommen, war mir gleich danach, den Kocher zu testen. Ich kam zu dem Ergebnis, gutes Material gekauft zu haben. Jedenfalls schmeckte die Dose Ravioli – und vor allem: Sie war heiß.

Ich hatte das Gefühl, für diesen Tag genug geleistet zu haben, und läutete den Feierabend ein. Als ich dann im Bett liegend den Fernseher einschaltete und herumzappte, traute ich meinen Augen nicht: Auf allen Programmen liefen Pornofilme – und das im prüden Amerika!

Ich schlief ein wenig besser als in der Nacht zuvor. Das entsprach auch dem, was ich schon von anderen gehört hatte: Die Zeitumstellung war in diese Richtung kein größeres Problem. Dann schon eher auf dem Rückweg, mit Jetlag und allem, was dazu gehört. Aber das ist ja noch so weit weg, dachte ich damals.

Mittlerweile war ich schon fünf Tage in den Staaten. Ich hatte es endlich geschafft, meine Sachen motorradgerecht zu packen, eine zusätzliche Tasche zu kaufen und einen Transformator zu finden, der die 12-Volt-Spannung meiner BMW auf 110 Volt hoch transformierte, damit ich mein Notebook mit der richtigen Spannung versorgen konnte. Die Konstruktion klappte bestens: den Transformator an eine der beiden Steckdosen am Motorrad anschließen und das Notebook am 110-Volt-Ausgang des Transformators anstöpseln – fertig. Wie sich später herausstellte, hatte die Batterie selbst nach mehreren Tagen ohne erneutes Aufladen – wenn also das Moped nicht bewegt worden war – noch genügend Kapazität, um eine Lampe im Zelt und das Notebook mit Strom zu versorgen.

Damit mein Enthusiasmus jedoch nicht ins Grenzenlose stieg, entschied sich kurzfristig mein Modem-Verbindungskabel, den Geist aufzugeben. Toll! Zum Glück gab es einen Elektronikladen in der Nähe; dort konnte ich das Kabel reparieren lassen.

Auf geht's!

Endlich konnte es losgehen in Richtung Homer, meinem ersten Etappenziel. Doch wo war dieser eine Reiseführer, in dem alles so schön beschrieben stand? Hatte ich den in Deutschland liegen lassen? Es schien so!

Egal, so viele Straßen gibt es in Alaska nun auch wieder nicht. Und ab ging die Post: Rauf auf den Bock, Gang einlegen und Gas geben – ich war unterwegs!

Ich hatte das Motorrad in Anchorage zum ersten Mal richtig bepackt: In meinem ganzen Leben hatte ich noch nie ein dermaßen voll beladenes Moped gesehen! Damit war der Fahrspaß natürlich erheblich eingeschränkt; das Gepäck nervte ohne Ende.

Meine ersten Reisekilometer mit dem Motorrad führten mich in wunderschöne Landschaften. Die Strecke führte am Meer entlang und bot eine grandiose Aussicht auf schneebedeckte Berge. Im

Vergleich zu Europa kam mir die Gegend sehr viel rauer und naturbelassener vor.

In Homer suchte ich als Erstes einen Campingplatz. Schließlich fühlt man sich an einem fremden Ort immer gleich etwas wohler, wenn man weiß, wo man sein Haupt bettet. Bei meiner Suche nach einem geeigneten Nachtlager stellte sich jedoch heraus, dass die Campingplätze hier von der etwas schlichteren Sorte waren: Sie lagen alle unmittelbar an einer Hauptstraße. Die Aussicht auf das Meer und die Berge dahinter war zwar super, doch passte die Lage des Platzes überhaupt nicht mit meiner Vorstellung von Zelten in Alaska zusammen.

Auf jeden Fall waren die Campingplätze nicht so, wie mein Bekannter und Vielreisender in Sachen Alaska sie mir beschrieben hatte. Aber der war ja auch mit einem schallgeschützten Camper unterwegs gewesen. Ich für meine Person hatte keine Lust, für so wenig Romantik teures Zeltplatzgeld hinzulegen. Also machte ich mich auf die Suche nach einer schönen ruhigen Wiese mit möglichst tollem Ausblick.

Meine Expedition führte mich einen schmalen Pfad entlang, der an einem kleinen See endete. Plötzlich wird es immer enger für mich und mein Motorrad – nur noch sumpfiges, unbefahrbares Gelände rechts und links des Weges, und dann ist plötzlich Schluss.

Ich stoppe und merke, wie mich leichte Panik ergreift! Wie war das noch, was hatte der Schweizer Mopedfahrer gesagt? Ich versuche krampfhaft, mich zu erinnern: »Ein Hauptproblem, wenn man alleine reist, besteht darin, dass man schon bei kleinen Problemen schnell in Panik gerät und sich dann oft so ungeschickt verhält, dass man durch fehlerhaftes Handeln viele Dinge sogar noch verschlimmert.« Also erst mal ruhig bleiben und gut überlegen, Dan!

Die Aufgabenstellung war relativ klar: den Bock umdrehen, ohne ihn im Morast zu versenken. Erst versuchte ich diese Zirkusnummer mit Gepäck, das erwies sich aber trotz meiner Moto-Cross-Erfahrung als Unding. Immerhin hatte ich zwischen meinem fünfzehnten und achtzehnten Lebensjahr intensiv Moto-Cross betrieben und damals auf meiner 250-ccm-KTM gelernt, wie man auf schlechtem Untergrund vorankommt.

Dann eben ohne Gepäck – und siehe da, nassgeschwitzt gelang es mir schließlich, die Maschine in die entgegengesetzte Fahrtrichtung zu drehen.

Was für ein Glück; das sollte mir eine Lehre gewesen sein. Weit und breit war kein Mensch zu sehen, der mir hätte helfen können. Kein besonders beruhigender Gedanke. Ich hatte für den Moment vom wilden Campen in Gottes freier Natur die Nase voll und entschied mich für eine Übernachtung in einer privaten Pension. Hier konnte ich mich erneut dem Internet widmen, doch die Verbindung über mein Modem scheiterte zum wiederholten Mal. Immerhin konnte ich von einem anderen Computer im Haus aus eine kurze E-Mail an Mina schicken.

Bei ehrlicher Betrachtung vermisste ich Mina kein bisschen. Sie hatte überhaupt kein Interesse an meinen Reisevorbereitungen gezeigt und sich nicht daran beteiligt. Sie war wohl auch nur mir zuliebe auf dem Moped mit nach Sardinien und Sizilien gefahren. Und das nur unter der Voraussetzung, dass wir in teuren Hotels oder Pensionen übernachteten. Motorradreisen, Zelten und Abenteuer dieser Art waren für sie selbst nicht vorstellbar. Im Nachhinein glaube ich, dass Mina davon ausging, dass ich meine Panamerika-Reise ohnehin vorzeitig beenden würde. Vielleicht nur deshalb hatte ich für die Tour, die ursprünglich auf sechs Monate geplant war, ihr Okay bekommen.

Das Packen am nächsten Morgen erwies sich erneut als eine einzige Quälerei. Ich hatte immer noch viel zu viel Krempel bei mir. Das Problem ist, dass man bei einer so langen Reise das Gefühl nicht los wird, alles irgendwie irgendwann einmal brauchen zu können. Und wo waren meine Reiseführer? Mittlerweile stand eindeutig fest: Ich hatte sie zu Hause gelassen.

Viel wichtiger war es mir allerdings, den Mac online zu bringen, um von Internet-Cafés unabhängig zu sein. Nach einigem Suchen fand ich endlich einen Computerladen, wo ich eine Verbindung zum Downloaden herstellen konnte, doch dann bekam ich keinen Kontakt fürs Senden. Shit, die E-Mails von Mina, die ich dabei vorgefunden hatte, hätte ich gerne schnell beantwortet, denn wie es aussah, war sie mal wieder schräg drauf. Sie meckerte und unterstellte mir boshafte Spielereien, weil ich ihre E-Mails nicht gleich beantwortete. Solche Unterstellungen wollte ich nicht einfach so im virtuellen Internetraum stehen lassen.

Tough shit, dann eben nicht, keine E-Mail an Mina. Mein nächstes Ziel hieß Seward; dort konnte ich es ja erneut versuchen. In Windeseile schob ich mir mein erstes McDonalds-Menü in Alaska zwischen die Zähne und schon war ich startklar für Tag und Tour.

Während ich so vor mich hin rollte, wurde mir plötzlich klar, dass die Gegend viel zu schön war, um schnell weiterzufahren. Ich erinnerte mich an eine Empfehlung des guten alten ADAC in einem seiner Reiseführer (die jetzt bei mir zu Hause vergammelten). Da war die Rede von einer Ranch 20 Meilen oberhalb von Homer gewesen, die einsam und verlassen sein sollte, und von der man angeblich einen wunderschönen Ausblick hatte.

Also wenden und zurück des Weges. In der Pension, in der ich die letzte Nacht geschlafen hatte, fragte ich nach. Obwohl die Inhaberin die Ranch nicht genau kannte, fand ich sie auch ohne nähere Hinweise nach einer eindrucksvollen Panoramafahrt durch wundervolle Landschaften. Hoch oben am Berg lag sie majestätisch da, mit einer saftig grünen Wiese davor und einem unbeschreiblichen Ausblick aufs Meer und die nahe gelegenen Berge. Das Ranchgebäude fand ich vernagelt vor; ich war ganz allein da oben. Also beschloss ich, mir auf der Wiese einen schönen Platz für mein Zelt zu suchen. Bei dem Platzangebot gar kein Problem! Nach dem Aufbauen war mein Tagwerk jedoch noch längst nicht vollbracht. Da oben gab es nämlich außer Nahrung für den Geist in Form von herrlicher Natur mit Aussicht nichts, was meinen Hunger hätte stillen können. Also wieder hinunter in die Stadt brettern und Verpflegung einkaufen. Das war schnell erledigt, darin hatte ich nach den ersten Tagen allein auf Tour schon Routine. In einem Internet-Café schrieb ich noch kurz E-Mails an Mina, meine Mutter und Eva. Mina versuchte ich darin zu erklären, wie es zu der von ihr bemängelten Kommunikationspause kam, und meine Familie brachte ich kurz auf den neuesten Stand der Tour. Dann fuhr ich wieder hoch zur Ranch.

Dort verdarb mir nun ein Wohnmobil unmittelbar vor dem Ranchgebäude das Gefühl erhabener Einsamkeit. Egal, das kann man auch ignorieren. Ich setzte ein schönes Lagerfeuer in Gang und begann gerade, mir auf dem Benzinkocher etwas zum Abendessen zu zaubern, als der plötzlich in Flammen stand, weil irgendwie Benzin ausgetreten war. Das Ding wäre mir fast um die Ohren geflogen, und ich musste wie so oft schon feststellen, dass ich noch mal Glück gehabt hatte. Es gelang mir, rechtzeitig das Feuer zu ersticken, sodass der Kocher keine bleibenden Schäden davontrug. Trotz des Malheurs mit dem Kocher gab es an diesem Abend wieder einmal Ravioli. Ich weiß, die Meinungen über Ravioli aus der Dose gehen auseinander – nur nicht bei Leuten, die wissen, wie schwierig es manchmal sein kann, sich unterwegs etwas halbwegs Genießbares zuzubereiten. Aber für mich stand fest: Ravioli – ob heiß oder kalt – gehen immer.

Kurze Zeit später bekam ich Besuch von meinen wohnmobilen Nachbarn. Aus Deutschland – woher sonst – kamen sie, vom Chiemsee. Zwei Jungs, so Anfang vierzig, die seit zwei Wochen mit dieser rollenden Einzimmerwohnung in Kanada und Alaska unterwegs waren. Sie erzählten mir, dass sie das schon öfter gemacht hätten, und stellten es als das Abenteuer schlechthin dar. Als die beiden mich nach meinem Reiseziel fragten und ich »Santiago de Chile« sagte, reagierten sie ziemlich überheblich – nach dem Motto: Was für ein dummer Spinner, das schafft der nie. Mir war das egal; sollten sie doch denken, was sie wollten.

Dann berichteten sie mir von der Problematik des Lagerfeuers aufgrund des bislang feuchten Wetters und der damit verbundenen Moskitoplage. Das kann ja heiter werden, dachte ich mir. Doch wie sich später herausstellte, waren meine Befürchtungen überflüssig. Der letzte Winter hier in Alaska war sehr kalt gewesen, sodass mich nur wenige Moskitos heimsuchten, und es regnete auch nur wenige Tage. Einer Empfehlung meines weit gereisten Bekannten folgend, hatte ich schon vor der Reise damit begonnen, Vitamin-B-Tabletten zu schlucken. Die sollten angeblich einen für Mücken unangenehmen Körpergeruch verursachen und sie dadurch fernhalten. Doch das Thema Mücken konnte ich zumindest während der Reise durch Alaska getrost vergessen, und so setzte ich die Tabletten wieder ab.

Die beiden Jungs, die sich auf »meiner« einsamen Ranch breitgemacht hatten, waren echte Bayern mit dem typischen Dialekt und Humor. Wir saßen die ganze Nacht bis in die frühen Morgenstunden am Lagerfeuer. In ihrem Wohnmobil führten die beiden jede Menge Alkohol in Form von Bier mit, und davon haben wir einen ordentlichen Teil vernichtet. Die Nächte in diesen nördlichen Gefilden waren recht mild, die Temperaturen sanken kaum unter zehn Grad Celsius. Und da das Licht im Sommer nur für wenige Stunden verschwindet, kann man Zeltaufbau, Kochen, Reisevorbereitungen und am Lagerfeuer sitzen bis in die tiefe Nacht hinein betreiben. Die Jungs fanden dementsprechend kein Ende da draußen unter dem sternenklaren Himmel, und so verzog ich mich irgendwann unauffällig in mein Zelt.

Am nächsten Morgen sind die Süddeutschen dann mit ihrem Wohnmobil weitergezogen und ich war wieder alleine. Endlich hatte ich Zeit und Muße, in aller Ruhe meine Sachen zu sortieren und so zu verstauen, dass ich schnell darauf zugreifen konnte. Allerdings packte mich nachmittags dann doch die Lust, ein bisschen die Gegend zu erkunden. Ich stieg auf meine BMW und machte mich auf den Weg – abwärts, jedoch nicht in Richtung Homer, sondern zu einer Russensiedlung, die weiter unten am Meer liegen sollte. Ich fand, das hörte sich nach einem lohnenden Ziel für einen Kurztrip an. Ich fuhr einen kleinen, dafür umso steileren Pfad hinunter zur Küste. Unterwegs stoppte ich immer wieder, um Fotos von der atemberaubenden Szenerie zu machen.

Weil Alaska früher einmal zu Russland gehörte, leben im nördlichsten Bundesstaat der USA viele Menschen russischer Abstammung. Dieses Dorf allerdings wirkte wie vergessen, isoliert von der Außenwelt und völlig hinter der Zeit zurückgeblieben. Die wenigen Leute auf der Straße schauten mich mit großen Augen an. Erst dachte ich, ihre Verwunderung käme daher, dass hier selten jemand Fremdes hinkam. Nach einiger Zeit kam mir der Gedanke, dass der Grund auch ein anderer sein könnte: Hier gab es für mich wirklich nichts Sehenswertes. Also fuhr ich weiter den Strand entlang und genoss die herrliche Landschaft. An einer alten wackligen Holzbrücke, wo ich eigentlich nur für ein paar Fotoaufnahmen stoppen wollte, leistete ich mir ein richtig schönes Mittagsschläfchen in der Sonne am Strand.

Was für ein herrliches Leben – und was für ein Luxus, ein Mittagsschläfchen halten zu können! Seit meiner Schulzeit war ich nicht mehr in diesen Genuss gekommen. Die ganzen Reisevorbereitungen wie Visum für die Staaten besorgen, Ausrüstung und Material einkaufen, Motorrad vorbereiten – all das war parallel zu meiner Arbeit gelaufen, meistens nach Feierabend. Darüber hinaus war ich wie immer intensiv mit meinem Training für Judo-Bundesligakämpfe befasst gewesen, die fast jedes Wochenende stattfanden, der letzte sogar unmittelbar vor Reiseantritt.

Kurzum – bevor ich losfuhr, war mein Leben ein regelrechtes Stressprogramm gewesen, und nun befand ich mich mit einem Mal in einer ganz anderen Welt. Keine Arbeit, keine Verpflichtungen – plötzlich war ich frei wie ein Vogel.

Als ich wieder aus meinem Ausflug ins Traumland zurückgekehrt war, beschloss ich, nach einem so schönen Tag nicht mehr in die Stadt zu fahren, sondern den Abend lieber alleine auf der Ranch mit einem Glas Rotwein am Lagerfeuer zu verbringen.

Verwandlung zum »Lonesome Cowboy«

Meine erste Morgendusche in Alaska fand in einer kleinen Baracke statt, die zur Ranch gehörte. Dort hatte ich alles vorgefunden, was man dazu braucht: fließendes Wasser und einen Eimer. Und dann machte ich mich nach dem Frühstück auf in Richtung Soldotna. Ich hatte von einer Freundin eine Adresse in Soldotna bekommen; sie hatte dort einmal für ein Jahr bei einer Gastfamilie gelebt. Ich hatte mir vorgenommen, auf dem Weg nach Seward diese Familie zu besuchen. Die Notiz mit der Adresse fand ich ziemlich schnell in meinem Durcheinander, aber es kam mir schon ein bisschen komisch vor, die Leute ohne Anmeldung einfach zu überfallen. Na ja, du kannst ja jederzeit wieder gehen, beruhigte ich mich.

Dafür, dass sie im faszinierenden, weltoffenen Alaska lebten, waren diese Leute meiner Meinung nach etwas spießig. Das Ergebnis der kurzen Zusammenkunft war, dass wir keine gemeinsame Wellenlänge fanden. Hinzu kam, dass eine Schwiegermutter der Eheleute zu Gast war und abends zurück in die »Lower 48« fliegen wollte – so nennen die Bewohner des 49. Bundesstaates Alaska das restliche Staatsgebiet der USA. Aber seien wir mal ehrlich, was würden wir in Deutschland denken, wenn plötzlich ein Wildfremder aus Alaska vor der Tür steht?

Es regnete stark und die Familie lud mich ein, die Nacht in ihrem Haus zu verbringen. Das Angebot war sehr verlockend, aber ob sie das auch so meinten? Es wird noch öfter regnen hier, Dan, und das sollte dich nicht vom Campen abhalten. Also verabschiedete ich mich artig und fuhr kurzerhand weiter Richtung Seward. Ich wollte noch früh genug dort eintreffen, um mir im Hellen einen schönen Campingplatz suchen zu können.

Nach etlichen Meilen legte ich einen kurzen Stopp an einer Tankstelle ein. Gerade will ich weiter, als die Maschine plötzlich während der Fahrt einfach ausgeht. Shit, wie kann das passieren, wo ich doch so viele der alten Elektronikteile gegen neue ausgetauscht habe?

Aufgrund der tief hängenden Wolken und des starken Regens ist es nahezu dunkel und ich stehe in the middle of nowhere am

Straßenrand. Erstaunlicherweise überkommt mich weder Wut noch Panik; ich bleibe ruhig. Nach kurzem Überlegen führe ich zunächst einen Benzin- und Zündkerzen-Check durch. Alles in Ordnung. Auch die Zündung ist intakt, aber trotzdem springt der Bock nicht mehr an. Shit, shit, shit!

Was dann und in den nächsten Tagen passierte, muss ein Geschenk Gottes gewesen sein, jedenfalls kam es mir so vor. Ich stand in der Abenddämmerung am Straßenrand und versuchte, einen der vorbeikommenden Autofahrer dazu zu bringen, sich meiner zu erbarmen. Nach ungefähr einer Stunde hielt tatsächlich ein großer roter Pick-up an und der Fahrer fragte mich in einem für mich kaum verständlichen Slang, was denn los sei. Ich erklärte ihm so gut es ging mein Dilemma. Der Mann fuhr einfach davon und kam schon nach kurzer Zeit mit seinem Anhänger zurück, auf den wir zu zweit das Moped schoben.

Mein »Retter« stellte sich als Tom vor. Er war so Mitte 50 und sah, wie er da mit seiner abgewetzten Kleidung im Truck saß, wie ein Schwerverbrecher aus. Schon als ich an das heruntergekurbelte Beifahrerfenster herangetreten war, um mit ihm zu sprechen, hatte ich auf der Sitzbank eine große Pistole entdeckt, die da einfach so lag. Dieser Anblick hatte mein Vertrauen in ihn nicht gerade gestärkt, doch ich hatte keine andere Wahl.

Wir stiegen in seinen Truck und fuhren zu ihm nach Hause. Tom wohnte auf einer großen Ranch. Das Haupthaus stand auf einer Anhöhe und war ganz aus Holz gebaut. Von dort konnte man das Gelände gut überblicken, und wenn die Sicht es zulasse, könne man den Mount McKinley sehen, den höchsten Berg in Nordamerika, erklärte Tom. Direkt gegenüber stand eine Scheune und schräg davor ein Gewächshaus.

Tom lud mich ins Haus ein und bot mir an, auf der Ranch zu übernachten, was ich dankend annahm. Wir saßen eine Weile allein auf der Veranda vor dem Haupthaus und unterhielten uns. Er erzählte mir, dass er vor einiger Zeit aus Texas hierher gekommen sei, und ich berichtete von meinen Reiseplänen.

Schon nach kurzer Zeit kam das Gespräch auf andere Dinge. Tom sagte, in Alaska sei es so, dass man erst als richtiger Mann gelte, wenn man einen Bären erlegt hätte. Ob ich schon mal einen Bären gesehen hätte. Nein, hatte ich natürlich noch nicht, jedenfalls nicht in freier Wildbahn. Ob ich schon mal mit einem Gewehr geschossen hätte. Wieder antwortete ich wahrheitsgemäß mit Nein. »Kein Problem«, sagte Tom, »ich werd's dir zeigen.« Wir gingen ins Haus, das für mich eine gewisse Ähnlichkeit mit einer Waffenkammer hatte: Überall lagen großkalibrige Pistolen und Gewehre herum.

Mit etlichen dieser Instrumente ausgestattet, fuhren wir mit einem Quad in die Pampa. Schon nach relativ kurzer Zeit stoppte Tom das Gefährt und ich hatte das erste Mal in meinem Leben Gelegenheit, richtig scharf zu schießen. Ich war fasziniert! Wir ballerten eine Weile in der Gegend herum und dann sagte Tom: »Jetzt zeige ich dir einen guten Platz, wo du übernachten kannst. Und vielleicht siehst du dort auch einen Bären.«

Das Ganze wirkte noch immer wie ein Traum auf mich und ich konnte kaum glauben, was ich da erlebte. Mein Mopedproblem hatte ich vor lauter Aufregung und Begeisterung schon fast vergessen. Die Fahrt ging weiter durch tiefen Wald und eben solche Wasserpfützen. Mit unserem Quad ein Klacks. Dann erreichten wir einen kleinen Fluss – Endstation auch für Allradgetriebene. Weiter ging es mit einem Ruderboot, das dort angebunden war und das Tom gehörte. Die letzten Meter gingen wir zu Fuß. Wir waren wieder am Meer angekommen.

Dort sah es ziemlich trostlos aus: Ein kurzer Steinstrand bot einen Blick aufs offene Meer, aber insgesamt machte alles einen recht kalten, öden Eindruck. Ich machte mich gleich daran, mein Zelt aufzubauen, und Tom verabschiedete sich.

Mit einer Magnum und einem Gewehr bewaffnet, stand ich nun alleine da. So hätten die mich mal zu Hause sehen sollen! Aber wie sollte ich hier nur schlafen? Nachdem ich ein kleines Feuer angezündet und ein paar Ravioli gegessen hatte, wurde mir langsam ein kleines bisschen mulmig, da draußen allein in der Dunkelheit. Da ich jedoch todmüde und von den ganzen Ereignissen des Tages völlig geschafft war, schlief ich schnell ein. Natürlich hatte ich »meine« Schießprügel dicht neben mir liegen. Man weiß ja nie ...

Am nächsten Morgen wartete Tom bereits am Fluss auf mich. Er fragte gleich neugierig, ob ich einen Bären gesehen hätte. Nein, hatte ich nicht, und Tom meinte daraufhin, wir sollten auf der Lichtung am Flussufer Futter auslegen, um Bären anzulocken. Das haben wir dann auch gemacht. Das Zeug war eigentlich für Schafe oder Ziegen bestimmt, irgendein Trockenfutter, das in Wasser eingeweicht wurde.

Anschließend haben wir den restlichen Tag zusammen mit ein paar Leuten, die auf Toms Ranch arbeiteten, versucht, das Moped wieder zum Laufen zu bringen. Leider ohne Erfolg. Well, shit happens. And if it rains, it pours, wie man in Alaska sagt. Am Abend wurde ich zum Essen ins Haus eingeladen, wobei ein Großteil der Familie – Tom, seine Frau Laura und die beiden jüngsten Töchter – anwesend war. Während unseres Geplauders kam Tom auf die Idee, mit mir und seiner Family am nächsten Morgen nach Anchorage zu fahren. Dort könnten wir das Motorrad zum BMW-Händler bringen. Wirklich kein schlechter Einfall, fand ich.

Es ist schon kurios: Tom kannte mich gerade einmal zwei Tage. Trotzdem half er mir einen ganzen Tag, fuhr mich überall hin und ließ mich bei sich essen und schlafen. Echte Gastfreundschaft, kann ich nur sagen. Schon nach meiner ersten Nacht im Zelt draußen am Meer hatte Tom darauf bestanden, dass ich in die Scheune umzog. Es gab keine Widerrede von mir. An einer Wand fand sich unter jeder Menge Gerümpel eine alte Couch, auf der ich die nächsten Nächte verbrachte.

Wie besprochen fuhren wir tags darauf mit dem ganzen Clan nach Anchorage zum BMW-Händler. Meine Maschine wurde auf den Anhänger verladen und festgezurrt, und den Hänger machten wir an Toms Pick-up fest. Wir fuhren dieselbe Strecke nach Anchorage zurück, die ich gekommen war. Es gibt keine andere. In ganz Alaska gibt es noch nicht einmal zehn asphaltierte Hauptstraßen. Die Fahrt dauerte etwa vier bis fünf Stunden und war nicht weiter spektakulär – bis auf die Tatsache, dass ich noch nie in meinem Leben so langsam in einem Auto über eine Landstraße gekrochen bin. An die Höchstgeschwindigkeit von 55 Meilen pro Stunde, die in den Vereinigten Staaten gilt, musste ich mich erst noch gewöhnen. Ich hatte erst die Befürchtung gehabt, die Fahrt nach Anchorage könnte für die Familie eine zusätzliche Belastung sein. Doch wie sich später herausstellte, war mein Mopedschaden ein willkommener Anlass für Tom, mal wieder Werkzeug und Baumaterial einzukaufen, und die Frauen genossen es, Shoppen gehen zu können.

Für 400 US-Dollar bekam ich vom örtlichen BMW-Experten einen neuen Ventilkipphebel, der aus einer anderen Maschine ausgebaut wurde, weil das Teil gerade nicht auf Lager war. Anschließend wurde noch die Sitzbank repariert und zurück ging's nach Nikiski – dem Ort, wo Tom mit seiner Familie wohnte. Ich nahm für die Rückfahrt das Motorrad, allerdings konnte ich nach dieser ersten Reparatur nicht mehr relaxed fahren, weder hier in Alaska noch später auf der Tour. Auf die Idee, dass ein Ventilkipphebel den Geist aufgeben könnte, war ich bis dahin noch nicht gekommen. Ich musste mich wohl besser mit dem Gedanken vertraut machen, dass dies nicht die letzte Panne gewesen war.

Tom war einfach unglaublich hilfsbereit. Ich konnte nur hoffen, dass er mich irgendwann in Deutschland besuchen und mir damit Gelegenheit geben würde, mich bei ihm und seiner Familie zu revanchieren. Bis zu diesem Zeitpunkt wusste ich immer noch nicht so genau, was er eigentlich beruflich machte. Es musste irgendetwas mit Elektronik und Ölbohrplattformen zu tun haben. Es schien, als hätte er eine Menge Leute, die für ihn arbeiteten. Darüber hinaus lebte er auf dieser großen Ranch mit jeder Menge Vieh – Pferde, Schafe, Ziegen, Hühner, Gänse, Buffalos und natürlich Hunde und Katzen – und betrieb Gemüseanbau in seinem Gewächshaus. Außerdem stand auf dem Grundstück die große Scheune mit unterschiedlichstem Werkzeug darin: Angefangen von Schraubenschlüsseln in allen Größen und jeder Menge Schraubendrehern über Spezialwerkzeug für Starkstromelektrik bis zum Schweißbrenner gab es dort einfach alles, was man braucht, um vernünftig schrauben zu können! In meinen Augen stapelte sich in der Scheune alles im Überfluss. Und so lebte Tom auch. Er kaufte sich alles, was er gerade brauchte oder was ihm gerade gefiel.

Doch woher hatte Tom all das Geld dafür? Ich hatte wirklich keine Ahnung. Vielleicht hatte er ja geerbt oder im Lotto gewonnen. Was mir besonders an ihm gefiel, war seine Art. Er war so ein richtig kerniger Typ, ein Texaner eben. Er hatte schmutzige Hände, kannte sich gut mit Maschinen aus und legte keinen Wert auf sein äußeres Erscheinungsbild. Für mich sah er aus wie ein echter Cowboy. Und das Beste an ihm: Er war immer gut drauf.

Family-Life, Wodka und Zigarren

Unglaublich, aber wahr – Tom bot mir an, in ein paar Tagen mit ihm zusammen nach Fairbanks zu fahren, wo er mir die Goldmine eines Freundes zeigen wollte. Der Plan war, dass wir dort auch übernachten würden, weil er in der Gegend etwas zu erledigen hatte. Anscheinend machte es ihm einfach Freude, mir sein Land zu zeigen und sich mit mir zu unterhalten. Ich war gespannt, was ich mit ihm zusammen noch alles erleben würde.

Ich hatte inzwischen darauf bestanden, dass ich mich für die Zeit, die ich noch auf der Ranch wohnen würde, an der Arbeit beteiligte. Ich hatte die letzten Tage immer mehr so ein ungutes Gefühl bekommen, dass die Familie Hall einfach zu viel für mich tat. Man merkte zwar, dass es ihnen Freude bereitete und dass sie mich mochten, aber trotzdem, ich fühlte mich in ihrer Schuld.

Tom kam ab diesem Zeitpunkt jeden Morgen in die Scheune, um mich zu wecken. Er schien ein echter Frühaufsteher zu sein, ganz im Gegensatz zu mir. Ich half ihm bei ein paar Dingen auf der Ranch und schon nach ein paar Stunden war es mit dem Arbeiten wieder vorbei. Wir fuhren dann einfach in der Gegend herum und Tom kontrollierte seine Ländereien, wo irgendwelche Leute für ihn arbeiteten. Oder wir gingen einkaufen und er genoss es einfach, den Tag mit mir zu verbringen.

Obwohl Tom mir schon vor einiger Zeit angeboten hatte, Dusche und Gästezimmer im Haupthaus zu benutzen, hatte ich mich bislang noch nicht so recht getraut, das auch zu tun. Nachdem ich mittlerweile etliche Tage ohne Duschen verbracht hatte, ging ich in dem kleinen Städtchen Nikiski ins Schwimmbad, um mich gründlich zu säubern. Das war auch wirklich dringend nötig. Meine Klamotten hatten ebenfalls eine Dusche oder Ähnliches verdient. Meine Jeans hatte ich tagtäglich an, nur beim Mopedfahren tauschte ich sie manchmal gegen eine dünne Lederhose. Und meine Sympatex-Mopedjacke benutzte ich oft auch als Kopfkissen. Entsprechend sah alles aus.

Durch Zufall erfuhr ich, dass ich Tom und seine Familie nur deshalb kennen gelernt hatte, weil ich mich verfahren hatte. Eigentlich wollte ich ja nach Seward und von dort weiter zur Fähre, um nach Valdez überzusetzen, jenem Ort am Prinz-William-Sound, an dem damals das Unglück mit dem gleichnamigen Tanker passiert war. Kurz hinter Soldotna bin ich aber ohne es zu bemerken nicht in Richtung Seward, sondern in Richtung Nikiski abgebogen. Ein Stück weiter hinter Toms Ranch endete die Straße dann einfach. Was für ein Ding!

Am Abend gingen wir wieder auf Bärensuche. Tom ließ mich die Strecke mit dem Quad vorfahren; er wollte nachkommen. Ich könne ruhig schon mal alleine einen Bären erlegen, meinte er. Auf der Strecke dorthin machte ich eine Pause und rauchte eine von den phantastischen dicken Zigarren, auf die Tom mich gebracht hatte. Sie schmeckten süßlich und ein wenig nach Vanille. Hoffentlich ist da heute kein Bär, den ich töten muss, dachte ich bei mir. Als ich am Fluss ankam, suchte ich immer wieder mit dem Fernglas das Gelände ab. Und plötzlich – ich traute meinen Augen nicht – stand dort tatsächlich ein großer schwarzer Bär.

Ich tauschte das Fernglas gegen das Zielfernrohr des Gewehrs und bekam den Teddy auch gut ins Visier. Es war ein junger Schwarzbär. Tom meinte später, er sei gerade erst ausgewachsen. Trotzdem könne er aufgerichtet mehr als zwei Meter messen. Oh Shit, dachte ich, der erste Bär, den ich in meinem Leben in freier Natur zu sehen bekomme, und den soll ich gleich killen. Warum eigentlich? Nein, das ich kann nicht!

Ich versuchte mir eine Ausrede zu überlegen, mir fiel aber keine ein. Was sollte ich jetzt machen? Tom würde gleich kommen. Ich schlich mich also weiter hinunter zum Fluss, ohne dass der Bär mich bemerkte. Wenn der Kerl gewusst hätte, was für eine gute Schusslinie ich nun hatte! Jeder auch nur einigermaßen gute Schütze hätte ihn todsicher treffen können, ein Elfmeter ohne Torwart. Ich fing zu pfeifen an, damit der Bär sich umdrehte und ich ihn von vorne zu sehen bekam. Doch wenn ich ehrlich bin, wollte ich damit auch erreichen, dass der Bär abhaute. Zu seinem und vor allem zu meinem Glück tat er das dann auch.

Kurz darauf kam Tom. Aufgeregt erzählte ich ihm von meiner Begegnung mit Meister Petz. Als Ausrede dafür, dass ich nicht abgedrückt hatte, berichtete ich ihm, dass ich nicht sicher hätte treffen können, weil meine Hände und damit auch das Gewehr gezittert hätten. Tom nahm meine Erklärung kommentarlos hin und zeigte mir einfach eine Astgabel, wo ich mein Gewehr am nächsten Abend auflegen könne. Tom meinte, der Bär werde auf jeden Fall wiederkommen. Armer Teddy!

Wie wir es mittlerweile schon gewohnt waren, rauchten wir nach unserer Rückkehr auf die Ranch noch eine gute Zigarre in der Scheune, tranken mit Wasser verdünnten Wodka und unterhielten uns ein wenig. An diesem Abend schlief ich zum ersten Mal im

Haus. Es tat einfach gut, mal wieder in einem richtigen Bett zu liegen.

Am nächsten Tag bekamen wir keinen Bären zu Gesicht. Tom und ich waren wie gewohnt zu unserem Versteck am Fluss gegangen, doch es war weit und breit kein Bär zu sehen. Wir schauten durch unsere Ferngläser und mussten feststellen, dass der ausgelegte Bärenköder vollkommen weggefressen worden war. Vielleicht waren wir einfach zu spät dran. Immerhin war es schon elf Uhr abends. Für uns Europäer kaum vorstellbar, aber in Alaska ist es im Sommer um diese Uhrzeit noch immer nahezu taghell.

Regenzeug vs. Rentier

Tom meinte, dass ich am kommenden Morgen noch einmal Futter auslegen sollte und dass wir es dann am Abend wieder versuchen wollten. Nach vollendetem Tagwerk gingen wir in die Scheune, um unser Zigarren-Wodka-Ritual zu zelebrieren, und philosophierten über Gott und die Welt. Obwohl mein Englisch sicher um einiges hätte besser sein können, klappte die Verständigung bestens. Tom hörte mir jedenfalls immer interessiert zu, und von seinen Antworten her hatte ich den Eindruck, dass er genau verstand, was ich meinte.

Jedenfalls wurden die meisten Missverständnisse ziemlich schnell behoben. Bis auf ein einziges Mal: Der Grund für den Trip nach Fairbanks, den Tom vorgeschlagen hatte, waren zwei Rentiere, die er zuvor gekauft hatte und die er dort in der Nähe abholen wollte. Bis ich kapiert hatte, was er eigentlich meinte, dauerte es eine ganze Weile. Ich verstand immer nur »rain gear«, also Regenbekleidung. Gesagt hatte er aber »reindeer«, und das sind nun mal Rentiere.

Tom wollte sich bei einem Bekannten einen Pferdeanhänger ausleihen, den wir wenig später gemeinsam abholten. Außer Rentiere einsammeln stand der Besuch einer Goldmine auf dem Programm, die einem Freund von Tom gehörte. Auf diese Fahrt hatte ich mich schon seit Tagen gefreut.

Bevor aber die Tour nach Fairbanks losgehen konnte, mussten wir uns noch einmal, ein letztes Mal mit »unserem« Bären beschäftigen.

Der Bär ist los (Wildwest-Version)!

Ich war am Morgen eine Weile mit den beiden jüngsten Töchtern von Tom ausgeritten. Sie hörten auf die schönen Namen Mary und Rebecca und waren siebzehn, beziehungsweise zwanzig Jahre alt. Am Fluss – ganz in der Nähe der Stelle, wo ich den Köder für die Bären ausgelegt hatte – machten wir eine Pause. Mich wunderte, dass die Mädels offensichtlich keine Angst vor Bären hatten, denn wir waren ohne Waffen unterwegs. Man muss allerdings dazu sagen, dass wir uns während des Ritts die ganze Zeit laut unterhielten, und so verscheucht man mit ziemlicher Sicherheit jeden Bären. Meistens jedenfalls!

Einer Bärin mit ihren Kleinen möchte ich allerdings nicht in die Quere kommen. Von Braun- und Grizzlybären weiß man, dass sie Menschen töten können. Vom Schwarzbären wird man obendrein gefressen. Aber eigentlich kann einem das dann auch egal sein. Jedenfalls glaubt man beim Schwarzbären eine höhere Überlebenschance zu haben, weil der nicht ganz so groß wird wie Braun- oder Grizzlybären.

Die Meinungen, wie man sich im Fall eines Bärenangriffs richtig verhält, gehen weit auseinander. Die einen behaupten, es genüge, wenn man sich mit dem Bauch auf den Boden legt und tot stellt. Der Bär würde dann das Interesse verlieren. Die anderen sind davon überzeugt, dass man den Bär anschreien und ihn beschimpfen soll. Wie man sich in der Realität bei einem Angriff verhält, ist sicherlich eine Frage, die von der persönlichen Nervenstärke abhängt. Fest steht allerdings: Weglaufen bringt nicht viel. Selbst große, massige Burschen können ganz schön flink sein, auf kurzer Distanz so schnell wie Rennpferde. Und abgesehen von den wirklich großen Bären können alle auf Bäume klettern. Ohne Waffe sieht man bei einer solchen Begegnung also wirklich alt aus.

Für den Abend war wieder Bärenbeobachtung angesagt. David, Toms Sohn, wollte mich diesmal begleiten. Wahrscheinlich hätte ich im Notfall kein Problem damit gehabt, mich mit einer Waffe gegen so einen Riesenteddy zu verteidigen. Dennoch war ich froh, nicht alleine da draußen unterwegs zu sein. Mir ging wieder dieser eine Gedanke durch den Kopf. Er verfolgte mich, seit Tom das Thema überhaupt aufgebracht hatte: Ich sollte grundlos einen Bären töten. Danke, aber lieber nein, danke! Irgendwie war mir gar nicht danach. Doch das verriet ich niemandem.

David und ich fuhren mit dem Quad zu unserem Bärenansitz. Tom hatte am Abend zuvor extra für mich mit einer Art Machete eine kleine Schneise in den Wald geschlagen. Obwohl die Stelle vom Futterplatz deutlich weiter entfernt war als der Platz, an dem wir zuvor ausgeharrt hatten, hatte sie den Vorteil, besser versteckt zu liegen. Und vor allem konnte ich das Gewehr an einem kleinen Baum abstützen.

Wir legten uns in unserem Versteck auf die Lauer und warteten auf den Bären. Es war noch früh am Abend und Tom hatte versprochen, später nachzukommen. Abwechselnd linsten wir durch das Fernglas auf der Suche nach Meister Petz.

Plötzlich vernimmt David Geräusche, die direkt von hinten kommen. Ist das ein Bär oder ist es Tom, wer kann das wissen? Zu sehen ist nichts. Fest steht, dass sich unmittelbar hinter uns ein Trampelpfad der Bären befindet. Eine Begegnung mit einem Bären ist also an dieser Stelle nicht auszuschließen.

Bären verfügen über einen ausgesprochen guten Geruchssinn. Ihre Nase funktioniert erstklassig, ganz im Gegensatz zu ihren Augen. Sehen können Bären wie jemand mit fünf Dioptrien ohne Brille. Wenn Meister Petz auftaucht und der Wind günstig steht, kann man durchaus den Versuch wagen, sich hinter einem Baum zu verstecken und so unbemerkt zu bleiben.

Jedenfalls schauen wir uns sofort nach dem Geräusch um, den Revolver im Anschlag, ohne jedoch etwas zu bemerken. Das war wohl Fehlalarm. Wieder nehme ich mir das Fernglas vor und beobachte das Geschehen an der Futterstelle. Immer noch kein Bär in Sicht. Doch dann orientiere ich mich ein bisschen weiter flussaufwärts. Kaum zu glauben: Ich sehe, wie ein schwarzer Bär geräuschlos und ganz langsam durch das Wasser flussabwärts schwimmt!

Du lieber Himmel, schießt es mir durch den Kopf, jetzt bin ich dran mit schießen! Aufgeregt tippe ich Toms Sprössling an, denn ich will, dass er sich die Sache ebenfalls durchs Fernglas anschaut. Sofort bestätigt er, dass auch er den Bär gesehen hat.

Der Bär ist in der Zwischenzeit ans Ufer geschwommen und macht völlig ungerührt einen großen Bogen um die Futterstelle, um wieder im Wald zu verschwinden. Doch dann kommt er auf einmal von oberhalb aus dem Wald auf die Lichtung zurück und bewegt sich schnurstracks auf die Futterstelle zu. Inzwischen haben David und ich uns schon darauf vorbereitet zu schießen. Mitten im Fadenkreuz meines Zielfernrohrs kann ich jetzt klar und deutlich den Bären erkennen. David hatte mir empfohlen, genau auf die vordere Schulter des Bären zu zielen.

Soll ich nun schießen oder nicht? Ich warte sehnlichst auf ein Zeichen vom Himmel und versuche, jegliche Form von Empfindungen und Gefühlen zu unterdrücken. Schließlich ist es erst das zweite Mal, dass ich einen Bären in freier Natur erlebe, noch dazu niedlich schwimmend im Wasser! Trotzdem bin ich voll konzentriert in Anbetracht des bevorstehenden Schusses, warte aber weiterhin auf irgendein Zeichen. Zu dumm, wir hatten den genauen Ablauf gar nicht abgesprochen, und ich bin mir deshalb nicht sicher, ob ich nicht schon längst hätte schießen sollen.

Das ersehnte Zeichen kommt schließlich klar und unmissverständlich in Form eines Stubsers von meinem Begleiter. Die Schulter des Bären genau im Fadenkreuz, das Gewehr fest an meine Schulter gezogen und den Lauf auf der Astgabel aufliegend drücke ich ab. Es gibt einen lauten Knall mit einem heftigen Rückschlag, den meine Schulter ordentlich zu spüren bekommt. Ich senke das Gewehr, schaue hinüber zum Bären und sehe, wie er zu Boden sinkt und Richtung Wasser fällt.

David und ich schauen uns an. Wir sind beide überzeugt, dass ich einen Volltreffer gelandet habe und der Bursche tot ist. Umso größer ist unsere Überraschung, als der Kerl versucht, wieder aufzustehen. Das ist doch nicht möglich! Ich bin mir ziemlich sicher, ihn richtig getroffen zu haben. David feuert einen zweiten Schuss ab, während ich damit beschäftigt bin, mein Gewehr nachzuladen. Wieder sinkt der Bär zu Boden und diesmal sind wir uns wirklich sicher, ihn erledigt zu haben.

Von der Ballerei in Mitleidenschaft gezogen, beginnt mein rechtes Ohr ein nerviges Pfeifen auszusenden. »Tinnitus!«, diagnostiziert der Hörgeräteakustiker in mir – na toll! Hoffentlich geht das ohne Nachwirkungen wieder weg. Dann hören wir Tom von hinten herankommen und verlassen unser Versteck. Er hatte sich die ganze Zeit auf dem Weg hinunter zum Fluss aufgehalten, ohne dass wir ihn bemerkt hatten, und alles beobachtet.

Gemeinsam blicken wir hinüber zum anderen Ufer, wo der Bär

liegt. Eigentlich liegen sollte, besser gesagt. Ich traue meinen Augen nicht: Wieder ist der Kerl aufgestanden und versucht, sich auf und davon zu machen. David und ich feuern einen Schuss nach dem anderen auf den Koloss ab, während der sich nach Kräften aus dem Staub macht. Das Tier muss unglaublich stark und vollgepumpt mit Adrenalin sein, anders ist so eine Reaktion einfach unmöglich. Auf einmal ist der Bär nicht mehr zu sehen. Insgesamt, so schätze ich, waren es mindestens sieben Schüsse, die wir gemeinsam auf ihn abgefeuert haben. Über meine Treffsicherheit lässt sich gewiss streiten, doch Toms Sohn ist ein guter Schütze. Trotzdem ist der Bär wieder im Wald verschwunden.

Wir rennen hinunter zum Ufer, wo das Boot im Wasser liegt, und paddeln schnell zu dritt zum anderen Ufer hinüber. Das Gewehr im Anschlag machen wir uns auf die Suche nach dem waidwunden Tier. Wir bewegen uns durch hohes Gras in die Richtung, wo wir ihn zuletzt gesehen haben. Ich sehe schon im Geiste, wie der Bär urplötzlich auftaucht und sich auf mich stürzt. Tom trifft eine Entscheidung: Wir sollen uns aufteilen. Sofort denke ich: Hoffentlich gehen wir alle in die gleiche Richtung, nicht dass wir uns am Ende gegenseitig abknallen.

Es ist Tom, der als Erster den angeschossenen Bären im Unterholz entdeckt. »Schieß!«, ruft er zu seinem Sohn und zu mir herüber. Doch weder David noch ich können den Bären richtig ausmachen. Also ergreift Tom die Initiative und feuert mit seinem kleinen Revolver, was das Zeug hält. Und was tut der Bär? Er stoppt kurz und trabt dann weiter seines Weges, als ob die Schüsse ihn überhaupt nicht interessieren.

Ich verstehe die Welt nicht mehr! Nachdem sich das Tier einige Schritte weiter bewegt hat, bekommen David und ich den Bären wieder in die Schusslinie. Jeder von uns feuert zwei weitere Schüsse ab. Mit meinem letzten Schuss fällt der Bär dann um und bleibt liegen, diesmal endgültig.

An der Reaktion von Tom und David kann ich erkennen, dass auch sie von der Stärke und vom Lebenswillen des Bären beeindruckt sind. Tom kommt erleichtert zu mir und fragt mich, wie ich mich fühle. Immer noch total aufgeregt antworte ich: »Besser!« Wie ich mich genau fühle, kann ich gar nicht sagen.

Wir gingen danach zurück zum Boot und setzten Tom am gegenüberliegenden Ufer ab. Zusammen mit David ruderte ich dann wieder zu der Stelle, wo der tote Bär am Ufer im hohen Gras liegen musste. Als wir ihn fanden, wollte David unbedingt ein Foto von mir und dem Bären machen. Ich sollte den Kopf des Bären greifen und ihn in die Kamera halten. Noch nie zuvor hatte ich einen Bären angefasst. Sicherheitshalber erkundigte ich mich, ob er denn auch wirklich tot sei. »Natürlich!«, meinte Toms Sohn, »siehst du, er atmet nicht mehr!«

Nachdem wir das Foto gemacht hatten, luden wir den Bären ins Boot. Ich schätze, er wog an die hundertfünfzig Kilogramm. David trug ihn an den Vorder- und ich an den Hinterpfoten. Was für eine Plackerei!

Plötzlich, gerade als wir selbst einsteigen, hören wir einen Schuss. Aufgeregt suche ich nach meinem Gewehr und stelle fest, dass ich es auf der anderen Seite am Ufer habe liegen lassen. Mit einem schnellen Blick kann ich mich davon überzeugen, dass David es mir gleich getan hat und auch unbewaffnet ist. Ganz große Sch...!, denke ich bei mir. Vielleicht gibt es hier ja noch mehr Bären heute Abend! Warum sonst hätte irgendjemand schießen sollen?

Allmählich wird auch David unruhig. Er ruft nach seinem Vater, doch es kommt keine Antwort. Das ist aber nicht weiter verwunderlich, weil wir mit dem Boot inzwischen schon eine gute Strecke gefahren sind, unter anderem um eine Biegung herum – sehen konnten wir also auch nichts. Jetzt kommt die Rache eines anderen Bären!, schießt mir ein Gedanke durch den Kopf. Aber nichts dergleichen geschieht; es bleibt ruhig. Endlich entdecken wir Tom am Ufer. Heilfroh, bei ihm angekommen zu sein, ziehen wir das Boot an Land.

Tom erzählt uns, dass tatsächlich ein zweiter Bär auf der Suche nach uns war. Hinzu kam, dass es nicht irgendein Bär war, sondern ein Muttertier, wie Tom berichtet. Nachdem er dann aber die Dame beschimpft und einen Schuss in ihre Richtung abgefeuert hatte, verzog sie sich zum Glück. Auch Tom macht einen ziemlich aufgeregten Eindruck; er erzählt, dass eine richtig wütende Bärenmutter durch einen Revolver nicht aufzuhalten sei. Da haben wir wirklich Glück gehabt, will mir scheinen.

Wer A sagt, muss auch B sagen

Wir machten noch ein paar Fotoaufnahmen, die typischen Jägerposen, luden den Bären auf das Quad und fuhren zurück zur

Ranch. Kaum hatten wir das Gefährt vor dem Haus gestoppt, kamen auch schon von allen Seiten die restlichen Familienmitglieder zur Begutachtung unserer Beute. »Das ist noch ein junger Bär«, lautete Toms Kommentar, »aber alt genug, um geschossen zu werden.« Bei den Frauen war der Jagdinstinkt nicht so ausgeprägt, das erkannte ich an ihren Gesichtern und daran, dass sie sich schnell wieder verkrümelten.

Auch David setzte sich bald ab und so machten Tom, der Bär und ich uns auf in die Scheune. Hier sollte laut Tom der unangenehmere Teil der Bärenjagd stattfinden. Daran hatte ich überhaupt nicht gedacht! Ich war davon ausgegangen, dass man den erlegten Bären wegbringt, zum Wildhüter, zum Metzger, was wusste ich, wo er dann zerlegt werden würde. Pustekuchen, Dan, das Abenteuer ist noch nicht zu Ende!

Tom nahm zur Vorbereitung einen großen Schluck aus der Wodkaflasche, die er anschließend mir in die Hand drückte. Er war der Ansicht, dass ich dringend Aufmunterung bräuchte. In voller Übereinstimmung ließ ich ebenfalls einen großen Schluck in mich hineinlaufen. Dann luden wir unsere Beute zusammen auf einen Tisch, den wir dafür vorbereitet hatten. Das Tier war wirklich schwer! Langsam musste ich mich mit dem Gedanken vertraut machen, den toten, noch warmen Bären erneut anzufassen und vor allem aufzuschneiden, was mir anfangs sehr schwer fiel.

Tom suchte derweil ein »Zerlegmesser«, wie er es nannte. Als er zwei davon gefunden hatte, drehten wir den Bären auf den Rücken. Tom machte sich ohne Zögern daran, am Kopf beginnend, den Bären vorsichtig der Länge nach aufzuschlitzen. Sein Kommentar dazu: »Du wirst gleich sehen, ohne Fell sieht er aus wie ein nackter Mensch!« Ich beobachtete ihn, wie er mit dem Messer an dem Bären herumsäbelte, und stellte fest, dass man sich nach längeren Hinsehen mit dem Anblick, nun, nicht gerade anfreunden, aber doch abfinden konnte. Tom war der Meinung, dass ich weitermachen sollte. »Nein«, sagte ich, »das kann ich nicht!« »Das ist ganz einfach, überhaupt kein Problem!«, meinte Tom. Also nahm ich einen weiteren großen Schluck aus der Wodkaflasche und machte mich an die Arbeit.

Das Fleisch und das Fell waren noch warm. Ich zog beides auseinander und schnitt den Bären weiter auf. Ich trennte mit dem Messer das Fell von der Fettschicht ab und stellte fest, dass das gar nicht so schwer war. Auch der Anblick störte mich nach einiger Zeit nicht mehr. Es ist schon erstaunlich, man konzentriert sich auf die Arbeit und schaltet die Gefühle einfach ab. Unglaublich, dachte ich, der Mensch ist ein Gewohnheitstier!

Das tote Tier dampfte stellenweise noch vor Wärme und es schien mir Stunden zu dauern, bis wir fertig waren. Trotzdem muss man bei diesem Job konzentriert bleiben und immer wieder aufpassen, dass man nicht zu tief mit dem Messer einschneidet und dadurch das Fell beschädigt. Zwischendurch gelangten wir an einen Punkt, wo Tom mit der elektrischen Stichsäge einen Unterschenkel durchtrennen musste. Während er sägte, dampfte es mächtig und es roch nach heißen Knochen, gar nicht gut. Ich versuchte, alle meine Empfindungen auszuschalten. Besonders den Geruchssinn! Dann meinte Tom, dass ich die andere Seite durchtrennen solle. Kurzerhand ergriff ich die Stichsäge und machte mich an die Arbeit. Wer auf einen Bären schießt, muss auch da durch! Das war ich dem Tier einfach schuldig. Den kompletten, vom Fell befreiten Rumpf luden wir dann auf die Schaufel des Traktors und Tom fuhr mit dem Gerät hinaus in den Wald, wo er den Fleischhaufen für andere Tiere als Nahrung absetzte.

Die beiden Schenkel wickelten wir in Folie. »Das Fleisch schmeckt gut!«, erklärte Tom. Es sei ausgezeichnet und schmecke wie Schwein. Auch das Fell samt Kopf wurde in Folie eingewickelt. Tom wollte es später zur Weiterverarbeitung in eine Gerberei bringen. Schließlich wurde alles in der Tiefkühltruhe verstaut, der blutige Tisch, der Boden und unsere Hände gesäubert und dann waren wir endlich fertig.

Wir füllten unsere Tassen mit Wodka, steckten uns eine von den schmackhaften Zigarren in den Mund und saßen dann auf unseren Stühlen, wie jeden Abend, den wir mit Quatschen und Trinken in der Scheune verbrachten. Nur diesmal waren wir beide fix und fertig und todmüde. Unser Gespräch verlief dementsprechend schleppend.

Ich hatte inzwischen das Gefühl, mit der ganzen Aktion eine gute Erfahrung gemacht zu haben. Denn auf einen Bären schießen kann jeder – doch das Zerlegen gehört eben mit dazu. Viele deutsche Urlauber, so meinte Tom, zahlten bis zu 5000 Euro, um einen Bären zu erlegen. Bei organisierten Touren zum Beispiel. Jedoch würde keiner von den Freizeitjägern selbst den erlegten Bären zerkleinern; das würden dann andere machen. Aus meinem

– zugegeben völlig neuen – Blickwinkel war das nicht richtig. Wir rauchten unsere Zigarren zu Ende und leerten den Wodka. Es war gegen vier Uhr morgens, als ich fast bewusstlos ins Bett fiel.

Von Rentieren und Goldminen

Allzu viele Stunden Schlaf blieben uns nicht, denn um sieben Uhr hieß es schon wieder aufstehen, Abfahrt nach McKinley in der Nähe von Fairbanks, wo eine Goldmine und die Rentiere auf uns warteten. Unser Ziel war der Grund, warum mir trotz der langen Nacht des Bärenschlachtens das frühe Aufstehen nicht schwer fiel. Schließlich hatten wir einen langen, interessanten Tag und jede Menge Meilen vor uns, und ich hatte mich schon seit Tagen tierisch darauf gefreut, aus Nikiski herauszukommen.

Von Nikiski ging es erst nach Soldotna und dann weiter nach Anchorage. Von Anchorage aus fuhren wir dann weiter Richtung Denali National Park. Da wir mit dem Pferdeanhänger unterwegs waren und Tom die allgemein geltende Geschwindigkeitsbegrenzung von fünfundfünfzig Meilen nicht überschritt, schien mir die Reise endlos.

Ich blickte in Gedanken zurück auf die drei Wochen, die ich bereits in Alaska war, und kam zu dem Ergebnis, dass ich eigentlich zufrieden sein konnte. Gut, ein paar Dinge waren nicht so gelaufen, wie ich mir das vorgestellt hatte. Da war zum Beispiel die verspätete Ankunft meines Motorrads. Oder die Sache mit der kostspieligen Reparatur. Dennoch war ich der Meinung, das Beste daraus gemacht zu haben.

Erst hinter Anchorage wurde die Strecke wirklich interessant. Zwischendurch machten wir Fahrerwechsel und so bekam ich die Chance, auch einmal einen dicken Pick-up-Truck zu fahren. Ein erhabenes Gefühl!

Kurz bevor wir den Nationalpark erreichten, machten wir in Cantwell Halt. Ich nutzte die Gelegenheit, um von dort in Deutschland anzurufen und meiner Schwester Eva zum Geburtstag zu gratulieren. Ich erwischte sie auf ihrer Geburtstagsfeier und alle Anwesenden schienen sich zu freuen, etwas von mir zu hören. Ich freute mich natürlich auch, mit den Daheimgebliebenen zu sprechen, denn außer mit Mina hatte ich bislang mit niemandem telefonischen Kontakt gehabt.

Als wir am Eingang zum Park ankamen, beschloss ich, mich um das Essen für die Nacht zu kümmern, und ging einkaufen. Rechnet man den Wodka hinzu, kostete mich der ganze Spaß insgesamt über fünfzig US-Dollar. Egal, jetzt war ich an der Reihe; Tom und seine Familie hatten schon so viel für mich getan.

An diesem Abend fuhren wir jedoch noch nicht in den Park hinein. Tom wusste, dass man sich vorher anmelden und außerdem mit vielen anderen Leuten einen Bus teilen muss, weil man nur in Gruppen und nur in Begleitung durch den Park fahren darf. Er erzählte, dass er noch vor einiger Zeit alleine mit dem Auto den Park durchquert habe; jetzt sei das nicht mehr möglich.

Da auch ich nicht sonderlich auf Gruppentouren stehe, fuhren wir wieder ein Stück der Strecke zurück und nahmen den Denali Highway in Richtung Goldmine. Der Highway war nicht mehr als eine gut ausgebaute, kurvenreiche Schotterpiste, die obendrein im Winter geschlossen ist. Hier wurde allerdings die Landschaft viel interessanter: Unser Weg führte uns in eine noch weitgehend unberührte, raue Landschaft. Rechts und links neben dem Schotterweg gab es immer wieder kleine Seen, in denen sich Nadelbäume und tief hängende Wolken spiegelten. Genau so hatte ich mir Alaska vorgestellt: weit und breit keine Menschenseele, viel Natur und nur hin und wieder ein paar Camper.

Die Goldmine lag genau zwischen Cantwell und Paxon unmittelbar am Highway. Dort kamen wir am späten Abend an – allerdings erst nachdem wir mit dem Pick-up-Truck ein paar kleinere Flüsse durchquert hatten. Da wir nicht wussten, wie tief jeweils das Wasser war, war es meine Aufgabe, den Pegelstand zu messen: Ich marschierte immer vorneweg mit hochgekrempelter Hose durch den Fluss. Das Wasser war unglaublich kalt, und bei den etwas breiteren Gewässern hatte ich das Gefühl, mir würden die Füße abfallen.

Obwohl wir am nächsten Tag den Freund von Tom nicht an der Mine antrafen, wurden wir von den Arbeitern sehr freundlich empfangen. Sie schienen zu wissen, wer wir waren, und erklärten uns bereitwillig und ausführlich die Arbeit und den Ablauf in der Mine. Viel dazugelernt, Dan!

Auch übernachtungstechnisch hatten wir Glück: Zwar hatten wir mein Zelt dabei, aber das benötigten wir nicht: Einer der Arbeiter stellte uns seinen Wohnwagen zur Verfügung. Das war auch gut so – hier oben war es nachts nämlich schweinekalt. Wir grillten Hotdogs auf einem Gasofen, tranken ein paar Bier und quatschten mit einem der Arbeiter bis drei Uhr morgens, ehe wir ins Bett fielen.

Goldsuche – alles andere als ein Rausch

Die Minenarbeiter führen ein hartes Leben da oben in den Bergen. Nur drei Monate im Jahr können richtig zum Schürfen genutzt werden, weil sonst die Zufahrtswege wegen Schnee und Eis unpassierbar sind. Außerdem ist während der restlichen Zeit der Boden tief gefroren.

Gearbeitet wird von sechs bis achtzehn Uhr. Und weit und breit ist keine Menschenseele in Sicht. Außer den anderen Goldcamps gibt es in den Bergen absolut nichts, was an menschliche Zivilisation erinnert!

Hinzu kommt, dass man da oben niemandem trauen kann: Nicht nur die Arbeiter untereinander sind misstrauisch, auch zu den Chefs kann man kein Vertrauen haben und zu den anderen Camps schon gar nicht. Immer wieder bestiehlt man sich gegenseitig. Werkzeuge, Baumaterialien und Benzin – alles was man für die Goldsuche brauchen kann, wird geklaut.

Und nicht nur das. Das Leben ist auch aus anderen Gründen sehr schwierig. Laut Tom besteht bei vielen die Gefahr, dass sie ab und an durchdrehen oder komplett verrückt werden. Hin und wieder findet einer mal ein bisschen Gold, meint das große Geschäft machen zu können und investiert sein ganzes Hab und Gut in Maschinen für den Bergbau. Viele Leute sind daran gescheitert, denn verdienen tun letztendlich nur die Hersteller solcher Maschinen, die enorm teuer sind. Goldsuche ist mit einem hohen Risiko verbunden und hat absolut nichts Romantisches. Für mich wäre das jedenfalls nichts!

Vielleicht gerade weil zwischen den Arbeitern in der Mine so ein raues Klima herrschte, wurde uns ein herzlicher Empfang bereitet. Wir hatten mit den ganzen Intrigen und ihrem Alltagsfrust nichts zu tun und waren für die Jungs eine willkommene Abwechslung. Wir verbrachten die Nacht im Wohnwagen des freundlichen Golddiggers und wurden um sechs Uhr morgens nach nur knapp drei Stunden Schlaf bereits zum Frühstück geweckt. Trotz meiner

Müdigkeit war mir bewusst: Die Arbeiter waren einfach ungemein gastfreundlich.

Ich muss aber auch ganz klar festhalten, dass Tom einen guten Instinkt dafür hat, mit einfachen Leuten zu reden und umzugehen. Tom hat mich oft an Claus erinnert, der ebenfalls diese Eigenschaft besitzt. Claus ist ein guter Freund von mir, der in Santiago de Chile lebt und den ich in ein paar Monaten dort treffen wollte. Er ist einer von den Menschen, die sich in allen Schichten der Bevölkerung zurechtfinden und die bei Frauen, Männern, Kindern und Tieren gleichermaßen gut ankommen.

»As time goes by ...« – Erinnerungen an Südamerika

Mein ursprünglicher Plan war, meine Panamericana-Tour bei Claus in Santiago zu beenden und von dort wieder heimzufliegen. Ich kannte Claus und seine Familie schon lange. Seine jüngere Schwester Carolina hatte einmal im Rahmen eines Schüleraustausches ein knappes Jahr lang bei uns gewohnt.

Ich kann mich noch gut daran erinnern: Ich war damals gerade achtzehn Jahre alt und oberschüchtern und Carolina ein ungemein hübsches Mädchen. Die ganze Zeit passierte absolut nichts, doch kurz bevor sie wieder nach Chile abreiste, kamen wir beide uns endlich näher.

Ein Jahr später besuchte ich sie in Chile und lernte dabei ihren Bruder kennen. Er war es auch, mit dem ich während meines ersten Südamerikaaufenthaltes eine Tour durch Peru unternahm.

Während unserer gemeinsamen Reise zogen Claus und ich ab und zu ganz gern einen Joint durch. Auch in der alten Inkahauptstadt Cuzco wurden wir ständig auf Drogen jeglicher Art angesprochen. Vor allem härtere Sorten wie Kokain waren im Angebot. Weil wir uns jedoch damit nicht auskannten, wimmelten wir die Jungs immer wieder ab.

Eines Tages schließlich, als uns ein besonders hartnäckiger Typ schwindelig schwätzte, sah es danach aus, als sollte ein Geschäft zustande kommen.

Nachdem Claus ein paar Sätze mit dem Kerl gewechselt hatte, fuhren wir zu dritt mit einem Taxi zum Haus des Dealers. Claus und ich warteten im Taxi, während der Kerl hineinging. Nach kurzer Zeit kam er zurück und setzte sich wieder nach hinten neben mich ins Taxi. Das Taxi fuhr los und der Mann gab mir ein Päckchen mit weißem Pulver.

Es kam, wie es kommen musste: Wir sind keine tausend Meter gefahren, als wir in eine Polizeikontrolle geraten. Die Straße ist komplett blockiert und zurücksetzen können wir natürlich auch nicht. Mein Puls beschleunigt sofort auf 200 Schläge pro Minute, als sich ein Polizist unserem Taxi nähert.

Geistesgegenwärtig verstecke ich das Päckchen in einer Ritze der Rücksitzbank, so gut es geht. Und schon geht die Tür auf und der Polizist steigt mit gezogener Knarre hinten bei uns ein. Was nun kommt, ist der reinste Krimi.

Am Steuer sitzt der Taxifahrer, rechts daneben Claus. Ich bin in der Mitte auf der Rücksitzbank eingeklemmt – links neben mir der Drogendealer und rechts von mir der Polizist mit seiner Wumme, deren Mündung schön abwechselnd auf uns drei zeigt.

Da ich zu dem Zeitpunkt kein Wort Spanisch spreche, verstehe ich von dem nun folgenden Dialog nur Bruchstücke. Claus hat mir das Ganze später übersetzt.

Das Verwunderliche an der Situation ist, dass der Polizist gar nicht unsere Ausweise sehen will, sondern gleich zur Sache kommt. Wir hätten doch sicher Drogen und wir sollen die gefälligst herausgeben. Dabei fuchtelt er immer wieder mit seiner Knarre nur wenige Zentimeter vor meiner Nase herum, sodass ich mich und meine weitere Zukunft mehr tot als lebendig sehe. Wir drei stellen uns jedoch dumm und tun so, als ob wir überhaupt keine Ahnung haben, wovon der Polizist da spricht. Das wiederum findet er nicht gerade kooperativ, also macht er sich selbst daran, das Taxi auf heiße Ware zu untersuchen. Überall und in allen Ecken kramt und fummelt er herum und ich bete, dass er mein Versteck nicht entdeckt.

Meine Hoffnung ist jedoch vergebens; schon nach kurzer Zeit hält der Polizist das von mir versteckte Päckchen Pulver in der Hand. Ich würde am liebsten in Ohnmacht fallen. Jetzt wird er so richtig laut und seine Pistole wandert dabei immer schneller zwischen uns hin und her. Ich fühle mich wie in einem Alptraum.

Von dem Gespräch verstehe ich kaum etwas und ich habe nur noch Angst, dass der Mann die Nerven verliert, abdrückt und mir dabei eine Kugel in den Schädel jagt. Jedenfalls scheint die Entwicklung der Lage ihn anzustrengen, denn er schwitzt mächtig und die Hand, in der er die Pistole hält, zittert, wie wir alle gut erkennen können. Mir wird bewusst, dass hier alles anders läuft als in Filmen mit coolen Actionhelden. Das hier ist das wahre Leben!

Irgendwann bemerke ich, dass meine drei Spanisch sprechenden Mitfahrer zu einer Einigung kommen und Claus übersetzt mir schnell den aktuellen Zwischenstand: Entweder fahren wir jetzt zur Polizeistation oder wir schmieren den Polizisten mit unserer gesamten Barschaft. Was für eine tolle Aussicht! Mein gesamtes Bargeld für die Reise ist in meinem Portmonee und auf dem Visa-Konto habe ich so gut wie nichts mehr. Bliebe also noch die Alternative mit dem peruanischen Polizeirevier.

Claus und ich beratschlagen und sind uns schnell einig: Unsere Situation ist ausweglos! Wir müssen die gesamte Barschaft hergeben, die wir bei uns tragen, um nicht die nächsten zehn oder mehr Jahre in einem peruanischen Gefängnis dahinzuvegetieren. Wir gehen auf den Deal ein, kramen unsere gesamte Reisekasse hervor und übergeben ihm die Dineros. Knapp 700 US-Dollar sind wir soeben losgeworden. Der Polizist weist den Taxista an, um die nächste Ecke zu fahren, wo es etwas ruhiger ist. Dort schmeißt er uns aus dem Taxi und vorbei ist der Spuk.

Wir beiden »Gringos« waren danach fix und fertig und zitterten am ganzen Körper. Die knappe Viertelstunde, die wir dort im Taxi erlebt hatten, hatte uns schwer zugesetzt. Ständig mit einer Waffe bedroht zu werden, das geht an die Substanz. Unsere Gefühle fuhren für einige Zeit Achterbahn. Einerseits waren wir heilfroh, nicht im Gefängnis zu sitzen und noch am Leben zu sein, andererseits war uns auf einen Schlag beinahe die gesamte Urlaubskasse flöten gegangen.

Zu Fuß machten wir uns auf, zurück in das nicht weit entfernte Zentrum. Dort enterten wir sofort die nächste Kneipe und schütteten uns, immer noch zitternd, zur Beruhigung ein Bier nach dem anderen in den Kopf. Dabei ließen wir die letzte Stunde immer wieder Revue passieren und fragten uns, was wir hätten besser machen können. Wir hatten noch nicht lange diskutiert, als uns beide eine unangenehme Einsicht quälte: Der Drogendealer und der Polizist hatten vermutlich ein abgekartetes Spiel mit uns beiden getrieben. Wir erinnerten uns plötzlich an eine Begegnung vor einigen Wochen, als wir mit einem Boot auf dem Amazonas unterwegs waren. Wir hatten damals unser täglich Gras von einem nicht gerade kleinen Dealer bezogen, der zufällig mit an Bord war. Ebenfalls mit von der Partie war außerdem ein dicker Polizeichef.

Das Kuriose an der Geschichte war, dass Drogendealer und Polizeichef sich kannten und gut befreundet zu sein schienen.

Genau so wird es gewesen sein – wir waren blindlings in eine Falle getappt! Für mich war die Vorstellung schier unfassbar und selbst für meinen Freund Claus, der aus Chile einiges gewohnt war, war das ein starkes Stück! Wie dem auch sei, die Wahrheit werden wir nie erfahren. Wir waren heilfroh, noch am Leben zu sein und verbuchten die Geschichte unter der Rubrik »Erlebnisse der besonderen Art«.

Mit dem Kopf wieder in Alaska: Rentierkauf

Weiter führte unser Weg über den Denali Highway nach Paxon. Von dort nahmen wir den Richardson Highway Richtung Delta Junction. Das war auch unser Ziel; dort wollten wir die Rentiere abholen. Zwar waren es nur zwei, aber es dauerte sehr lange, bis wir zumindest das eine im Pferdeanhänger hatten, denn das Tier legte sich ständig auf den Boden und wollte einfach nicht in den Hänger. Tom taufte den braveren »Dannyboy«, den anderen »Billyboy«.

Dann war es an der Zeit, die Heimfahrt anzutreten. Mit den Rentieren im Schlepptau mussten wir noch langsamer fahren. So viel zu der Frage: Kann man eine endlos scheinende Strecke noch länger erscheinen lassen? Trotzdem habe ich mich mit Tom während der ermüdend langen Fahrt gut unterhalten.

Wenn wir zwischendurch Pausen einlegten, gab es immer eine Menge Leute, die unsere Rentiere bewunderten. Rentiere sind auch in Alaska eine Besonderheit, denn ihre Züchtung ist nur den Eskimos erlaubt. Das ist auch der Grund, warum Tom nur zwei kastrierte Exemplare kaufen durfte. Wir kamen sehr spät in Nikiski an, und nachdem wir die Tiere ausgeladen hatten, rauchten wir wie immer noch eine Zigarre und fielen dann wie tot in unsere Betten.

Ich schlief fast bis zum Mittag fest durch. Tom stand allerdings schon seit acht Uhr wieder auf der Matte. Wo hat der nur die Kondition her, fragte ich mich. Ich wollte gegen Abend für ein paar Tage nach Seward. Seward ist ein bekannter kleiner Fischerort auf etwa halbem Weg nach Anchorage und Ausgangspunkt für Angelfahrten oder Schiffsausflüge, bei denen man die bizarre Küstenlandschaft bestaunen kann. Dann lud jedoch Toms Sohn David zum Abendessen, was dazu führte, dass ich meine Reisepläne vertagte.

Seward – allein, aber in guter Gesellschaft

Ich freute mich riesig auf Seward. Trotz Regens schwang ich mich am nächsten Tag nach einem Irish Coffee, den ich in einem kleinen Imbissrestaurant an der Hauptstraße von Nikiski zu mir genommen hatte, auf meine BMW und fuhr los. Zwar machte mir der linke Zylinder der Maschine ein wenig Sorgen, aber sonst stand einer schönen Tour nichts im Wege. In Seward suchte ich erst einmal einen schönen Campingplatz. Ergebnis: Ich konnte mein Zelt in der Nähe der Stadt direkt am Meer aufschlagen. Zur Abrundung des Abends machte ich mich auf in die nächste Kneipe, um noch etwas zu trinken. Das ist das Schöne am Alleinreisen: Man lernt einfach schnell Leute kennen, auch wenn man allein in eine Bar geht. So war es auch an diesem Abend – ein paar Biere schlürfen und ein wenig plaudern und dann zufrieden in den Schlafsack kriechen.

Obwohl wir Ende Juli hatten, regnete es den ganzen folgenden Tag weiter. Zum Glück war meine mobile Behausung wenigstens wasserdicht! Ich nutzte also diesen Tag, um weiter an meinem Tagebuch zu schreiben. Kurz entschlossen verband ich den Spannungswechsler mit der Elektrik meines Mopeds und schon konnte es losgehen. Als ich mich dann abends doch noch für einen Drink aus dem Zelt wagte, lernte ich Rick kennen, einen Fluglehrer aus Denver. Rick war ebenfalls auf dem Campingplatz, zirka fünfzig Jahre alt und mit einer Moto Guzzi unterwegs. Wie so viele Piloten war er technisch ganz vorne mit dabei: Sein Motorrad hatte GPS und seine Kleidung wurde über ein Verbindungskabel zum Motorrad elektrisch beheizt.

Rick war überaus sympathisch und lud mich gleich für ein paar Tage zu sich nach Denver ein. Die Gelegenheit wollte ich gerne wahrnehmen; jedenfalls sagte ich ihm das. Es ist einfach klasse, wenn man zwischendurch mal wieder in einem richtigen Bett schlafen, gut essen und sich von Leuten die Umgebung zeigen lassen kann. Solche Abwechslungen während der Reise waren mir immer sehr willkommen. Rick und ich verabredeten uns für den nächsten Morgen, um gemeinsam ein Stück des Weges zu fahren.

Der Fluch der Eskimofrau

Doch ausgerechnet an diesem Morgen hatte ich das Bedürfnis, lange auszuschlafen. Grund dazu hatte ich genug, denn am Abend zuvor war es ziemlich spät geworden in dieser Dorfschänke in Seward. Eine ziemlich rundliche Eskimofrau hatte offensichtlich Interesse an mir gefunden, mich zugetextet und war zu keinem – wie auch immer gearteten – Ende gekommen.

Außerdem hatte ich einen Einheimischen kennen gelernt, mit dem ich später weiter in eine andere Kneipe zog. Als schon alle Lokalitäten geschlossen hatten, gingen wir zu ihm nach Hause. Lauter verrückte Leute waren dort, gut drauf, aber eher von der schlichten Sorte! Schon nach kurzer Zeit machte der Joint die Runde – worauf ich überhaupt keine Lust hatte –, und außerdem fühlte sich eine der anwesenden Damen genötigt, mir ihren Busen zu zeigen. Time to go, Dan, dachte ich und machte mich auf den Rückweg zu meinem Zeltlager.

Da lag ich also, übermüdet und verkatert, als Rick mich aus dem Schlaf riss. Natürlich, unsere Verabredung, ich erinnerte mich wieder. Wenn mir nicht so viel an seiner Bekanntschaft gelegen hätte, hätte ich ihn zum Teufel geschickt und wäre liegen geblieben. So stand ich jedoch auf, packte schnell meine Sachen und fuhr mit ihm gemeinsam los. Kurz vor der Abzweigung Anchorage – Homer kehrten wir in einen Coffeeshop ein. Rick gab mir noch eine genaue Wegbeschreibung, wie ich ihn in Denver finden könnte. Dann machten wir ein abschließendes Gruppenfoto von uns und unseren Motorrädern und verabschiedeten uns voneinander.

Ich fuhr weiter in Richtung Homer, weil ich davon ausging, dass Freitag war, der Tag, an dem ich wieder zu Tom und seiner Familie zurück wollte, unter anderem, um meine Post dort abzuholen. Ich war nicht besonders glücklich, als ich kurz vor Nikiski bemerkte, dass erst Donnerstag war und ich eigentlich noch gern den Exit Glacier, einen Gletscher ganz in der Nähe, besucht hätte. Mit dem unguten Gefühl, meiner so freundlichen Gastfamilie allmählich zur Last zu fallen, kam ich dort an. Aber kein Problem, Tom samt der ganzen Familie Hall freute sich über meine Rückkehr.

Der Bär ist los (WWF-Version)!

Nachdem ich einigermaßen ausgeschlafen hatte, fuhr ich mit Tom einfach in der Gegend umher, aber eigentlich hätte ich lieber an meinem Mac gesessen und Briefe beantwortet. Während wir ohne

Ziel durch die Pampa kurvten, kam mir die Idee, ich könnte doch auch Fotos von Bären machen, anstatt nur auf sie zu schießen.

Ich nahm etwas von dem Futter, das wir schon einige Tage zuvor vorbereitet hatten, und legte es an der Stelle aus, wo ich meinen ersten Schuss auf einen Bären abgefeuert hatte. Meine Bewaffnung bestand diesmal zusätzlich aus einem Fotoapparat und einem Reiseführer, den mir meine Lieben daheim nachgeschickt hatten und der endlich mit der übrigen Post angekommen war. Bestens ausgerüstet legte ich mich auf die Lauer.

Auf einen Bären zu warten, ist eine feine Sache. Ich genoss die Ruhe und las im Reiseführer. In regelmäßigen Abständen schaute ich hoch, und ganz nebenbei achtete ich auf die Geräusche um mich herum. Meine Geduld wurde belohnt: Plötzlich sah ich, wie ein großer Schwarzbär aus dem Wald heraus auf die Lichtung trat. Ich wusste gar nicht, was ich zuerst in die Hand nehmen sollte – Gewehr oder Fotoapparat!

Das Tier trottete zur Futterstelle und gab mir dadurch Gelegenheit, ein paar gute Fotos zu schießen. Wie sich hinterher herausstellen sollte, hatte ich aber nicht den richtigen Film für so eine Situation in der Kamera. Schade drum! Ich pirschte mich vorsichtig aus meinem Versteck an den Fluss heran, ohne dass mich der Bär bemerkte. Doch immer dann, wenn ich auf den Auslöser drückte, hörte er offensichtlich das klickende Geräusch. Da ich mich nicht bewegte, störte ihn das aber nicht weiter. Einen Bären in der Wildnis zu beobachten und zu fotografieren – das machte großen Spaß – wesentlich mehr, als ihn umzuballern. Zurück auf der Ranch musste sich Tom ausführlich meine begeisterten Erzählungen anhören.

Salmonellen-Frikadellen?

Als Tom eines Morgens zum Frühstück Bärenfrikadellen auffuhr, geriet ich doch etwas ins Schwanken. Nicht, weil sie von dem Exemplar stammten, das ich erlegt hatte, das war nicht der Grund. Vielmehr hatte mein Onkel Heribert, mit dem ich mich später im Verlauf der Tour in Guatemala treffen sollte, mir vor meiner Abreise den Rat gegeben, kein nicht geprüftes Bärenfleisch zu essen. Seine Begründung: Bären ernähren sich zwar überwiegend von Fisch oder Pflanzen, da sie jedoch auch Tiere fressen, die bereits tot sind, besteht die Gefahr, dass das Fleisch eines Bären von

Trichinen befallen ist. Aus diesem Grund solle man Bärenfleisch vor dem Verzehr analysieren lassen.

Wie hätte ich das Tom erklären sollen? Die Fleischklopse schmeckten tatsächlich wie normale Frikadellen, halt wie vom Schwein. Etwas unwohl war mir allerdings schon dabei.

Wir fuhren anschließend mit der ganzen Familie Hall nach Soldotna und schauten uns dort den Umzug an, der im Zusammenhang mit einem Straßenfest veranstaltet wurde. Da gab es einiges zu bewundern: vom lokalen Taekwondo-Club und einer Tanzgruppe über eine harte Mopedgang mit ihren selbst gebastelten Custombikes bis hin zu einer wirklich hübschen Miss Alaska, die auf der Ladefläche eines Pick-ups thronte und winkte.

Insgesamt ging es bei diesem Umzug nicht viel anders zu als bei uns. Auffällig war, dass die Parade moderiert wurde: Jeder Wagen wurde einzeln vorgestellt. Außerdem wurde kein Alkohol an die Zuschauer verkauft. Als ich später abseits auf einer Wiese saß und eine Zigarette rauchte, hatte ich fast schon ein schlechtes Gewissen. Wie kriegen die Menschen das bloß hin – kein Alkohol in der Öffentlichkeit? Das Straßenfest war mir wie eine Art Karnevalsumzug vorgekommen: Es wurden Bonbons geworfen und die Leute feierten, allerdings ohne einen Tropfen Feuerwasser. Wie ich später erfuhr, ist so etwas wie bei uns in Alaska nicht vorstellbar: Im Land der Freiheit und der unbegrenzten Möglichkeiten, ja selbst in Kanada, ist der Genuss von Alkohol in der Öffentlichkeit einfach nicht erlaubt.

Wie gewonnen, so zerronnen

Tom und ich ließen, als wir vom Umzug auf die Ranch zurückkamen, die beiden Rentiere auf ein speziell dafür abgezäuntes Gelände. Tom war der Auffassung, dass sie sich genügend an ihre neue Umgebung gewöhnt hätten und eine Veränderung vertragen könnten. Damit taten wir den beiden einen großen Gefallen. Sie liefen vor Freude wie wild durch die Gegend.

Plötzlich begannen jedoch die Buffalos, die ebenfalls in dem Gehege herumstanden, sich für die Rentiere zu interessieren, und dann machten sie auf einmal Jagd auf die armen Kerle. Das Ganze eskalierte so weit, dass die Rentiere in Panik über den nicht besonders hohen Zaun in die Nachbarkoppel sprangen.

Wir alle liefen in großer Hektik hinterher, doch nun hatten die Tiere leichtes Spiel, den nächsten Zaun zu überwinden und schon waren sie auf offenem Gelände. Die Rentiere waren wieder frei! Wir wollten sie mit dem Pick-up verfolgen, doch bis wir so weit waren, uns an ihre Hufe zu heften, waren sie schon auf und davon.

Schöner Mist! Tom hatte viel Geld und eine lange Fahrt investiert und sicher ärgerte ihn der Vorfall sehr. Dennoch merkte man ihm den Ärger nicht an. Auch die Suchaktion, die seine Kinder mit viel Optimismus starteten, verlief ohne Erfolg. Tom meinte, die Rentiere würden von alleine zurückkommen. Na, hoffentlich! Ich machte Tom den Vorschlag, er solle mit in die Sauna kommen, was wir dann auch taten. Das tat richtig gut! Ich war von dem langen Herumstehen im Regen ziemlich durchgefroren.

The American Way of Church

Am darauf folgenden Sonntag gingen wir zusammen mit Laura und den Kindern in die Kirche. Was mich da erwartete, war einfach unglaublich! Ich wusste zwar, dass in der »Neuen Welt« beim Gottesdienst viel gesungen wird, aber was hier geschah, das hatte ich nie und nimmer erwartet!

Vor der Kirche wurden alle zunächst vom Reverend empfangen, eine richtige Begrüßung mit Händeschütteln und allem, was dazu gehört. In der Kirche spielte eine Band und alle sangen mit, wobei sie die Hände nach vorne ausstreckten. Manche hatten die Augen geschlossen, als ob sie in Trance wären, und manche lagen sogar auf dem Boden. Kinder liefen spielend umher; es war das reine Chaos. So etwas hatte ich selbst im Fernsehen noch nicht gesehen!

Zum Singen kam Hüpfen und Springen hinzu, und das eineinhalb Stunden lang. Erst danach kam der Reverend und erzählte von Gott, allerdings davon, wie er sich persönlich Gott vorstellte, und alle bejahten seine Aussagen immer wieder wie in Trance und riefen »Amen«. Schließlich kam ein Mann aus England zu Wort, der mir schon zuvor durch sein für meine Begriffe affiges, weil extrovertiertes Benehmen aufgefallen war. Auch er redete eine ganze Weile, machte Witze und verkaufte sich insgesamt ganz gut, wie man an der Reaktion der Gemeinde merken konnte. Diesen Kirchgang werde ich sicherlich nie vergessen.

An diesem Sonntag hatte Heidi, die älteste Tochter der Familie

Hall, Geburtstag, weshalb sich alle Familienmitglieder und Freunde bei Tom versammelten. Tom und ich scannten zwischendurch meine Fotos in den Computer ein. Die Bilddateien schickte ich dann per E-Mail an verschiedene Freunde in Deutschland. Hoffentlich kommen die auch an, dachte ich, denn ich hatte eine Sammel-Mail erstellt. Ich hatte damals noch wenig Erfahrung mit E-Mail und Datei-Anhängen. Es ist schon erstaunlich, was alles so geht per Computer – mit coolen Fotos die Kumpels in Deutschland neidisch machen! Ich war richtig stolz auf die Ergebnisse meiner fotografischen Tätigkeit.

Und das war dann auch schon mein letzter Tag bei Tom und seiner Familie. Ein sehr schöner Tag, den ich zum Abschluss noch einmal voll und ganz genoss. Ich hatte mich die ganze Zeit sehr wohl gefühlt bei der Familie Hall. Ich glaube auch, dass sich Laura und die Kinder an mich gewöhnt hatten und mich mochten. Hoffentlich würde sich die Möglichkeit ergeben, uns in Mexiko wiederzusehen. Tom wollte nämlich mit seiner Familie ein paar Tage in Puerto Vallerta ausspannen, einem Badeort südlich von Mazatlán, wo viele Amerikaner ihren Urlaub verbringen. Er wollte dort angeln gehen, gute Zigarren rauchen und Tequila trinken. Ich hoffte auf jeden Fall von ganzem Herzen, dass sie mich in Deutschland besuchen würden, wo ich dann genügend Gelegenheit hätte, mich für alles zu revanchieren.

Und wieder ruft die Piste

Am Montag, den 27. Juli hieß es endgültig Abschied nehmen von Tom und Co. Ich war früh aufgestanden, hatte meine Sachen gepackt und auf unbestimmte Zeit zum letzten Mal heiß geduscht. Laura und die Kinder waren auch schon aus den Federn, um »bye-bye« zu sagen. Tom begleitete mich bis zum Espressoladen an der Durchgangsstraße, wo wir gemeinsam schweigend einen Irish Coffee tranken.

Obwohl es mir sehr gut bei Tom gefallen hatte, fiel mir der Abschied nicht schwer. Alles war bis jetzt sehr gut gelaufen und ich wollte einfach weiter und Neues kennen lernen; es zog mich in Richtung Süden. Tom und ich schüttelten uns noch kräftig die Hände – und weiter ging es.

Zum Glück war das Wetter an diesem Tag besser als damals auf dem Weg nach Seward. Die Straße nach Anchorage kannte ich schon zu Genüge: Ein Mal Richtung Homer, zwei Mal Mopedreparatur, zwei Mal Rentieraktion und zwei Mal nach Seward – so oft war ich sie schon gefahren. Jetzt sollte es vorerst das letzte Mal sein. Entsprechend schnell legte ich die Strecke zurück; in weniger als zwei Stunden war ich in Anchorage beim BMW-Händler. Ein Spritverbrauch von 12 l/100 km war die Quittung. Natürlich trug die hohe Beladung dazu bei, aber immerhin, zwölf Liter!

Jedenfalls fand ich den BMW-Händler gleich und gab das Moped erneut in die Hände von Mike, dem Mechaniker, weil auf der linken Seite immer noch dieses Klappern zu hören war. Bis die Maschine abgekühlt war und man daran arbeiten konnte, verbrachte ich die Zeit im Café gegenüber mit Kaffee trinken, Karten lesen und E-Mails schreiben. Fünf Stunden später konnte ich dann endlich zusammen mit Mike die Ventile nachstellen.

Mike zeigte mir, wie so etwas geht. Eigentlich ist es ganz einfach; man braucht jedoch einen speziellen Fühlstab, und damit scheiterte die Sache mit dem Selbermachen bei mir doch wieder, wenigstens unterwegs. Öl nachfüllen, Reifendruck kontrollieren und das hintere Federbein nachstellen – und dann konnte es losgehen.

Table-Dance und deutsche Jungs

Da ich nun schon in Anchorage war, wollte ich noch mal ins Internetcafé, denn mit der Menge an Post, die bis dahin anlässlich meines unmittelbar bevorstehenden Geburtstags eingegangen war, war ich äußerst unzufrieden: Außer meiner Mutter hatte mir noch keiner geschrieben! Ich schaute in meiner Mailbox nach und musste leider feststellen, dass sich die Situation diesbezüglich kein bisschen geändert hatte.

Trotzdem hatte der Zwischenstopp sein Gutes, denn im Café lernte ich Michael, genannt Barney, aus Göttingen kennen. Michael/Barney war mit einer 650er BMW unterwegs, die er bereits kurz zuvor mit seinem Vater drei Wochen lang durch Kanada und Alaska geprügelt hatte. Einfach unglaublich, mit einer 650er! Das wäre mir zu nervig.

Ich habe grundsätzlich Probleme mit untermotorisierten Fahrzeugen jeglicher Art. Mein Moped hatte 1000 ccm und war gerade noch schnell genug. Doch mehr noch als die zu geringe Leistung würde es mich stören, zu zweit auf einem kleinem

Motorrad mit all dem Gepäck herumfahren zu müssen, wo ich schon allein auf meinem Gefährt nicht genügend Platz fand. Außerdem konnte in meinen Augen das Biken zu zweit auf einer Maschine, vor allem bei den schlechten Straßen in Alaska, keinen richtigen Spaß machen.

Wir schwatzten ein wenig und tauschten Tipps aus. Scheinbar waren wir nicht zu überhören, denn wir wurden gleich darauf von Peter, einem ehemaligen Deutschen, angesprochen. Peter stammte aus dem Osten Deutschlands und hatte noch vor dem Mauerbau auf einer BMW »rübergemacht«, um sich nach Kanada abzusetzen. Eigentlich hatte er damals vorgehabt, so wie ich die Panamericana zu fahren. Von Norden nach Süden wollte er, aber zwischendurch hatte er in Kanada gearbeitet und war schließlich in Anchorage hängen geblieben. Auf ihn trifft die weit verbreitete Legende von der Tellerwäscher-Karriere zu. Peter lud uns für später zum Essen zu sich nach Hause ein und verschwand kurz darauf, weil er noch etwas zu erledigen hatte.

Barney und ich lungerten noch eine Weile im Café herum. Als es dunkel wurde, machten wir uns auf den Weg zu Peter. Das Haus zu finden, war gar nicht so einfach. Als wir endlich an der imposanten Tür schellten, öffneten uns zwei extrem ansehnliche, offenbar russische Mädels. Peter sei nicht da, hieß es. Er habe sich seinen BMW-Cruiser geschnappt, um uns zu suchen. Aber wo wir schon mal da seien ...

Das Haus von diesem Peter war wunderschön, direkt am Meer gelegen. Die Mädchen zeigten uns wie selbstverständlich die Räumlichkeiten, die wir ausgiebig bewunderten. All das war mal wieder eine ziemlich abgefahrene Situation. Vor wenigen Stunden hatte ich Tom und seine Familie verlassen und nun war ich schon bei der nächsten Familie zu Gast. Mein ursprünglicher Plan, an diesem Tag noch bis nach Tok und morgen weiter nach Dawson City in Kanada zu fahren, hatte sich damit wohl erledigt.

Schließlich kam Peter von seiner Suchaktion zurück, hocherfreut uns bereits im Haus anzutreffen. Wir aßen und unterhielten uns bis in die späte Nacht. Ich durfte dann im Gästezimmer übernachten. Barney musste wieder zurück auf den Campingplatz, weil er dort seine Sachen hatte, und die wollte er verständlicherweise über Nacht nicht alleine lassen.

Am Morgen verließ ich Peters trautes Heim wieder. Natürlich nicht ohne Frühstück, das war klar. Peter bestand darauf, dass ich die – nach amerikanischer Auffassung – wichtigste Mahlzeit des Tages bei ihm einnahm. Doch allzu viel Zeit hatte ich nicht, denn ich wollte mich mit Barney beim BMW-Händler treffen: Bei Barney war eine Inspektion fällig und ich wollte an meinem Hobel nach dem Klappern schauen lassen, denn das war immer noch nicht weg.

Mit Barney verstand ich mich von Anfang an prima und als sich dann beim BMW-Händler zwei Schweizer zu uns gesellten, die ebenfalls angenehme Zeitgenossen waren, stand für mich fest: Mit diesen Jungs würde ich meinen Geburtstag feiern. Besser gemeinsam hier in Anchorage als alleine irgendwo in Kanada! Schön war vor allem auch, mal wieder deutsch zu reden.

Barney brauchte etwas länger bei BMW und so machte ich mich alleine auf zu einer kleinen Rundreise durch Anchorage. Eigentlich wollte ich die Zeit nutzen, um über einen Pass ganz in der Nähe zu fahren, doch es regnete. Also machte ich mich wieder auf den Rückweg zur Werkstatt. Das Klappern war nach wie vor zu hören; ich kam mir langsam richtig blöd vor. Mike, der Mechaniker, meinte, er könne nichts hören. Trotzdem ließ ich ihn noch einmal fahren und dann hörte er es schließlich auch. Er meinte jedoch, das sei nicht so schlimm. Na, hoffentlich!

Als dann Barney endlich mit seiner Inspektion fertig war, fuhren wir zusammen zum Campingplatz, auf dem wir die Nacht bleiben wollten. Von dort ging es weiter zu den Schweizern, mit denen wir uns für den Abend verabredet hatten. Die Schweizer – sie hießen Oli und Freddy – hatten sich bei irgendwelchen Mädels einquartiert. Dort ging es zu wie in einer typischen amerikanischen Fernsehserie, wie bei »Friends«. Nachdem wir ein paar Bier getrunken hatten, wechselten wir ins »Bushcamp«, ein Striptease-Lokal – und das sollte ein Erlebnis der besonderen Art werden!

Die erste Überraschung war, dass wir keinen Eintritt zu zahlen brauchten – obwohl auf der Bühne nackte Mädels tanzten! Der Grund, warum wir Jungs gratis ins »Bushcamp« kamen, waren die Mädels, bei denen die Schweizer wohnten. Sie kamen öfter hierher, um sich zu amüsieren. Um die Bühne herum saßen Männer und tranken Bier und Whisky und die Mädchen gingen vor ihnen in die Hocke und zeigten ihnen ganz genau, wie gut sie gebaut waren. Junge, Junge. In Deutschland hätte man dafür mindestens einen Hunderter hinlegen müssen. Unglaublich! Hinzu kam, dass die Mädchen wirklich gut aussahen!

Als es dann Mitternacht schlug und ich Geburtstag hatte, bestellte ich eine Flasche Sekt. Wir hatten gerade angestoßen, als von hinten meine »Geburtstagstorte« angetanzt kam und mich sanft aber bestimmt in eine Ecke zog. Das ging ganz offensichtlich auf das Konto von Barney und den Schweizern.

Soso, das ist also mein Geschenk, dachte ich und traute meinen Augen nicht, während das Mädchen oben ohne vor mir tanzte und mit ihrem enormen Busen vor meinem Gesicht herumwackelte. Anfassen durfte ich sie allerdings nicht. Das war wohl nicht im Preis inbegriffen.

Die Jungs guckten mir zu und amüsierten sich köstlich über meine Hilflosigkeit. Als der Spuk vorbei war, bekam ich noch einen Coffee-Mug mit der Aufschrift »Alaska« und den Unterschriften von den Dreien geschenkt. Über diese Kaffeetasse freute ich mich ganz besonders, weil sie echten Erinnerungswert hatte.

Mit Freddy, einem der beiden Schweizer, positionierte ich mich später mit einem Bier in der Hand etwas näher an der Tanzfläche. Begeistert schauten wir uns die Girls von nahem an. Wenn man einen Schein an den Rand der Tanzfläche legte, kamen sie angetänzelt, stellten sich ganz nah vor den edlen Spender und ließen tiefe Einblicke zu.

Nach einer Weile zogen wir weiter in eine andere Kneipe. Die Stimmung war mittlerweile recht ausgelassen und wir vernichteten jede Menge Bier, bevor wir dorthin zurückgingen, wo die Schweizer wohnten.

Mir war das nur Recht, denn unter den Girls war eine Blondine, die mir gut gefiel, und kaum waren wir in der Wohnung, fing ich auch schon zu baggern an. Das einzige Problem war, dass sie ein Kind hatte und das nervte jedes Mal, sobald wir uns etwas näher kamen. Nachdem wir ein bisschen geschmust hatten, brachen wir das Ganze gegen vier Uhr morgens ab.

The day after

Ich musste feststellen, dass ich einen sehr schönen Geburtstag verbracht hatte. Der Abend in dem Nachtlokal, diesem Tabletop-Laden, war wirklich ein Knüller gewesen!

Doch dann war wieder meine Tour das Hauptthema. Gemeinsam mit Barney machte ich mich auf zur Weiterfahrt nach Tok. Die beiden Schweizer hatten zwischenzeitlich andere Pläne; wir wollten uns einige Tage später in Dawson City in Kanada treffen. Kurz vor Tok fanden wir einen Campingplatz, auf dem wir unsere Zelte aufschlugen.

Da wir uns erst am Samstag wieder mit den anderen zusammenschließen wollten, fuhren Michael und ich zunächst nach Eagle in der Nähe der kanadischen Grenze. Die Strecke dorthin war ein Traum: einsame und raue Gebirgslandschaften, die von der Schotterpiste aus einen unwiderstehlichen Eindruck machten. Sogar einen großen Schwarzbären und viele andere wilde Tiere wie Dammwild und Vögel bekamen wir unterwegs zu Gesicht.

Barney und ich gaben zwischendurch ordentlich Gas; stellenweise fuhren wir 100 km/h und mehr, trotz Schotterpiste. Mir machte das enorm Spaß, denn ich hatte mich langsam an die Straßenverhältnisse gewöhnt. Unterwegs machten wir Halt an einer verlassenen Goldwaschvorrichtung, kletterten über den Zaun und schauten uns das Monster von Nahem an, bevor wir weiter durch die Wildnis brausten.

Völlig erschöpft von der Fahrt und hungrig kamen wir in Eagle an. Wir zelteten wild und unser Lagerfeuer war groß genug, um daran leckere Würstchen zu braten und Kartoffeln zu rösten. Die Nacht zuvor hatten wir auf einem staatlichen Campingplatz verbracht. Da kostete die Übernachtung sechs US-Dollar, obwohl es keine Dusche oder Waschmöglichkeiten und nur ein Plumpsklo gab. Da war mir der wilde Campingplatz schon lieber.

Mit Vollgas zum Top of the World-Highway

Eagle liegt am Yukon River und ist ein malerisches Örtchen. Viele Auswanderer und Künstler haben sich hier niedergelassen. Immer wieder trifft man auf Leute, die aus Deutschland stammen und die gern ein Schwätzchen mit Durchreisenden halten.

Vor der Abfahrt nach Kanada machten wir den Tank voll und dann konnte es losgehen Richtung Dawson City über den Top of the World-Highway. Ich hatte schon viele Fotos davon gesehen und viel darüber gelesen, darum freute ich mich auf diesen Abschnitt der Tour ganz besonders!

Barney fuhr vor und gab seiner kleinen BMW kräftig die Sporen. Auf dem Schotter driftete er nur so um die Kurven. Wenn da mal ein Bär die Bahn kreuzt, dessen Baby wir dann womöglich noch an- oder überfahren – das kann nicht gut enden, dachte ich zwischendurch. Aber nichts dergleichen geschah.

Wir kamen an eine Kreuzung, deren Hinweisschilder uns nach links auf den Top of the World-Highway schickten. Die Straße war ebenfalls unbefestigt und es staubte kräftig hinter uns. Ich sah am Ende aus, als käme ich aus der Wüste. An einem wunderschönen Aussichtspunkt machten wir Halt.

Wie schon der Straßenname verspricht, hat man von dort eine geradezu endlose Sicht in die Tiefe der einsamen Landschaft. Wir schossen viele Fotos und kochten uns dazu erst mal einen Kaffee, denn bis zur Grenze nach Kanada war es nicht mehr weit. Ich muss sagen, der Streckenverlauf war einfach atemberaubend!

Zur Fotosession ins Gelände

An einem weiteren Aussichtspunkt musste ich mich – warum auch immer – mit dem Motorrad im Gelände versuchen. Barney sollte dabei ein paar Fotos machen; das war meine Idee gewesen. Sehr weit kam ich allerdings nicht, denn plötzlich wurde das Moos immer tiefer und schon ging nicht mehr viel. Den ersten Gang eingelegt, ließ ich mich mit schleifender Kupplung langsam aus der Kuhle rollen, um gleich darauf in einer noch tieferen zu landen.

Hier funktionierte absolut nichts mehr; ich saß fest. Also wurde wieder einmal das komplette Gepäck abgeschnallt und der Bock geschoben. Barney amüsierte sich köstlich und machte von unten lauter Fotos von meiner Befreiungsaktion. Ursprünglich hatte ich eigentlich an etwas andere Fotos gedacht. Nassgeschwitzt baute ich schließlich wieder alles zusammen. Von solchen Aktionen hatte ich damit die Nase gestrichen voll. Ich wollte nur noch eins: weiterfahren in Richtung Kanada.

Kanada

Der Grenzposten zwischen den Vereinigten Staaten und Kanada besteht am Top of the World-Highway aus einer einfachen Baracke mitten in der Wildnis. Kaum hatten wir gestoppt, zeigte sich eine junge kanadische Beamtin. Auf ihre Frage, wohin ich wolle, antwortete ich wahrheitsgemäß mit »Südamerika« und gab ihr meinen Reisepass. »Gut, zeigen Sie mir bitte Ihr Abflugticket!«, sagte die Dame.

Abflugticket? Was für ein Abflugticket? Dann fiel bei mir der Groschen! Für Kanada benötigte ich also, auch wenn ich aus den Vereinigten Staaten kam, ein Visum oder mindestens ein Abflugticket. Die ganze Zeit war ich davon ausgegangen, dass das Visum für die Vereinigten Staaten auch für Kanada gilt. Ich hatte aber weder ein kanadisches Visum noch ein Abflugticket. Schöner Schlamassel, der ganze Weg war doch nicht etwa umsonst gewesen?

Ich versuchte die Grenzerin davon zu überzeugen, dass ich das Ticket unten im Koffer hätte, und dass ich im Moment nicht dran käme. »Macht nichts«, meinte sie, sie hätte Zeit. Inzwischen hatte Barney sein Rückflugticket hervorgekramt und zeigte es ihr. Seine Barschaft wollte sie auch noch sehen. Erst als Barney seine Traveller-Schecks vor ihr hingeblättert und sie den Wert kontrolliert hatte, gab sie sich zufrieden.

Oh Gott, wie sollte ich bei einem so gestrengen Grenzposten den Grenzübertritt schaffen? Barney meinte dann beiläufig zu ihr, dass ich mit ihm zusammen zurückfliegen würde. Er wusste nicht, dass ich ihr vorher von Südamerika erzählt hatte. Was blieb mir also anderes übrig – ich bejahte und sie wusste genau, dass ich log. Nun wollte sie auch meine Traveller-Schecks sehen und den genauen Betrag meiner Barschaft wissen.

»Okay«, meinte sie schließlich, »Sie sind der Erste, den ich ohne Ausreiseticket durchfahren lasse.« Mensch, hatte ich Glück gehabt! Ich hätte sonst um ganz Kanada mit dem Schiff herumkurven müssen. Oder drüberfliegen. Auf jeden Fall hätte das viel Zeit und Geld gekostet. Und mir wäre viel entgangen, wie ich heute weiß. Aber Gott sei Dank hatte es doch noch geklappt und ich betrat zum ersten Mal kanadischen Boden.

Kanada gefiel mir sofort. Die Straße war ab hier geteert und die Landschaft kam mir noch überwältigender vor als in Alaska. Vielleicht lag es daran, dass ich mich nicht mehr so stark aufs Fahren konzentrieren musste. Vor lauter Freude, die Grenze passiert zu haben, riss ich den Gashahn auf und wedelte auf den Geraden, sodass Barney große Mühe hatte, mir zu folgen. Barney hatte sowieso einen komischen Fahrstil: Auf Schotter wie auf geteerten Straßen fuhr er hundert – wie ein Tempomat. Für mich war dieses Tempo auf dem Schotter etwas zu schnell und auf festem Untergrund viel zu langsam. Wunderschöne breite, gut überschaubare Kurven, da muss man doch einfach schneller fahren! Die Strecke nach Dawson City war einfach sehens- und fahrenswert.

In Dawson City überquerten wir mit der Fähre den Yukon River. Mitten in der Stadt gab es einen Campingplatz mit Duschen, so viel wussten wir. Aber übernachten durften wir dort nicht. »Leute mit Zelt sind hier nicht gern gesehen, die sch... immer daneben«, bekamen wir von der Leiterin des Platzes zu hören. Die spinnen doch wohl, die Kanadier, war alles, was mir dazu einfiel. Zum Glück hatte Barney sich mit der Dame unterhalten und nicht ich, mir wäre schon eine passende Antwort eingefallen!

Weiter außerhalb fanden wir einen anderen Campingplatz, der auch recht ansprechend aussah. Nach einer herrlich erfrischenden Dusche sah die Welt wieder besser aus.

Erster Kontakt mit den Cops

Am Abend wollten wir uns ein wenig verwöhnen lassen und beschlossen deshalb, nicht selbst zu kochen. Mit dem Motorrad fuhren wir zurück in die Stadt. Ich fuhr ohne Helm, um einmal zu testen, was die kanadische Polizei denn dazu sagen würde. Gleich am Ortseingang wurde ich prompt angehalten. Der Uniformierte gab sich jedoch mit einer mündlichen Verwarnung zufrieden – man muss sich halt nur dumm stellen können!

Der Cop war obendrein ziemlich nett und zeigte uns eine gute Pizzeria. Und er nannte uns ein Lokal, das abends recht gemütlich sein sollte. Auch von Rick, dem Piloten aus Denver, hatte ich diese Adresse genannt bekommen. Und außerdem noch den Namen eines Mädchens, das ich besuchen sollte, nach dem Motto: »Das wird dir gut tun.« Ich verstand die Bemerkung so, dass es sich um die Adresse einer Prostituierten handelte, die mir nach Tagen der Enthaltsamkeit in der Wildnis den Hormonspiegel wieder in Ordnung bringen sollte. Ich war mir allerdings nicht sicher, ob das denn das Richtige für mich sein würde.

In der Kneipe, die wir an diesem Abend antesteten, spielte eine Live-Band Countrymusik. Wir lernten ein paar Österreicher kennen, die mit einem Einheimischen, der aus der Nähe von Frankfurt hierher ausgewandert war, unterwegs waren. Die Kneipen in Dawson City sind bis zwei Uhr morgens geöffnet, was uns sehr entgegenkam; wir nutzten das Limit voll aus.

Entsprechend schlief ich richtig aus. Als ich endlich aus meinem Zelt herauskrabbelte, erwarteten mich strahlender Sonnenschein und Temperaturen um die dreißig Grad Celsius. Barney und ich frühstückten gemütlich in der Sonne. Viel vor hatten wir nicht und wie das bei Bikern on tour so üblich ist, waren wir dauernd damit beschäftigt, am Gepäck herumzufummeln und hier und da etwas zu verändern. Ansonsten lag ich an diesem Morgen einfach nur faul in der Sonne und lauschte den Klängen, die aus meinem Discman kamen.

Musik ist gut für die Seele. Darum hatte ich bestimmt fünfzig CDs unterschiedlicher Musikrichtungen mitgenommen, angefangen von Black- und Party-Music wie Cool and the Gang, Earth, Wind and Fire über Barry White für ruhigere Stunden und Top-Ten-Hits bis hin zu klassischer Klaviermusik. Das tat richtig gut – der erste Sonnenbadetag, seit ich in Alaska und Kanada unterwegs war. Obwohl ich mich im hohen Norden befand, brannte die Sonne so stark, dass ich mich mit Faktor zwölf eincremen musste.

Nachmittags gingen Barney und ich in die Stadt. Wir fanden gleich das Visitorcenter, und die Leute dort konnten mir eine Adresse nennen, wo ich online gehen konnte. Nachdem ich im Internet gewesen war, war Barney an der Reihe. Eigentlich wollten wir anschließend in einem Indianerdorf vorbeischauen, wo »Tag der offenen Tür« sein sollte. Wir beschlossen aber nach kurzer Überlegung, den Besuch im Indianerdorf auf den nächsten Tag zu verschieben und dabei die Schweizer mitzunehmen.

Die trudelten prompt etwas später im Internetcafé ein, und so gingen wir gemeinsam etwas essen und anschließend ins Spielkasino von Dawson City. Da gefiel es mir jedoch nicht besonders, also ging ich alleine ins »Pit«, die Kneipe, in der wir schon am Abend zuvor gewesen waren.

Ein weiterer Grund, warum ich mich abgesetzt hatte, waren die Schweizer, vor allem Freddy, der mir mit seinem altklugen Geschwätz allmählich auf die Nerven ging. Ich setzte mich alleine an die Theke und kam sehr schnell mit einem Typen aus Deutschland ins Gespräch. Er erzählte mir eine lange Story von einer Yukon-Paddeltour, von einer Ärztin aus Inuvik und dass er gerne etwas mit ihr anfangen würde und und und ... alleine zu reisen und dabei Leute kennen zu lernen ist wirklich kein Problem. Kann aber manchmal zum Problem werden.

Barney kam später nach ins »Pit« und ich entschloss mich im Verlauf des Abends, mir diesmal ein wenig mehr hinter die Binde zu kippen. Leider kamen keine weiteren Kontakte zustande, sodass mir nichts weiter übrig blieb, als irgendwann ziemlich angetrunken ins Camp zurückzufahren.

Pow-Wow im Indianerdorf

Freddy weckte uns, indem er kleine Steine gegen unsere Zelte warf. Das war gut so, denn es sollte ein langer Tag werden; wir hatten viel vor. Die beiden Schweizer und Barney wollten in Richtung Inuvik aufbrechen und ich wollte weiter nach Whitehorse; das liegt weiter südlich. Außerdem stand das Indianerdorf auf unserem gemeinsamen Programm. So gegen zehn Uhr hatten wir mit dem Aufstehen begonnen, aber bis wir startbereit waren – Zelte und Klamotten gepackt und geduscht –, war es schon wieder zwei Uhr nachmittags.

Ein kleines Boot brachte uns etwa eine Meile den Yukon River abwärts zum Indianerdorf. Ich muss sagen, wir waren alle ein wenig enttäuscht. Da wurden nur ein paar Schmucksachen verkauft, auf einer Wiese war eine klapprige Tribüne aufgebaut, eine Indianerfrau erzählte ihre aus meiner Sicht eher langweilige Geschichte und es wurden Cheeseburger verkauft; sonst gab es nichts Interessantes zu sehen. Nachdem ich mit Barney einen Cheeseburger verdrückt hatte, verabschiedete ich mich schon bald vom Indianerdorf und von der restlichen Truppe.

Bombenwetter und heiße Quellen

Ich war also wieder alleine unterwegs. Aber das war mir für den Moment deutlich lieber, denn Freddy ging mir zusehends auf den Geist. Und genau genommen wollte ich die Tour ja sowieso alleine machen. Ich fuhr also auf dem Klondike-Highway, einer gut ausgebauten Straße, in Richtung Whitehorse. Die Landschaft um mich herum war nicht besonders schön, jedenfalls im Vergleich zu dem, was ich in den Tagen zuvor gesehen hatte, aber zum Ausgleich dafür kam ich gut voran.

Das Einzige, was mich in diesem Moment störte, waren die dunklen Wolken am Horizont. An einer Tankstelle fragte ich, was das denn zu bedeuten habe. Man erklärte mir, das rühre von einem Waldbrand ganz in der Nähe; meine Weiterfahrt sei dadurch jedoch nicht gefährdet.

Das Wetter wurde besser und ich beschloss, einen weiteren Halt einzulegen, diesmal an einem Heliport, wie es sie in solchen einsamen Gegenden immer mal wieder gibt, um einen Kaffee zu trinken. Hier lernte ich Jörg kennen, einen ehemaligen Deutschen aus Köln, der mit vierzehn Jahren mit seinen Eltern nach Kanada ausgewandert war und nun hier als Feuerwehrmann arbeitete. Er wohnte in Kamloops in den Rockies und gab mir seine Adresse, damit ich ihn besuchen konnte. Schön, wieder eine Anlaufstelle mehr, wo ich umsonst übernachten kann, dachte ich und nahm die Einladung dankbar an.

Das Wetter wurde immer besser – richtiges Mopedwetter! Die Sonne stand hoch am Himmel und auch die Landschaft gab sich mit ihrem Aussehen mehr Mühe. Kurz vor Hot Springs hielt ich bei einem großen Pfadfindertreffen an. Ich erfuhr, dass hier auch deutsche Touristen sein sollten, also machte ich mich auf die Suche nach ihnen. Schon bald hatte ich sie gefunden und wir plauderten kurz und tauschten ein paar Informationen aus. Die Deutschen waren gerade beim Essen und ich hätte eigentlich erwartet, dass man mich fragt, ob ich etwas mit ihnen essen wollte. Das taten sie jedoch nicht, was ich ziemlich unhöflich fand.

Also stieg ich wieder auf meinen Bock und düste weiter nach Hot Springs. Dort angekommen, musste ich feststellen, dass der Pool mit den heißen Quellen schon geschlossen war. Schade, aber ich war ja sozusagen im Urlaub, mit der Zeit auf meiner Seite; ich konnte auch noch morgen baden. Ich baute mein Zelt auf dem Campingplatz unmittelbar daneben auf.

Dieser Platz war zur Abwechslung nur spärlich ausgestattet. Es gab zum Beispiel keinen Tisch, was dazu führte, dass ich später mein selbst zubereitetes Essen verschüttete. Außerdem ließ ich das Halteband für das Gepäck am Feuer anschmoren und der Kaffee ging auch daneben. Es war irgendwie nicht mein Abend. Schnell kroch ich in den Schlafsack, um nicht noch mehr Unheil anzurichten. Morgen ist auch noch ein Tag, sagte ich mir.

Nach diesem chaotischen Abend konnte alles nur noch besser werden. Ich stand bei herrlichem Wetter früh auf und warf wie immer den Kocher für den Kaffee an. Zum Frühstück gab es – wie so häufig – eine große Schüssel mit Müsli und einem Apfel und dazu viel Milch. Das sollte den Tag über reichen. Nachdem ich mein Lager auf dem Takhini Hot Springs Campground abgebrochen hatte, fuhr ich die hundert Meter weiter zum Eingang der heißen Quellen. Der Eintritt war im Campingentgelt bereits enthalten und das musste ich einfach ausnutzen!

Schnell zog ich mich um und kletterte in den Pool. War das ein angenehmes Gefühl! Wohlig warmes Wasser aus heißen Quellen vulkanischen Ursprungs und dazu die richtige Musik vom Discman. Passend zu meiner guten Laune legte ich mir Partymusik von Earth, Wind & Fire, Randy Crawford und ähnlichen Interpreten auf. Obendrein herrschte bestes Sonnenwetter und so genoss ich ausgiebig und unbeschwert mein Dasein.

Neue Pläne und Nächte unterm Sternenzelt

Gegen Spätnachmittag machte ich mich wieder Richtung Alaska auf. Irgendwie ritt mich an diesem Tag der Teufel und ich wollte es unbedingt riskieren, aus Kanada aus- und hoffentlich erneut einzureisen. Die Fahrt über den Alaska-Highway war traumhaft: schönes, trockenes und sonniges Wetter, gut ausgebaute und geteerte Straßen, umgeben von einsamer und unberührter Landschaft. Bikerherz, was willst du mehr? Dementsprechend entstanden während der Fahrt zahlreiche Fotos.

Als ich an Haines Junction, also am Straßendreieck Alaska/Haines-Highway vorbeikam, überlegte ich, dass ich mir derartige Unbequemlichkeiten wie auf dem Campingplatz am Abend zuvor nicht noch einmal antun wollte. Also schaute ich mich nach einem anderen, für meine Zwecke geeigneteren Schlafplatz um. Etwas weiter an einem See stieß ich auf einen staatlichen Campground und der hatte gottlob einen Tisch. Da konnte nichts schief gehen!

Ich entfachte gleich ein großes Feuer und erhitzte meine Ravioli. Dazu gab es als Nachtisch einen wunderschönen Sonnenuntergang. Mit einem wohligen Gefühl im Bauch musste ich feststellen: Hier ließ es sich aushalten! Die Luft war so lau, dass ich beschloss, diese Nacht unter freiem Himmel zu verbringen. Es wurde zwar später etwas windig, aber insgesamt machte das Wetter den Eindruck, als ob es halten wollte. Ich hoffte, dass der Schlafsack mich warm genug halten würde. Mein Plan war ohnehin, früh aufzustehen und in der Morgenstimmung zu fotografieren. Wenn ich im Zelt schlafe, dauert es viel länger, bis ich aufgestanden bin und alles zusammengepackt habe, überlegte ich. Das Wetter ist auf jeden Fall morgens am besten fürs Fotografieren.

Zurück nach Alaska

Meine Überlegung, ohne Zelt die Nacht im Freien zu verbringen, erwies sich als Schuss ins Knie. Das war eine unruhige Nacht! Schon beim kleinsten Geräusch schreckte ich hoch und lag auf der Lauer, ob nicht vielleicht ein Bär auftauchte. Mich plagte ganz offensichtlich mein schlechtes Gewissen, weil ich grundlos einen Bären getötet hatte. In meiner Phantasie stellte ich mir vor, dass ein anderer Bär kommen und Rache nehmen würde.

Einen Vorteil hatte meine Nervosität: Ich konnte wie geplant früh aufstehen und schnell meine Sachen packen. Bei optimalem Fotografierwetter fuhr ich im ersten Morgenlicht über den 1065 Meter hohen Chilkat-Pass und überquerte problemlos die kanadische Grenze – ich war wieder in Alaska.

Die Fahrt nach Haines, wo ich mit der Fähre nach Skagway übersetzen wollte, war wunderschön. Haines ist überaus reizvoll auf einer Landzunge zwischen Chilkoot und Chilkat Inlet gelegen und rundherum sieht man schneebedeckte Berge. Ursprünglich hieß der Ort auf Indianisch »Ende des Weges«, und das stimmt auch: Von hier geht es nur mit dem Schiff weiter. Also schaute ich mich gleich nach der Fähre nach Skagway um. Von dort hatte ich vor, die Straße parallel zum Chilkoot Pass Trail zu nehmen und dann wieder nach Kanada einzureisen. Auf den letzten Drücker bekam ich ein Ticket und schon legte das Fährschiff ab.

Auf der Fähre lernte ich Hermann aus Vancouver kennen. Wie die beiden anderen verwegen dreinschauenden Typen, die ich bei BMW in Anchorage kennen gelernt hatte, war auch er Rechtsanwalt. Hermann war für eine Woche mit seiner Harley unterwegs. In diesen sieben Tagen wollte er von Vancouver nach Whitehorse, Haines und Skagway und zurück – einfach eine unglaublich lange Stecke! Um das zu schaffen, musste er schätzungsweise jeden Tag fünfhundert Kilometer auf seinem Milwaukee Steel absitzen. Wir nutzten die Zwangspause an Deck, um Adressen auszutauschen. Man weiß ja nie, dachte ich, vielleicht kann ich ihn mal besuchen.

Skagway ist wie Haines auch eine typische Touristenstadt. Ich kaufte nur Benzin und Zigaretten und fuhr dann weiter Richtung Kanada. Schon bald sah ich die Grenzstation vor mir auftauchen. Hoffentlich würden die mich wieder einreisen lassen. Ganz so sicher war ich mir nach dem ersten Erlebnis mit der kanadischen

Zöllnerin nicht. Aber wer sagt's denn, Glück muss man haben, wie schon beim ersten Mal. Außer meinem Reisepass und einer Antwort auf die Frage, wie lange ich in Kanada zu bleiben gedachte, wollten sie nichts von mir. Also fuhr ich wieder hinein nach Kanada und weiter Richtung Carcross.

Und wieder Kanada

Auch dieser Streckenabschnitt des Klondike-Highway war einfach atemberaubend. Ganz allgemein gilt er als einer der schönsten im gesamten Yukon Territory: spektakuläre Landschaftspanoramen an jedem Aussichtspunkt.

In Carcross machte ich Halt, denn mir knurrte langsam der Magen. An einem Bootsanlegesteg genehmigte ich mir einen Fischburger mit Pommes und dabei lernte ich eine Frau mit ihrem Kind kennen. Irgendwie hatte ich das Gefühl, als wollte sie, dass ich nicht weiterfuhr und ein Weilchen dort blieb, vielleicht sogar bei ihr übernachtete. Und irgendwie hatte ich auch Lust dazu. Sicher war ich mir allerdings nicht und wenn ich mich getäuscht hätte, wäre das ziemlich unangenehm und obendrein ungünstig gewesen, zumal die Lage des Campingplatzes dort eher bescheiden war. Damit stand meine Entscheidung fest: weiter nach Tagish.

An einer Brücke legte ich erneut eine Pause ein und schoss ein paar Sonnenuntergangsbilder. Mit einem Stativ zu arbeiten, ist eine super Sache, dachte ich und war froh, dass ich das Ding mit mir herumschleppte. Von der Brücke aus führte die Straße geschottert weiter bis nach Jakes Corner. Ich fuhr diesmal für meine Verhältnisse relativ langsam, um die Landschaft zu genießen.

Plötzlich traue ich meinen Augen nicht: Nicht ein, sondern gleich zwei Bären am Straßenrand! Die beiden lassen sich überhaupt nicht von mir stören und bleiben einfach stehen. Also fahre ich langsam an ihnen vorbei und drehe nach fünfzig Metern um. Was soll ich jetzt machen? Den Fotoapparat herausholen? Darin liegt eine gewisse Gefahr: Wenn man das Ding in den Händen hat, kann man nicht so schnell die Flucht ergreifen, falls einer der Bären sich entschließen sollte, anzugreifen.

Das Thema hatte sich sehr bald von selbst erledigt. Die beiden Bären – es waren übrigens Schwarzbären – kreuzten gemütlich die

Straße und verschwanden auf der anderen Seite im Unterholz. Einfach unglaublich! Zwei Bären auf einmal zu sehen, das ist schon eine Seltenheit.

Auf der Weiterfahrt schaute ich mich permanent um, ohne jedoch weitere Exemplare zu Gesicht zu bekommen. Todmüde stoppte ich in Teslin. Ich baute mein Zelt auf, sammelte Holz für das Lagerfeuer, grillte mir ein paar Würstchen und rauchte anschließend eine Zigarre. Kein Stressprogramm mehr! Morgen ist auch noch ein Tag, dachte ich. Da kannst du in Ruhe Mails in den Laptop hacken und eine Postkarte an Jürgen in Vancouver schreiben. Jürgen ist der Onkel eines meiner Kumpels in Koblenz. Ich hatte vor, ihn in Vancouver zu besuchen. Und da wir uns noch nicht persönlich begegnet waren, wollte ich meinen Besuch wenigstens durch eine Postkarte ankündigen.

Katzenwäsche mit Panorama

Gut ausgeschlafen, frisch geduscht und mit einem großen Teller Müsli mit Apfel im Bauch startete ich in den nächsten Tag. Ich packte in aller Ruhe meine Sachen zusammen und los ging es. Erst als ich anhielt, um zu tanken, fiel mir auf, dass ich vergessen hatte, den Campingplatz zu bezahlen. Tough shit, Pech für den Campingplatzbetreiber, lautete meine Lösung für das Problem.

Mein nächstes Ziel hieß Watson Lake. Es war trocken an diesem Tag, aber zum Fotografieren reichte das Licht nicht. Also konnte ich Meilen schrubben. Auf halber Strecke lernte ich Christian kennen, einen Deutschen aus dem Ruhrgebiet, der genau die gleiche Maschine wie ich hatte. Er stand mit einem Schweizer und einem weiteren Typ einfach am Wegrand des Alaska-Highways.

Obwohl ich heute Kilometer machen wollte, musste ich natürlich stoppen und erst mal mit den Jungs plaudern. Der Schweizer wollte in eine andere Richtung, weiter nach Osten, fahren; Christian hatte sich dieselbe Strecke wie ich vorgenommen.

Zusammen fuhren Christian und ich Richtung Hyder. Hyder war mir von Rick, dem Piloten aus Denver, als Stopover empfohlen worden. Da sollte man Bären in freier Wildnis beim Lachsfang beobachten können. Schon bald wurde es dunkel und ordentlich Strecke machen war bei den Lichtverhältnissen nicht mehr möglich. An einer Tankstelle legten wir eine Rast ein und aßen Cheeseburger mit Pommes. Ich bin zwar kein großer Freund der nordamerikanischen Hamburger-Kultur, aber wenn man das Zeug nicht ständig isst, kann es richtig gut schmecken.

Es war komplett dunkel und schon spät in der Nacht, als wir weiterfuhren. Mein Vorderlicht hatte vor einiger Zeit den Geist aufgegeben und so fuhr ich ohne durch die Nacht. Auch nicht so toll, Dan! Obendrein regnete es und darum suchten wir nach einer Stelle, wo wir campen konnten. Gleich neben der Straße, an einem Bach, hielten wir an, bauten unsere Zelte auf, tranken noch gemeinsam einen Kaffee und quatschten eine ganze Weile über BMW-Motorräder, über Zubehör und all das Zeugs. So einen Coffee-Chat am Lagerfeuer kann ich nur empfehlen. Da bekommt man jede Menge Erfahrungen vermittelt und kann wichtige Reise-Infos austauschen!

Christian war am nächsten Morgen schon früh wach; das bedeutete, dass ich auch aufstehen musste. Meine Morgentoilette inklusive Zähneputzen fand am und im Bach statt – vor einem gigantischen Panorama, das mich sowohl mit dem frühen Aufstehen als auch mit dem kalten Wasser versöhnte. Dann frühstückten wir zusammen und fuhren los.

Die Strecke nach Hyder führt durch die atemberaubende Landschaft der Coast Mountains: Gletscher und Wasserfälle auf beiden Seiten der Straße. Leider regnete es und außerdem hatte ich mich an der Landschaft schon irgendwie satt gesehen. Man gewöhnt sich eben an alles. Kurz vor Hyder fühlte ich mich dennoch genötigt, zu stoppen und ein paar Fotos vom Bear Glacier mit seinem blau schimmernden Wasser zu schießen, außerdem von einem Transportschiff voller Baumstämme. Auch Hyder, die »Grenze« nach Alaska, musste aufs Foto: keine Zollbeamten, einfach freie Durchfahrt!

Das Fahren im Team mit einem anderen Mopedfahrer war für mich in dieser Zeit überhaupt kein Problem. Christian und ich passten vom Fahrstil gut zusammen. Wir fuhren beide die gleiche Maschine und auch sonst verstanden wir uns gut.

Und wieder auf Bärenjagd

Gleich hinter der Grenze musste die Stelle kommen, wo man Bären beobachten konnte. Es regnete immer noch, als wir den Platz erreichten. Keine Bären, aber jede Menge Leute waren dort. Viele

1

2

1 *Alaskas grandiose Perspektiven verleiten zum Absteigen und Genießen.*

2 *Für die erste Nacht bei den Bären bringt Tom mir schnell das Schießen bei.*

3

4

5

6

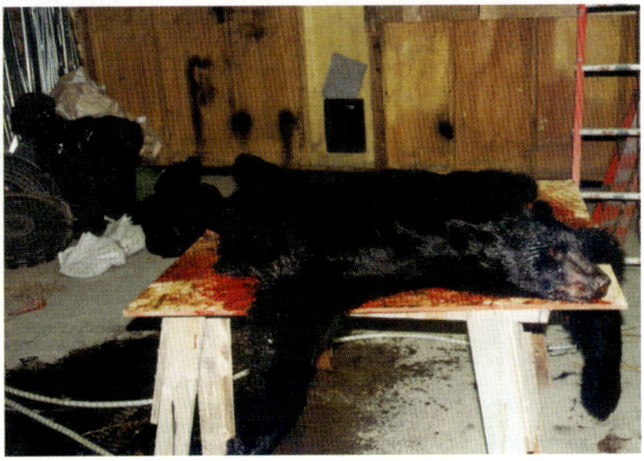

7

3 *Die Weite von Landschaft und Himmel ist Atem beraubend.*

4 *Der Denali Highway führt uns durch Zentralalaska. Hier grüßen sich nicht nur Mopedfahrer.*

5 *Die legendäre Scheune: Das Herrenzimmer, um Wodka und eine gute Zigarre zu genießen.*

6 *Eine Erfahrung fürs Leben ist die Zerlegung des Bären. Die Vorstellung »Der Strom kommt aus der Steckdose und das Fleisch aus dem Supermarkt« verschwindet spätestens hier.*

7 *Am Rande des Top of the world-Highway*

8 *In Alaskas Flüssen laichen die Lachse. Auf dem Weg dahin warten die Bären, die sich beim Fressen durch nichts stören lassen.*

9 *Bei diesem Rastplatz sind die Hinweise für den richtigen Umgang mit Bären direkt auf den Tisch genagelt worden – unübersehbar.*

8

9

10

11

12

10 *Die so genannte »Inside passage« von Port Hardy nach Vancouver Island.*

11 *Seattle*

12 *Aus Japan eingeflogen: Auch mit nur 100 ccm Hubraum ist eine Reise durch Amerika möglich.*

13

14

15

16

3 Die Aussicht von der berühmten Küstenstraße 101 auf den Pazifischen Ozean

4 Golden Gate Bridge

15 Mmmh, leckere Langusten im AngEbot!

16 Im Hafen von San Francisco fühlen sich auch die Seehunde wohl.

17 Monument Valley. An diesem Foto kommt man nicht vorbei.

18 Las Vegas – die Stadt in der Wüste. Auch die Motorräder sind hier etwas überdimensioniert.

sammelten schon ihre schweren Kameras ein und fuhren vor dem Regen davon. Zwei überaus gesprächige Ranger, die für die Ordnung an dieser Beobachtungsstelle zuständig waren, meinten allerdings, dass die Bären sicher bald wiederkämen.

Ich rüste gerade meine Kamera mit einem 800er Film auf, als ein Bär kommt. Gemächlich schlendert er den Fluss entlang, nach Beute Ausschau haltend. Von seinem Fang frisst er nur das Feinste – den Kaviar! Den Rest und vor allem die männlichen Lachse lässt er einfach liegen. Ich schieße ein Foto nach dem anderen, sodass der Film ziemlich schnell voll ist.

Nach dieser hautnahen Bärenbegegnung fuhren wir zum Campingplatz, bauten die Zelte auf, aßen eine heiße Suppe und machten uns auf den Weg in die nächste Kneipe – das Beste, was man bei diesem Schmuddelwetter tun konnte. Laut Reiseführer sollte hier abends mächtig was los sein. Jede Menge Leute aus Kanada würden zum Abfeiern herüberkommen, weil in Alaska der Alkohol billiger sei. Leider haben wir davon nicht viel mitbekommen. An diesem Abend waren nur ein paar ältere Leute auszumachen. Nach ein paar Bier gingen wir zum Zeltplatz zurück und legten uns schlafen.

Endlich konnte ich mal wieder richtig ausschlafen. Christian weckte mich erst gegen zwölf Uhr, als er schon seine Sachen gepackt hatte und bereit war aufzubrechen. Ich glaube, ich brauche wirklich eine Menge Schlaf. Ich verabschiedete mich von Christian, der ab jetzt andere Ziele hatte, und nahm erst einmal eine ordentliche Dusche. Danach gab es das übliche Frühstück und anschließend verzog ich mich wieder in mein Zelt, denn es regnete und es sah nicht so aus, als würde sich das Wetter bessern. Also nahm ich meinen Schlepptop zur Hand und schrieb E-Mails. So verbrachte ich den ganzen Tag im Zelt.

Erst am Abend ging ich wieder »vor die Tür« und in die Campingplatzkneipe. Dort traf ich tatsächlich auf ein paar Leute aus dem Glottertal im Schwarzwald, die sogar einen Kumpel von mir kannten. Das war recht witzig. Es wurde ein schöner Abend, vor allem war es nett, mal wieder Leute aus der Heimat zu treffen.

Regen, Mädels und kein Fährbetrieb

Der Regen entwickelte sich zur Dauereinrichtung, aber irgendwann gab es kein Pardon mehr. Ich stand früh auf und packte meine Sachen zusammen. Dann ging ich mit meinem Laptop online und schickte meine gesammelten E-Mails ab. Das war schnell erledigt und ich war wieder unterwegs. Auch die Strecke bis nach Prince Rupert, wo die Fähre nach Vancouver Island abfährt, legte ich relativ schnell zurück. In Prince Rupert schien derselbe Wettergott das Sagen zu haben, denn hier goss es ebenfalls in Strömen. Damit nicht genug: Als ich endlich das Office der Fähre nach Vancouver Island gefunden hatte, war es natürlich schon geschlossen. Ich hatte aber keine Lust, noch so eine Nacht im feuchten Zelt zu verbringen. Außerdem hätte das höchstwahrscheinlich bedeutet, dass ich am Morgen die Fähre verpasse. Also ging ich in ein Hotel, das sogar recht günstig war. Um ins Bett zu gehen, war es allerdings noch zu früh.

Ich machte mich auf in die nächste Kneipe und lernte schnell ein paar Mädels kennen, mit denen ich den ganzen Abend verbrachte. Besonders eine sah recht süß aus; sie hatte jedoch leider ihren Freund dabei. Macht nichts, dann konzentriere ich mich eben auf die andere! Als um zwei Uhr morgens die Lichter im Lokal ausgingen, kehrte ich ins Hotel zurück und packte meine Sachen. Dazu kochte ich mir eine Suppe auf dem Benzinkocher und das war Grund genug für den Feuermelder, sich in das Geschehen einzuschalten. Ich hatte gar nicht gewusst, dass die Dinger so laut sein können! Trotzdem hat keiner nach mir geschaut. Wozu dann überhaupt ein Feuermelder, fragte ich mich. Als ich ein Bad genommen und mich so richtig gründlich gewaschen hatte, stand mein Entschluss fest: Jetzt wird die Nacht durchgemacht! Um 6.30 Uhr musste ich an der Fähre sein. Ich konnte nur hoffen, dass für mich noch ein Ticket nach Vancouver Island übrig war.

Um fünf Uhr morgens gönnte ich mir einen Kaffee und dann konnte es losgehen. Ich kam pünktlich an der Anlegestelle an und erlebte gleich die erste große Überraschung des Tages: Nicht am Sonntag, sondern erst Montag ging die Fähre! Na super! Entweder hatte mich die Frau von der Reederei, die ich sicherheitshalber wegen der Abfahrtszeiten angerufen hatte, auf den Arm genommen oder ich hatte sie falsch verstanden. Prima, Dan, was willst du jetzt machen? Noch einen Tag hier verbringen oder im Regen die gut 1500 Kilometer nach Vancouver fahren? Meine Reifen waren ohnehin nicht mehr die neuesten!

Also fuhr ich erst einmal zurück ins Hotel. Wenn irgend möglich, wollte ich ausschlafen. Das ging zum Glück; der

Nachtportier machte keine Schwierigkeiten. Um zwölf Uhr müsse ich dann allerdings endgültig auschecken, sagte er nur. Das tat ich dann auch.

Als ich das Restaurant verließ, regnete es immer noch – Prince Rupert ist bekannt für viel Regen. Momentan schien es sich jedoch auszuregnen, denn hinter den Bergen kam schon wieder die Sonne hervor. Also entschied ich mich dafür, dort zu bleiben und die Fähre am Montag zu nehmen, was sich dann später als sehr sinnvoll herausstellte. Den Nachmittag verbrachte ich mit E-Mails schreiben am Meer; anschließend fuhr ich wieder in die Stadt.

Noch eine Nacht im Hotel ist zu teuer, Dan, sagte ich mir. Also war wieder durchmachen angesagt! Das gelang mit auch ganz gut, denn an einer Tankstelle traf ich den Typen, den ich am Abend zuvor mit den beiden Mädchen kennen gelernt hatte. Er lud mich ein, mit zu ihm nach Hause zu kommen. Wir schauten Videos – irgendwelche B-Movies –, tranken Bier und hingen einfach ab.

Um zwei Uhr morgens brach ich auf und fuhr zum Hafen. Das Zelt dort aufzubauen, schien mir zu aufwändig und so schlief ich zwei Stunden vor der Tür des Fährticket-Office. Pünktlich um fünf Uhr morgens wurde die Tür aufgeschlossen. Inzwischen hatten zwei Studentinnen, die für die »Straßensicherheit« arbeiteten, damit begonnen Prospekte zu verteilen. Außerdem hielten sie kostenlosen Kaffee und frische Brötchen bereit. Frühstück gleich an Ort und Stelle – ich war begeistert.

Mit einem Standby-Ticket zwischen den Lippen ordnete ich mich kurze Zeit später in der Spur Nummer 12 ein. Meine Chancen, einen Platz auf der Fähre zu bekommen, seien gut, meinte eine Dame von den Ordnungskräften. So war es dann auch. Todmüde rollte ich auf die Fähre, zurrte das Moped fest und ging gleich nach oben aufs Deck. Nachdem ich ein paar Fotos gemacht hatte, legte ich mich in einer windgeschützten Ecke hin, um ein paar Stunden zu schlafen.

Reisen wie auf dem Traumschiff

Bald merkte ich, dass die Entscheidung für die Fährpassage richtig gewesen war. Für diesen Tag sah es nach richtig schönem Wetter aus. Die Leute an Bord erzählten mir, dass es die letzten Tage nur geregnet hätte und dass dies der erste schöne Tag sei. Na prima, das passt doch! Nach meinem Nickerchen lief ich ein bisschen umher und traf gleich eine Gruppe von Harley Davidson-Fahrern, die ich schon aus der Warteschlange im Hafen kannte. Die Truppe kam aus Bakersfield; das liegt östlich von Death Valley und nördlich von Los Angeles.

Sie boten mir an, ihnen Gesellschaft zu leisten, was ich auch tat. Schnell hatten wir ein nettes Gespräch im Gange und einige Biere intus. Es ist doch immer wieder erstaunlich, wie schnell man als Mopedfahrer Kontakt bekommt. Die Jungs schienen wirklich sehr nett zu sein. Leicht angeheitert musste ich dann am Spätnachmittag unbedingt etwas essen gehen. Bis dahin hatte ich außer dem morgendlichen Imbiss noch nichts Reelles in den Bauch bekommen. Zum Glück gab es an Bord mein Leibgericht: Cheeseburger mit French Fries! Immer wieder lecker, besonders nach ein paar Bier.

Die Aussicht war bei diesem Wetter einfach traumhaft. Vom Schiff aus und über das Wasser hinweg wirkte die Landschaft ganz anders als von der Straße aus! Wenn ich meinem Reiseführer glauben durfte, hatte ich enormes Glück, denn in dieser Gegend sollte es die meiste Zeit regnen.

Nach dem Essen war ich verständlicherweise müde und hatte das dringende Bedürfnis, mich erneut an Deck schlafen zu legen. Zwei Stunden später wachte ich auf und ging erneut zu den Harley-Jungs. Dort war man immer noch mit dem Vernichten von Alkohol beschäftigt. Ich setzte mich wieder dazu und hatte eine Menge Spaß. Gegen Ende der Fahrt kam es zum üblichen Adressentausch und man lud mich ein, die ganze Truppe in Bakersfield zu besuchen. Ich nahm mir vor, das auch wirklich zu tun. Außerdem hoffte ich, dass ich trotz der Bierballerei schöne Bilder mit der Kamera eingefangen hatte. Als es dunkel wurde, schrieb ich ein paar Postkarten und dann näherten wir uns auch schon langsam unserem Ziel.

Insgesamt waren wir von 7.30 Uhr morgens bis um Mitternacht unterwegs gewesen. Ich hatte nette Leute kennen gelernt, hoffentlich tolle Fotos gemacht und die Panoramalandschaft genossen. In Port Hardy auf Vancouver Island angekommen, machte ich mich gleich auf die Suche nach dem Campingplatz, der im Reiseführer empfohlen wurde, und kaufte mir im dazu gehörenden Supermarkt zwei Dosen Ravioli. Man mag darüber ja denken, wie man will – mir schmeckt das Zeugs immer wieder!

Willkommen im Motorradparadies

Meine erste Handlung am nächsten Morgen war die Suche nach einer Möglichkeit, um die E-Mails zu versenden, die ich an Bord der Fähre geschrieben hatte. In der Bibliothek des Ortes bot mir eine unfreundliche Dame lediglich einen Stromanschluss an. Danke vielmals, aber das reicht nicht. Ich fand dann einen Kopierladen, wo ich meine E-Mails für sage und schreibe fünf Kanada-Dollar verschicken durfte. Fünf Dollar – die reinste Abzocke!

Sei's drum. Ich kaufte schnell alles Nötige ein, gab die Postkarten ab und tankte voll – und schon konnte es weiter in Richtung Süden gehen. Mein Ziel für diesen Tag hieß Long Beach. Der Küstenabschnitt, der vor mir lag, zählt zu den malerischsten in British Columbia. Tatsächlich war die Fahrt dorthin einfach wunderschön, mit Abstand die faszinierendste Strecke, die ich während meiner Reise bisher gesehen hatte. Und geradezu traumhaft, wenn man mit dem Motorrad unterwegs ist: Kurven über Kurven, bergauf und bergab! Die Route führte zunächst durch dichten Nadelwald, vorbei an Seen und Flüssen und dann durch das Mackenzie-Gebirge zur Küste hinunter.

In Long Beach musste ich als Erstes feststellen, dass Zelten dort sehr teuer ist. Die etwas billigeren Campingplätze waren deshalb alle besetzt. Wild zelten ist jedoch in den Nationalparks verboten, und in einem solchen befand ich mich gerade. Nach einigem Suchen entschloss ich mich, zu meinem ersten Anlaufpunkt zurückzukehren. Dort traf ich Gordon, einen Harley-Fahrer aus Vancouver, mit dem ich mir den Preis für die Übernachtung teilte. Wir kochten dann gemeinsam ein Abendessen und verbrachten den Rest des Abends zusammen. Leider gab es mal wieder keinen Tisch. An diesen ansonsten auf amerikanischen Campingplätzen üblichen Service hatte ich mich schon bestens gewöhnt.

Über all die landschaftlichen Eindrücke habe ich ganz vergessen zu erwähnen: Mein Moped machte mir wieder ernsthaft Sorgen. Vor allem am rechten Zylinder klapperten die Ventile ganz heftig. Ich war zwar zügig gefahren, jedoch musste ich zwischendurch immer wieder vom Gas gehen. Das durfte doch nicht wahr sein! Wie sollte ich die lange Strecke bis nach Südamerika mit dieser Maschine nur schaffen? Für Vancouver City war dringend der Besuch bei einem BMW-Händler angesagt. Shit, shit, shit! Okay,

Dan, nur die Ruhe. Du bist nur so verärgert, weil du müde bist. Morgen ist auch noch ein Tag, dann sieht alles anders aus. Schließlich gibt es hier einen richtig guten Strand! Sofern das Wetter mitspielte, wollte ich mir einen Sonnen- und Strandtag gönnen.

Ich schlief gut in dieser Nacht, wurde aber früh wach, als sich mein Harley fahrender Zeltplatzkollege zum Joggen aufmachte. Ich fand, dass er mich ruhig hätte fragen können; ich wäre gerne mitgelaufen. Ich hatte schon lange nichts mehr für meine Kondition getan und das war nicht gut. Schließlich bin ich ein ambitionierter Judoka, der regelmäßiges Training gewohnt ist, und ich hatte auf jeden Fall vor, nach meiner Rückkehr nach Deutschland wieder an Wettkämpfen teilzunehmen.

Als Gordon zurückkam, nahmen wir zusammen ein Bad im Pazifik, dessen Wasser ich erstaunlich kalt fand. Allem Anschein nach war ich das jedoch von meinem Aufenthalt in der Bretagne her noch gewohnt, denn es machte mir keine Schwierigkeiten, ins Wasser zu gehen. Und wie das so ist – Baden im kalten Wasser macht hungrig auf ein gutes Frühstück.

Nachdem wir unsere Sachen zusammengepackt hatten, machten wir einen Ausflug nach Tofino, einem kleinen Städtchen in der Nähe, das schon zu indianischer Zeit ein Fischerdorf gewesen war. Heute leben dort noch immer viele Indianer, und eine der Haupt-Einnahmequellen ist das Whale-Watching, das Betrachten vorbeiziehender Grauwale von Ausflugsbooten aus.

Smalltalk, Jogging und noch mehr Ravioli

Inzwischen hatten wir wieder geniales Wetter. Gordon und ich suchten uns am Strand ein Plätzchen in der Nähe einiger Mädels. Vielleicht ergab sich ja die Möglichkeit, mit ihnen ins Gespräch zu kommen. Der Strand wirkte mit seinen eingestreuten Felsen und dem bizarr anmutenden Treibholz atemberaubend wild und schön. Ein bisschen erinnerte mich die Szenerie an die Bretagne.

Wir packten unser Dosenbier aus und machten es uns gemütlich. Um die Bierdosen mussten wir allerdings unsere Socken wickeln, weil in Kanada – wie in den Vereinigten Staaten auch – der Genuss von Alkohol in der Öffentlichkeit verboten ist. Von da an nannte ich unser Getränk nur noch »Sockenbier«.

Schon bald pirschte sich mein Zeltplatzkollege Gordon an die Mädels von nebenan heran. Er hatte ganz offensichtlich den Dreh raus, wie man mit Leuten und besonders mit Girls ins Gespräch kommt. Ein richtiges Schlitzohr! Es dauerte nicht lange, da kamen zwei Geschwister zu uns herüber, tranken mit uns Bier und erzählten ganz nebenbei, dass sie schon mal längere Zeit in Südamerika gewesen seien. Beide sahen gut aus, besonders die eine war eine echt hübsche Maus: gute Figur, lange braune Haare und ein niedliches Gesicht. Einfach zum Anbeißen! Leider war es kurz darauf für meinen Zeltplatz-Buddy an der Zeit, nach Vancouver aufzubrechen. Schon am nächsten Tag musste er wieder als Sanitäter arbeiten.

Ich blieb noch ein bisschen am Strand, allerdings ohne weiter bei den Girls zu punkten. Da hieß es leider für mich: eine neue Bleibe suchen.

Ich fuhr in die andere Richtung, nach Ucluelet. Auch diese Strecke war wunderschön, wie für Zweiradfahrer gemacht. In Ucluelet fand ich schnell heraus, dass ich dort nicht bleiben wollte. Der Ort war nicht besonders schön und der Campingplatz alles andere als einladend. Also wieder zurück nach Tofino. Inzwischen wurde es mir auf dem Moped ziemlich kalt. Auf dem Campingplatz am Pazifik, den ich nun schon hinreichend kannte, suchte ich gleich nach Leuten, mit denen ich mir einen Platz teilen konnte; dreißig Bucks für eine Übernachtung ohne Tisch und Feuerstelle wollte ich nicht alleine berappen. Ich fand ein paar Kanadier mit einem VW-Bus, die mit einem Deal einverstanden waren.

Schnell baute ich mein Zelt auf und fuhr dann in die Stadt. Mir war danach, ein paar Menschen näher kennen zu lernen, besonders nach femininem Kontakt begann ich mich zunehmend zu sehnen. Schließlich war ich schon einige Zeit von zu Hause und eben auch von trauter Zweisamkeit fort. Da aber in den Kneipen von Tofino der Hund begraben war, machte ich mich auf zum Bootsanlegesteg im Hafen und packte dort meinen Benzinkocher und eine Dose Ravioli aus. Mit Milch, Pfeffer und Salz verfeinert, sind sie immer wieder ein Erlebnis, was soll ich sagen. Nach dem Essen gesellte sich ein völlig zugekiffter Einheimischer zu mir. Er wollte, dass ich mit ihm in einem Boot aufs Meer hinausfahre. Er erzählte mir immer wieder, dass ihm eines der Boote gehöre, die hier lagen. Es klang glaubhaft und ich denke, er suchte einfach nur Gesellschaft, um aus dem Hafen aufs offene Meer zu fahren und dort noch mehr

Joints zu rauchen. Jedenfalls ließ er mir keine Ruhe. Ich wollte allerdings viel lieber den Abend ganz piano genießen. Als es dann kurz vor elf Uhr war und ich zurück zum Campingplatz musste, wurde ich ihn endlich los. Um 23 Uhr wurde nämlich der Platz für Autofahrer geschlossen und das bedeutete das Aus für ihn.

Für den Morgen hatte ich mir vorgenommen, selbst die Initiative zu ergreifen und endlich mal wieder Joggen zu gehen. Bei herrlichem Wetter brachte ich es auf gut sechzig Minuten Laufzeit, gefolgt von hundert Liegestützen, wie ich aus dem Judo-Training kannte. Die anschließende Körperreinigung erledigte ich mit einem erfrischenden Bad im Meer. Es folgte das übliche Frühstück mit Müsli und frischem Apfel und ich fühlte mich super.

Nach dem Packen zog es mich in die Stadt, irgendwohin, wo ich ins Internet konnte. Wenn man unterwegs ist, bekommt der Nachrichtenaustausch insbesondere mit anderen Travellern eine ganz besondere Bedeutung. Zum einen fühlt man sich unter Gleichgesinnten, zum anderen erfährt man unter Umständen Dinge, die einen vor Fehlern bewahren, wie etwa veränderte Wetter- oder Straßenverhältnisse.

Ein entsprechendes Café hatte ich schnell gefunden, doch leider stürzte mir nach einiger Zeit mein Computer dermaßen ab, dass ich das CompuServe-Programm nicht mehr hochfahren konnte. Ganz großer Mist! Mithilfe eines kanadischen Urlaubers, der sich mit Macs auskannte, ließ sich das Problem nach einer Weile beheben. Angeblich fehlte nur Speicherplatz für das Programm. Ein Glück! Ich für meine Person glaubte jedoch mittlerweile, dass etwas mit dem Rechner nicht stimmte. Er wurde immer langsamer. Da musste wohl mal eine Inspektion durchgeführt werden. Zwar hatte das Ding keinen rechten Zylinder, der klappern konnte, aber immerhin ...

In Nanaimo, der zweitgrößten Stadt auf Vancouver Island, fragte ich gleich nach der Fährverbindung zum Festland. Man sagte mir, dass alle zwei Stunden ein Fährschiff in Richtung Horseshoe Bay oder Tsawwassen ablege.

Auf dem Weg zur Fähre lernte ich einige Mopedfahrer kennen. Eigentlich hätte ich schon längst daran gewöhnt sein müssen, dennoch war ich immer wieder erstaunt, wie leicht man im hohen Norden Amerikas Kontakte knüpft! Leider war es schon spät, als die Fähre die Leinen löste. Tagsüber sollte die Überfahrt um einiges schöner sein, wie ich gehört hatte.

Allzu traurig war ich darüber allerdings nicht – mein Speicher für schöne Landschaften war mehr als gefüllt; außerdem hatte ich nette Gesellschaft, die bei ausreichend Bier gepflegt wurde. Mit drei Dosen im Bauch fuhr ich später von Bord und die Biker von der Fähre geleiteten mich über die Lions Gate Bridge, die in ihrer abendlichen Beleuchtung einfach grandios aussah, nach Vancouver City hinein.

Cruisen in der Stadt der Superlative

Eine Jugendherberge war schnell gefunden. Mittlerweile war es schon Mitternacht, aber ich bekam dennoch ein Zimmer. Das Gebäude war eine umgebaute Kaserne, sehr interessant anzuschauen und entsprechend gut gebucht. Und jede Menge hübsche Mädels liefen in den Gängen herum. Das fand ich recht vielversprechend, doch drängte sich mir gleich eine Frage auf: Wo sollte man ein ruhiges Plätzchen finden, um sich näher zu kommen? Die Zimmer waren sauber nach Geschlechtern getrennt.

Das Thema hatte sich ohnehin für mich bald erledigt. Ein Österreicher, ein Medizinstudent, sprach mich an, ob ich mit ihm ein Bier in der Stadt trinken wolle. Klar wollte ich.

Wir traten hinaus auf die nächtlichen Straßen und zogen los. Mir erschien Vancouver als eine wirklich schöne Stadt, noch dazu mit vielen schönen blonden Frauen. Hier lässt es sich bestimmt eine Weile gut aushalten! Also beschloss ich, ein paar Tage in der Metropole an der kanadischen Westküste zu verbringen. Am nächsten Nachmittag nahm ich Kontakt zu Jürgen, dem Onkel meines Koblenzer Kumpels, auf; vielleicht ergab sich ja die Möglichkeit, bei ihm zu wohnen und mein Budget zu schonen.

Ich rief Jürgen von der Jugendherberge aus an und wir verabredeten uns gleich zum Mittagessen. Er versprach, mich dort abzuholen, und so war es dann auch. Schon von weitem hörte ich ihn kommen. Alle Fenster seines Autos waren heruntergekurbelt und klassische Musik dröhnte in voller Lautstärke aus dem Wagen.

Mit Jürgen verstand ich mich sofort. Er war Anfang fünfzig, aber jung geblieben, ledig, mit zwanzig Jahren zur Marine gegangen und in Vancouver hängen geblieben. Dennoch spielte er hin und wieder mit dem Gedanken, wieder zurück nach Deutschland zu ziehen, wie er mir erzählte.

Auch bei Tag machte Vancouver einen überaus guten Eindruck. Die Stadt ist angeblich die attraktivste in ganz Kanada, unter anderem wegen ihrer Lage zwischen Küstengebirge, Fraser River und Meer. Dazu kommen lange Strände und zahlreiche Parks. Jürgen und ich fanden einen schönen Pub, wo wir uns auf der Terrasse bei Cheeseburger und Bier niederließen.

Nach dem Lunch brachten wir zusammen mein Motorrad zum hiesigen BMW-Händler: Ich brauchte dringend neue Reifen! Meine hatten schon fast 22 000 Kilometer auf der Rille. Auch die Ventile mussten neu eingestellt werden. Mal sehen, ob die Mechaniker das Klappern in den Griff bekamen.

Als Jürgen mich zurück ins Youth Hostel brachte, war dort kein Zimmer mehr frei. Jürgen ergriff sofort die Initiative und wir fuhren zu ihm nach Hause. Jürgen wohnte gleich in Downtown in einer gepflegten Gegend. Dort telefonierte er kurz mit seinem Freund Gary und schon konnte ich für die nächsten Tage bei Gary im Souterrain einziehen.

Gary hatte einen ganz trockenen Humor und war schon um die halbe Welt gereist. Das machen zwar viele, aber das Interessante bei Gary war, dass er immer auf Low-Budget-Tour unterwegs war! Er kannte jede Menge Tricks, wie man Geld spart. Er wusste stets, wo auf seiner Reise die Tankstellen, die Restaurants, die Pubs, die Hotels waren, wo es etwas umsonst oder billiger gab. Außerdem reiste Gary immer nur mit einer kleinen Tasche. Daran muss ich mir unbedingt ein Beispiel nehmen, dachte ich.

Jürgen, Gary und ich verbrachten in den folgenden Tagen viel Zeit miteinander. Gemeinsam spazierten wir häufig durch Gastown, den ursprünglichen Ortskern von Vancouver, der heutigen »Historic Area«. Nach einer Komplett-Restaurierung gehören diese Straßenzüge zu den Hauptanziehungspunkten der Stadt. Oder wir gingen gemeinsam in Garys Lieblingsrestaurant am Wasserflughafen essen oder etwas trinken.

Hangin' out mit guten Freunden

Ich erlebte meine Zeit in Vancouver bei schönstem Wetter. Dort kann man, auch wenn man mittendrin wohnt, das herrliche Hinterland schnell erreichen. Eine halbe Stunde mit dem Auto und man ist in einem exzellenten Skigebiet. Im Sommer ist Segeln und Wasserski direkt vor der Tür möglich. Durch seine Lage als

Hafenstadt hat Vancouver noch mehr zu bieten: Wasserflugzeuge gibt es da und Riesenfrachter und eben solche Luxusdampfer, die gleich bis in die Stadt fahren können. Und das Überraschende daran: Der Hafen liegt sozusagen mitten in Downtown und alles sieht richtig schön und gepflegt aus.

Unsere Truppe wurde schon bald ergänzt durch Christian, mit dem ich ein gutes Stück den Alaska-Highway gefahren war. Wir bummelten gerade zu dritt durch die sonnendurchfluteten Straßen, als Christian uns plötzlich an einer Fußgängerampel entgegenkam. Er hatte schon eine Nachricht für mich im Hostel und beim BMW-Dealer hinterlassen, und auch für ihn hatte es im Hostel kein Zimmer mehr gegeben. Jetzt wohnte er in einem Studentenwohnheim, das in den Semesterferien günstig an Reisende vermietet wurde. Christian wurde sofort in unsere Aktivitäten integriert.

Noch am selben Abend schleppten wir ihn in einen abgefahrenen Motorradschuppen, den wir schon tags zuvor unter die Lupe genommen hatten. Er lag in einem Hinterhof, viele Rocker gab es dort und wilde Musik. Manchmal sollten auch Livebands spielen und vor allem: Das Bier war billig! Leider war das Angebot an guten Motorradbräuten ziemlich knapp. Ein Annäherungsversuch wäre allerdings ohnehin nicht ganz ungefährlich gewesen: Die Motorräder und die Miezen der Kerls waren für andere absolut tabu! Sich nur mal aus Spaß auf eine der Harley-Davidsons zu setzen oder mit einem Mädel ein Gespräch anzufangen, konnte böse enden, so viel war klar. Uns allen gefiel es dort trotzdem prächtig.

Eine Stripteasebar hatten wir ebenfalls schon ausgekundschaftet. Wie schon in Anchorage war der Eintritt frei und die Mädels tanzten so, wie Gott sie geschaffen hatte. Die Stimmung war nicht ganz so gut wie in Alaska, die Musik auch nicht und die Mädels waren bei der Demonstration ihrer Reize nicht ganz so großzügig. Christian und ich hatten trotzdem eine Menge Spaß. Jürgen hatte uns dorthin geführt, weil er schon einmal mit seinem Neffen aus Koblenz dort gewesen war. Wie er berichtete, hatte er große Schwierigkeiten gehabt, ihn wieder aus dem Laden herauszubekommen.

Am Sonntag traf ich mich mit Jürgen zum Frühstück in einem Straßencafé. In dieser Hinsicht erinnert mich Vancouver ein bisschen an Paris. Es gibt jede Menge Restaurants und Cafés und die Leute sitzen gern draußen auf der Straße und essen – oder trinken ihren Kaffee. Ich glaube, es ist dieser leicht europäische Zug, der mir an der Stadt besonders gefallen hat.

Christian und ich machten am Nachmittag unsere Mopeds für den Abend startklar: Wir wollten ein bisschen kreuz und quer durch die Stadt düsen – cruisen, wie man dort sagt. Zuerst fuhren wir durch Chinatown bis in die letzten Hinterhofgassen, wo man sich alleine besser nicht hin wagt. Und die Mädels am Straßenrand waren auch nicht zu übersehen.

Wir spazierten eine Weile über den chinesischen Flohmarkt und gingen dann wieder in die Hinterhofkneipe, wo sich Vancouvers Motorrad-Gangs trafen. Schließlich verabschiedeten wir uns voneinander, denn Christian wollte am nächsten Tag weiter nach Vancouver Island, von wo ich gerade hergekommen war.

Das Wetter verschlechterte sich in dieser Nacht, also konnte ich bedenkenlos ausschlafen: Bei miesem Wetter macht es keinen Spaß, mit dem Motorrad durch die Stadt zu brausen. Auf dem Programm stand ansonsten nur, Kleinkram erledigen und vielleicht einen Judoverein ausfindig zu machen. Ich hätte gerne mal wieder ausgiebig trainiert. Aber irgendwie komme ich an solchen Tagen nicht richtig in die Gänge. Wenn kein Zeitdruck da ist, bekomme ich gar nichts auf die Reihe. So bin ich halt! Das Einzige, wozu ich mich aufraffen konnte, waren ein paar Telefonate in der Hoffnung, einen Judoverein zu finden. Judo-Anbieter fand ich auch, aber trotzdem hatte ich keinen Erfolg: Alle wollten mir nur Anfängerkurse verkaufen oder Kurse, die begrenzte Zeit liefen. Einen Verein wie bei uns, wo man das ganze Jahr über trainiert, den schien es nicht zu geben. Schade! Nicht nur, dass ich mich gerne mal wieder in meiner Lieblingssportart betätigt hätte. Ich hätte dadurch zudem die Möglichkeit gehabt, verstärkt mit »Locals«, mit den Einwohnern von Vancouver, in Kontakt zu kommen. Vielleicht konnten mir Gary oder Jürgen bei der Suche nach einer Trainingsmöglichkeit helfen. Ich sprach mit den beiden darüber und sie versprachen, ihr Bestes zu geben.

Let the sun shine in – nahtlose Bräune am Nude Beach

Dann war endlich wieder schönes Wetter angesagt. Bei Hoch-Wetterlage funktionierten meine Besorgungen und Erledigungen anscheinend besser. Ich schaffte es zum Friseur und ließ mir Haare und Bart schneiden. Auch mein Mac-Telefonkabel, das ich bei irgendeiner Gelegenheit gelyncht haben musste, bekam ich wieder funktionsfähig. Und der BMW-Dealer erklärte mir, dass das Klappern auf der rechten Seite nicht schlimm sei, vermutlich sei es der Vergaser. Das könne man nicht reparieren, sondern nur das Teil komplett austauschen. Jedoch bräuchte ich keine Bedenken zu haben. Hatte ich trotzdem, aber einen neuen Vergaser wollte ich mir auch nicht leisten.

Bei Dauer-Sonnenschein zog es mich natürlich an den Strand. Schließlich wollte ich auch etwas Farbe abbekommen, sozusagen als Vorbereitung auf Mittel- und Südamerika. Mir fiel der Nacktbadestrand ein, von dem ich schon in meinem Reiseführer gelesen hatte. Mit der BMW unterm Hintern war diese etwas andere Attraktion von Vancouver schnell gefunden.

Doch zunächst musste ich höllisch viele Treppenstufen bewältigen, um von der Straße hinunter zum Strand zu gelangen. Dafür wurde ich unten für meine Anstrengungen hinreichend belohnt: Ein paar sehr ansprechende Mädels waren auch schon dort. Ein besonders gut aussehendes Girl hatte obendrein einen Liegeplatz gewählt, der mir Perspektiven ermöglichte, mit denen ich so früh am Morgen nicht gerechnet hatte.

Ich suchte mir einen Ort, von wo aus ich diese inspirierende Aussicht genießen konnte, genoss die Sonne und ging ein paar Mal schwimmen. Nebenbei begann ich ein Buch zu lesen, das meine Schwester Eva mir mit auf die Reise gegeben hatte. Es wurde ein richtig schöner Strandtag. Der einzige Wermutstropfen war die Erkenntnis, dass mir langsam aber sicher ein weibliches Wesen an meiner Seite fehlte. Es würde viel mehr Spaß machen, so etwas mit einer Frau zusammen zu unternehmen.

Lauschige Beachparty nach Mitternacht

Abends nach meiner Rückkehr vom Strand checkte ich meine E-Mails. Mina, meine daheim gebliebene Freundin, war stinksauer auf mich, wie ich lesen konnte. Ich würde mich nicht telefonisch melden, beschwerte sie sich. Außerdem hatte sie Wind von einem eventuellen Treffen bekommen, das ich für Silvester mit meinen Kumpels aus Koblenz ins Auge gefasst hatte. Sie ging natürlich davon aus, dass so ein Treffen meine Reise noch weiter verlängern würde. Da hatte sie nicht ganz Unrecht! Ganz davon abgesehen würde ich nach dem derzeitigen Stand der Erkenntnisse die geplante Reise sowieso nicht in den vorgesehenen sechs Monaten schaffen. Und natürlich würde ich mich riesig freuen, wenn ich Silvester Besuch von meinen Jungs bekäme. Weiter schrieb sie, dass sie es für besser hielte, wenn ich die Reise alleine machte. Aber das tat ich doch!

Ich rief Gordon an, den Harley Davidson-Fahrer, den ich auf Vancouver Island kennen gelernt hatte. Gordon war wie immer für ein Bier zu haben: »Sounds great!«, sagte er kurz und knapp und wir verabredeten uns in einer schönen Kneipe am Yachthafen. Wir tranken ein paar Bier und aßen dann eine Kleinigkeit. Später stieß noch ein Freund von Gordon zu uns. Gordon freute sich riesig über die Fotos von unserem gemeinsamen Trip auf Vancouver Island. Bei der Entwicklung hatte ich gleich jeweils zwei Abzüge in Auftrag gegeben, das kostete nur unwesentlich mehr.

Zusammen mit einem weiteren Kumpel von Gordon, der irgendwann dazu stieß, landeten wir auf unserer nächtlichen Tour schließlich in einem Tabletop-Schuppen. Ich konnte diese Läden fast nicht mehr ertragen: Auch hier waren wieder bildhübsche Frauen auf der Bühne, aber anfassen durfte man sie nicht. So gesehen war das Ausgehen für mich mittlerweile zur Qual geworden! Solche Bars erinnerten mich ständig an das, was mir im Moment am meisten fehlte.

Später setzten wir nur noch zu dritt unsere Sause in einer Diskothek fort, und die war wiederum ganz nach meinem Geschmack: meine Altersgruppe, gut aussehende Mädchen, gute Musik und prima Stimmung. Wir kamen gleich mit ein paar jungen Ladies aus England ins Gespräch, die in Kanada ihre Ferien verbrachten. Als der Schuppen gegen zwei Uhr seine Gäste rauszukehren begann, machte Gordon den Vorschlag, zusammen noch eine Kleinigkeit essen zu gehen und irgendwo ein paar Drinks zu nehmen. Die Mädels waren gleich einverstanden. Über die Lions Gate Bridge fuhren wir ans andere Ende der Stadt, wo wir einen Italiener fanden, der noch offen hatte. Mit Hinsetzen war es nichts, aber wir konnten Pizza und ein paar Flaschen Wein mitnehmen.

Wir beschlossen, hinunter an einen Strand zu fahren. Doch da gab es ein kleines Problem: Unsere Gruppe bestand aus zwei Mädels und drei Kerlen. Doch das Thema Paarbildung hatte sich schnell geklärt: Gordon bekam die Dünne und ich die Kleine mit der beeindruckenden Oberweite. Richard, so hieß der Kumpel von Gordon, der noch bei uns weilte, ging leer aus.

Nachdem wir auf dem Strand sitzend alles aufgegessen und die Flaschen nahezu geleert hatten, waren Gordon und sein Flirt plötzlich verschwunden. Marnie – das war das Girl an meiner Seite – und ich schmusten ein bisschen miteinander, bis ich es nicht mehr aushielt. Ich ging mit ihr weiter auf den Strand hinaus, dorthin, wo kein Licht mehr hinkam. Im Schutz der Dunkelheit zogen wir uns aus, erst noch ein wenig schamhaft in einem Gebüsch und später dann einfach auf dem Sand. Mich wunderte, wie locker diese kleine Engländerin drauf war! Denn eigentlich schien sie ein ziemlich braves Mädchen zu sein. Doch dies war ihr letzter Abend in Vancouver; sie hatte einen guten Schluck Wein getrunken und wollte anscheinend an diesem Abend ihren Spaß haben.

Wir vergnügten uns miteinander, bis wir von Polizeisirenen aus dem Konzept gebracht wurden. In leichter Panik rafften wir unsere Klamotten zusammen und rannten zurück zum Auto. Dort stellten wir zu unserem Erstaunen fest, dass die beiden anderen – Gordon und seine weibliche Begleitung – nur kurz mal um die Ecke gegangen und schon längst wieder zurückgekommen waren. Alle warteten auf uns – nur Gott sei Dank die Polizei nicht, die fuhr zwar über den Strand, schien aber andere Interessen zu haben.

Irgendwann wollten die Mädchen schließlich in ihr Hotel zurück und ich verabschiedete mich ebenfalls von den beiden Jungs. Langsam schlenderte ich zu meinem Moped, das ich irgendwo am Yachthafen von Vancouver geparkt hatte, und legte mich eine Weile darauf, um noch eine Zigarette zu rauchen. Was für ein angenehmes Leben man doch haben kann!

Als die Sonne aufging, versuchte ich die Kiste zu starten. Unglaublich, aber die Batterie war leer. Seit wann hatte ich Probleme mit der Batterie? Ich hatte mit allem Möglichen Probleme, aber doch nicht mit der Batterie, dachte ich. Als einzige Lösung blieb, die Kiste anzuschieben, und sie sprang zum Glück auf den letzten Drücker an, bevor mir die Puste ausging. Gemächlich fuhr ich zurück zu meiner Bleibe bei Gary.

Hübsche Botschafterin aus der Heimat

Für den Nachmittag stand ein Treffen mit Simone aus Mainz auf dem Programm. Sie begleitete ihre Mutter auf einer Kanadareise und wollte in diesem Zusammenhang einen Stopover in Vancouver einlegen. Simone war einer der Gründe, warum ich mich so lange in Vancouver City aufhielt. Ich kannte sie aus Wiesbaden; sie war damals mit einem Cousin meiner Freundin zusammen. Ein wenig neugierig war ich schon, was sie wohl von daheim zu berichten hatte.

Bis dahin war jedoch noch Zeit. Ich verbrachte sie damit, weiter aufzuräumen und anschließend Joggen zu gehen. Joggen anstatt zu schlafen war zwar etwas verrückt, aber irgendwie fühlte ich mich topfit und es machte Spaß, durch Vancouver zu laufen. Auf das Joggen folgte ein ausführliches Frühstück und dann ging es ab an den Strand. Bewaffnet mit Sandwiches und Getränken, verbrachte ich den ganzen Mittag dort. Ein paar Freaks mit Gitarre sorgten für die musikalische Untermalung.

Frisch geduscht machte ich mich einige Stunden später auf den Weg, um Simone zu treffen. Das Hotel war leicht zu finden, aber dann war da das Problem, dass ich ihren Nachnamen nicht wusste. Endlich fand ich – über Umwege und mit Hilfe der Rezeption – ihre Zimmernummer heraus und es gab ein großes »Hallo«.

Zusammen mit ihrer Mutter machten wir denselben Spaziergang, den ich schon tags zuvor durch Downtown unternommen hatte. Die Mutter war schon über 60 und immer noch gut drauf. Darüber hinaus war sie sehr belesen, was Kanada angeht. Außerdem interessierte sie sich mächtig für meine Tour. Insgeheim bewunderte ich Simone. Mich würde es annerven, mit meiner Mutter solch einen Trip zu unternehmen. Hinzu kam, dass eine Reise in einem Bus mit dreißig anderen Leuten sowieso nicht mein Fall ist.

Für den Weg zurück ins Hotel nahmen wir ein Taxi. Simone und ich gingen noch in ein Café um die Ecke und ich plauderte mit ihr über Mina und unsere Beziehung, bevor wir uns verabschiedeten. Viel Neues bekam ich von Simone nicht zu hören. Dennoch wollten wir uns am kommenden Sonntag wieder treffen, diesmal in Kamloops in den Rocky Mountains. Irgendwie fand ich das Zusammensein mit Simone spannend.

Am nächsten Morgen machte ich mich daran, meine Klamotten für die Weiterreise zu packen. Diesmal kam ich endlich auf die Idee, die Packtasche längs in Fahrtrichtung zwischen den beiden Alukoffern festzumachen. Das hatte zum einen den Vorteil, dass der Luftwiderstand geringer wurde und der Bock ein besseres

Fahrverhalten zeigte. Zum anderen kam ich so besser an die Deckel der beiden Alukoffer heran. Wieso war ich da nicht früher drauf gekommen? Obwohl ich schon um einiges abgespeckt hatte, musste ich wohl oder übel einen erneuten Klamotten-Check durchführen; ich hatte immer noch zu viel dabei. In der Zwischenzeit rief ich nochmals Gordon an. Aus einer gemeinsamen Fahrt nach Seattle, die wir zwischendurch angedacht hatten, würde nun leider nichts werden. Wenn Simone nicht in der Gegend wäre, hätte ich die Tour gern gemacht.

Ein Grund, warum ich ursprünglich mit Gordon nach Seattle fahren wollte, waren die Engländerinnen gewesen. Marnie stand wohl wirklich auf mich und sie wollte mich vor ihrem Abflug von Seattle nach England noch mal sehen, wie sie mir am Telefon klar machte. Doch dazu kam es jetzt nicht mehr. Stattdessen lud mich Gordon auf einen kurzen Besuch zu sich nach Hause ein. Nach einer Tasse Tee und kurzem Smalltalk machte ich mich wieder von dannen, weil ich noch am selben Tag für einen Kurzbesuch nach Victoria auf Vancouver Island wollte. Nach einigem Suchen fand ich endlich die Anlegestelle der Fähre und schon bald ging es los.

Wieder kam ich schnell mit einigen Mopedfahrern ins Gespräch, doch schon bald fand ich an Deck einen schönen Platz in der Sonne, und dort verpennte ich die meiste Zeit der Überfahrt, obwohl die Strecke landschaftlich sehr reizvoll sein sollte. Ich glaube, ich war an dem Punkt angelangt, wo man sich einfach völlig satt gesehen hat an all den Bäumen, dem vielen Wasser und der wunderschönen Landschaft.

Terminstress und Dinner for one

Als ich anfing, über die weitere Zeit- und Reiseplanung nachzudenken, kam ich ins Grübeln. Es war nämlich so, dass ich noch bis zum achten September die Zeit hier in dieser Gegend verbringen »musste«. An diesem Datum wollte Kathryn, eine alte Schulfreundin, nach Seattle kommen, und wir waren dort verabredet. Zwar freute ich mich auf sie, denn es war sozusagen ein heimliches »Date«, von dem Mina nichts wissen durfte, weil sie Kathryn überhaupt nicht ausstehen konnte. Trotzdem stimmte mich der Gedanke, noch so lange im Norden zu verweilen, nicht sonderlich fröhlich. Irgendwie hatte ich mich durch meine diversen Verabredungen mit der Damenwelt selbst ausgebremst.

Mein Hauptproblem war, dass ich bereits am zwölften Oktober in Mexiko, genauer in Cancun, sein musste, denn dann sollte mein »gemeinsamer Urlaub« mit Mina beginnen. Wie sollte ich das nur schaffen? Denver und den Piloten Rick wollte ich vorher auch noch besuchen, außerdem die Harley-Davidson-Truppe in Bakersfield und dann noch die Firma Starkey in Anaheim. Starkey ist ein führender Hörgerätehersteller, von dem unser Betrieb Einzelteile für die Im-Ohr-Geräte bezieht, die wir selber bauen. Meine Schwester Eva hatte kurz nach ihrem Abitur für mehrere Monate in dieser Firma hospitiert. Ganz davon zu schweigen, dass ich über die Baja California fahren und erst später mit dem Schiff aufs mexikanische Festland übersetzen wollte. Wird schon klappen, machte ich mir Mut.

Auf Vancouver Island angekommen, machte ich mich gleich in Richtung Victoria auf. Die Stadt liegt an der Südspitze der Insel und ist die Hauptstadt der Provinz. Britische Tradition aus der Kolonialzeit wird dort nach wie vor hochgehalten. Was dazu geführt hat, dass Victoria mit seiner Architektur und den roten Doppeldeckerbussen ein wenig an London erinnert.

Nach langem Suchen fand ich schließlich den Thetis Lake Park Campground, den ich mir im Reiseführer ausgeguckt hatte. Das Aufbauen des Zeltes war mittlerweile Routine für mich und danach ging es zum Großeinkauf. Heute sollte es etwas Besonderes geben: Ich kaufte frisches Fleisch und frische Pilze, Milch, Käse, Müsli, Äpfel und noch etliches anderes ein. Dann ging es ans Kochen. Zuerst machte ich mich an das Zubereiten der Soße. Die frischen Pilze wurden mit Zwiebeln angedünstet und mit Pfeffer und Salz abgeschmeckt. Ein guter Schuss Milch, Käse und Rotwein dazu und fertig war die Soße. In der Pfanne wurde dann das Fleisch in ein Pfeffersteak verwandelt. Anschließend kam die Soße über das Fleisch und fertig war mein Dinner. Einfach köstlich! Sicherlich das feinste Menü, das ich bisher auf meiner Reise gekocht hatte!

Ärger mit der BMW und der Liebe zu Hause

Bei Morgenlicht konnte ich meinen Campingplatz, den ich im Dunkeln erreicht hatte, zum ersten Mal so richtig bewundern. Er lag – wie der Name schon andeutete – unmittelbar an einem wunderschönen See. Die Gelegenheit wollte ich nicht ungenutzt verstreichen lassen und so unternahm ich einen herrlich langen

Lauf am Ufer entlang. Es folgten die obligatorischen Liegestütze und der Tag gehörte mir. Einfach genial! Nach einem opulenten Müslifrühstück fühlte ich mich fit und machte mich auf den Weg in die Stadt, um mal wieder einen BMW-Händler zu suchen. Ein Klappern der Ventile auf der linken Seite hatte mich erneut nervös gemacht. So langsam nervte mich die Situation regelrecht an; ständig war irgendetwas mit dem Bock. Wie sollte ich damit nur bis nach Südamerika kommen?

Der erste Laden, der als BMW-Händler ausgewiesen war, entpuppte sich als Fehlgriff. Kein BMW-Service mehr! Auch war weit und breit keine andere Niederlassung in Sicht. Ich bekam langsam das Gefühl, meine Tour drehte sich mehr um das BMW-Händlernetz als um sonst irgendetwas. So ein Motorrad muss auch auf einer langen Tour einfach vernünftig laufen. Inspektionen fallen an, das war mir klar, aber ständig etwas an der Kiste reparieren lassen zu müssen, so etwas darf einfach nicht sein! Zum ersten Mal kamen mir Zweifel an meiner Entscheidung, mit der BMW auf große Fahrt zu gehen. Vielleicht war die Mühle einfach schon zu alt: Baujahr 1989 war die gute alte Gummikuh, hatte also schon einige Jahre auf dem Buckel. Trotzdem, ich hatte viel Geld in sie investiert und mir vieles neu angeschafft. Jetzt war es, so fand ich, einfach genug! Meine Entscheidung stand fest: Das Klappern musste sich halt gedulden, bis ich zurück in Vancouver City war. Dort wusste ich, wo der BMW-Händler war.

Als ich an diesem Tag endlich Mina am Telefon erreichte, stritten wir uns von Anfang bis Ende – gut eine halbe Stunde lang. Das hat wieder nur Geld gekostet, war danach mein erster Gedanke. Du meine Güte, wofür der ganze Stress? Ich wusste zu dem Zeitpunkt wirklich nicht, was ich mit ihr und der ganzen Situation machen sollte. Was würde passieren, wenn wir uns in Mexiko sahen? Oder wenn ich zurückkomme nach Deutschland? Ich wusste einfach nicht, wie lange meine Reise dauern würde. Aber genau das war immer der Knackpunkt unserer Streitigkeiten. Trotzdem fühlte ich mich nicht in der Lage, einen echten Schlussstrich zu ziehen. Es war wirklich grässlich.

Ich kaufte mir eine Flasche Rotwein und Milch und fuhr zurück zum Campingplatz. Eigentlich hatte ich mir vorgenommen, an diesem Abend auf die Rolle zu gehen. Dazu fühlte ich mich aber zu müde und außerdem wollte ich noch am Mac arbeiten. Also kochte ich mir etwas Leckeres, aß alles auf und ging anschließend früh schlafen. Von dem Feuerwerk an diesem Abend, das mir von einem ehemaligen Deutschen aus Victoria empfohlen worden war, bekam ich so natürlich nichts mit.

Am nächsten Morgen war ich wieder laufen; vor der Kulisse kanadischer Seen machte es einfach doppelt Spaß. An diese Form von Frühsport konnte ich mich gewöhnen, stellte ich fest. Man ist danach viel besser drauf, einfach klar im Kopf. Anschließend noch die obligatorischen Liegestütze und dann im See baden – göttlich! Danach befasste ich mich in aller Ruhe mit meinem Tagebuch, bevor ich in Richtung Swartzen Bay aufbrach, von wo die Fähre zum Festland ablegt. Dort brauchte ich nicht lange zu warten. Ich fand einen schönen Platz an Deck, machte es mir gemütlich und las mein Buch zu Ende. Schon kurze Zeit später war ich wieder in meinem Gastquartier bei Gary.

Auf in die Rockies

So langsam dachte ich daran aufzubrechen, meine Tour Richtung Osten in die großen Nationalparks der Rocky Mountains fortzusetzen. Außerdem war bald Sonntag, und da wollte ich in Kamloops sein und Simone treffen. Ich hatte den Tag wie gewohnt ruhig begonnen. Zunächst war ich in der Sonne laufen gewesen und hatte anschließend den ganzen Vormittag damit verbracht, Bilder zu sortieren, E-Mails zu schreiben und ähnlichen Dingen im Garten in der Sonne nachzugehen. Und eigentlich wollte ich ein letztes Mal zum Strand gehen.

Doch dann kroch allmählich die Erkenntnis in mir hoch, dass es wohl besser wäre, in aller Ruhe die Dinge zu erledigen, die es vor der Abreise zu tun gab. Du kannst nicht alles haben, Dan! Außerdem hatte ich für den Abend noch etwas vor: Die Eltern meines Kumpels hatten sich bei Jürgen angesagt.

Also fuhr ich zu Jürgen und lernte sie kennen. Die beiden waren richtig nett. Aber irgendwie hatte ich das Gefühl, als ob es ihnen nicht recht war, dass ich mich so lange in Jürgens Umfeld eingenistet hatte, oder dass ich den Abend mit ihnen verbringen würde. Vielleicht waren sie aber auch nur müde und litten unter dem Jetlag. Es war mir ehrlich gesagt auch ziemlich egal! Jürgen und ich, da war ich mir sicher, hatten eine Menge Spaß gehabt und das war die Hauptsache! Wir waren schließlich zusammen in einer

Brauerei essen und danach verabschiedete ich mich umgehend, um eventuellen Missstimmungen aus dem Weg zu gehen.

Am nächsten Morgen stand ich früh zusammen mit Gary auf. Wir frühstückten zusammen und dann packte ich in aller Ruhe meine Sachen und verabschiedete mich.

Die erste Station hieß wie so oft BMW-Händler – wegen des Klapperns, warum auch sonst? Dort, vor den kritischen Ohren der Mechaniker, war natürlich kein Klappern zu hören. Peinlich oder nicht, das war mir egal und so trat ich meine Weiterreise nach Kamloops, British Columbia an.

Die Strecke dorthin führte über Whistler, ein bekanntes Skigebiet nördlich von Vancouver, und war der Kracher schlechthin: viele lang gezogene Kurven zum Wedeln und stundenlang über Berge und Täler. Eine fantastisch schöne Strecke. Kurz vor Kamloops – Canada's Sunshine Capital, wie am Ortseingang zu lesen war – änderte sich die Landschaft schlagartig. Keine Bäume und Wiesen mehr, plötzlich war alles Wüste.

Die Tücken nächtlicher Zeltplatzbesuche

Das Hotel, in dem Simone in Kamloops wohnte, hatte ich ziemlich schnell gefunden; sie war jedoch nicht da. Das machte nichts, denn ich hatte ja die Adresse von dem Kölner Feuerwehrmann Jörg, den ich in Whitehorse getroffen hatte. Der lebte doch hier irgendwo in Kamloops. Ich rief ihn an und er lud mich prompt ein, bei ihm zu Hause zu übernachten; ich wollte aber lieber auf den Campingplatz gehen. Trotzdem verabredeten wir uns für später. Ich baute in der Zwischenzeit mein Zelt auf und aß etwas.

Dann traf ich endlich Simone im Hotel an. Zusammen liefen wir den langen Weg hinauf zu der Kneipe, in der Jörg mich treffen wollte.

Ich muss sagen, es war kein besonders schönes Lokal, das der Ex-Kölner ausgesucht hatte, und dann kam er noch nicht einmal. Simone und ich unterhielten uns auch ohne ihn sehr angeregt, was dazu führte, dass wir uns für den nächsten Abend in Jasper – ihrer nächsten Busreise-Station – verabredeten.

Obwohl Simone eine überaus attraktive Frau ist und wir uns gut verstanden, kam ein engerer Flirt oder Ähnliches für uns nicht in Frage. Schließlich war sie die Freundin des Cousins meiner Freundin. Die Gespräche mit Simone taten mir jedoch immer wieder gut. Wir haben uns oft und lange über meine Beziehung zu

Mina unterhalten. Sie war ziemlich offen und kritisch mir gegenüber, zeigte aber Verständnis für mich und fand mein Reisevorhaben einfach toll.

Am nächsten Morgen hatte ich wieder Probleme, aus dem Schlafsack zu kommen; es wurde später und später. Da half nur eines: Zeit gutmachen. Also kein Joggen und keine zahlreichen Zwischenstopps. Letztere Entscheidung fiel mir nicht schwer, denn die Strecke von Kamloops nach Jasper fand ich – zumindest am Anfang – nicht besonders schön. Nachdem ich gut dreihundert Kilometer gefahren war, machte ich die erste Pause. Am Tor zum Jasper National Park musste ich fünf Dollar Eintritt löhnen. Ab dort änderte sich schlagartig die Landschaft: Wunderschöne Berge, Seen und Täler prägten auf einmal das Bild.

Jasper Village ist ein typischer Touristenort; dort war ich mit Simone verabredet und ich fuhr gleich zu ihrem Hotel. Simone war jedoch zum Essen gegangen und so hinterließ ich eine Nachricht. Ich wollte sie für den Abend zum Grillen auf dem Campingplatz einladen. Meine Aufgabenstellung war damit klar: Campingplatz suchen, Zelt aufbauen, Feuerstelle herrichten. Das war schnell erledigt. Schon bald war ich wieder in Jasper Village an Simones Hotel.

Sie kam gleich herunter. In einem Supermarkt in der Nähe kauften wir uns ein paar Würstchen und etwas zu trinken und düsten dann mit meinem Moped ohne Helm im Dunkeln zum Zeltplatz, der etwa fünf Kilometer außerhalb lag. Ich fand, es war an der Zeit, Simone in die Romantik des Zeltens einzuweihen. Wir zündeten das Feuer an, kochten Tee und grillten die Würstchen.

Nun ist Simone ein typisches Stadtmädchen. Mir schien sie noch nicht oft gezeltet, geschweige denn ein Feuer im Freien gemacht zu haben. Kein Problem, ich wollte ihr diese Dinge einfach nur mal zeigen. Man merkte ihr an, dass dies für sie eine ungewohnte Situation war, denn sie redete etwas nervös und ohne Unterlass. Irgendwann musste sie dann zur Toilette. Ich erklärte ihr den Weg, doch sie kam einfach nicht wieder! Nach einiger Zeit begann ich, mir ernsthaft Sorgen zu machen. Zwar hatte sie meine Taschenlampe dabei, aber was hieß das schon.

Ich machte mich auf zum Toilettenhaus, fand aber keine Simone! Hatte sie sich verlaufen, war sie gekidnappt worden oder hatte ein Bär sie gefressen? Immerhin, all das war möglich! Ich rief nach ihr, ohne Antwort zu bekommen. Ich durchquerte den ganzen Zeltplatz, und der zählte rund achthundert so genannte Campsites. Die Chancen, sich hier zu verlaufen, standen ziemlich gut. Dann endlich sah ich Simone zusammen mit einem Mann auf mich zukommen. Nachdem sie sich bei ihrem Begleiter bedankt hatte, erzählte sie mir ihre Story. Sie hatte sich tatsächlich verlaufen! Das war ihr natürlich peinlich, aber wir hatten eine Menge zu lachen. Es war das Gesprächsthema für den Rest des Abends. Wir machten später ein paar Fotos von uns am Feuer und dann fuhr ich sie zurück zu ihrem Hotel. Ich muss sagen, es war ein sehr schöner Abend.

Hangover und wildes Campen

Meine morgendlichen Anlaufschwierigkeiten setzten sich fort. Wieder kam ich viel zu spät los. Ich fuhr zuerst zum Maligne Canyon, einer malerischen Kalksteinschlucht, durch die ein schmaler Wanderpfad hindurchführt. Über insgesamt sechs Brücken wechselt man über den tosenden Fluss hinweg immer wieder die Seite. Ich marschierte den Pfad hoch und wieder hinunter, und nachdem ich ein paar Fotos geschossen hatte, düste ich weiter zum Banff National Park. Dieser Streckenabschnitt lohnte sich wieder richtig. Eigentlich bräuchte man hierfür noch mehr Zeit, dachte ich. Ich hatte mehrere Pässe, unter anderem den Sunwapta mit 2035 Metern und den Bow Summit mit 2069 Metern zu überqueren und das machte sich deutlich an der Leistung der Maschine bemerkbar. Für Südamerika muss ich einiges an der Gemischeinstellung ändern, überlegte ich. Vor allem, wenn man bedenkt, dass das Benzin dort schlechter ist als in Nordamerika.

Mittlerweile wurde es dunkel. Eigentlich hatte ich vor, Simone in Banff zu besuchen; das war auch ihr nächstes Ziel. Da sie mir jedoch in ihrem letzten Hotel keine Nachricht hinterlegt hatte, wo sie am Abend anzutreffen sei und ich außerdem schon müde war, suchte ich mir einen wilden Campingplatz. Wild campen ist in den Nationalparks zwar verboten, aber das war mir in diesem Moment ziemlich egal. Allein der Eintritt in die Parks war schon teuer genug. Ich fuhr zum Herbert Lake und baute am Ufer mein Zelt auf. Dann machte ich Feuer, um Kaffee zu kochen. Später sammelte ich noch mehr Brennholz für die restliche Nacht.

Als es so richtig dunkel war, wurde mir auf einmal klar, was für einen Unfug ich da trieb. Hier im Banff National Park gab es Bären ohne Ende und ich zeltete wild, abseits jeglicher Zivilisation und ohne Knarre! Und dann auch noch das Essen. Die Kartoffelsuppe hatte ich viel zu nahe am Zelt gekocht. Was war ich nur für ein Trottel! Schon während der Fahrt durch den Park hatte ich zwei große, wirklich große Schwarzbären gesehen, die am Straßenrand herumlungerten. Ich war mitten unter Bären und obendrein zu blöd, die Kochstelle weit genug vom Zelt entfernt aufzubauen. Unglaublich, dumm wie ein Greenhorn bei Karl May! Der See und alles darum herum war recht schön, doch mit der ständigen Angst im Nacken, von einem Bären angefallen zu werden, konnte ich das natürlich nicht genießen. Von Schlafen konnte keine Rede sein. Permanente Angst, ein Bär könne in mein Zelt tapsen und an mir rumknabbern, plagte mich. Tja Dan, selbst schuld! Die Nacht verlief jedoch, wenn man einmal von meinen Angstzuständen absieht, völlig ereignislos.

Als ich am Morgen aufwachte, war noch alles an seiner Stelle. Auch das Feuer glimmte noch. Ich packte meine Sachen zusammen und pinkelte ins Feuer. Ob das allerdings ausgereicht hatte, um das Feuer komplett zu löschen, da war ich mir nicht so sicher. Oben in den Bergen konnte das schnell zu einem Waldbrand führen. Also noch eine ordentliche Ladung Wasser hinterher. Anschließend kochte ich mir noch einen Kaffee auf dem Benzinkocher und fuhr davon. Mein wildes Campingabenteuer war gut ausgegangen; niemand hatte mich gesehen.

Im Laufschritt zu BMW

In Lake Louise stand zunächst Tanken auf dem Programm und danach natürlich der See, denn er gilt als die Hauptattraktion des Banff National Park. Entsprechend groß war der Parkplatz davor. Der See bietet ein imposantes Bild, umgeben von hohen, steilen Bergen. Dort, wo seine Ufer etwas flacher sind, hat man ein pompöses Hotel hingebaut. In der Nähe suchte ich mir eine schöne Stelle, von der aus ich den Blick genoss, einen Pancake verzehrte und ein bisschen in meinem Tagebuch schrieb.

Weiter ging es nach Banff, dem Ort, der dem Park seinen Namen gegeben hat. Banff ist, wie könnte es anders sein, eine von Tourismus geprägte Stadt und daran bin ich überhaupt nicht interessiert. Ich machte mich gleich auf die Suche nach den heißen

Quellen, die es dort geben sollte. Ich fand sie auch recht schnell, doch rechtzeitig bevor ich mir ein Ticket kaufte, fiel mir ein, dass es schon wieder an der Zeit für einen Besuch beim BMW-Händler war, und den gab es in Banff nicht, nur in Calgary, beim nächsten Ziel. Außerdem war bereits Freitag und ich wollte besser zuschauen, dass ich nicht allzu spät in Calgary eintraf. Also holte ich mir stattdessen in einem bekannten Schnellrestaurant ein Komplett-Menü und fuhr damit weiter nach Osten.

Außerhalb des Ortes machte ich an einem Fluss Halt und verschlang meine soeben erstandenen amerikanischen Grundnahrungsmittel, als Nachspeise gönnte ich mir ein Sonnenbad. Dann machte ich mich endgültig auf nach Calgary. Die Sonne brannte an diesem Tag, zumindest hatte ich das Gefühl. In Calgary, wo ich nach der langen Überlandstrecke erstmals wieder langsamer fahren musste, fing ich in meinen Motorradklamotten mächtig zu schwitzen an. Noch mehr ins Schwitzen kam ich, als es auf den Abend zuging, denn ich wusste aus einem Telefonanruf, dass der örtliche BMW-Händler nur bis 19 Uhr geöffnet hatte. Immer wieder derselbe Stress; alles auf den letzten Drücker! Kurz vor Toresschluss sprach ich bei BMW vor und zeigte einem freundlichen Mechaniker mein Problem. Der wusste gleich Bescheid. Ich könne mein Moped am Samstag repariert abholen, versicherte er mir. Na prima!

Doch erst musste ich eine weitere dringliche Aufgabe lösen: eine Jugendherberge finden. Das war jedoch kein Problem. Calgary ist wie viele amerikanische Städte mit einem gitterförmigen Straßennetz ausgestattet. Der Mechaniker beim BMW-Händler erklärte mir den Weg und ich bekam ohne Probleme ein Zimmer. Wie ich zu meiner Freude feststellen konnte, gab es im Haus sogar eine Möglichkeit, online zu gehen. Danach brachte ich das Moped zum Händler zurück; den Weg ins Hostel legte ich diesmal zu Fuß zurück.

Unter all den E-Mails, die ich in meinem Account vorfand, war eine bedrückende Nachricht von Mina. Wie sie schrieb, hatte sich der Gesundheitszustand ihrer Mutter verschlechtert und die ganze Familie war von dieser Entwicklung in Mitleidenschaft gezogen. Mina war verständlicherweise völlig fertig. Und ich als ihr Freund bin in dieser Situation auf Tour, schoss es mir durch den Kopf. Jetzt konnte ich Mina verstehen, dass sie mich gerne bei sich zu Hause gehabt hätte. Aber daran ließ sich nun nichts mehr ändern. Ich hatte meine Tour entlang der Panamericana begonnen und ich würde sie zu Ende führen.

Trotzdem rief ich sie gleich an und merkte sofort, wie gut es ihr tat, wenigstens meine Stimme zu hören. Wir haben bestimmt eine halbe Stunde geredet. Ich möchte nicht wissen, was dieser Anruf gekostet hat, überlegte ich am Schluss. Apropos Kosten: Mit der Summe, die ich für die Reise eingeplant hatte, würde ich jedenfalls nicht hinkommen. Da musste ich mir noch etwas einfallen lassen.

Als ich gerade dabei war, mir mein Abendessen zu kochen, erhielt ich eine Nachricht von Simone. Natürlich, die war auch hier! Doch Simone war für mich kein Thema mehr; ich war mit meinen Gedanken woanders. Außerdem war ich viel zu müde, um mich zu verabreden. Der Abend gehörte allein mir und meinem Bett im Hostel!

Als ich am nächsten Morgen beim BMW-Händler anrief, um den Stand der Dinge zu erfragen, erfuhr ich, dass man sich auf eine größere Sache einrichtete. Ich warf mich sofort in meine Jogging-Klamotten und lief los, um selbst nach dem Rechten zu schauen. Eine geschlagene Dreiviertelstunde dauerte der Lauf; ich musste schließlich quer durch die ganze Stadt bis ans andere Ende. Nassgeschwitzt kam ich bei BMW an und sah gleich als Erstes die linke Motorhälfte meiner Gummikuh völlig zerlegt am Boden liegen. Der Mechaniker erklärte mir, dass bei irgendwelchen Zylinderkopfschrauben das Gewinde im Eimer sei. Wer Schuld daran habe, könne er nicht sagen. Im Prinzip konnte es jeder gewesen sein, der an den Ventilen gearbeitet hatte. Verdammt!

Der Mechaniker versprach jedoch, dass er das wieder hinbekommen werde. Noch am selben Tag!

Da ich hier weiter nichts tun konnte, joggte ich wieder zum Hostel zurück. Das gab mir den Rest; ich war am Ende, als ich dort ankam, denn in Calgary und der umliegenden Prärie ist es um diese Jahreszeit extrem heiß. Außerdem taten mir die Hüfte und die Knie vom Laufen weh. Aber ich riss mich zusammen und erledigte ein paar Einkäufe, noch bevor ich das Hostel erreichte.

Den ganzen Nachmittag über saß ich in der Sonne und schrieb E-Mails, nach Hause und an die anderen reisenden Biker, die ich mittlerweile kennen gelernt hatte. Dann ging es wieder zum BMW-Händler. Trotz Schmerzen in Beinen und Hüfte erneut zu joggen, war für mich Ehrensache! Für meinen Einsatz wurde ich dann prompt belohnt: Meine Maschine war tatsächlich fertig. 240 kanadische Dollar kostete mich der Spaß. Normalerweise wäre die Aktion noch teurer gewesen, doch der Händler war sehr fair und berechnete mir nur den Preis, den wir zuvor am Telefon ausgemacht hatten.

Zurück im Hostel traf ich einen Deutschen aus Berlin. Er war Medizinstudent und trampte für die Dauer der Semesterferien durch Kanada. Für seine 23 Jahre war er ziemlich fix drauf, fand ich. Anschließend fuhr ich für das Abendprogramm in die Stadt. Ich war jedoch völlig erledigt von meinem zum Teil unfreiwilligen Sportprogramm und die Beine und die Hüfte taten mir so sehr weh, dass ich keinen Spaß an gar nichts fand. Dieser Samstag war halt nicht mein Tag. Alles kam zusammen: Das Moped war ständig kaputt und ich war allein in einer großen Stadt; alles Dinge, die keine rechte Freude aufkommen ließen.

Sonnenbaden ganz relaxed

Sonntag konnte ich endlich weiter nach Süden fahren. Ich frühstückte gut und schnell, verschickte die E-Mails, die ich am Vortag auf meinem Laptop geschrieben hatte, und bevor ich mich auf den Weg machte, legte ich in der City einen Zwischenstopp ein, um für Tom kubanische Zigarren zu kaufen, für die John F. Kennedy 1962 ein Einfuhrverbot verhängt hatte. Für US-amerikanische Zigarren-Liebhaber ist es daher ein besonderes Erlebnis, wenn sie eine »Cohiba« oder Ähnliches bekommen. Ich wollte Tom damit überraschen, wenn wir uns in Mexiko trafen.

Kaum war ich heraus aus Calgary, ging es mir besser; große Städte kann ich einfach nicht ausstehen! Die BMW hörte sich wieder besser an und das verbesserte meine Laune zusätzlich. Außerdem war das Wetter grandios, sodass ich zum ersten Mal während meiner Reise in kurzer Hose und T-Shirt fahren konnte. Mit Lederklamotten hätte man die Temperaturen nicht aushalten können.

Ich folgte der Route 22 und die Landschaft, in der ich mich nun befand, war endlich nicht mehr grün, sondern eher trocken. Keine Wälder mehr, sondern Steppe und riesige, abgeerntete Felder – für mich hatte die Landschaft wüstenähnlichen Charakter. Da ich seit meiner Ankunft in Alaska immer nur Grün, Grün und nochmals

Grün gesehen hatte, tat der Wechsel zu Brauntönen meinen Augen einfach gut. Hinzu kam die trockene Hitze, die ich seit Calgary verspürte. Ich fand es einfach herrlich!

Ein Mopedfahrer aus Richmond hatte mir die Info gegeben, dass es im Gebiet des Waterton Lakes National Park sehr schön sein sollte. Das fand ich jetzt bestätigt. Wenn man auf das Gebiet zufährt, sieht man weit hinten das großartige Panorama der Rocky Mountains mit den Waterton Lakes im Vordergrund, und die Landschaft wechselt urplötzlich von Prärie auf Hochgebirge. Kurz vor dem Nationalpark fand ich eine schöne Stelle mit Blick auf die Rockies. Nachdem ich ein paar Fotos geschossen hatte, suchte ich mir auf dem Campingplatz am Wasser einen schönen Platz für mein Zelt. Den Rest des Tages ließ ich geruhsam angehen. Ich kochte mir nur etwas zu essen und genoss ansonsten einfach den Abend.

Am nächsten Morgen setzte ich mich gleich an den Laptop, um weitere Notizen zu machen. Ich kam zu dem Schluss, dass ich mein Tagebuch noch ausführlicher schreiben wollte. Bald war es jedoch so heiß, dass ich die Lust daran verlor und mich in die Sonne legte. Ein paar Stündchen verbrachte ich so mit Discman auf den Ohren, bis ich wieder im See baden ging. Das Wasser war extrem kalt, aber wunderbar erfrischend!

Motorradtour im Bonsai-Stil

Inzwischen hatte ich hier draußen einen Japaner kennen gelernt, der mit einer Honda von Alaska nach Mexiko unterwegs war. Sage und schreibe einhundert Kubikzentimeter Hubraum hatte das Ding! So etwas hatte ich noch nie gesehen. Nur 100 ccm! Mein Bock hatte 1000 ccm und ich war trotzdem der Auffassung, dass er noch mehr vertragen könnte. Als ich ihn nach der Höchstgeschwindigkeit seiner voll bepackten Honda fragte, antwortete er: »50 km/h.« Diese Japaner!

Seine Fotoausrüstung hingegen war wirklich spitze! Tolle Kameras, eine davon digital, und ein winzig kleines Toshiba-Notebook hatte er auch dabei. Wir machten Bilder mit seiner Digitalkamera und tauschten E-Mail-Adressen aus. Ich hoffte, dass er mir die Bilder mailen würde, damit ich sie weiter nach Europa verschicken konnte.

Erster September – jetzt war ich bald zwei Monate unterwegs. Der Japaner, den ich beim Frühstücken getroffen hatte, war ein netter Kerl. Mit dem Zwergen-Moped und dem kleinem Gepäck – das sah schon witzig aus. Eben ein typischer Japaner! Er verabschiedete sich mit der Ankündigung, die »Going to the Sun-Road«, eine der schönsten Gebirgsstrecken Nordamerikas, fahren zu wollen. Die hatte ich mir auch vorgenommen, allerdings erst für den nächsten Tag. Vielleicht würde ich ihn ja unterwegs treffen, wenn er mit 50 km/h Vollgas den Highway entlangheizte.

Déjà-vu: Die Bären sind los!

Es war ein sehr windiger, aber dennoch schöner Tag. Ich nahm die Luftmatratze, den Discman und etwas zu lesen und legte mich in die Sonne. Mehr oder weniger verbrachte ich so den ganzen Tag. Einfach mal faulenzen, abschalten – noch dazu bei der wunderschönen Gegend – das tat gut. Am späten Nachmittag kümmerte ich mich erneut um das Schreiben und Empfangen von E-Mails. Für mich, der ich die meiste Zeit allein war, waren solche Kontakte enorm wichtig.

Vor dem Abendessen gehe ich sicherheitshalber Joggen, um richtig Appetit zu bekommen. Ich laufe ganz in Gedanken einen Hügel hinauf und will danach eigentlich einen Trampelpfad zum nächsten Hügel nehmen und von dort wieder hinunter. Auf dem Weg nach oben sehe ich, wie ein Auto am Straßenrand anhält, ein mit Kamera bewaffneter Mann den Weg entlangläuft und ständig Bilder schießt. Das macht mich natürlich neugierig. Ich laufe hin und sehe vielleicht fünf Meter von mir entfernt einen Bären parallel zur Straße den Berg hinauflaufen. Unglaublich!

Es wurde langsam dunkel und ich ahnte, dass ich auf dem kleinen Pfad hinüber zu dem anderen Hügel bestimmt noch mehr Bären treffen würde. Die Aussicht fand ich jedoch gar nicht prickelnd – von Bären hatte ich wirklich die Schnauze voll! Ich lief noch ein paar Kilometer weiter die Straße hinauf, ständig in der Angst, einem weiteren Bären über den Weg zu joggen. Wenig später drehte ich um, denn überdies taten mir meine Beine langsam weh. Zurück am Waterton Lake angekommen, machte ich am Seeufer zum Abschluss meine obligatorischen Liegestütze.

Nach einer schönen Dusche konnte ich dann endlich meinen selbst gemachten Eintopf genießen, der bereits auf dem Feuer vor sich hin köchelte. Es schmeckte einfach super! Später, nachdem ich alles aufgeräumt und sauber gemacht hatte, kam ich mit einem Mann ins Gespräch, der mit seiner Frau seit einem halben Jahr in einem Wohnmobil unterwegs war. Ihr eigentliches Zuhause war Kalifornien. Der Mann sprach Deutsch und Spanisch und reiste viel nach Mexiko und Guatemala. Von ihm bekam ich ein paar interessante Infos über Mittelamerika und obendrein schenkte er mir ein paar Landkarten.

Doch dann hatte ich noch Durst auf ein Bier und ging in die nächste Dorfkneipe, wo sich anscheinend die Jugend der Region traf. Ich plauderte mit ein paar Jungs, die Billard spielten, und anschließend mit einigen Deutschen. Ohne weitere Vorkommnisse zog ich mich später in mein Zelt zurück.

Vom Winde verweht

Endlich gelang es mir, einmal früh aufzustehen. Wie ich gleich unschwer am Flattern der Zeltplane erkennen konnte, war es draußen recht windig. Dadurch wurde eine der ersten Aufgaben des Tages – meine Sachen zusammenzupacken – nicht gerade leichter, vor allem als es ans Zelt ging. Ständig musste ich aufpassen, dass mir nichts davonflog. Als ich fertig war, hatte ich eine Dusche dringend nötig und dann war es auch schon Zeit, mich auf den Weg zu machen. Darüber vergaß ich völlig, für die letzte Nacht auf dem Campingplatz zu bezahlen. Mein Gewissen plagte mich nicht übermäßig, denn immerhin kostete eine Übernachtung vierzehn Dollar. Bei drei Nächten waren das schon zweiundvierzig Dollar und das war einfach zu viel für mich und mein Budget.

USA – die Westküste entlang

Dann sollte es endlich in die USA gehen. Als Weg dorthin wollte ich die »Going to the Sun-Road« nehmen; Gordon aus Vancouver hatte mir diese Straße wärmstens empfohlen; und vielleicht würde ich ja »Mr. 100 ccm« einholen ...

Bevor ich jedoch zu diesem Highway gelangte, musste ich wegen eines Waldbrandes einen kleinen Umweg in Kauf nehmen. Dann war ich endlich an der Grenze und die Formalitäten am Übergang zu den Vereinigten Staaten liefen relativ problemlos. Allerdings fragte mich die Beamtin, wann ich zurückwolle und welchen Flug ich zu nehmen gedenke. Ich gab September und Los Angeles an. Zum Glück fragte sie mich nicht nach irgendeinem Ticket. Das verstehe, wer will. Ich hatte doch ein Visum. Warum fragten die mich immer wieder nach meinem Rückflugticket und wann ich die Staaten wieder verlassen wollte?

Die »Going to the Sun-Road« hat ihren Namen voll und ganz verdient. Sie führt über den Logan Pass mit 6664 Fuß Höhe, das sind schätzungsweise 2500 Meter. Es ist nur eine schmale, kurvige Straße, die steil den Berg hinaufführt. Trotzdem ist sie wunderschön anzusehen, denn sie führt quer durch den Glacier National Park und ist damit eine der eindrucksvollsten Gebirgsstrecken Nordamerikas.

Eigentlich war sie ideal zum Heizen, und das hätte ich sicher auch getan, wären da nicht permanent lohnenswerte Fotomotive aufgetaucht, die mich zum Anhalten zwangen. An diesem Tag fuhr ich übrigens das erste Mal ein längeres Stück ohne Helm. In Montana, dem ersten US-Bundesstaat hinter der kanadischen Grenze, gibt es nämlich keine Helmpflicht. In kurzer Hose und T-Shirt und ohne Helm tuckerte ich vor mich hin. Mir kamen jede Menge Motorradfahrer entgegen. Die Strecke war wie gemacht für »motorbiking«! Auf der Passhöhe warf ich einen Blick ins Visitorcenter, wo ich gleich wieder – wie es sich für einen Biker gehört – jede Menge Leute kennen lernte. Fast jeder, der um meine Maschine herumschlich und guckte, grüßte mich zumindest. Ich verbrachte dort oben einige Zeit, bevor ich mich an die Abfahrt machte.

Für den Abend hatte ich geplant, am türkisblauen McDonald-See zu campen. Die Abfahrt hinunter zum Ufer war phantastisch. Ich fand den Campingplatz gleich und machte mich daran, mein Zelt aufzubauen. Ein kanadischer Mopedfahrer, dem ich unterwegs begegnet war, kam extra zu mir, um ein Bild von mir und meinem Bock zu machen. Ich schätze, meine zwei großen Alukoffer, das viele Gepäck und der große Seesack, den ich längs zur Fahrtrichtung auf der Gepäckbrücke angebrachte hatte, haben ihm schwer imponiert.

Kaum hatte ich meinen ganzen Campingkrempel installiert, als mich das Mädel vom Campsite gleich nebenan fragte, ob ich mit ihr im See schwimmen wollte. Klar wollte ich, tolle Idee! Zumal mit diesem Mädchen! Wir plantschten eine Weile und plauderten danach ein bisschen am Seeufer. Ihr Name war Kelly, sie kam aus Seattle, war ein oder zwei Jahre älter als ich, groß und schlank und hatte lange, braune Haare. Sie war mit Pick-up und Zelt in Idaho unterwegs gewesen und nun auf dem Rückweg nach Seattle. Bevor wir uns dann wieder um unseren eigenen Kram kümmerten, lud sie mich zum Abendessen ein. Ich nahm dankend an.

Nach dem Essen sollst du ruhen ...

Klar ging ich hin. Das Essen schmeckte ausgezeichnet und wir plauderten. Dann fragte Kelly mich, ob ich Lust hätte, mit ihr einen Joint zu rauchen. Auch dazu sagte ich nicht nein.

Wir rauchten den Joint im Zelt, zum einen, weil wir da nicht gesehen wurden, zum anderen, weil das angeblich die Wirkung steigert. Es dauerte nicht lange, da wurde Kelly zärtlich. Und das war genau das, worauf ich auch Lust hatte! Die 68er Hippies hatten schon Recht, wenn sie das Zeugs »Love Grass« nannten! Plötzlich sagte sie jedoch, es wäre besser, wenn ich ginge, was ich dann auch tat. Ich verbrachte noch eine Weile draußen am Feuer und ging dann schlafen. Schade, das hätte sich von mir aus ruhig noch weiter entwickeln können ...

Früh am Morgen klopfte es plötzlich an mein Zelt, wenn man das so nennen kann. Es war Kelly! Ob sie hereinkommen dürfe, fragte sie. »Klar«, antwortete ich, »komm herein!« Völlig nackt trat sie in mein Zelt. Unglaublich, dachte ich, was für ein schöner Traum! Sie legte sich zu mir, kuschelte sich an mich und schon bald befanden wir uns beide im schönsten Liebesspiel. Kelly erwies sich als sehr virtuos, und das machte es besonders spannend. Gibt es eine schönere Art, geweckt zu werden?

Wir frühstückten zusammen und fuhren dann mit dem Motorrad ein gutes Stück durch die Gegend, etwa siebzig Kilometer. Ohne Helm durch die Natur zu fahren, macht deutlich mehr Spaß. Schließlich fanden wir einen wunderschön gelegenen See. An seinem Ufer machten wir es uns mit Bier, Rotwein und etwas Brot gemütlich, alles Sachen, mit denen wir uns zuvor in einem kleinen Kramladen in the middle of nowhere eingedeckt hatten.

Wir sind dann ein gutes Stück zu einem Baum hinausgeschwommen, der mitten im See stand und sich ideal zum

Raufklettern und ins Wasser springen eignete. Zurück am Ufer lagen wir in der Sonne und rauchten gemeinsam einen Joint. Plötzlich stand Kelly auf, zog ihren Slip beiseite und zeigte mir, was sie ansonsten drunter zu verbergen pflegte – eine ziemlich prickelnde Situation für mich und alles andere als beruhigend.

Das war dann allerdings schon alles, mehr gab es nicht. Und vernaschen durfte ich sie schon gar nicht! Wie war das nur zu verstehen? Dennoch hatte sie schon zu diesem Zeitpunkt meine damaligen Vorstellungen über amerikanische Mädels über den Haufen geworfen. Dick, dumm und prüde – all das war sie ganz und gar nicht!

Kurz bevor es dunkel wurde, fuhren wir zurück. Es war schon ziemlich kalt. Am Campingplatz angekommen, kochte Kelly ein schmackhaftes Abendessen für uns und ich machte ein großes Feuer. Wie es schien, war sie durch das Kochen nicht voll ausgelastet, denn zwischendurch beschäftigte sie sich auch gern mit mir, womit ich sehr einverstanden war. Anschließend rauchten wir wieder einen Joint und zogen uns dann zum Musik hören in ihr Zelt zurück.

Wie sich herausstellte, bevorzugte Kelly Sex am Morgen. Um diese Zeit schien sie mehr Lust dazu zu haben. Und mir tat es echt gut, in dieser Hinsicht mal wieder gefordert zu werden; mit Kelly machte es wirklich Spaß. Sie wusste, worauf es ankommt und was Männern gut gefällt. Wie ich später von ihr erfuhr, hatte sie gerade eine langjährige Beziehung hinter sich, und vielleicht war es das, was sie dazu bewegte, sich nun so richtig auszuleben.

Rechts ran und Hände aufs Lenkrad

Nach dem Frühstück überlegten wir, ob wir nicht die Strecke nach Seattle zusammen fahren sollten. Sie wollte zur selben Zeit dort sein wie ich. Gesagt, getan – sie mit dem Pick-up vorneweg und ich mit dem Motorrad hinterher. Es ging über den West Glacier nach Whitefish und von dort nach Libby.

Wir hatten zwar abgesprochen, zwischendurch etwas schneller zu fahren, weil mir danach war. Das hatte sie jedoch etwas zu großzügig aufgefasst.

Dass dieser Fahrstil nicht ohne Folgen blieb, kann man sich denken. Als wir durch die Stadt Libby zischen, ertönt plötzlich hinter uns die Sirene eines Streifenwagens. »Rechts ran, anhalten und Hände aufs Lenkrad«, bedeutet das. Erst dann kommt der Uniformierte mit dunkler Sonnenbrille und der Hand an der Waffe an das Fenster des Fahrers. Wie im Film.

Kelly, sonst eher eine Langsamfahrerin, kassierte zum ersten Mal in ihrem Leben einen Strafzettel wegen Geschwindigkeitsüberschreitung. Dennoch setzte sie sich für mich ein, indem sie dem Polizisten erklärte, dass ich nur deshalb ebenfalls schnell gefahren sei, weil sie vorneweg fuhr, um mir den Weg aus der Stadt zu erklären. Das klang glaubhaft, denn ich wurde nur mündlich verwarnt und der Officer nahm Abstand von einem Ticket.

Die Weiterfahrt wurde anstrengend, denn die Sonne brannte heftig und ich war froh, als wir endlich zu einem Campingplatz kamen. Er lag an einem Fluss und wir bauten unser Zelt direkt am Ufer auf. Wir kochten, entfachten ein Lagerfeuer und rauchten Joints. Weil ich dazu ein paar Bier getrunken hatte, war ich bald völlig fertig und kroch auf allen Vieren in meinen Schlafsack. Ich war so hundemüde, dass ich zu nichts anderem mehr in der Lage war.

Kühles Bier aus der »Einbauküche«

Wie wir am Morgen feststellen konnten, hatten wir uns eine wunderschöne Stelle zum Übernachten ausgesucht: Wir befanden uns in einem National Park. Unmittelbar an der Spitze eines herrlichen Bergsees hatten wir unser Zelt aufgebaut und genossen einen wunderschönen Ausblick. Ich nahm als Erstes ein Bad im Bach, dann wurden die Zähne geputzt und der Tag gehörte mir.

Gleich neben uns hatte eine ganze Biker-Family ihr Lager aufgeschlagen. Vier schwere Goldwings mit Anhänger umfasste ihr Fuhrpark. Und ganz im amerikanischen Stil schleppen sie zum Camping ihren gesamten Haushalt in doppelter oder besser in dreifacher Ausführung mit. Die Biker-Family jedenfalls hatte wirklich alles dabei! Wohl wegen ihres enormen Stauraums trägt die Goldwing in Deutschland den Spitznamen »Einbauküche«.

Und wieder war das Wetter einfach nicht zu toppen. Wir beschlossen, den Tag am Fluss zu verbringen. Familie Goldwing hatte sich dort ebenfalls niedergelassen und man lud mich gleich auf ein Bier ein. Einer von ihnen hieß mit Nachnamen tatsächlich Becker, so wie ich mit zweitem Familiennamen! Wir kamen gleich ins

Gespräch. Den ganzen Tag verbrachten wir auf Stühlen im Wasser und tranken jede Menge Bier. Da die Sonne tierisch brannte, tat die Abkühlung im Fluss gut.

An einer nicht weit entfernten Stelle des Flusses war die Strömung besonders stark. Von dort konnte man sich prima flussabwärts treiben lassen, was wir dann auch taten. Bier trinken, Zigaretten rauchen und belangloses Zeug schwätzen, so verbrachte ich mit der Familie Goldwing den Tag. Abends kam Kelly dazu. Zusammen mit der Familie aßen wir zu Abend. Es gab gegrillte Hähnchen. Vater Becker war mittlerweile dank seines Alkoholkonsums völlig schmerz- und wahrnehmungsfrei. Das schien aber aus Sicht der Familie nicht weiter schlimm; sein Sohn brachte ihn einfach liebevoll zu Bett.

Kelly, Vater Beckers Sprössling, Mutter Becker und ich waren noch putzmunter und wollten in eine Bar, die ein paar Meilen entfernt lag. Eine richtige Cowboybar mit Livemusik sollte das angeblich sein. Es dauerte nicht lange und wir hatten ein Auto gestoppt, das uns auf der Pritsche mit zur Kneipe nahm, wo wir noch ein paar Bier tranken. Die Stimmung in dem Laden war ausgesprochen fröhlich. Es spielte eine originelle Countryband und die meisten Gäste waren auf der Tanzfläche. Nach einer Weile gingen Kelly und ich jedoch nach draußen ans Ufer des Flusses und setzten uns auf eine Bank.

Es war ein herrlicher Abend. Im Hintergrund hörten wir die Musik; vor uns plätscherte der Fluss ruhig vor sich hin. Wie fast jeden Abend rauchten wir noch paar Joints und machten uns dann auf den Rückweg zum Campingplatz. Gut drei Viertel der Strecke mussten wir laufen, bis ein Auto anhielt und uns zum Campingplatz mitnahm. Der Fußweg war schon ein wenig gruselig gewesen, denn auch hier gab es jede Menge Bären. Mit lautem Reden hatten wir versucht, die Bären – und unsere Angst – zu vertreiben. Bären mögen nämlich keine Menschenstimmen – auf jeden Fall kam keiner.

Mittlerweile war ich zu lange unterwegs, um die Wochentage im Kopf nachhalten zu können. So ist das als Langzeit-Traveller – man verliert den Bezug zu all den Dingen, die im normalen Alltag so immens wichtig erscheinen. Und man merkt, dass man sie eigentlich gar nicht braucht.

Erst wenn man längere Zeit auf Reisen ist, hat man wirklich die Möglichkeit, den Alltagsverstand abzuschalten. Das fängt bei den

Wochentagen an, die zunehmend an Bedeutung verlieren. Man wird frei im Kopf und es entwickeln sich völlig neue Interessen, die einen das Leben auf eine ganz andere Art lebenswert scheinen lassen. Man wird offen für nette Gespräche mit Fremden, das kategorische Einordnen von Persönlichkeiten anhand ihres Äußeren lässt nach, die Landschaft und das Motorradfahren werden noch intensiver wahrgenommen, Luxusartikel oder das Übernachten in teuren Hotels erscheinen langweilig. Je einfacher, desto besser – so lässt sich das Leben genießen!

Nutze den Stau

Am Morgen nahm ich ein Bad. So nah an einem See zu campen, ist schon ideal. Richtig wach wird man von der Abkühlung obendrein. Doch nun war es so weit: Es hieß Abschied nehmen von diesem schönen Platz.

Kelly war bereits mit einer Einheimischen aus dem Shop neben der Bar wandern gegangen. Ich nutzte die Zeit, meinen Kram zusammenzupacken. Meine Online-Geschäfte erledigte ich in der Bar, wo wir am Vorabend gewesen waren, doch mein Mac stürzte dauernd ab. Also rief ich wenigstens kurz Mina an, um ein Lebenszeichen von mir zu geben, und fuhr wieder zurück zum Campground.

Der Tag versprach zumindest vom Wetter her grandios zu werden, als wir Richtung Seattle losfuhren. Es war das gewohnte Bild: Kelly mit dem Pick-up vorneweg und ich mit meiner BMW hinterher. Zwar hatten wir dasselbe Ziel, aber völlig unterschiedliche Gründe, warum wir dorthin wollten: Ich wollte Kathryn, eine Freundin von mir aus Deutschland, in einer Jugendherberge in Seattle treffen und Kelly musste wieder zurück zu ihrer Arbeit.

Auf der Interstate 90 West nach Seattle kamen wir – mitten auf freiem Feld für mich völlig überraschend – in einen Stau. Die Urlaubssaison der Amerikaner ging zu Ende und alle wollten zurück nach Hause, erklärte mir Kelly. Im Prinzip also genau wie bei uns. Unglaublich, das hätte ich nicht gedacht, dass es in Amerika so einen Stau geben kann. In Großstädten wie Los Angeles und New York, das war klar, doch wir waren noch weit außerhalb von Seattle.

In solchen Situationen macht man am besten aus der Not eine

Tugend. Wir beschlossen, in einer kleinen Geisterstadt einen Stopp einzulegen. Schnell war ein Hotel gefunden und während ich meine Wäsche wusch und E-Mails schrieb, besorgte Kelly etwas zu trinken.

Nachdem sie später eine ausgiebige Dusche genommen hatte, verspürte sie große Lust auf Sex. Das Mädchen kannte wirklich alle Tricks und Kniffe, wie man einen Mann in höchste Erregung versetzt. Sie cremte mich diesmal am ganzen Körper ein, wobei sie sich an manchen Stellen besonders viel Zeit ließ.

Mitten in der Nacht wachte ich auf und stellte erschrocken fest: keine Kelly mehr da! Sofort schaute ich nach meinen Sachen, es war natürlich noch alles vorhanden; nur ihr Zeug war weg. Ich fand einen Brief von ihr vor, in dem sie schrieb, sie habe schon früh aufbrechen müssen. Verstehen konnte ich ihr plötzliches Verschwinden trotzdem nicht.

Pit-Stop in Little Germany

Ich schlief aus, duschte und nahm das Frühstück im Hotel ein. Dann machte ich mich auf den Weg nach Seattle. Ich wollte jedoch nicht die I-90 nehmen, wo wir am Tag zuvor im Stau gestanden hatten, sondern suchte mir einen kleinen Umweg über den Highway 2 nach Seattle aus.

Die Strecke war am Anfang ziemlich eintönig, aber dann kam ich nach Leavenworth, ein Ort, der sich selbst zum »Bavarian Village« erklärt hat. Gleich am Ortseingang begrüßt den Reisenden ein Schild: »Willkommen«. Die Gebäude in Leavenworth folgen streng bayrischen Architekturrichtlinien und in den örtlichen Gastronomiebetrieben verwendet man Namen wie »Edelweiß«, »Rittersburg« und so weiter. Ich machte ein paar Fotos, während ich langsam weiter in den Ort hineinrollte. Natürlich gab es deutsches Bier und Essen, doch darauf konnte ich selbst nach zweimonatiger Abstinenz verzichten. Ich schrieb lediglich ein paar Postkarten, um die Lieben daheim auf diese Kuriosität aufmerksam zu machen, und dann setzte ich meinen Weg fort.

Es war wieder herrliches Wetter, aber ich musste einige hohe Pässe überqueren und dort oben wurde es empfindlich kalt. Da ich nunmehr alleine unterwegs war, konnte ich richtig Gas geben. Mit allem, was mein Bock hergab, wedelte ich die Serpentinen hinauf und hinunter.

Kurz vor Seattle bekam ich es ein wenig mit der Angst zu tun: Vor mir lag wieder eine große Stadt, ich hatte keine Straßenkarte und musste das Hostel finden, wo meine Bekannte Kathryn zusammen mit ihrer Freundin abgestiegen war. Irgendwie war mir nicht ganz wohl dabei. Komisch, dachte ich, vielleicht war ich schon zu lange an das Dasein in ländlichen Gegenden gewöhnt.

Zurück in den Großstadtdschungel

Als ich dann in Seattle einlief, war ich bald wieder ganz der alte Dan, ganz cool. Was sollte schon schief gehen? Selbst wenn ich fünf Stunden bräuchte, um das Hostel zu finden – dann hatte ich eben eine ausgedehnte Sightseeing-Tour gemacht. Alles was ich wusste, war der Name der Straße, in der die Jugendherberge sein sollte. Ich fuhr über einen großen Freeway in die Stadt hinein und plötzlich las ich genau diesen Straßennamen auf einem Hinweisschild. Super! Ich schaffte gerade noch die Abfahrt und schon war ich mitten in Downtown Seattle. Ein unbeschreibliches Gefühl, nach so langer Zeit in der Natur plötzlich wieder im Hochhäuser-Dschungel zu sein. Das Hostel hatte ich schnell gefunden, und dort empfing mich auch gleich Kathryn. Es tat gut, jemanden aus der Heimat zu sehen. Und in einer großen Stadt jemanden zu kennen, ist einfach unschlagbar.

Zum Glück bekam ich gleich ein Zimmer im Hostel, das eigentlich komplett ausgebucht sein sollte. Schon lange im Voraus, so hieß es, müsse man reservieren. Und mit dem Zimmer, das ich dann bekam, hatte ich obendrein mehr als Glück: Ich residierte in einer Art Penthouse, ganz für mich allein, zwar mit einer Matratze auf dem Boden, aber mit eigener kleiner Küche und Toilette. Die Krönung war die Aussicht: Das Fenster bot einen grandiosen Blick auf den Hafen von Seattle. Das war genau nach meinem Geschmack; hier konnte ich in aller Ruhe ungestört rauchen und Alkoholisches trinken – eben all das tun, was in einer Jugendherberge ansonsten verboten ist. Die Mädchen – Kathryn und Cordelia, so hieß ihre Freundin – beneideten mich.

Wir beschlossen, gemeinsam einen ersten Eindruck von Seattle zu bekommen. Also unternahmen wir einen Spaziergang durch Downtown Seattle. Gleich nebenan war ein kleiner lokaler Markt, wo Fisch und leckere Früchte verkauft wurden. Wie praktisch! Wir aßen beim Chinesen, wo ich meine Bärengeschichte zum Besten gab und von der Tour durch Alaska erzählte. Die Girls hörten mir gespannt zu. Nachdem wir noch etwas Prozentiges eingekauft hatten, schlenderten wir zurück in die Jugendherberge und verbrachten den Abend mit Geschichten erzählen in »meinem« Penthouse.

Sightseeing auf schneller Sohle

Am nächsten Morgen war es wieder einmal an der Zeit, joggen zu gehen. Die von mir gewählte Route verlief am Hafen entlang und dabei hatte ich gleich die Chance, weitere Eindrücke von der Stadt zu sammeln. Wunderbar! Ich liebe es, in großen Städten zu laufen. Zum anschließenden Frühstück kamen die Mädels wieder zu mir auf mein Zimmer. Sie hatten die Nacht nicht geschlafen, berichteten sie. Der Grund war offensichtlich: Sie teilten sich mit vier weiteren Mädels ein enges Sechs-Bett-Zimmer, das nur über ein winziges Fenster verfügte.

Was die Gestaltung des Tages anging, so waren unsere Interessen völlig unterschiedlich: Die Girls hatten diverse Museen auf dem Plan und ich visierte den nächsten Internetshop an.

Am Abend unternahm ich gemeinsam mit den Mädels eine Bootstour zu einer gegenüberliegenden Insel. Auf dem Boot hatte sich eine Gruppe Gleichgesinnter zusammengefunden. Wir erkundeten die Insel gemeinsam und machten schließlich in einem netten kleinen Hafenlokal Halt. Wir tranken Bier und unterhielten uns prächtig, und dann war es schon wieder Zeit für den Rückweg. Die Stimmung war so ausgelassen, wir hätten fast die Fähre verpasst.

Letzte Fahrt mit dem Pick-up

Den nächsten Tag verbrachte ich mehr oder weniger mit Faulenzen, im Café sitzen und Menschen beobachten. Warum soll man sich auch immer einem kulturellen Stressprogramm aussetzen? Erst gegen Abend wurde ich aktiv: Ich wollte mich mit Kelly treffen und rief sie an. Sie sagte, sie sei mit Freunden verabredet und wir könnten ja gemeinsam etwas unternehmen.

Sie holte mich mit ihrem Pick-up an der Jugendherberge ab und wir fuhren zu einer Hausbrauerei. Zusammen mit ihren Freundinnen aßen wir zu Abend und tranken ein gutes Bier. Als es spät wurde und der Kneipier schließen wollte, beschlossen wir, die Party bei einem der Girls daheim fortzusetzen. Kelly kaufte zu diesem Zweck unterwegs Bier und Eis ein. Es kamen noch eine ganze Reihe netter Leute dazu, doch mein Bedarf an Bier und Essen und Leuten war für diesen Tag gedeckt.

Kelly fuhr mich zurück zur Jugendherberge. Wir gingen noch ein bisschen unten am wunderschönen Hafen spazieren und dann war es auch schon Zeit, uns ein letztes Mal voneinander zu verabschieden. Das fiel uns beiden nicht leicht. Wir hatten sehr schöne Tage miteinander verbracht, und wer konnte zu diesem Zeitpunkt sagen, ob wir uns je wiedersehen würden.

Die Straße ruft

An der Rezeption des Hostels erwartete mich eine Nachricht von Kathryn. Die Girls waren ein bisschen sauer auf mich, denn sie hatten den ganzen Abend auf mich gewartet. Das ließ sich nun nicht mehr ändern und ich verspürte keine Lust, die beiden um die späte Uhrzeit zu treffen. Außerdem wollte ich am nächsten Morgen früh aufstehen, denn die Straße rief.

Ursprünglich hatte ich mit Kathryn schon per E-Mail darüber nachgedacht, zusammen eine kleinere Tour in einem Wohnmobil zu unternehmen. Da jedoch meine Zeit knapp war und Cordelia zudem meinte, dass sie gerne Richtung Norden fahren würde, hatte sich das Thema für mich bald erledigt. Richtung Norden kam für mich überhaupt nicht in Frage. Schon viel zu lange hatte ich mich dort aufgehalten. Mich zog es weiter nach Kalifornien, in die Sonne. Trotz mehrerer Versuche war es Kathryn nicht gelungen, Cordelia zu überreden, ihre Meinung zu ändern. Und so hatten sich die Mädels schließlich für einen normalen Pkw entschieden, den sie an diesem Morgen bekommen sollten.

Das bedeutete also: alleine weiterfahren. Eigentlich war ich ganz froh darüber. Cordelia war nämlich nicht mein Fall, ganz und gar nicht. Mit Kathryn alleine hätte ich sicherlich eine Menge Spaß gehabt. Also Sachen packen und von den Mädchen verabschieden, und schon war ich auf dem Interstate-Highway Nummer 5 in Richtung Süden unterwegs. Es herrschte bestes Wetter und ich konnte erneut auf die schwere Motorradkluft verzichten.

Hinter Longview bog ich auf den Highway 30 Richtung Astoria ab. Dort erreichte ich endlich wieder die Pazifikküste. Das Wiedersehen mit dem Ozean wurde bei Kentucky Fried Chicken am Hafen von Astoria gebührend mit einem Hamburger gefeiert. Hier hatte man zudem einen herrlichen Ausblick auf die Columbia River Bridge und den Hafen – der richtige Ort, um eine Weile Halt zu machen.

Von Astoria nahm ich den »one-o-one«, den Highway Nummer 101, weiter Richtung Süden. Die Straße führte eindrucksvoll am Meer entlang, durch eine Landschaft, die sich gut mit der Bretagne vergleichen lässt. Raues Klima, windig, einsame lange Strände, sehr beeindruckend! Bei Tillamook war ich mit der begonnenen Suche nach einem schönen Campingplatz schließlich erfolgreich. Tillamook ist übrigens bekannt für seinen Käse, den es überall in allen Supermärkten gibt.

Ich konnte mein Zelt unmittelbar am Meer aufbauen. Eigentlich war das ein Platz mit »full hook-up«, das heißt, für Wohnmobile gedacht und mit komplettem Wasser-, Abwasser- und Elektrikanschluss versehen. Entsprechend musste ich zwanzig Dollar dafür bezahlen. Ein anderer, nicht so schöner Platz weiter hinten hätte mich jedoch auch sechzehn Dollar gekostet. Überhaupt erschien mit der Camping-Spaß in den Staaten richtig teuer. Man zahlt pro Zelt und nicht pro Gast. Wenn man mit einer Familie Urlaub macht, ist das sicherlich günstig. Alleine jedoch zahlt man richtig drauf.

Weinrausch und Meeresrauschen

In dieser Nacht schlief ich gut – nach einer Flasche Rotwein zum Abendessen war das kein Wunder. Sicher trug das angenehme Meeresrauschen seinen Teil dazu bei. Wieder war das Wetter am nächsten Tag phantastisch und mir war danach, am Strand einen Lauf zu absolvieren. Der Sand war recht fest und so konnte man kilometerweit joggen. Ich tat das ausgiebig, ohne einer Menschenseele zu begegnen. Als mir schließlich die Knie weh taten, musste ich umkehren. Schade, mein Kopf hätte ewig so weiterlaufen können. Zurück am Zelt machte ich zum Abschluss ausführlich Gymnastik. Der Tag konnte beginnen.

Der Highway 101 folgt immer der Pazifikküste, die oben im Norden steil und felsig ist. Weiter im Süden wird sie dann flacher und es kommen ausgedehnte Strände hinzu. Die Straße liegt mitunter hoch über dem Meer und ist mit ihren vielen, gut ausgebauten Kurven eine Strecke ganz nach meinem Geschmack.

Eigentlich wollte ich an diesem Tag bis nach Kalifornien hineinfahren. Vor Gold Beach machte ich jedoch Halt. Ich hatte mal wieder eine total einsame Strandgegend gefunden. Warum nicht hier eine Nacht wild campen? Eingekauft hatte ich schon. Ein sehr steiler und für Autos unmöglich zu befahrener Pfad führte hinunter ans Meer. Für mich und meine BMW war das jedoch kein Problem. Ich suchte mir eine schöne Stelle und baute das Zelt auf. Schon bald wurde es dunkel und das Kochen war nicht mehr so einfach. Auch hätte ich einen Tisch gut gebrauchen können. Aber so ist das halt, wenn man wild kampiert. Ich verspeiste eine Dose Ravioli, und dann verkroch ich mich ins Zelt und studierte die Landkarten.

Dabei stellte ich sehr bald fest, dass ich noch einiges an Strecke vor mir hatte. Mir lief langsam die Zeit davon. Ich hatte mich einfach zu lange im Norden aufgehalten. Vor allem wegen des Treffens mit Kathryn! Die Krönung war, dass wir noch nicht einmal viel zusammen unternommen hatten. Eigentlich ein Reinfall, das Ganze. Wenn ich noch nach Denver will, um Rick, den Piloten zu besuchen, nach Bakersfield zur Harley Davidson-Truppe, zu Starkey Hörakustik und dann noch nach L.A., wo obendrein ein großer Motorrad-Check fällig ist, muss ich mich aber beeilen, dachte ich. Ich konnte nur froh sein, dass ich alleine reiste – ohne die beiden Mädchen. Sonst würde es wirklich knapp werden.

Salto mortale am Strand

Nachdem ich am nächsten Morgen bei wunderschönem Wetter meine Sachen gepackt hatte, widmete ich mich einer ausführlichen Morgentoilette im Meer – besser nach Salz als nach Schweiß riechen. Außerdem war ich danach wirklich wach: Das Wasser war in dieser Gegend immer noch arg kalt. Als ich alles ordentlich verstaut hatte, konnte es losgehen.

Und dann passierte es: Um auf die Straße zu gelangen, musste ich wieder den steilen Berg hinauffahren. Gut ausgeschlafen und mit einem ordentlichen Frühstück im Magen dachte ich: Das ist doch kein Problem für dich, Dan. Ich fahre also bis zu einer besonders heiklen Stelle und schaue mir die Lage erst einmal genauer an. Okay, Anlauf nehmen und dann wird es schon klappen! Anlauf genommen und – Pustekuchen! Das Motorrad bleibt einfach stehen und beginnt rückwärts zu rollen. Und keine Chance, den Bock zu halten! Eh ich mich versehe, überschlage ich mich rückwärts und falle auf die Seite. Das Moped landet auf dem Kopf stehend auf mir!

Mir ist zum Glück nichts passiert und ich kann zur Seite unter dem Motorrad herauskriechen. Oh Dan, was hast du da gemacht! Da steht mein Moped, allerdings auf dem Kopf. Jetzt auf jeden Fall die Ruhe bewahren! Leichter gesagt, als getan, denn von allen Seiten kommt auf einmal Benzin geflossen. Erst einmal die Benzinhähne zu und dann versuche ich, die Mühle aufzurichten. Keine Chance, das Moped ist einfach zu schwer. Erst nachdem ich das ganze Gepäck abgebaut habe, kann ich den Bock endlich wieder auf die Räder stellen.

Auf den ersten Blick schien am Motorrad alles in Ordnung zu sein. Ich wendete und machte eine kleine Testfahrt. Lediglich der Gasgriff hatte etwas abbekommen; am Ende hatte sich ein Teil vom Gummi gelöst. Ansonsten hatte die Maschine den Sturz gut überstanden. Was für ein Glück! Auch die Koffer rechts und links waren heil geblieben.

Beim zweiten Versuch – diesmal ohne Gepäck – schaffte ich es schließlich. Sehr, sehr heikel war es dennoch. Das Gepäck musste ich nach oben tragen und dort wieder aufsatteln. Alles in allem nicht ganz ohne, die ganze Geschichte. Ohne meine Crosserfahrung hätte ich das ganz sicher nicht geschafft. Oben angekommen, musste ich erst mal ein paar Zigaretten rauchen; ich war fix und fertig. Besser aufpassen, Dan!

Weiter ging es auf der Küstenstraße in Richtung Kalifornien. Noch immer hatte ich den Sturz in den Knochen. Außerdem tat mir irgendwie alles weh, obwohl ich auf keine bestimmte Stelle hätte zeigen können. Ich hatte noch mal Glück gehabt. Zwischendurch musste ich mehrfach anhalten und einen Kaffee trinken. Nach dem Sturz und dem Adrenalinschub war ich richtig müde. Trotzdem war die Fahrt entlang der Westküste weiter ein Erlebnis. Zwischendurch verlief die Strecke auch mal im Landesinnern, durch Nationalparks mit viel Wald und großen alten Bäumen. An der Küste war es immer recht frisch, wahrscheinlich aufgrund der arktischen Meeresströmung, die von Norden kommend die Küste entlang nach Kalifornien zieht. Sobald man von der Küste abkam, wurde es gleich viel wärmer.

Je mehr ich mich San Francisco näherte, desto mehr Spaß hatte ich beim Fahren. Einfach cool, dem Motorrad mal so richtig die Sporen zu geben! Kurz vor San Francisco musste ich tanken. Bei dieser Gelegenheit kaufte ich gleich ein neues Birnchen für meine Rückleuchte, die scheinbar auch vom Sturz in Mitleidenschaft gezogen worden war. Außerdem fixierte ich den Gasgriff notdürftig mit Klebeband und schon konnte es weitergehen.

Hands up, baby!

Kurz darauf wurde ich von der Polizei angehalten. Die ganze Fahrt über hatte ich gesehen, wie die Burschen überall auf der Lauer lagen. Und bei meinem Tempo war es nur eine Frage der Zeit gewesen, bis einer von ihnen einschreiten würde.

Meine zweite Polizeikontrolle im Land der unbegrenzten Möglichkeiten lief so ab, wie ich das schon einige Male in amerikanischen Krimis gesehen hatte. Ich musste mich mit gespreizten Armen und Beinen gegen den Polizeischlitten stellen und einer der Cops zielte mit einer Maschinenpistole auf mich, während der andere mich gründlich nach Waffen absuchte. Ganz schön aufregend! Eine derartige Bekanntschaft mit der Polizei hatte ich bis dahin noch nicht gemacht.

Nachdem einer der beiden Police Officers meine Papiere kontrolliert hatte, teilte er mir freundlich mit, dass ich nichts zu zahlen brauche, da er ein »nice guy« sei. Ich solle jedoch aufpassen, weil nicht alle so wären wie er, und mein Geld lieber für die Reise ausgeben anstatt für »traffic tickets«. Da hatte er nicht ganz Unrecht.

Kurz danach sah ich die ersten Hinweisschilder für die Golden Gate Bridge. An diesem Abend war es dummerweise sehr nebelig und so konnte ich leider nicht viel sehen, als ich über die weltberühmte Hängebrücke fuhr. Trotzdem war es ein erhebendes Gefühl!

Die Jugendherberge fand ich erst nach langem Suchen und es waren auch schon alle Zimmer belegt. Gottseidank hatte man eine andere Adresse für mich – Downtown, in einer wirklich üblen Gegend. Straßengangs sollten dort umherziehen und ihr Unwesen treiben. Weder ich noch irgendein Autofahrer hielt bei Rot an – eine kurze Pause an einer Ampel kostet hier möglicherweise Hab und Gut. Als ich die Jugendherberge endlich gefunden hatte, sagte mir ein unfreundlicher Typ am Empfang, dass sie geschlossen sei.

Zum Glück, muss ich sagen. Wer weiß, ob mein Moped am nächsten Tag noch vor der Tür gestanden hätte! Ich fuhr also wieder zurück zur ersten Herberge und wartete ein paar Stunden, bis ein Bett frei wurde. Endlich bekam ich eins. Wenn das nicht geklappt hätte, hätte ich draußen auf der Wiese übernachtet. Das wäre mir an diesem Abend egal gewesen, so müde war ich inzwischen. Außerdem schien die Gegend dort einigermaßen sicher zu sein.

Die Straßen von San Francisco

Als ich gegen neun Uhr aufwachte, fühlte ich mich einigermaßen fit, obwohl ich in einem Gemeinschafts-Schlafsaal mit fünfzehn anderen Travellern genächtigt hatte – Männlein und Weiblein zusammen. Als Erstes ging ich laufen, denn gleich vor der Jugendherberge lagen das Meer und der Hafen, und eine solche Szenerie reizt mich immer wieder, auf Jogging-Tour zu gehen.

Den restlichen Tag verbrachte ich mehr oder weniger mit Rumtrödeln. Ich sortierte meine Sachen, wusch Klamotten, führte Tagebuch – lauter Dinge, die gar nicht so wichtig waren. Gegen Spätnachmittag kam ich dann endlich auf Touren. Ich machte mich daran, in den Gelben Seiten nach Adressen von Judovereinen zu suchen. Das Ergebnis war ebenso unglaublich wie deprimierend: Es gab nicht einen Judoverein in San Francisco! Ich zog alle Register und schaltete zusätzlich die Telefonauskunft ein: Keiner konnte mir eine brauchbare Nummer nennen. Shit!

Als kleine kulturelle Aufmunterung schaute ich mir ein U-Boot an, das man in ein Museum umgewandelt hat. Dabei handelte es sich um die USS Pampanito, die im Zweiten Weltkrieg zur amerikanischen Pazifik-U-Bootflotte gehört hatte und die heute in Fisherman's Wharf am Hyde Street Pier liegt. Ich war noch nie zuvor in einem U-Boot gewesen und fand es einfach faszinierend zu sehen, wie viel Technik sich dahinter verbirgt, damit sich so ein Monster tatsächlich längere Zeit unter Wasser bewegen kann.

Ausflug nach Alcatraz

Zusammen mit Mario, den ich schon in Seattle im Hostel kennen gelernt hatte, und der auch mit auf der abendlichen Inseltour gewesen war, setzte ich am nächsten Tag nach Alcatraz über. Die ehemalige Gefängnisinsel war überaus beeindruckend. Das Gefühl, in diesem ehemals berühmt-berüchtigten Knast zu sein, war schon einzigartig. Die Geschichte von Alcatraz ist dort sorgfältig dokumentiert und aufbereitet. Unter anderem werden verschiedene Filme über die Zeit der Insel als Gefängnis für Schwerverbrecher vorgeführt. Außerdem gab es eine Diavorführung über die Leute, die früher auf der Insel »gewohnt« hatten. Überaus praktisch fand ich, dass man sich einen Walkman ausleihen konnte, mit dem eine individuelle Führung in einer wählbaren Sprache möglich war. Nach unserer Rückkehr zum Festland gingen Mario und ich noch etwas essen. Mario ist übrigens Grieche und wohnt schon seit langem in London.

Nachdem zuvor wechselhaftes Wetter geherrscht hatte, nahm ich mir vor, trotzdem den Versuch zu starten, ein paar Erinnerungsfotos zu machen. Als Erstes fuhr ich zu den Marine Headlands. Von dort hat man einen herrlichen Blick auf die Golden Gate Bridge. Ich genoss das tolle Panorama bei ein paar Zigaretten. Den restlichen Tag machte ich mit dem Motorrad eine Stadtrundfahrt entlang des Scenic Drive, der sehr gut ausgeschildert ist und an vielen Sehenswürdigkeiten vorbeiführt, zum Beispiel am Coit Tower auf dem Telegraph Hill, an der Cable Car Barn und an China Town.

Praktikum beim Experten für Hochspannungsleitungen

Am Donnerstag verabschiedete ich mich von San Fransisco. Ich wäre gerne länger geblieben; die Stadt hat mir sehr gut gefallen. Zum wiederholten Mal ging mir allerdings durch den Kopf, dass ich einfach zu viel Zeit im Norden verbracht hatte. Doch das ließ sich jetzt nicht mehr rückgängig machen. So machte ich mich auf den Weg und brauste über die Küstenstraße in Richtung L.A. Das brachte zwar keine verlorene Zeit zurück, machte dafür aber umso mehr Spaß! Die Straße verläuft oberhalb felsiger Strände und ist sehr gut ausgebaut, sodass man sich wegen der Qualität des Belags überhaupt keine Gedanken machen muss.

Auf der Höhe von Bakersfield rief ich Billy an, einen meiner Bekannten aus der Harley-Truppe, die ich in Kanada auf der Fähre von Prince Rupert nach Port Hardy auf Vancouver Island kennen gelernt hatte. Er sagte, ich sei bei ihm willkommen. Also verließ ich den Highway 101 und machte mich auf den Weg nach Bakersfield hinein. Es war schon recht spät am Abend und dunkel, als ich bei ihm einlief, und mir war mein plötzliches Erscheinen ein bisschen peinlich. Trotzdem nahm ich sein Angebot nur zu gerne an und blieb über Nacht.

Am nächsten Morgen stand ich früh auf, weil ich Billy zur Arbeit begleiten wollte. Billy arbeitet an Hochspannungsleitungen; er klettert auf Strommasten und ähnliche luftige Orte und das wollte ich mir nicht entgehen lassen. Ich durfte sogar mit auf einen dieser riesigen Masten und beim Verlegen von einigen Leitungen helfen. Dabei verging die Zeit wie im Flug! Zum Glück musste Billy an diesem Tag nicht lange arbeiten; er hatte sich den Nachmittag frei genommen. Dadurch hatte ich die Chance, mit ihm zusammen einige Dinge zu erledigen, unter anderem – wer hätte es gedacht – meine Maschine zum BMW-Händler zu bringen. Ich hatte auf dem Number One Richtung Los Angeles gut Gas gegeben und während der Fahrt gespürt, dass mit der Kraftübertragung über die Kardanwelle etwas nicht stimmte. Sollten sich die Jungs bei BMW damit auseinander setzen.

Zwangspause auf vier Rädern

Als ich am Samstagmorgen vom Laufen zurückkam, erfuhr ich gleich die schlechte Nachricht aus der BMW-Werkstatt: Bei der Probefahrt zur Feststellung der Fehlerursache war die Kardanwelle meiner Gummikuh gebrochen. Jetzt musste erst einmal beim Zentrallager eine neue bestellt werden und die würde nicht vor Dienstag kommen. Was sollte ich nur tun? Es war Samstag und ich hatte überhaupt keine Lust, bis Dienstag in Bakersfield herumzusitzen.

Nach kurzer Bedenkzeit hatte ich die Lösung gefunden. Ich nahm mir kurz entschlossen einen Leihwagen und düste los in Richtung Death Valley, Grand Canyon, Las Vegas und Los Angeles. Einen Besuch bei dem Hörgerätehersteller Starkey in Anaheim hatte ich ebenfalls mit auf dem Plan. Nach etlichen Stunden Fahrerei erreichte ich gegen Abend das Death Valley, das Tal des Todes. Dort waren es um 23 Uhr immer noch 33 °C.

»Oben ohne« durchs Tal des Todes

Die Nacht verbrachte ich auf dem Campingplatz der Furnace Creek Ranch mitten im Tal des Todes. Ich schlief ohne Zelt auf dem

Boden und muss sagen, das war gar nicht so schlecht. Es war angenehm warm, ohne zu heiß zu sein. Genau mein Klima. Ich wachte relativ früh auf und das war gut so, denn ich wollte Fotos schießen.

Morgenlicht ist besonders in Wüstenregionen das ideale Licht zum Fotografieren. Ich klapperte nacheinander die verschiedenen Sehenswürdigkeiten des Tals ab: Artists Drive, Golden Canyon, Zabriskie Point und so weiter. Gott sei Dank hatte ich mir ein Cabrio als Leihwagen genommen – »oben ohne« machte das Ganze noch mehr Spaß. Bisweilen brauchte ich gar nicht auszusteigen, um ein Foto zu machen.

Mein nächstes Ziel hieß Las Vegas. Gut zwei Stunden dauerte die Fahrt durch endlose Wüste, und dann tauchte urplötzlich diese riesige Stadt vor mir aus dem Nichts auf. Schon von weitem waren die riesigen Hotels entlang des Las Vegas Strip zu erkennen. Leider war mein Zeitplan für diese Etappe ziemlich knapp; ich wollte noch bis ins Monument Valley fahren. Also machte ich schnell ein paar Fotos und schaute mir Las Vegas im Wesentlichen vom Cabrio aus an.

Das Harley Davidson Café auf dem Strip war für mich natürlich ein Muss. Hier werden die verschiedenen Harley-Modelle mit einem Transportband kreuz und quer durch die Räumlichkeiten bewegt. Echt witzig! Und obwohl ich nicht besonders auf den Stil stehe, der in Las Vegas gepflegt wird, finde ich doch, dass man das mal gesehen haben muss.

Von Vegas aus machte ich mich auf zum Grand Canyon. Die Fahrt zog sich einigermaßen in die Länge und als ich endlich an der gigantischen Schlucht ankam, war es leider schon dunkel. Ich durchquerte den Canyon in Richtung Norden auf der einzigen Straße, die quer hindurchführt. Irgendetwas trieb mich ständig weiter; ich wollte einfach zum Monument Valley.

Mein Problem war, dass ich für die Region kein gutes Kartenmaterial dabei hatte. Ohne es zu wissen, fuhr ich einen großen Umweg zum Monument Valley – es lag viel weiter östlich, als ich vermutet hatte.

Dabei kam ich im Dunkeln über einen Pass. Ich konnte erahnen, dass die Landschaft hier sicher sehr dramatisch und ideal zum Mopedfahren war, aber das hatte ich ja ohnehin nicht dabei. Spät abends erreichte ich den Eingang zum legendären Monument Valley. Ohne große Umstände bereitete ich mir gleich neben der Straße mein Nachtlager.

Fototermin mit dem Monument Valley

Die Sonne geht in der Wüste um diese Jahreszeit schon sehr früh auf. Zu meiner großen Freude sah es danach aus, als würde es ein schöner Tag werden. Sowohl das Wetter als auch die Landschaft um mich herum versprachen im wahrsten Sinne Monumentales. Erst jetzt merkte ich, dass ich am Abend zuvor in der Dunkelheit ein paar Meilen zu weit gefahren war und kehrte nun im ersten Morgenlicht zu der Stelle zurück, von der eine Zufahrtstraße direkt ins Monument Valley führt. Auf dem Weg dorthin machte ich gleich jede Menge Aufnahmen, denn die lange Straße, die schnurgerade durch die Wüste auf die Felstürme des Monument Valley zuführt, erinnerte mich an typische Fotos in Reiseprospekten über Amerika.

Im Monument Valley, das unter indianischer Verwaltung steht, kann man für ein paar Dollar Eintritt mit dem eigenen Auto einer vorgegebenen, unbefestigten Strecke folgen. Eine unglaublich schöne Sache. Ich liebe die Wüste! Die gigantische Landschaft des Monument Valley wurde schon oft als Location für Abenteuer- und Westernfilme verwendet. Deswegen gibt es dort auch den Director's Point – ein Aussichtspunkt, den der Regisseur John Ford besonders ins Herz geschlossen hatte. Mit Recht! Zurück am Visitorcenter nahm ich mir ein bisschen Zeit, um Postkarten zu schreiben. Und dann musste ich auch schon weiter; ich hatte noch den langen Weg bis Los Angeles vor mir.

Die Strecke von gut 500 Meilen nach L.A. brachte ich schneller hinter mich, als ich gedacht hatte. Der Grund liegt wohl darin, dass die Amerikaner sehr entspannt Auto fahren, das hatte ich schon einige Male feststellen können. Gedrängel wie auf deutschen Autobahnen kennt man einfach nicht. Ich stellte den Tempomaten etwas über der zulässigen Höchstgeschwindigkeit ein, aß, trank und las während der Fahrt und plötzlich war ich in Anaheim kurz vor L.A. Hier wollte ich die Firma Starkey besuchen.

Es war noch früh am Morgen, als ich bei Starkey vorsprach. Diana, meine dortige Ansprechpartnerin, nahm mich gleich in Empfang. Wir kannten uns von zahlreichen E-Mail-Kontakten und ich hatte ihr auf diesem Weg auch mein Kommen angekündigt. Sie machte mit mir eine kleine Führung durch das Gebäude und ich konnte bei der Hörgeräteanpassung, wie sie im Hause dieses Herstellers stattfindet, zuschauen, aber das war es dann auch schon. Richtig gelohnt hatte sich der Besuch nicht.

Aber so blieb mir noch viel Zeit für den restlichen Tag. Über Long Beach fuhr ich die Küstenstraße nach Los Angeles hinein. Irgendwie hatte ich jedoch schon seit einiger Zeit das Gefühl, längst in L.A. zu sein. Das liegt wohl daran, dass sich die Stadt über eine enorme Fläche erstreckt und dass es eigentlich kein richtiges Stadtzentrum gibt. Genau genommen gibt es mehrere.

L.A. – Highsociety und Multikulti

Los Angeles gefiel mir besser, als ich erwartet hatte. Auf meiner Liste standen unter anderem Beverly Hills und Hollywood, und dort habe ich mich zuerst umgeschaut. Über den Sunset Boulevard bin ich natürlich auch gefahren. Sehr interessant anzuschauen und sehr abwechslungsreich, diese palmengesäumte Allee, wenn auch eine völlig andere Welt. Alles ist sehr schön angelegt; viele reiche Leute wohnen dort offensichtlich und gut aussehende Mädels und Jungs cruisen mit ihren Superschlitten durch die Gegend. Man muss das einfach mal gesehen haben.

Und überall spürt man die Präsenz des Filmgeschäfts – sei es in Form der großen Billboards, die neue Hollywood-Streifen ankündigen, oder aufgrund der Tatsache, dass man völlig unerwartet auf offener Straße an einem Film-Set vorbeikommt. Da ist es nur natürlich, dass man nach irgendwelchen Moviestars Ausschau hält.

Da es in L.A. nur ganz wenige Ecken gibt, wo sich die Angelinos zu Fuß bewegen, spähte ich automatisch in neben mir fahrende und entgegenkommende Luxusautos – jedoch ohne Erfolg. In dieser Gegend der Welt bevorzugt man so genanntes »privacy glass« – Scheiben, die so dunkel getönt sind, dass man nicht sehen kann, wer im Auto sitzt.

Die Mega-City ist geprägt von den zahlreichen verschiedenen Nationalitäten, die sich hier niedergelassen haben – neben Mittel- und Südamerikanern auch Asiaten und zunehmend Leute aus dem osteuropäischen Raum. Wen wundert es da, dass L.A. die zweitgrößte Spanisch sprechende Stadt der Welt ist? Als ich mich satt gesehen hatte, fuhr ich zurück nach Bakersfield zu meinen Harley-Freunden.

Ein Königreich für eine Kardanwelle

Ich saß fest in Bakersfield: Mein Motorrad war immer noch nicht fertig; die neue Kardanwelle war nicht eingetroffen. Erst jetzt erfuhr ich, dass solche Teile in den Vereinigten Staaten nicht bevorratet werden und in Deutschland bestellt werden müssen. Hoffentlich kommt das Ding wenigstens morgen, dachte ich, die Zeit wird knapp. In der Tat: Ich hatte keine drei Wochen mehr bis zum 12. Oktober – dem Tag, an dem ich mich mit Mina in Cancún in Mexiko treffen wollte.

Am Donnerstag endlich kam die erlösende Nachricht, dass das Moped fertig sei. Es konnte weitergehen! Die Kardanwelle war getauscht worden, ebenso Öl und Ölfilter, der Luftfilter war gesäubert und die Ventile neu eingestellt worden – und einen neuen Gasgriff hatte meine Gummikuh auch bekommen.

Das ist jetzt der letzte Händler auf meinem Weg nach Südamerika!, schwor ich mir. Hoffentlich hat er auch alles gut gecheckt! Wie unhaltbar dieser Schwur war, sollte sich schon kurze Zeit später herausstellen.

Mittlerweile war es schon vier Uhr nachmittags, reichlich spät, um nach Mexiko aufzubrechen. Den Abend hätte ich noch gut bei Tony und Billy verbringen können: Grillen war angesagt. Aber ich wollte weg. Zu viel Zeit hatte ich schon mit Warten verbracht. Also nichts wie rauf aufs Moped und ab auf die Straße. Und tatsächlich schaffte ich es bis kurz vor die Grenze nach Mexiko und übernachtete in einem Motel.

Motels können sehr angenehm und kuschelig sein. Nach einer guten Mütze Schlaf und einem mexikanischen Frühstück zur Eingewöhnung begab ich mich zur Grenze. Dort musste ich zunächst eine Zusatzversicherung für mein Motorrad abschließen, bevor ich passieren durfte.

Gerade will ich wieder auf meinen Bock steigen, um endgültig die Grenze zu Mittelamerika zu überschreiten, als mein Blick auf die Ölablassschraube der Kardanwelle fällt. Das darf doch nicht wahr sein! Schon von weitem sehe ich deutlich, dass sie nicht richtig angezogen ist – die Schraube ist voller Öl! Sofort starte ich einen Versuch, sie nachzuziehen, das funktioniert aber nicht richtig. Irgendetwas fehlt – eine Unterlegscheibe vermutlich. Die hat der verfluchte BMW-Händler bestimmt vergessen!

Ich verspürte keinerlei Lust, schon wieder zu einer BMW-

Niederlassung zu fahren. Zurück nach San Diego und einen Händler finden, das würde sicher einen ganzen Tag dauern. Also musste der nächstbeste Autozubehörladen herhalten. Dort besorgte ich mir eine passende Unterlegscheibe, setzte das Ding ein und hoffte, dass die Schraube nun dicht sein würde. Das war doch einfach unglaublich! Wenn ich das nicht durch Zufall gemerkt hätte und mir das Öl komplett ausgelaufen wäre, hätte ich mir gleich wieder eine neue Kardanwelle kaufen können. Diese Reparaturwerkstätten! Ich hätte sie alle über den Haufen schießen können!

ZENTRALAMERIKA

Mexiko

Tijuana – die Stadt jenseits der Grenze

Nur knapp eine halbe Stunde südlich von San Diego verläuft die Grenze zwischen den United States of America und den Estados Unidos de Mexico, die ich ohne größere Probleme überquerte. Die Jungs in Uniform, Amerikaner wie Mexikaner, waren dermaßen entspannt und handhabten das Ganze so lässig, dass ich mich nach kurzer Zeit entschloss, das Prozedere zu wiederholen, weil mir beim Nachgrübeln aufgefallen war, dass keiner der Grenzer einen Stempel in meinen Pass gedrückt hatte. Und wer weiß, vielleicht wollte ja später irgendjemand den Tag meiner Einreise in Mexiko wissen. Ohne Stempel konnte das Ärger geben. Also fuhr ich zurück zur Passkontrolle und ließ meinen Pass ordnungsgemäß abstempeln.

Tijuana – oder TJ, wie die Amerikaner es fast liebevoll nennen – ist die erste Stadt hinter der Grenze. Sie ist ziemlich groß, ziemlich schmutzig und nicht besonders schön, man könnte auch sagen: heruntergekommen. Touristennepp, Prostitution, Drogenhandel, Autoschieberei – lauter Dinge, die in Tijuana einen erheblichen Beitrag zum Bruttosozialprodukt leisten. Außerdem kann man sich in diesem Moloch wunderbar verfahren, und das habe ich gleich mal geübt. Als ich endlich wieder auf dem Highway 1 Richtung Süden war, ging es mir wesentlich besser.

Der Rest meiner Tagesetappe verlief gut. Etwas wärmer hatte ich mir das Klima allerdings schon vorgestellt. In Colonia machte ich schließlich Schluss und übernachtete in einem Motel. Auf der ausgeleierten Matratze liegend, dachte ich noch ein wenig über den Tag nach. Es war schon unglaublich: Sobald man die Grenze passiert und die Vereinigten Staaten nach Süden verlässt, ist man inmitten einer anderen Welt.

Ich hatte mir vorgenommen, nicht allzu lange im nördlichen Teil Mexikos zu bleiben, denn hier gab es außer Wüste nicht viel, was mein Interesse hätte wecken können. Und Wüstenlandschaften lassen sich am besten vom Motorrad aus bewundern. Nachdem ich am nächsten Morgen kurz Geld gewechselt hatte, machte ich mich gleich auf die Piste. Insgesamt 700 Kilometer schaffte ich an diesem Tag. Die Landschaft war wie erwartet beeindruckend, genau nach meinem Geschmack: Riesige Kakteenwälder, so etwas hatte ich noch nie gesehen! Je weiter ich vorankam, desto wärmer wurde es. Als es dunkelte, baute ich irgendwo in der Nähe von San Quintin am Strand des Pazifiks mein Zelt auf. Nicht weit entfernt gab es ein Lokal, wo ich mein erstes Abendessen in Mexiko zu mir nahm. Tropische Temperaturen, exotisches Essen, Übernachten am Strand – einfach herrlich!

Obwohl ich an diesem Tag richtig Meilen gesammelt hatte, fühlte ich mich nach wie vor unter Zeitdruck. Außerdem war ich mittlerweile in eine für mich völlig andere Welt vorgedrungen. Kein Mensch um mich herum sprach Englisch und der Spanischkurs, den ich mir einmal während meiner Zeit in Frankfurt gegönnt hatte, ließ mich komplett im Stich. Das war schon nervig. Und die ewigen Probleme mit meiner BMW waren auch noch nicht aus der Welt – wie sollte ich da bloß mit den lokalen Mechanikern fachsimpeln?

Die Baja hinunter

Mein nächstes echtes Ziel hieß La Paz, ganz im Süden von Baja California gelegen und Hauptstadt des gleichnamigen mexikanischen Bundesstaates. In La Paz machte ich zunächst eine Jugendherberge ausfindig, wie ich das immer in großen Städten tat. Etwas außerhalb lag sie diesmal und ich dachte schon, ich hätte Glück damit. Doch alles, was man mir anbot, war eine Unterkunft in einem Sechsbettzimmer, und damit war ich überhaupt nicht einverstanden. Außerdem konnte ich in der Herberge keine interessanten Leute entdecken, für die sich das Bleiben gelohnt hätte. Also kurvte ich wieder zurück in die Stadt, wo ich eine nette Bleibe in einem Hotel gleich im Zentrum fand.

Ich machte mich schnell ein bisschen frisch und schon war ich auf der Rolle. Hier in La Paz war mächtig was los: Jede Menge Jugendliche standen mit ihren Autos an der Strandpromenade und hörten laute Musik. An einem Straßenstand gönnte ich mir etwas zu essen und danach spazierte ich ein wenig umher, lernte jedoch niemanden kennen. Leicht frustriert kehrte ich ins Hotel zurück.

Egal, für den nächsten Tag hatte ich mir sowieso einiges vorgenommen, unter anderem, eine Fähre zum Festland buchen.

Der mexikanische Amtsschimmel

Ich ließ mich früh wecken, weil ich schon um 7.30 Uhr beim Fährbüro sein wollte. Dort stellte sich schnell heraus, dass mir wichtige Papiere für den Transport meiner Maschine fehlten. Der Grund: Baja California ist zollfreie Zone. Für die Einreise mit Kraftfahrzeugen muss man zwar keine Formulare ausfüllen. Da ich aber weiter aufs mexikanische Festland wollte, benötigte ich dringend einige Dokumente, hier papeles – Papiere – genannt.

Es war nicht gerade wenig, was man von mir wissen und haben wollte. Unter anderem waren Kopien in dreifacher Ausfertigung erwünscht, und zwar von Führerschein, Kfz-Schein und Pass, und sogar einen Kaufvertrag wollte man sehen. Das war doch einfach unglaublich! Außerdem musste ich unmittelbar zur Fähre, weil dort die zuständige Stelle sein sollte. Ich machte mich auf den Weg, jedoch ohne zuvor die Kopien zu machen. Mal sehen, was passiert, wenn ich dort »ohne« einlaufe, dachte ich. Natürlich fragte man mich gleich danach. Ich stellte mich dumm. Das Kopieren konnten die genauso gut für mich erledigen.

Und siehe da: Es ging auch so. Hier ein Stempel, da ein Stempel, hier eine Unterschrift und da noch eine und natürlich jedes Mal bezahlen. Das war ein Akt! Als endlich alles erledigt war, hieß es: Schnell zurück zum Hotel, denn die Fähre sollte schon in Kürze ablegen. Die Strecke zum Hotel führte am Meer entlang und ich nahm die Kurven, als wäre sonst niemand auf der Gasse. Si señor, so macht Motorradfahren Spaß!

Das Einchecken auf der Fähre verlief glatt und dabei lernte ich gleich neue Leute kennen: zwei Amerikaner aus New York und eine Deutsche, Jutta aus Köln. Für Unterhaltung war also gesorgt. Ich hatte mir aus Kostengründen nur eine Deckkarte gekauft. Die Fahrt dauerte zwar knapp 24 Stunden und ging durch die Nacht, aber ich war ohnehin mit meinem Laptop und dem Schreiben von Postkarten beschäftigt, sodass sich eine Kabine nicht gelohnt hätte. Ich quatschte ein bisschen mit meinen Mitreisenden und den Rest der Überfahrt brachte ich ganz gut mit Stöpseln in den Ohren und auf einer Bank liegend herum.

Am Morgen fand ich beim Smalltalk mit den beiden New

Yorkern heraus, dass sie sich ebenfalls die Strecke nach Yucatan vorgenommen hatten. Im Gegensatz zu mir waren sie allerdings mit dem Auto unterwegs. Da mein Treffen mit Mina unmittelbar bevorstand und ich sie pünktlich vom Flughafen in Cancún abholen wollte, konnte ich mich ihnen leider nicht anschließen. Ich ging davon aus, dass sie mit ihrem Auto wesentlich langsamer vorankommen würden als ich. Damit hatte ich mich allerdings – wie so manches Mal auf dieser Tour – geirrt.

Plattfuß im Regen

Die Fahrt Richtung Osten verlief zunächst ohne Zwischenfälle. In Mazatlán nahm ich gleich die Straße nach Puerto Vallarta. Das war der Ort, wo Alaska-Tom geplant hatte, mit seiner Familie Urlaub zu machen, und ich wollte dort die ganze Family erneut treffen.

Auf dem Weg nach Puerto Vallarta kam ich mit einer ganz anderen Art von Landschaft in Berührung. Auf dem mexikanischen Festland war es tropisch heiß und sehr grün. Und die Straßen erwiesen sich als Alptraum! Ständig Schlaglöcher, in denen ein Kleinwagen verschwinden konnte, und die Lkw-Fahrer kutschierten jenseits erkennbarer Regeln und ohne Rücksicht auf Verluste.

In Tepic traf ich die drei von der Fähre wieder. Sie hatten dieselbe Idee – oder den gleichen Reiseführer wie ich – und wollten eine Kathedrale aus dem Jahr 1891 mit zwei gotischen Türmen besichtigen und anschließend etwas essen. Das Gotteshaus war angeblich sehr schön, wurde jedoch gerade renoviert und so entschlossen wir uns, gleich bei einer Hähnchen-Kette vorzusprechen. Danach trennten sich unsere Wege wieder.

Auf der Weiterfahrt nach Puerto Vallarta fing es heftig an zu regnen. Ich war binnen Sekunden klatschnass. Dann, kurz vor Puerto Vallarta, passierte es: Plattfuß! Der Erste, aber bei weitem nicht der Einzige auf dieser Reise!

Ich füge mich in mein Schicksal, krame im strömenden Regen am Straßenrand mein Flickzeug hervor, baue den Hinterradreifen aus und versuche, ganz genau die Anleitung zu befolgen. Zur Sicherheit will ich den neuen Schlauch einziehen, den ich mir in Bakersfield gekauft hatte. Es ist ein ziemlicher Akt, den Mantel abzuziehen, wenn man nur das Bordwerkzeug zur Verfügung hat! Und dann bei der Nässe!

Streckenweise scheint mein Vorhaben aussichtslos zu sein – wie eine Folge aus der Serie »Männer auf verlorenem Posten«. Dann habe ich es endlich geschafft. Nun brauche ich nur noch den Reifen aufzupumpen.

Ich setze also die Füllpatrone am Ventil an, aber die ganze Luft geht daneben. Auch mit der zweiten Patrone ist das Ergebnis nicht besser. Ganz großer Mist, denn es wird schon langsam dunkel. Also heißt es »Schieben, Dan!« Ich erinnerte mich vage an meinen guten Vorsatz, in Mexiko nicht im Dunkeln zu fahren. Mein Messer griffbereit, mache ich mich auf den Weg.

Nach einer guten Viertelstunde – mittlerweile ist es schon völlig dunkel – hält ein gammeliger Polizeiwagen an, und ein überaus freundlicher Polizist steigt aus. Sogar seine Regenjacke darf ich anziehen. Er hat die glorreiche Idee, einen Lkw zu stoppen, damit der mir Luft in den Reifen pumpt. Keine leichte Aktion in der Dunkelheit, noch dazu im strömenden Regen.

Endlich hält ein Lastwagen an. Nun stellen wir jedoch fest, dass das Ventil mittlerweile vom Hin- und Herschieben verrutscht ist. Für den Polizisten ist das kein Problem. Irgendwie bekommt er es wieder an die richtige Stelle. Dann versuchen wir gemeinsam, mit der Kompressorluft des Lkw den Reifen aufzupumpen. Das funktioniert auch, und zwar so gut, dass der Schlauch platzt. Ich hatte ihn wohl nicht richtig in den Mantel eingelegt. So verwandelt sich für mich eine harmlose Reifenpanne mit einem Schlag in einen Alptraum!

Der Polizist bleibt gelassen und steht mir weiterhin hilfreich zur Seite. Als Nächstes stoppt er einen zufällig vorbeifahrenden Abschleppwagen. Glück muss man haben! Doch nun müssen wir am eigenen Leib erfahren, wie schwierig es sein kann, ein großes Motorrad ohne Hilfsmittel auf eine Ladefläche zu bekommen, denn die Abschleppvorrichtung ist natürlich nicht dafür vorgesehen. Nachdem wir auch das geschafft und die schwere Kiste irgendwie auf die Ladefläche gebracht haben, geht es zu einer Reparaturwerkstatt. Ich bin inzwischen fix und fertig!

In Mexiko ist man allerdings mit dem Problem Plattfuß äußerst vertraut und so war es für die Werkstatt, die wir gleich als Nächstes anfuhren, ein Klacks, meinen Reifen zu reparieren. Ich konnte mich nur glücklich schätzen, einen so freundlichen Polizisten getroffen zu haben.

Als alles wieder fahrbereit war, nahm ich die letzten Kilometer nach Puerto Vallarta in Angriff. Am Ortseingang musste ich erst einmal anhalten, um etwas zu essen. Als ich unter dem Vordach des Imbissstandes am Straßenrand saß und futterte, lernte ich ein Paar aus der Schweiz kennen, die schon ein halbes Jahr in der Gegend unterwegs waren. Die beiden versorgten mich mit Informationen zu der Region, die sich später als überaus brauchbar herausstellten. Ich bedankte mich artig und machte mich weiter auf die Suche nach einem Hotel. Wieder hatte ich Glück: Ich fand ein zwar etwas teures, aber dafür sehr ansprechendes Hotel, in dem ich tief und fest schlief. Kein Wunder nach dem Tag!

»Wer zu früh kommt ...«

Puerto Vallarta ist – obwohl Touristenort – recht ansehnlich, denn hier hat sich Altes und Neues einigermaßen harmonisch miteinander vermischt. In gewisser Hinsicht könnte Puerto Vallarta allerdings auch irgendwo in den USA sein, denn es gibt hier von McDonalds über Hard Rock Café bis Planet Hollywood alles, was das amerikanische Herz begehrt. Ich konnte mir gut vorstellen, dass es der Familie Hall aus Alaska hier gefallen würde.

Nachdem ich um die Ecke vom Hotel gefrühstückt hatte, begab ich mich auf die Suche nach einem Telefonanschluss, den ich dazu benutzen konnte, mit meinem Laptop online zu gehen. In meinem Hotel war das leider nicht möglich, da ich dazu Mexico City anwählen musste, und das wäre nur gegangen, wenn die Rezeption die Verbindung hergestellt hätte. Das war aber etwas, was meiner E-Mail-Software überhaupt nicht gefiel.

Bis ich dann endlich einen Internetladen gefunden hatte, verging eine Menge Zeit. In Mexiko gehen die Dinge halt nicht so schnell wie in Alaska, Kanada oder in den Staaten, wo alle gleich Bescheid wissen – und mich vor allem verstehen können, das musste ich mir immer wieder sagen. Es wäre wirklich nicht schlecht gewesen, wenn ich mehr Spanisch gekonnt hätte! So wie es aussah, blieb mir nicht viel anderes übrig, als in Guatemala eine Sprachschule zu besuchen und erst einmal richtig Spanisch zu pauken. Dort sollte es die besten geben und die Gelegenheit wollte ich unbedingt nutzen.

Am Abend war mir danach, etwas zu unternehmen, und so ging ich in die Stadt. Zunächst begnügte ich mich wieder mit einem Plätzchen in einem Straßencafé, von wo aus ich die Leute beobachten konnte, aber dann zog es mich weiter. Ich entdeckte eine Szenekneipe direkt am Strand, mit allen möglichen Möchtegern- und Gernegroß-Typen darin. Ich setzte mich an die Bar und bestellte ein Bier, worauf gleich zwei kamen. Prima, offensichtlich war Happy Hour!

Ein Mädel aus Vancouver Island gesellte sich schon bald zu mir. Sie sprach mich an, und so etwas tut auch mal gut! Wir redeten eine ganze Weile über Kanada und es stellte sich heraus, dass sie sogar etwas Deutsch konnte. Als Austauschschülerin hatte sie ein Jahr im Süden Deutschlands verbracht. Für ihre 23 Jahre machte sie einen recht erwachsenen und gebildeten Eindruck. Wir fanden auf jeden Fall genügend Gesprächsstoff für den Rest des Abends.

Auf zu neuen Ufern

Dann war die Zeit, die ich mir für Puerto Vallarta eingeräumt hatte, auch schon um. Gerne hätte ich bis zum Eintreffen von Tom und seiner Familie ausgeharrt, aber sie hatten ihren Urlaub um eine Woche verschoben. Schade, aber ich musste weiter, die Zeit lief mir davon und mein Treffen mit Mina rückte immer näher!

Von ein paar Travellern, die schon ein halbes Jahr in Mexiko unterwegs waren, erfuhr ich, dass unter anderem die Küstenstraße nach Acapulco und die Landverbindung nach Mexiko-Stadt sehr gefährlich sein sollten. Ständig käme es dort zu Überfällen auf Touristen. Und in der U-Bahn von Mexico City war einem Mädel aus der Gruppe die Bauchtasche mit all ihren Papieren und ihrem Geld gestohlen worden. Passieren kann so etwas immer und überall, dazu muss man nicht nach Mexiko, aber dort sollte es angeblich besonders gefährlich sein. Die Truppe empfahl mir, stattdessen lieber die zweitgrößte Stadt Mexikos, Guadalajara, zu besuchen.

Immerhin wohnen dort auch sechs Millionen Menschen und einen BMW-Händler und ein Geschäft für Landkarten musste es eigentlich auch geben. Straßenkarten, das hatte ich mittlerweile feststellen können, waren in Zentralamerika besonders wichtig. Also machte ich mich auf nach Guadalajara.

Nach einigen Kilometern hielt ich an einer der in Mexiko so zahlreichen Reifenwerkstätten – volcanisadores, wie man hier sagt – und versuchte, etwas mehr Luft in die Reifen zu pumpen. Wie immer ging das nicht reibungslos vonstatten: Entweder war das

Schlauchventil kaputt oder der Kompressor gab nicht genügend Druck her. Luft war zwar in den Reifen drin, aber nach meinem Dafürhalten nicht ausreichend. Egal, dann musste es eben mit weniger Druck weitergehen. Ein Mexikaner hätte mir sicher mit einem lässigen »Mañana« zugestimmt – morgen ist auch noch ein Tag.

Die kurvenreiche Strecke, die ich an diesem Tag bewältigte, hätte mir sicher enorm viel Spaß bereitet, wenn es nicht so tierisch geschüttet hätte. Regen konnte man das eigentlich nicht nennen – es goss wie aus Eimern. Selbst durch meine relativ neue, hochwertige Goretex-Jacke drang das Regenwasser wie durch Watte hindurch. Hinter Compostela musste ich einfach abbrechen. Nichts ging mehr, ich war müde und nass und mir war kalt! Habe ich etwas vergessen? Genervt war ich natürlich auch.

Ich stoppte an einer Art Bar oder Restaurant nahe der Straße. Ein junges Mädel war gerade dabei, den Boden aufzuwischen, und außer ihr und einer alten Frau war sonst niemand in dem Laden. Ich hoffte stark, dass ich etwas zu essen bekommen würde. Damit war es allerdings so eine Sache: Ich war bekanntermaßen des Spanischen nicht mächtig und das Mädchen konnte kein Englisch. Wie sollte ich mir da etwas bestellen, wo es obendrein keine Karte gab? Aber dafür fand sich schnell eine Lösung. Ich folgte dem Mädel auf ihr Geheiß in die Küche und schaute einfach in alle Kochtöpfe. Zu Hause in Deutschland wäre ich sicher vom Küchenchef persönlich des Platzes verwiesen worden.

Diese Küche sah übrigens überhaupt nicht nach Küchenchef aus; sie sah auch nicht sauber aus und das Essen konnte ich nicht identifizieren. Doch das war mir in meiner Lage total egal. Ich musste unbedingt etwas Warmes in den Bauch bekommen. Also bestellte ich mir eine große Portion »von dem da« und einen heißen Kaffee dazu. Was mir anschließend serviert wurde, hätte ich in Deutschland nie im Leben gegessen, geschweige denn, dass es mir geschmeckt hätte. Doch in meiner Situation war das, was da auf den Tisch kam, für mich ein Genuss. Ich bestand sogar auf Nachschlag – wenn auch aus einem anderem Topf.

Schließlich zog ich mir etwas Trockenes an und weiter ging es. Zum Glück hatte der Regen nachgelassen. Und dann lag Guadalajara endlich vor mir. Ich sprach gleich den nächstbesten Taxifahrer an und fragte ihn, ob er mich zum örtlichen BMW-

Händler geleiten könne. Nach kurzer Fahrt hatten wir gefunden, was ich suchte. Die Mechaniker waren recht nett, wie eigentlich alle bei BMW, die ich bisher getroffen hatte (und das waren mittlerweile schon einige). Nur wenn man sie auf echte Probleme ansprach, waren sie auf einmal kurz angebunden – also immer. Als ich mein Moped abgegeben hatte, erfuhr ich, dass man mir schon während der Übergabe ein Hotelzimmer in der Innenstadt reserviert hatte. Mit Innenstadt ist in mexikanischen Städten immer der Zocalo oder die Plaza Mayor gemeint, ein großer Platz mit umlaufenden Kolonnaden. Sehr aufmerksam, fand ich.

Die Taxifahrt dorthin dauerte gut vierzig Minuten und als wir anhielten, stand ich vor einem Nobelhotel. Eigentlich hatte ich dafür gar kein Geld, doch ich war müde und wollte mich nicht noch auf die Suche nach einem billigeren Hotel begeben. Also ab aufs Zimmer. Nach langem Herumprobieren mit meinem Laptop und dem Zimmertelefon klappte dann endlich einmal die Telefonverbindung zu CompuServe und die Welt war für mich wieder in Ordnung. Ich trank noch ein paar Biere, bevor ich wie tot in die Kiste fiel.

Guadalajara – oder doch lieber Mexico City?

Nach langem erholsamem Schlaf rief ich gleich die Werkstatt an. Bis ich endlich genau den Techniker an der Strippe hatte, der an meinem Bock schraubte, dauerte es fast den halben Tag. Er bräuchte mehr Zeit wegen der Ersatzteile, sagte er schlicht, und so konnte ich mir in Ruhe die Stadt anschauen.

Guadalajara ist eine imposante, weil alte und vor allem traditionsreiche Großstadt. Mit über sechs Millionen Einwohnern ist sie die zweitgrößte Stadt Mexikos. Das milde Klima in 1600 Metern Höhe hat ihr den Beinamen »Stadt der Rosen« eingebracht. Bereits um 1550 wurde die Stadt gegründet und wuchs bald zur reichen »Perle des Westens« heran. Heute ist Guadalajara Hauptstadt des Bundesstaates Jalisco und Sinnbild für alles »typisch Mexikanische« – wenn es das denn gibt.

Die Stadt von ihrer rosa Seite

Gut zwei bis drei Stunden verbrachte ich mit dem Versuch, mir Landkarten für Belize, Guatemala und einige andere mittelamerikanische Länder zu besorgen, doch ohne Erfolg. So ein Mist! Und als ich danach Mina anrief, um mich über den Stand ihrer Reisevorbereitungen zu informieren, kostete mich das eine Menge Geld, das zu allem Übel bar von mir verlangt wurde, sodass ich meine Nikon als Pfand da lassen und mir erst Cash besorgen musste. Super, Dan, du kannst mit Geld umgehen! Nach diesen überaus frustrierenden Erlebnissen verspürte ich großes Verlangen, mir ein paar Biere hinter die Binde zu kippen. Also wohin? Eine im South American Handbook empfohlene Kneipe gleich um die Ecke vom Hotel sollte es sein.

Der Laden war recht voll und das Publikum gemischt; es gab Livemusik und alles in allem herrschte eine ausgelassene Stimmung. Als ich gerade mein Cerveza ansetzte, prostete mir ein Mann von der anderen Seite der Bar zu. Wir konnten uns weder auf Spanisch, Englisch noch Deutsch unterhalten, doch irgendwie klappte die Verständigung. Ein weiterer Typ kam kurz darauf dazu und so verbrachten wir eine Weile mit Radebrechen und Gestikulieren.

Als die Band ihre Instrumente einpackte, fuhren wir gemeinsam zu einer anderen Bar, die nach Angaben meiner Begleiter ebenfalls bekannt war für gute Livemusik. Hier wurde die typische Mariachi-Musik gespielt. Wir setzten uns an einen Tisch, aßen etwas und tranken noch mehr Cerveza. Das Merkwürdige an dieser Kneipe: Von allen, wirklich von allen Seiten hörte man, wie irgendwelche Leute irgendein Instrument spielten. Das klang zwar ziemlich durcheinander, aber auch irgendwie gut.

Der Abend war ganz nach meinem Geschmack, denn auch auf den Straßen herrschte reges Treiben: Kinder spielten oder schnorrten, manche verkauften auch etwas, Straßenhändler boten ihre Waren an, eine kunterbunte Mixtur. Besonders faszinierend fand ich einen Gaukler, bei dem man zwei Elektrodenstäbe in die Hand nehmen musste. Der Typ drehte dann langsam an einem Voltmeter und die Mutprobe bestand darin, möglichst lange die immer stärker werdende Spannung auszuhalten. Ganz witzig, besonders wenn man es nicht selbst über sich ergehen lassen muss! Die Leute hier versuchen wirklich aus allem Geld zu machen, dachte ich.

Während meiner Unterhaltung mit den beiden Jungs hatte sich herausgestellt, dass ich mit zwei Schwulen unterwegs war, die hier in Guadalajara lebten. Super, immer trifft es mich! Nachdem ich sie über meine persönlichen sexuellen Vorlieben aufgeklärt hatte, waren sie immerhin noch so nett, mich an einem mehr auf Heteros ausgerichteten Nachtlokal abzusetzen.

Ciudad de Mexico – also doch!

Ein Taxi brachte mich am Morgen zur Werkstatt, wo ich die Gummikuh abholen wollte. Der Preis war okay, jedoch hatten sie die Hälfte meiner Reparaturliste nicht abarbeiten können. Ein Tachometer war nicht vorrätig – na gut – und auch keine neuen Reifen; das war allerdings schon ziemlich übel, fand ich. Nun gut, dann führt mein Weg letztlich doch über die Hauptstadt Mexikos, denn einige meiner Beanstandungen duldeten keinen Aufschub, wollte ich die Reise ohne Probleme fortsetzen. Den Kilometerzähler konnte ich mir der Einfachheit halber von Mina mitbringen lassen.

Die Fahrt auf der Autobahn Richtung Mexiko-Stadt erwies sich wider Erwarten als recht attraktiv. Das Hochland bot einen weiten Blick bis zum Horizont. Zur Abwechslung gab es mal keinen Starkregen, nicht mal schwachen. Was mich doch ein wenig nervte, war dieses ständige Anhalten, um wieder und wieder Autobahngebühren zu entrichten. Und die waren fast so hoch wie in Europa. Ich möchte mal wissen, wie sich das ein normaler Mexikaner leisten kann, sinnierte ich. Wenn man mit vier Personen im Auto unterwegs ist, geht der Preis vielleicht noch in Ordnung. Ich hingegen war alleine unterwegs und musste trotzdem denselben Preis bezahlen wie ein voll besetztes Auto!

Diese Problematik kannte ich schon vom Zelten in Alaska, Kanada und in den Staaten. Ebenso kommt der Preis für ein Zimmer im Hotel auch nicht gerade günstig daher, wenn man allein unterwegs ist. Zu zweit oder zu dritt zahlt man dasselbe wie eine Einzelperson. Fazit: Alleine reisen wird bestraft!

Ungefähr hundert Kilometer vor Mexiko-Stadt begann ich mit der Suche nach einem Hotel. Nicht, dass ich nicht gerne bis ins Zentrum hinein gefahren wäre, aber es fing schon wieder zu regnen an und dunkel wurde es obendrein. Wozu der Stress, fragte ich mich. Ich fand ein kleines Hotel am Rand eines Dorfes. Ganz nebenbei warf ich beim Absteigen einen prüfenden Blick auf die Hinterrad-Getriebeschraube und stellte mit Entsetzen fest, dass sie sich wieder zu lösen begonnen hatte.

Ich überlegte, welche Möglichkeiten sich mir boten, und kam zu dem Schluss: Jetzt kann nur eines weiterhelfen – ich muss die Schraube mit dem Gehäuse verkleben. Das tat ich dann auch mit einen speziellen 1:1-Zementkleber und im strömenden Regen. Wenn das nicht hielt!

Mittlerweile war Sonntag, der 4. Oktober. Ich hatte im Hotelrestaurant gefrühstückt und meine Sachen gepackt und war eigentlich abfahrbereit. Eigentlich! Nicht, dass der Kleber noch nicht trocken gewesen wäre, mit dem ich die Schraube fixiert hatte. Nein, die Schraube saß bombenfest. Der Grund war ein anderer alter Bekannter: Ich hatte schon wieder einen Platten am Hinterrad. Das konnte doch einfach nicht wahr sein!

Ich zwang mich, Ruhe zu bewahren, und siehe da – ich hatte mal wieder Glück im Unglück. Genau gegenüber vom Hotel war ein »volcanisador«. Der Schlauch wurde geflickt und dann konnte es endlich weitergehen. Ich entschied mich für die Nebenstraße nach Mexiko-Stadt. Doch auch da musste man Mautgebühr bezahlen. Soll einer die Mexikaner verstehen!

Kurz vor Mexico-City fing es wieder an, heftig zu regnen. Und damit nicht genug. Es klingt unglaublich, aber der Hinterradreifen hatte schon wieder alle Luft von sich gegeben. Ich fühlte mich wie von bösen Mächten verfolgt. Also steuerte ich die nächste Tankstelle an und das gleiche Spiel begann von vorne. Wie soll ich es unter solchen Voraussetzungen bloß bis nach Südamerika schaffen, fragte ich mich. Die Straßenverhältnisse würden auf keinen Fall besser werden.

Ein Taxi brachte mich und mein ausgebautes Hinterrad zu einer Reifenwerkstatt, wo ich den Schaden reparieren ließ, und wieder zurück zur Tankstelle. Beim Einbau des Reifens stellte sich heraus, dass irgendwo noch ein Loch im Schlauch sein musste; noch immer stiegen Bläschen aus dem Reifen. Also das Gleiche noch einmal von vorne. Am Ende musste ich feststellen, dass sich nur Luft zwischen dem Schlauch und dem Mantel eingenistet hatte und dort für die Bläschenbildung zuständig war. Der doppelte Weg und vor allem der Ärger gingen also diesmal auf meine Kappe! Prima, Dan, deine eigene Dusseligkeit! Trotzdem brauchte ich eindeutig einen neuen Hinterradmantel.

Kurz vor der Stadt sprach mich bei einem Ampelstopp ein Autofahrer an. Ramon, so war sein Name, war ebenfalls BMW-

Fahrer und Mitglied im BMW-Club von Mexiko. Und zudem ein sehr sympathischer Typ. Er lotste mich in die Stadt, zeigte mir den BMW-Händler und anschließend tranken wir bei ihm zu Hause noch ein Bier. Auch ein Hotel suchte er für mich und später lud er mich zum Essen ein. In einer der größten Städte der Welt mit über zwanzig Millionen Einwohnern konnte ich einen sympathischen Ortskundigen wirklich gebrauchen!

El Capital

Am Morgen war Ramon so nett, mich mit seiner BMW 1100 GS vom Hotel abzuholen und zum Händler zu bringen. Dort waren wieder alle sehr freundlich und der für mich zuständige Mechaniker konnte sogar Deutsch, sodass ich keine Probleme hatte, ihm mein gutes Stück zu übergeben. Mal sehen, was er für mich tun konnte.

Mein Vertrauen in die hiesigen Vertragswerkstätten hatte ich ohnehin schon lange verloren. Mit kleinem Gepäck charterte ich ein Taxi in die Innenstadt zu einem einfachen Hotel, das ich mir aus einem Travelguide herausgesucht hatte. Aus der Mitte heraus lässt sich die Stadt viel besser erkunden, war meine Überlegung. Die Fahrt durch dieses Monstrum von Stadt dauerte geschlagene 45 Minuten.

Beim Einchecken im Hotel gab es endlich mal wieder eine positive Überraschung: Ich lief Jutta in die Arme, jener Deutschen, die ich zusammen mit zwei Amerikanern auf der Fähre von der Baja California zum Festland getroffen hatte. Das tat richtig gut. Wir aßen zusammen im Hotelrestaurant und machten uns anschließend auf zu einem Spaziergang durchs alte Zentrum. Beendet haben wir unsere Erkundung mit viel Cerveza und Livemusik in der Hotelkneipe.

Da ich von der Werkstatt keine Neuigkeiten hatte, stand der nächste Tag ganz unter dem Motto »Kultur mit Jutta«. Gemeinsam schauten wir uns Teotihuacán an – ein absolutes Muss. Diese Überreste einer der größten Tempelanlagen Mexikos liegen im Norden der Stadt. Die Azteken gaben der Anlage den Namen: »der Ort, an dem Götter geboren werden«. Ich schoss wie besessen Fotos, so beeindruckt war ich. Richtig steil ging es die Pyramiden hinauf und alles wirkte so riesig groß – einfach überwältigend!

Montezumas Rache, Taxi-Version

Für mich war es nur eine kurze Nacht. Angesichts des vorangeschrittenen Datums wollte ich Kilometer schrubben und mindestens bis Veracruz kommen; das Treffen mit Mina war nur noch wenige Tage entfernt. Und da man nie genau wusste, wie lange es beim Händler dauerte, stand ich vorsichtshalber früh auf.

Mexikanische Werkstätten kann man nicht mit deutschen vergleichen. Freundlich sind die Menschen dort, gewiss, aber es dauert alles seine Zeit. Zudem hatte ich das Gefühl, dass sie vieles einfach umständlich angehen. Schon bei der Übergabe des Motorrades war mir das aufgefallen. Es wurde viel gequatscht und man erzählte sich alles Mögliche. Doch kam ich irgendwann endlich auf den eigentlichen Grund meiner Anwesenheit zu sprechen, war plötzlich keine Zeit mehr da oder die Verständigung klappte nicht mehr.

Der Taxifahrer, der mich zu BMW kutschierte, war jung und hatte keine Ahnung, wo die Straße war, in der die Werkstatt lag. Jeder deutsche »Taxista« hätte an dieser Stelle die Zentrale angefunkt oder seinen Stadtplan gezückt und sofort den richtigen Weg gewusst. Und bei einer Stadt mit zwanzig Millionen Einwohnern ist so ein Stadtplan sicher keine schlechte Investition. Aber nein, Mexikaner kennen wohl keinen Stadtplan, und wenn, dann benutzen sie ihn nicht. Ich nehme mal an, sich auch ohne Karte im Großstadtdschungel zurechtzufinden ist eine Frage der Ehre. Das ist sicher auch der Grund, wieso ich in Guadalajara keine Landkarten gefunden habe, überlegte ich. Lieber fragen sie tausend Mal nach dem Weg und verfahren sich ständig, als einmal in eine Karte zu schauen!

Ich hatte so meine Schwierigkeiten mit der Verständigung. In Kanada und den Vereinigten Staaten waren die Menschen meist sehr freundlich und zuvorkommend zu mir gewesen. Auch wenn häufig nur ein oberflächliches Gespräch dabei herauskam, an der Kasse oder beim Tanken, es tat einfach gut. Manche behaupten ja, die Amerikaner seien oberflächlich. Doch für meine Belange, wie etwa schnell Leute kennen zu lernen, hatte sich Nordamerika als ideal erwiesen.

Im Vergleich dazu war Mexiko für mich, zumindest zu diesem Zeitpunkt, nicht gerade der Kracher. Hinzu kamen die vielen

Probleme mit meinem Moped, und: Ich konnte noch immer nicht richtig Spanisch sprechen. Außerdem fand ich die Hotels ziemlich schmutzig – doch halt, das stimmt nicht ganz! Denn was darf man groß erwarten, wenn man für weniger als zehn US-Dollar in einem Hotel übernachtet und im Vergleich dazu in den Staaten teilweise zwanzig US-Dollar für einen Campingplatz bezahlt?

Zurück zum BMW-Händler in Mexiko-Stadt. Ich hatte alles erledigt und noch schnell Geld getauscht, sodass ich mich gegen zwölf Uhr endlich auf den Weg machen konnte. Man bedenke: Ich war seit acht Uhr beim Händler! Zum Schluss ließ ich mir eine kurze Wegbeschreibung geben, wie man am besten aus der Stadt herausfindet. Das funktionierte dann auch besser, als ich erwartet hatte.

Die Strecke wurde ganz schön, und das hatte ich einer Straßensperrung wegen einer Baustelle zu verdanken. Ich war gezwungen, einen großen Umweg zu fahren, und dieser Weg führte mich durch viele, schön ausgebaute Kurven auf ein Hochplateau, von dem aus man einen phantastischen Ausblick auf das tiefer liegende Tal und die nächste Stadt hatte. Leider eignete sich das Wetter nicht zum Fotografieren. Doch der Ausblick war Weltklasse!

Die Lkws mussten in den ersten Gang zurückschalten, um einigermaßen sicher die Serpentinen hinunterzukriechen, während ich jede Gelegenheit nutzte, sie zu überholen. Mopedspaß pur! Und meine Gummikuh machte das Spiel trotz voller Beladung gut mit. Unten angekommen, bildeten die Lkws eine lange Schlange – ein Unfall hatte sich ereignet. Einer von ihnen hatte die Kurve nicht gekriegt und war in der Böschung gelandet. Die ganze Ladung lag über die Straße verteilt und eine Schar von Menschen war dabei, beim Einsammeln zu helfen.

Endlich hatte ich es geschafft; ich war im nächsten Ort angekommen. Aber hier ging es alles andere als zügig voran – ständig diese blöden »speed bumps«, wie die Amerikaner dazu sagen. Gemeint sind quer zur Fahrtrichtung verlaufende, wellige Erhöhungen, die man nicht mit normaler Geschwindigkeit überfahren kann. Sicher tragen sie dazu bei, dass die Leute nicht ungebremst durch die Ortschaften heizen. Aber sie können wirklich nerven. Nur im ersten Gang lassen sich diese Kuppen nehmen, ohne dass das Fahrwerk durchschlägt!

Kurz vor Veracruz musste es natürlich wieder anfangen, in

Strömen zu regnen, und Wind kam dann auch noch auf. In Veracruz hielt ich gleich nach den Hotels Ausschau, die im Reiseführer empfohlen wurden. Alle waren ohne Garage und das passte mir ganz und gar nicht. Ein sicherer Stellplatz für mein Moped musste schon dabei sein. Schließlich war ich allein unterwegs in Mittelamerika, und einen wie auch immer gearteten Verlust meines Gefährts konnte ich mir einfach nicht leisten. Ich fand dann doch eines, wo ich meine Kiste unterstellen konnte, von der Ausstattung her eher spartanisch, aber recht sauber. Ich nahm eine ordentliche Dusche und dann ging es in die Stadt.

Veracruz ist eine hübsche Hafenstadt mit viel Lärm. An jeder Ecke spielt jemand Gitarre, Trompete oder so eine Art Schlaginstrument, das an ein Klavier erinnert. Nach einer viel zu teuren Pizza war es für mich ein angenehmer Ausgleich, den Musikern gratis zuhören zu dürfen.

Zurück im Hotel versuchte ich, mit meinem Laptop online zu gehen. Es war ein Riesenakt, das Personal im Hotel davon zu überzeugen, dass ich eine örtliche Einwahlnummer benutzen wollte. Und das, obwohl ich ihnen die Nummer auf meiner Einwahlliste zeigen konnte. Die Leute waren einfach misstrauisch. Sie waren überzeugt, es würden gewaltige Gebühren anfallen, die ich dann womöglich nicht zahlte. Wenn ich da an Alaska zurückdenke, wo man mich sozusagen an jeder Straßenecke ins World Wide Web einwählen ließ. Der Rezeptionist im Hotel blieb allerdings freundlich und fuhr mich sogar am nächsten Morgen mit seinem Auto zu einem Internetcafé.

Ich hatte vor, an diesem Tag einige Kilometer Richtung Cancun hinter mich zu bringen. Bis Cárdenas verlief die Fahrt ohne große Aufregung, doch dann fing es bei einsetzender Dunkelheit wieder an, heftig zu regnen. Die Sicht wurde äußerst miserabel. Durch mein getöntes Visier konnte ich kaum noch die Straße erkennen. Ich entschloss mich, kurz vor Cárdenas in einem Autohotel zu übernachten.

Die Gummikuh in pinkem Plüsch

So etwas hatte ich noch nie zuvor gesehen: Bei dieser Absteige fuhr man mit dem Fahrzeug bis ins Hotel hinein! Die Parkplätze waren komplett überdacht und nachdem man hineingefahren war, konnte man hinter sich einen großen Vorhang schließen. Von dort gelangte man direkt zum Zimmereingang. Wenn das mal kein Platz für gewisse Stunden war! Dementsprechend kostete mich die Nacht viel Geld. Immerhin bot der Laden eine sichere Bleibe für mich und mein Moped.

Nachdem ich ein bisschen in dem Laden herumgelaufen war, fand ich meinen ersten Eindruck bestätigt: Entweder, man brachte eine Dame mit, oder man organisierte sich eine vor Ort. Mit einigen Bieren im Kopf unternahm ich dann noch einen Versuch, weiter an meinem Tagebuch zu schreiben, kam aber nicht sonderlich weit; irgendwie fiel ich einfach todmüde ins Lotterlager.

Als ich in meiner zwielichtigen Bleibe erwachte, hatte ich große Lust, joggen zu gehen. Irgendwie hatte ich das Gefühl, dass das die beste Medizin gegen meine Sorgen war und mir half, meinen Frust abzubauen. Schließlich war ich allein unterwegs und hatte keine Möglichkeit, ausführlich mit jemandem über meine Probleme zu reden oder mich abzureagieren; ein Ventil war da dringend vonnöten. Beim Joggen konnte ich mich entspannen, in Ruhe nachdenken und den Kopf frei bekommen.

Danach setzte ich meine Reise nach Campeche fort. Die Fahrt war nicht besonders aufregend, aber schön daran war, dass ich etliche Meilen am Stück zurücklegen konnte, ohne eine Panne zu haben. Der neue Hinterradreifen hatte sich damit schon gelohnt.

Campeche ist eine relativ kleine Stadt mit rund 200 000 Einwohnern. Alle Häuser und Straßen sind im Kolonialstil erbaut. Und alle sind ganz bunt in unterschiedlichen Farben angestrichen. Es macht Spaß, durch die Gassen zu spazieren und sich die phantasievollen Häuserdekorationen anzuschauen. Was mir besonders auffiel, war die Tatsache, dass die Bürgersteige dort enorm hoch sind – fast einen halben Meter! Sicherlich hat das mit den enormen Regenmengen zu tun, die hier gelegentlich herunterprasseln.

Bettgenossin mit zwei Rädern

In einem sehr billigen Hotel fand ich ein Plätzchen für mich und mein Moped. Diesmal ging das Ganze noch ein Stück weiter als in der Nacht zuvor: Das war das erste Mal, das ich zusammen mit meiner Gummikuh in einem Hotelzimmer übernachtete. Und das ging so: Der Raum war durch einen zweiten Eingang direkt mit der

Straße verbunden und ich brauchte nur hindurchzurollen. Da stand also meine BMW brav neben meinem Bett geparkt. Ich fand das einfach super. Ich hatte zwar gehört, dass man auf langen Touren ein inniges Verhältnis zu seinem Gefährt entwickelt, aber dass es so intim werden würde ...

Nach dem Einchecken musste ich aber zuerst einige Kakerlaken ins Jenseits befördern. Ich hasse diese Viecher! Eigentlich soll man Kakerlaken nicht platt hauen oder treten, weil man sich damit unter Umständen ein paar schöne Eier einfängt, aus denen kurze Zeit später neue Kakerlaken ausschlüpfen. Aber das war mir in dem Moment egal.

Zwischenbilanz

In meinem Garagenzimmer kam ich endlich ein bisschen zur Ruhe und machte mir so meine Gedanken, die ich dann ins Tagebuch schrieb. Abgelenkt wurde ich dabei nur vom Besuch der einen oder anderen Kakerlake, unter anderem von einer ziemlich großen, die quer über meinen Schreibtisch rannte. Ich versuchte, sie zu killen, leider ohne Erfolg. Sie war eindeutig schneller als ich!

Ich war nun schon drei Monate unterwegs und Heimweh verspürte ich immer noch keines. Alles und alle daheim waren so weit weg und ich ging voll und ganz in meinen Traveller-Aktivitäten auf. Das einzig Bedauerliche war, dass ich auf meiner bisherigen Reise keinen Judoverein gefunden hatte, um mal wieder zu trainieren oder zu kämpfen. Das war etwas, was ich echt vermisste. Auch hatte ich noch zu keinem Hörgeräteakustiker Kontakt aufgenommen, aber daran war ich selbst schuld. Immer, wenn ich einen gefunden hatte, hatte der schon geschlossen oder ich hatte Wichtigeres zu tun. Und bisher war ich stets zu faul gewesen, zu einem anderen Zeitpunkt wiederzukommen.

Bis Ende Oktober war Urlaub mit Mina in Cancún vorgesehen. Wenn ich es mir mit meiner Freundin nicht endgültig verderben wollte, musste ich diese Zeit einfach für sie freihalten. Im November wollte ich mich außerdem mit meinem Onkel Heribert und meiner Schwester Eva in Guatemala treffen, die aus Deutschland dorthin kommen wollten. Dann wollte ich ab Mitte November in Antigua zur Sprachschule gehen und eine Weile Spanisch büffeln. Das bedeutete, dass ich vielleicht im Dezember in

Panama oder vielleicht auch schon in Kolumbien einträfe. Zwei Monate würde ich bestimmt von dort bis Chile brauchen. Rückkehr nach Deutschland wäre also voraussichtlich erst Ende Februar oder Anfang März. Immer vorausgesetzt, dass meine Maschine das alles mitmachte. In dieser Hinsicht hatte ich einige Bedenken. Doch wer konnte schon sicher vorhersagen, was als Nächstes passieren würde. Nur eines wusste ich schon jetzt ganz genau: Die ursprünglich für die Reise angekündigten sechs Monate würden auf gar keinen Fall reichen.

Bei meinem Spaziergang am Abend zuvor hatte ich zufällig ein Taekwondo-Center entdeckt, in dem gerade ein Training stattfand. Sofort hatte ich Lust auf einen ordentlichen Fight verspürt. Zu gerne hätte ich zusammen mit den Jungs trainiert. Sporthallen, die so richtig verschwitzt riechen, das hat doch was! Ich kam kurz mit dem Trainer ins Gespräch. Leider gebe es hier keinen Judoverein, teilte er mir zu meiner großen Enttäuschung mit.

Bei schönem Wetter machte ich am nächsten Morgen einen Abstecher zu einem Internet-Schulungsraum, den ich ebenfalls bei meinem Abendspaziergang gesehen hatte.

Ich ging nur kurz online. Meine Hotmail-Adresse ließ sich zum Glück wieder aufrufen. Sogar Fotos, die mir Kelly aus Seattle gemailt hatte, konnte ich öffnen. Dann schrieb ich Mina ein paar Zeilen, um mit ihr alles für Cancún klar zu machen. Außerdem bat ich sie, mir einen neuen Tacho für mein Moped mitzubringen. Nur noch zwei Tage, dann sollte sie hier in Mexiko eintreffen! Ich muss zugeben, ich wurde langsam etwas aufgeregt.

Die Ohren machen Sorgen

Anschließend begab ich mich ins örtliche Krankenhaus; meine Ohren machten mir seit ein paar Tagen zunehmend Probleme. Die Ursache war natürlich beim Mopedfahren zu suchen. Ich hatte für die Tour meinen Klapphelm mitgenommen. Diese Helmkonstruktion hat den Vorteil, dass man bei langsamer Fahrt den vorderen Teil hochklappen kann, um mehr Luft hereinzulassen und gleichzeitig eine uneingeschränkte Sicht zu haben. Auch kann man damit schnell und ohne Umstände ein Foto schießen. Oder eine Zigarette qualmen, ohne den Helm abnehmen zu müssen.

Der Nachteil dieser Art Helm ist jedoch, dass die Helmschale nicht nahtlos ist und der Windgeräuschpegel unter dem Helm bei schneller Fahrt problemlos die Schmerzgrenze erreicht. Als ausgebildeter Hörgeräteakustiker weiß ich, dass dies auf Dauer zu irreparablen Hörschäden führt. Also hatte ich mir speziell für die Tour einen Gehörschutz nach Maß anfertigen lassen. Wie man es jedoch von Hörgeräteträgern kennt, führen solche Einsätze im Gehörgang dazu, dass sich schnell ein Ohrenschmalz-Pfropf bildet, der von Zeit zu Zeit von einem HNO-Arzt ausgespült werden muss. Da ich unter den Bedingungen dieser Reise nicht dazu kam, meine Gehörgänge professionell reinigen zu lassen, hatte der mittlerweile angesammelte Schmutz zu einer schmerzhaften Gehörgangsentzündung geführt.

Ich kam ziemlich schnell dran und der zuständige Arzt stellte fest, was ich schon wusste: Gehörgangsentzündung. Ich bekam ein Medikament zum Einnehmen und Tropfen zum Einträufeln, damit die Entzündung samt Schwellung besser abheilen konnte. Die Tropfen stellten mich vor ein größeres Problem – die Flasche enthielt nur Pulver; man musste erst Wasser hinzugeben. Und zum Zusammenmixen brauchte ich verschiedene Küchenutensilien. Bis man im Hotel verstanden hatte, was ich wollte, verging eine Menge Zeit. Den Rest des Nachmittags verbrachte ich in aller Ruhe mit Tagebuch schreiben.

Dann war Sonntag, der 11. Oktober. Ich wollte es möglichst bis nach Cancún schaffen, weil Mina am nächsten Tag dort eintreffen sollte. Es wäre sicher nicht schlecht, einen Tag früher dort zu sein, zur Sicherheit. Wer weiß, was sich auf dem Weg dorthin noch so alles ereignet.

Doch die Fahrt nach Cancún verlief problemlos. Keine Pannen oder sonstige Vorkommnisse störten. Zwar lagen viele archäologische Highlights auf meinem Weg, aber die schenkte ich mir zunächst; das wollte ich mir alles zusammen mit Mina anschauen.

Mallorca in Mexiko

Und dann fuhr ich hinein nach Cancún: Ich war einfach nur geschockt! Touristenrummel hoch drei und jede Menge Bettenburgen. Das war überhaupt nichts für mich und für Mina wohl auch nicht. Meine Aversion gegen diesen Ort war schnell so groß, dass ich gleich zum Touristenbüro ging, um mich nach Alternativen zu erkundigen; hier konnte ich auf keinen Fall bleiben.

Man kann sich meine Freude vorstellen, als man mich dort aufklärte, dass Playa del Carmen, wo Mina für uns ein Hotel gebucht hatte, kein Teil von Cancún war, sondern ein ganz anderer Ort weiter westlich, etwa siebzig Kilometer entfernt. Das kommt davon, wenn du dich zuvor überhaupt nicht über die Yucatán-Halbinsel informierst – das sollte dir ein Lehre sein, Dan!

In Playa del Carmen fühlte ich mich gleich deutlich besser als in Cancún: Hier gab es keine monströsen Hotelbunker und auch nicht diesen typisch amerikanischen Fastfood-Stil. Das von Mina reservierte Hotel fand ich auf Anhieb.

Es hieß Porto Real, hatte fünf Sterne und lag direkt am Wasser. Mit Mina lässt es sich hier sicher gut leben, war mein erster Eindruck. Soweit die gute Nachricht. Die schlechte war, dass eine Extra-Nacht für mich alleine in diesem Haus viel zu teuer war. Im wesentlich einfacheren Hotel Elefante gleich um die Ecke konnte ich viel günstiger absteigen. Ich beschloss, erst am nächsten Morgen im Porto Real einzuchecken. Als ich im Hotel Elefante alles klar gemacht hatte, ging ich in die Stadt zum Telefonieren. Ich wollte Mina anrufen, um ihr mitzuteilen, dass alles okay sei. Da ich in einer anrufbaren Telefonzelle war, konnte sie mich zurückrufen, was sich als deutlich günstiger herausstellte.

Das Telefonat war dringend nötig gewesen; Mina war fix und fertig! Sie war zunächst davon ausgegangen, dass ich es nicht pünktlich nach Cancún schaffen würde – nach all den Mopedpannen und -sorgen, von denen ich ihr in unseren Telefonaten und in E-Mails berichtet hatte. Zudem befürchtete sie, dass ich wenig Interesse an unserem gemeinsamen Urlaub hatte. Denn dass mir mein Herumvagabundieren Riesenspaß bereitete, konnte ich einfach nicht verheimlichen. Meine knapp kalkulierte Anreise nach Cancún verstärkte noch ihre Befürchtungen. Darüber hinaus hatte sie familiären Stress und ich war ihr aufgrund meiner Abwesenheit keine Stütze dabei. Mina war komplett urlaubsreif! Das Gespräch tat uns beiden gut, glaube ich.

Danach schlenderte ich weiter in den Ort hinein. Wirklich nett, fand ich: Hübsche kleine Restaurants und Kneipen säumten die Uferpromenade. Bei einer Tauchstation holte ich schon mal Informationen über die örtlichen Tauchgegebenheiten ein. Vielleicht würden wir es ja schaffen, gemeinsam tauchen zu gehen. Wie so oft, ließ ich den Tag in einer Kneipe mit ein paar Bieren ausklingen.

Obwohl es heiß war auf der Yucatán-Halbinsel, schlief ich in dieser Nacht sehr gut. Als ich aufwachte, überprüfte ich meine Gefühlslage und stellte fest, dass ich mich auf Mina freute. Doch bevor ich sie in die Arme schließen konnte, mussten unbedingt noch ein paar Sachen erledigt werden. Als Erstes ging ich erneut zum Doktor; meine Ohren machten mir weiterhin große Probleme. Das rechte war schon komplett zugeschwollen und mein rechtes Auge schien ebenfalls in Mitleidenschaft gezogen zu sein.

Nachdem ich später das Zimmer im Hotel Porto Real bezogen hatte, das für die nächsten Tage Minas und mein Heim sein sollte, musste natürlich gleich getestet werden, ob die Verbindung mit CompuServe funktionierte. Leider ohne Erfolg. Auch hier konnte man nur über den Operator nach draußen telefonieren. Den restlichen Tag nutzte ich für alle möglichen Erledigungen: Ich ging zum Friseur und kaufte Obst und Früchte und einen Riesenstrauß Rosen. Um 23.05 Uhr Ortszeit sollte Mina in Cancún landen. Ich bestellte mir rechtzeitig ein Taxi und ließ mich zum Flughafen kutschieren.

Dort musste ich lange Zeit warten, weil ihr Flieger etliche Stunden Verspätung hatte. Die Spannung stieg: Frisch frisiert und zurechtgemacht, wartete ich hier im tropischen Mexiko auf meine Freundin Mina, die ich seit drei Monaten nicht gesehen hatte. Schon ein komisches Gefühl! Und der große Rosenstrauß gab mir auch nicht mehr Sicherheit.

Da war sie endlich – mit zwei großen Gepäcktaschen und einem Rucksack beladen, kam sie mir entgegengelaufen und sah einfach süß und wunderschön aus. Ich war total aufgeregt, sie wiederzusehen, und Mina musste, glaube ich, sogar ein bisschen weinen.

Ein Taxi brachte uns nach Playa del Carmen in unser Hotel. Schon im Taxi musste ich mir ein bisschen Kritik an meinem Verhalten anhören. Doch es hätte schlimmer kommen können! Und ich konnte sie auch ein wenig verstehen. Im Hotel zogen wir uns gleich aufs Zimmer zurück. Schließlich hatten wir uns lange nicht gesehen und für beide war die Situation spannend.

Die Zeit mit Mina

Die folgenden Tage und Wochen hatten so gut wie nichts mit meiner Motorradreise zu tun; ich will sie dennoch erwähnen, weil sie einfach das Bild vervollständigen. Mina hatte schon in der Zeit davor bei meinen Entscheidungen eine Rolle gespielt, und die Begegnung mit ihr beeinflusste mich auch für den Rest der Tour.

Nachdem sie sich am ersten Abend mit Koffer auspacken ihren Freiraum geschaffen hatte, tat ich am nächsten Tag etwas ganz Ähnliches, indem ich gleich als Erstes den defekten Tacho gegen den neuen auswechselte, den Mina mir mitgebracht hatte.

Wir blieben die erste Woche zum Relaxen in Playa del Carmen und das tat uns beiden gut. Mina hatte ihren Stress von zu Hause zu verarbeiten und meine Tour war bisher auch nicht immer die reine Erholung gewesen, besonders nicht die letzten Wochen in Mittelamerika. Das gab uns beiden genügend Zeit und Gelegenheit, uns wieder aneinander zu gewöhnen. Viele Missverständnisse und Streitereien, die sich in letzter Zeit aufgebaut und angesammelt hatten, konnten zumindest teilweise geklärt werden.

Wir waren zuvor noch nie so lange voneinander getrennt gewesen. Unsere Kommunikation hatte in letzter Zeit lediglich aus Telefongesprächen und E-Mails bestanden. Gerade beim E-Mailen können im Gegensatz zum persönlichen Gespräch nur Bruchteile von Informationen ausgetauscht werden – Stimme, Mimik, Körpersprache, all das bekommt man nicht mit und so können ganz schnell falsche Eindrücke entstehen.

An die Unterbringung in einem Nobelhotel musste ich mich zunächst gewöhnen. Drei Monate lang hatte ich die meisten Nächte im Zelt oder in billigen Absteigen verbracht. Zwar hatte auch der Luxus, der mich im Porto Real umgab, sein Gutes, doch eigentlich gefiel mir die Atmosphäre der einfachen Herbergen um Klassen besser. Denn dort waren die meisten Gäste in meinem Alter und alles wirkte lockerer und einfach familiärer.

Trotzdem genossen wir unsere erste Woche. Es war schönes Wetter und wir gingen zum Strand und starteten kleine Mopedausflüge zu den vielen Sehenswürdigkeiten, welche die Halbinsel Yucatán zu bieten hat: Xcaret, Xcael, Tulum, Chumyaxche und Tancáh. Und in dieser entspannenden Urlaubsatmosphäre verbrachten wir natürlich auch viele schöne zweisame Stunden.

In der zweiten Woche nahmen wir ein Flugzeug nach Oaxaca im mexikanischen Hochland. Meine Mutter, die bereits vor Jahren hier gewesen war, hatte uns empfohlen, von Oaxaca weiter in die Hochlandregion Chiapas zu reisen. Dies ist zwar die ärmste

Gegend Mexikos, gleichzeitig aber auch die interessanteste, wenn man Land und Kultur kennen lernen will.

Von Oaxaca aus, der Hauptstadt der gleichnamigen Provinz, zogen wir zunächst das Standard-Touristen-Programm durch: Monte Albán, El Tule und Mitla. Anschließend fuhren wir mit dem Mietwagen in die noch höher gelegene Region Chiapas. Mina hatte sich Mexiko nicht so arm vorgestellt. Offensichtlich waren die Bilder, die sich uns boten, in den Hochglanzbroschüren der deutschen Reiseveranstalter nicht zu sehen. Mina war regelrecht geschockt und heilfroh, wenn wir abends unser Hotel erreichten.

In Chiapas unternahmen wir Tagesausflüge zum Canon El Sumidero, nach San Juan Chamula, San Cristobal de las Casas, Agua Azul und Palenque, insgesamt ein recht ausgefülltes und überaus interessantes Programm, wie ich fand.

Mitch the Bitch

Schließlich kamen wir nach Villahermosa, von wo wir zurück nach Cancún flogen. Mina war froh, in die »Zivilisation« zurückzukehren, aber der Weg dorthin sollte es in sich haben.

Einen Flug wie diesen hatte ich noch nicht erlebt und ich hoffe, dass ich nie wieder in eine solche Situation komme. Wir gerieten nämlich in die Ausläufer des Hurrikan Mitch, der damals gerade über Honduras und Nicaragua sein Unwesen trieb.

Obwohl unser Flugzeug eine beachtliche Größe aufweist, schaukelt das Ding wie ein Ruderboot auf offenem Meer. Die Windstärke beim Landeanflug beträgt, wie der Kapitän uns mit ruhiger Stimme mitteilt, satte elf Beaufort, also Orkanstärke. Alle an Bord fragen sich, wie der Pilot unter diesen Umständen den Vogel sicher auf die Erde bringen will.

Der Landeanflug auf Cancún International Airport erscheint jedenfalls unmöglich. Ich wundere mich zudem bei jedem Stoß oder Durchsacker aufs Neue, wie die Tragflächen diese immensen Kräfte aushalten. Als ich aus dem Fenster schaue, sehe ich abwechselnd den Boden und dann wieder den Himmel. Die Stimmung an Bord ist dementsprechend panisch, von den Luftkranken ganz zu schweigen. Mina und ich klammern uns fest aneinander und beten. Wir wollen einfach nur heil aus dem Flugzeug kommen. Dann kommt der Boden immer näher. Die Maschine setzt kurz auf und dann startet der Pilot gleich wieder durch. Spätestens jetzt ist auch dem Leichtmütigsten der Ernst der Lage bewusst. Der Flieger gewinnt wieder an Höhe und wir fragen uns, ob wir wohl weiter fliegen, um woanders zu landen. Doch dann dreht die Maschine ein paar Runden, als müsse der Pilot allen Mut sammeln, schließlich setzt sie beim zweiten Versuch richtig auf und rollt sicher auf das Taxifeld.

Alle Passagiere waren sichtlich erleichtert und es gab einen kräftigen Applaus für den Kapitän und seine Mannschaft. Als ich mich aus dem Sitz erhob, spürte ich meine weichen Knie und musste mich für eine kurze Zeit wieder hinsetzen. Als wir das Flugzeug verließen, schüttelte der Kapitän jedem von uns die Hand. Auch er schien froh zu sein, die Kiste sicher heruntergebracht zu haben. Beim Verlassen des Flugfeldes sahen wir die Autos der Feuerwehr und der Rettungssanitäter noch in Bereitschaftsposition stehen.

Doch wer glaubte, dass damit das Abenteuer Mitch vorüber sei, der hatte sich getäuscht. Als wir in unser Hotel in Playa del Carmen zurückkamen, erhielten wir eine schlechte Nachricht: Weil sich der Hurrikan bedrohlich näherte, mussten alle Gäste nach Cancún ausquartiert werden. Evakuierung auf gut Deutsch. Das Zentrum sei zur Zeit zwar über Honduras und Nicaragua, doch falls es weiter zu uns herüberziehen sollte, sei Cancún der sicherere Aufenthaltsort. Was immer das hieß.

Für Mina und mich bedeutete das, dass wir unsere letzte gemeinsame Woche in einem anderen Hotel der Kette in Cancún verbrachten, glücklicherweise ohne erneut so heftig mit dem Hurrikan konfrontiert zu werden.

Bye-bye love

Dann war der Tag gekommen, an dem Mina und ich Abschied voneinander nehmen mussten. Sicher, wir hatten uns wieder aneinander gewöhnt und es war eine ganz schöne Zeit gewesen, jedoch nur, weil ich dabei zu alten Verhaltensmustern zurückgekehrt war: Damit wir die gemeinsamen Tage genießen konnten, hatte ich es für notwendig gehalten, mich auf Minas Art zu leben und zu reisen einzustellen. Und dabei merkte ich deutlich: Das passte nicht mehr zu mir! Ich war – noch nicht einmal nach der Hälfte meiner Tour – ein anderer geworden.

Mina hingegen schien unverändert. Für sie war meine Absicht, die Reise fortzusetzen, noch unverständlicher als mein Entschluss, sie überhaupt zu machen. Wie wir inzwischen Zeitungsberichten entnommen hatten, war die von mir geplante Strecke durch Belize nach Guatemala nicht befahrbar. Honduras und Nicaragua waren von den Verwüstungen des Hurrikans am stärkten betroffen. 80 % von Honduras waren von den Zerstörungen betroffen und die Regierung hatte den Ausnahmezustand ausgerufen.

Mina argumentierte, ich sei doch schon zwei Mal in Südamerika gewesen und da sei eine Weiterfahrt doch überflüssig. Da meine Mutter ebenfalls wollte, dass ich die Reise abbrach, fühlte sich Mina in ihrer Meinung zusätzlich bestätigt. Sie brachte die verschiedensten Argumente ins Spiel, vielleicht auch deshalb, weil sie irgendwie merkte, dass ich nicht mehr der alte Dan war. Vielleicht befürchtete sie, mich endgültig zu verlieren, wenn ich die Reise fortsetzte. Doch ich blieb hart. Mehr denn je wollte ich die Tour zu Ende führen.

Als wir das Hotel verließen, um zum Flughafen zu fahren, hatten wir beide kein gutes Gefühl im Bauch. Nachdem Mina eingecheckt hatte, saßen wir in einem Café und versuchten etwas zu essen – trotz des Durchfalls, der uns beide seit Tagen plagte. Das fand ich besonders bemerkenswert: Während ich die ganze Zeit zuvor gesund gewesen war, obwohl ich in Minas Augen sozusagen im Schmutz gelebt hatte, hatte ich mir in unserem Edelhotel »Montezumas Rache« geholt.

Als wir uns dann endgültig Lebewohl sagten, standen uns beiden die Tränen in den Augen, weil wir wohl beide ahnten, dass bei meiner Rückkehr nach Deutschland nichts mehr so sein würde, wie es einmal war. Mina hatte zwar vorher überlegt, eventuell im Dezember erneut nach Zentralamerika zu kommen, aber das schien nun eher unwahrscheinlich.

Jetzt war ich also wieder alleine auf Tour. Und auf einmal fühlte sich der Gedanke nicht mehr ganz so gut an wie zuvor. Die Zeit, in der ich alleine durch Mexiko gereist war, war nicht immer toll für mich gewesen, doch ich hatte ein Ziel vor Augen gehabt: das Treffen mit Mina. Nun musste ich nach neuen Zielen suchen.

Zum Beispiel wollten meine Schwester Eva und Onkel Heribert mich in einer Woche in Guatemala City besuchen. Aber davor lag meine Weiterreise durch Mexiko: Extrem schlechte Straßen, noch dazu teilweise vom Hurrikan zerstört, die Leute konnten kein

Englisch (und ich kein Spanisch) und ich hatte bisher noch überhaupt keine netten Kumpels getroffen. Zu allem Übel war es allein unterwegs auf den Straßen gefährlich. Ich hatte jede Menge Pannen gehabt und wer konnte zu diesem Zeitpunkt sagen, wie lange meine Maschine noch mitspielen würde. Die Kiste hörte sich einfach mies an und fuhr sich auch so.

Die Strecke bis zur Grenze nach Belize war jedoch gut zu befahren und ich kam bis zur Grenzstadt Chetumal. Chetumal ist eine recht nette Stadt, im Vergleich zu Cancún und Playa del Carmen überhaupt nicht von Touristen übervölkert. Das kam mir nach den letzten Tagen gerade recht.

Mein Frühstück am nächsten Morgen bestand – wie schon die ganzen letzten Tage – nur aus Cola und Keksen, die klassische Durchfalldiät. Bevor ich weiterfuhr, kaufte ich mir eine Luftpumpe, denn ich hatte mir überlegt, dass ich so im Falle eines Plattfußes besser gerüstet war! Gegen elf Uhr kam ich endlich in die Pötte.

Belize, Guatemala und weiter …

Belize – English spoken!

Am Grenzübergang kam gleich jemand auf mich zu, der mir anbot, mir bei dem ganzen Papierkram zu helfen. Das kostete natürlich Geld, aber im Vergleich zu den Grenzübergängen, die noch vor mir lagen, war das ein Klacks!

Der Mann schien gut in seinem Job zu sein, denn alles ging einigermaßen schnell. Zu guter Letzt schloss ich noch eine Versicherung für das Motorrad ab, tauschte Geld, trank eine weitere Cola und dann nichts wie hinein nach Belize.

Es war schön, wieder Englisch sprechen zu können. Nach all der Zeit in Zentralamerika kam mir das zuerst einigermaßen spanisch vor, aber Belize war früher in britischer Hand gewesen, und Englisch ist immer noch Amtssprache. Eigentlich können dort alle Englisch. Viele sprechen dazu noch Spanisch und Kreolisch.

Die Fahrt nach Belize City ging durch eine flache, tropischgrüne Gegend; die Häuser waren nach englischem Vorbild gebaut, aber aufgrund des feuchten Klimas teilweise stark verwittert. In Belize City fand ich gleich ein Hotel in der Downtown-Area. Junge, waren hier komische Gestalten unterwegs! Von anderen Reisenden habe ich später erfahren, dass sie häufig angehalten wurden und eine Art »Wegezoll« an herumlungernde Typen zahlen mussten, um die Hauptverkehrsstraße passieren zu dürfen. Mich hat keiner danach gefragt. Ich denke, das lag daran, dass ich recht aggressiv drauf war und das auch ausstrahlte. Der Grund war einfach: Da eine Weiterfahrt von Belize City nach Guatemala aufgrund zerstörter Straßen zunächst nicht möglich war, war meine Stimmung alles andere als entspannt. Vielleicht haben die Jungs mich deshalb in Ruhe gelassen!

Die Zimmer in dem Hotel, das ich mir ausgesucht hatte, sahen auf den ersten Blick ganz gut aus; die Toiletten waren allerdings – ebenso wie die Duschen – im Keller. Außerdem war es ziemlich schummrig in dem Bunker und es stank. Und es gab Kakerlaken ohne Ende – mehr brauche ich sicher nicht zu sagen!

Der Sohn der Hotelbetreiberin hieß John, ein schwarzer Einheimischer. Was er beruflich machte, kann ich nicht so genau sagen, irgendetwas mit Konsulaten oder Botschaften hatte es zu tun. Auch er sagte mir gleich, dass meine geplante Route, die direkte Verbindung von Belize City über Flores nach Guatemala City, nicht zu befahren sei. Von Belize bis nach Flores, das sei kein Problem, aber weiter nach Guatemala City, das sei zurzeit unmöglich. Alle Brücken und Straßen seien von »Mitch the Bitch« fortgespült worden. Man werde drei bis vier Monate brauchen, meinte er, bis alles wieder befahrbar sei. Hinzu komme, dass die Leute entlang der Route nichts zu essen haben und kein Benzin; es sei jetzt sehr gefährlich dort.

Als Alternative hatte ich mir überlegt, eine Fähre von Belize nach Puerto Barrios zu nehmen und vor dort weiter nach Guatemala City zu fahren. Laut Travelguide fährt jedoch nur ein Schiff von Punta Gorda in Belize nach Puerto Barrios in Guatemala. John versprach, sich gleich am Morgen für mich nach einer Fähre zu erkundigen. Mal sehen, was er herausfinden würde. In Guatemala seien die Straßen in zirka acht Stunden wieder zu befahren, behauptete er.

Gleich am Morgen schnappten wir uns ein Taxi zum Hafen. Niemand im Fährbüro wusste so richtig Bescheid, ob und wann ein Schiff kommt und ob und wann eines wohin fahren würde. Wir könnten jedoch zum Kapitän gehen und ihn fragen, sagte man uns. Also gingen wir zu dem Schiff, das man uns im Büro genannt hatte.

19

20

Baja California – ein Paradies für Endurofahrer und Taucher

Hier gibt es spektakuläre Landschaften mit riesigen Kakteen.

21

22

21 Grandioser Ausblick von der Mondpyramide in Teotihuacán

22 In Guatemala gibt es noch viele traditionelle Märkte.

23 Auf der Fahrt Richtung Yucatán regnet es ununterbrochen eimerweise. Eine Unterkunft für »gewisse Stunden« kann da die Rettung sein, um Fahrer und Fahrzeug sicher und vor allem trocken unterzubringen.

24 Dieser temperamentvolle Musiker hätte auch als Bandit eine gute Figur gemacht.

25 Fischmarkt in El Salvador

23

24

25

26 *Es ist immer beruhigend, wenn auch das Motorrad ein sicheres Plätzchen zum Übernachten findet. Heute schlafen wir sogar in einem Zimmer.*

27 *Supermarkt in Panama*

28 *Das war einmal eine Tankstelle. Dann kam der Hurrikan.*

29 *Die schönsten Frauen gibt es meiner Meinung nach in Kolumbien. Die Männer dort haben dagegen gelegentlich ein etwas gewöhnungsbedürftiges Auftreten …*

26

27

28

29

30

31

30 Schon lange keine Reifenpanne mehr gehabt ...

31 Der Markt von Otavalo ist farbenprächtig und in vieler Hinsicht eindrucksvoll (Ecuador).

32/33
Wenn die Israelis kochen, schmeckt es immer. Unter den primitivsten Bedingungen zaubern sie die leckersten Gerichte auf den Tisch – soweit einer vorhanden ist. Lohn der Mühe: Strahlende Gesichter und gute Laune bei der gesamten »Reisegruppe«.

34

35

34 Basislager am Cotopaxi: Für wenig Geld kann man in einer warmen Schutzhütte übernachten. Die Israelis ziehen jedoch prinzipiell die einfache Unterkunft vor.

35 Zu zweit unterwegs – ohne Motorrad! Klar, geht auch.

36 Die Reifenreparatur in Südamerika erfolgt meist per Heißvulkanisation. Der Vorgang hat etwas Archaisches, aber es funktioniert.

Dort war weit und breit kein Kapitän in Sicht, aber wir erfuhren, dass das Schiff nach Honduras fahren sollte, um die Menschen dort mit Lebensmitteln zu versorgen. Spendenaktionen aus aller Welt seien hier in Belize eingetroffen, die es zu verteilen gelte. All das hörte sich so an, als ob zurzeit in der Region wirklich die Hölle los war. Weiter erzählte man uns, dass ein Gefängnis nahe der guatemaltekischen Grenze durch den Hurrikan zerstört worden sei. Alle Insassen, die das Unwetter überlebt hätten, seien geflohen und nun frei. Außerdem hieß es, dass dort abends ab acht Uhr niemand mehr auf die Straße dürfe. Touristen müssten das Land verlassen. Das Ende vom Lied: Die Fähre ging nicht, zumindest im Moment nicht. Mir blieb gar keine andere Wahl als zu warten, bis die Straßenverhältnisse sich besserten.

Hühnchen à la Belize

Ich musste gar nicht lange nach Zeitvertreib suchen, denn John fragte mich tags darauf, ob ich mit ihm nach Orange Walk fahren wollte, um dort Hühner einzukaufen. In zwei Tagen würde ein Fest für die Toten gefeiert, und dazu brauchte man »Chicken«. Er erzählte mir, dass dieses Ereignis normalerweise Anfang November gefeiert wird. Durch den Hurrikan bedingt, gab es jedoch kaum noch frische Hühner in der Gegend und so hatte man das Fest einfach um eine Woche verschoben.

Da ich auf bessere Straßenverhältnisse in Guatemala wartete und nichts anderes vorhatte, fuhr ich also mit John im Bus nach Orange Walk. Für die knapp hundert Kilometer lange Strecke brauchte das Gefährt – ein ausrangierter amerikanischer Schulbus, bei dem die Sitzbankabstände für einen gestandenen Mitteleuropäer wie mich viel zu kurz waren – zwei Stunden. Es war meine erste Busfahrt auf diesem Trip und trotz der eingeschränkten Sitzmöglichkeit alles in allem okay; es hätte schlimmer sein können für jemanden, der seit seiner Kindheit das Busfahren hasst!

Die Bekannten von John in Orange Walk teilten uns mit, die Hühner müssten erst geschlachtet werden und führten uns deshalb zu einem Stall. War das ein Durcheinander: Hühner, Hunde, Kühe, Wild – alles zusammengepfercht in einer Hütte! Davor auf der Straße garte gerade jemand ein Huhn auf einem Grill. Irgendwie schien der Schuppen zu einem Restaurant zu gehören, das von Locals frequentieret wurde.

In der Restaurantküche, in die man uns als Nächstes führte, wurden alle möglichen Sachen gekocht, wie wir mit einem Blick in die offenen Töpfe erkennen konnten. Auf dem Küchentisch lagen durcheinander verschiedene Stücke Fleisch. Hygiene und alles, was damit zu tun hat, kannte man hier nicht, so viel war klar. Und dann all diese Gerüche dazu! Das konnte einem schon auf den Magen schlagen.

Aber nun ging es erst richtig los: Draußen streut jemand Futter für die Hühner aus und die Viecher kommen prompt angerannt. John greift sich gleich ein kräftiges Exemplar. Fix bindet er ihm die Füße zusammen und mit einem flinken Griff dreht er dem Vogel den Kopf um. Das geht ja schnell! Dann legt er das Huhn achtlos in einen Topf, weil er denkt, er hat ganze Arbeit geleistet. Doch plötzlich fängt es wieder an zu zappeln. Also wird der Kopf noch einmal umgedreht, was aber nur dazu führt, dass das Huhn fürchterlich zu flattern anfängt. Schade, dass ich meinen Fotoapparat vergessen habe...

Dann war endlich Ruhe und John machte sich daran, das Huhn zu rupfen. Dazu wurde es zunächst mit heißem Wasser übergossen, damit die Federn besser zu lösen waren. Dabei musste er sich beeilen, denn wenn es wieder kalt wird, geht das Rupfen noch schwerer. Zum Abschluss sollten wir dort – im »Restaurant« – etwas essen. Himmel, dachte ich, hier essen! Aber es ging kein Weg daran vorbei: Fleisch mit Reis und Gemüse – der Gentleman genießt und schweigt.

Schlechte Laune macht sich breit

Insgesamt war das Ganze eine willkommene Abwechslung gewesen, aber wie ich schon erwähnte, war ich in Belize überhaupt nicht gut drauf. Ich saß die meiste Zeit auf der Veranda der Pension, die einen guten Blick auf die Straße bot, und kippte ein Bier nach dem nächsten in mich hinein. Dabei unterhielt ich mich mit anderen Gästen, die zum Teil auch »gestrandet« waren. Alle fluchten über die Unterbringung. Ich war jedoch im Gegensatz zu meinen Mitbewohnern anscheinend ständig so betrunken, dass mich all das nicht störte. Ich war einfach genervt, dass mir keiner richtig Auskunft über die Straßenverhältnisse nach und in Guatemala geben konnte. Jeder erzählte etwas anderes und dem, was John so von sich gab, wollte ich auch nicht richtig trauen. Ein wenig hatte ich das Gefühl, dass er meine Gegenwart genoss und mich noch etwas länger hier behalten wollte.

John war ein seltsamer Typ. Nach seiner Mimik und Gestik zu urteilen, war er schwul, doch hatte er bisher bei mir keine Annäherungsversuche unternommen. Einige Pensionsgäste sagten mir, sie hätten sogar Angst vor ihm. Sicher war John eine beeindruckende Erscheinung. Bei seiner ausdrucksstarken Mimik hätte er genauso gut Schauspieler sein können. Er sprach fließend vier Sprachen und schien über Gott und die Welt bestens informiert zu sein. Und das in Belize City.

Gegenüber der Pension hatte ein Chinese einen Laden und dort kaufte ich in regelmäßigen Abständen Essen und immer wieder frisches Bier ein. Bei jedem Überqueren der Straße wartete ich nur darauf, dass mich einer dieser Typen ansprach, die den Leuten Wegezoll abknöpften. Selten zuvor in meinem Leben hatte ich so sehr Lust darauf, jemandem eins aufs Maul zu geben. Ich war bereit!

Dann kam der Sonntag, an dem die Toten geehrt werden sollten, und ich wurde tatsächlich von der Herbergsfamilie zu dem feierlichen Essen eingeladen. Die Zeremonie fand im Wohnzimmer statt. Auf einer Kommode war – schön geschmückt mit Kerzen, Blumen, einem Kreuz und einem Foto des verstorbenen Ehemanns – ein kleiner Altar aufgebaut. Wenn ich mich recht erinnere, stand dort auch ein Teller mit Essen, bestehend aus dem aus Orange Walk stammenden Huhn sowie Reis und Gemüse.

Die Herbergsmutter, John und ich stellten uns vor dem Altar auf und dann wurde gebetet. Irgendwie ging mir dabei ständig das Wort »Voodoo« durch den Kopf. Danach nahmen wir am Tisch Platz und aßen gemeinsam das Lieblingsgericht des verstorbenen Ehemannes. Das war dann leider auch schon alles; keine mystischen Zeremonien oder Ähnliches. Ich war fast ein wenig enttäuscht.

Auf Biegen und Brechen weiter

Am 9. November fand ich, dass ich genug gewartet hatte, und nahm endlich die Strecke nach Guatemala City in Angriff, zunächst nur bis Flores, bis dahin sollte die Straße einigermaßen okay sein. Aber auch das war keine leichte Aufgabe, wie sich schnell herausstellte!

Zum einen waren da die Verwüstungen, die der Hurrikan angerichtet hatte. Zum anderen war die gesamte Ernte in der Region vernichtet worden und der Bevölkerung ging es wirklich schlecht. Wenn auf einer Fahrt durch solch ein Gebiet trotzdem nichts passiert, hat man hinterher immer gut reden und verfällt leicht in den Glauben, alles sei total unproblematisch. Dem war jedoch ganz gewiss nicht so. Ich denke aber, dass Motorradfahrer nicht an erster Stelle möglicher Angriffsziele standen. Bei Bussen sah die Sache schon anders aus; da war die Chance auf Beute einfach höher. Das belegten auch Erzählungen von Busreisenden.

Hinzu kommt, dass Biker auf Tour mit ihrem martialischen Auftreten schon einigermaßen Respekt einflößen. Zum einen ist da die Motorradkluft, die einen groß, breitschultrig und massig erscheinen lässt. Zum anderen denken die Leute sicher, dass das schon ganz besondere Kerle sein müssen, die da allein auf schweren Motorrädern durch die Gegend fahren. Ich hatte jedenfalls den Eindruck, dass mein Erscheinungsbild einen ganz erheblichen Schutzfaktor darstellte, der zweifelhafte Typen daran hinderte, einfach etwas vom Motorrad herunterzuklauen oder gar einen Überfall zu wagen.

Ich war aufgrund der unklaren Lage sehr angespannt, zumal mir keiner genau sagen konnte, ob die Straße tiefer hinein nach Guatemala wieder passierbar war. Die Straße von Belize nach Flores war überwiegend nicht geteert, sie war geschottert oder bestand einfach nur aus Lehm. Durch den vielen Regen wurde die Fahrt zu einer regelrechten Schlammschlacht mit höchstem fahrtechnischen Anspruch.

Meine BMW 1000 GS und das viele Gepäck erleichterten die Aufgabe nicht gerade. Rückblickend musste ich jedoch feststellen, dass ich mich in solche Etappen richtig hineinsteigern konnte. Es entstand regelmäßig ein Fahrgefühl nach dem Motto: je gefährlicher und schneller, desto besser. Die Adrenalinausschüttung lief dann auf Hochtouren und die Tatsache, dass ich trotz allem nicht stürzte, trieb mich zu fahrerischen Höchstleistungen an. Ich empfand es als ungeheure Befriedigung, mich im Grenzbereich zu bewegen – ich geilte mich regelrecht daran auf!

Auf solchen Streckenabschnitten kamen mir stets die guten alten Zeiten als Halbwüchsiger mit meiner KTM im Motocross-Verein in Erinnerung und ich verspürte große Lust, mit der BMW das

Gleiche zu veranstalten. Zu der Zeit, als ich die Panamericana fuhr, saß ich fast jeden Tag auf dem schweren Bock und war gut in Übung. Heute würde ich mir das Tempo, das ich von Belize City nach Flores vorlegte, nicht mehr zutrauen.

Mein Motorrad und ich kamen am frühen Abend völlig schlammverschmiert, aber wohlbehalten in Flores an. Wir hatten beide eine ordentliche Dusche verdient. Ich suchte mir ein einfaches Hotel und gab flugs meine Klamotten in einer Lavanderia zum Waschen über Nacht ab.

Flores und der nahe Lago Petén Itzá liegen auf direktem Weg von Belize City nach Guatemala City. Weil ich wusste, dass ich später gemeinsam mit meinen Verwandten aus Deutschland hierher zurückkehren würde, sparte ich mir jegliche Besichtigungsaktivitäten; auch am absoluten Highlight von Guatemala, Tikal, fuhr ich zunächst vorbei. Ich unternahm lediglich einen kurzen Trip an den Lago Petén Itzá und eine Stadtrundfahrt durch das Inselstädtchen Flores.

Die Weiterfahrt an den Lago de Izabal verlief wie die Tortur tags zuvor. Als Fahrbahn bot sich mir eine üble Schotterstraße. Manchmal lagen urplötzlich große Felsbrocken mitten auf dem Weg – gerne auch in einer Kurve. Bauarbeiter waren zwar schon dabei, die Hindernisse zu zerkleinern und beiseite zu schaffen. Für Autos oder Busse war die Strecke jedoch noch nicht befahrbar. Da stellte sich das Motorrad schließlich als das einzig richtige Transportmittel heraus!

Mit der Verwandtschaft durch Guatemala

Die Nacht im Hotel in Rio Dulce – der Ort liegt am Lago de Izabal an einer Engstelle, wo die beiden Ufer mit einer Brücke verbunden sind – war alles andere als gut gewesen. Ich hatte mich noch immer nicht an die schwüle Hitze gewöhnt. Hinzu kamen jede Menge Moskitos, die mich mit ihrem Summen in den Wahnsinn trieben und mich nicht einschlafen ließen.

Nach einem frisch gepressten Orangensaft am Morgen fühlte ich mich etwas besser. Als Erstes machte ich mich daran, das Tachogehäuse zu reparieren. Ich hatte zwar in Puerto del Carmen alles ordnungsgemäß zusammengesetzt und verschraubt, als ich den neuen Tacho eingesetzt hatte. Doch durch die Erschütterungen während der letzten beiden Tage hatte sich der Tachodeckel vom

Gehäuse gelöst. Dieser Deckel diente gleichzeitig zur Befestigung des Tachos am Armaturenbrett. Aus irgendeinem Grund bekam ich ihn diesmal nicht wieder festgeschraubt. Bis spät in die Nacht bastelte ich erfolglos daran herum.

Am nächsten Morgen fühlte ich mich etwas ausgeruhter und befasste mich gleich wieder mit dem Problem. Erstaunlicherweise brachte ich alles binnen kurzem zusammen und klebte das Ganze zur Sicherheit mit Sekundenkleber bombenfest.

Nach diesem Erfolgserlebnis und einem Frühstück in einem Uferrestaurant, in dem ich schon in der Nacht zuvor gegessen hatte, machte ich mich auf den Weg nach Guatemala City – Guate, wie die Einheimischen ihre Hauptstadt nennen. Meine Schwester Eva und mein Onkel Heribert sollten an diesem Tag dort eintreffen.

Den schlimmsten Streckenabschnitt von Belize nach Guatemala City hatte ich zum Glück hinter mir. Ab hier war die Straße gut geteert. Ich verspürte Lust, mal wieder den Hahn aufzudrehen und den Bock springen zu lassen. Da ich wusste, dass es in Guate einen BMW-Händler gab, fühlte ich mich ziemlich sicher und gab mehr Gas als sonst. Wenn man permanent das Gefühl hat, die Maschine könnte kaputtgehen, ist das wirklich ein Hemmnis; man kann das Fahren einfach nicht mehr richtig genießen.

Es waren viele Lkws unterwegs, die ich mit dem Moped natürlich lässig überholen konnte. Die Gegend kam mir im Gegensatz zu der Region davor zivilisierter und kultivierter vor. Auch die Leute waren freundlicher und alles wirkte irgendwie gepflegter. Kurz vor Guate ging es dann mit einem Mal steil den Berg hinauf, für meine 1000 GS aber weiter kein Problem. Oben konnte man deutlich sehen, wie der Hurrikan ganze Berghänge zum Abrutschen gebracht hatte. Schon auf dem Weg hierher waren viele Brücken vom Wasser ausgespült gewesen. Auf der Passstraße nach Guatemala City fehlte stellenweise die Fahrbahn; dafür hatte man provisorisch Schotter aufgeschüttet.

Ich kam heil durch und fand in Guatemala City recht schnell das Hotel, in dem ich mit meinem Besuch aus Deutschland verabredet war. Es machte einen netten Eindruck und lag gleich in der Innenstadt. Nach dem Einchecken hatte ich das dringende Bedürfnis, von meinem Zimmer aus die Internet-Verbindung zu testen. Das alte Lied: funktioniert nicht! Die Nummer stimmte, aber das Passwort konnte angeblich nicht gelesen werden.

Im Moment hatte ich jedoch eine Menge wichtigerer Dinge zu tun, als mich darüber zu ärgern. Ich wollte mich frisch machen und zum Friseur gehen, bevor ich meinen Lieben gegenübertrat. Beim Friseur lief ich auf den letzten Drücker ein, kam noch gerade so dran, und dann ließ ich mir zu allem Übel die Haare viel zu kurz schneiden. Egal, dann war halt die nächste Zeit Kappe tragen angesagt. Anschließend angelte ich mir ein Taxi zum Flughafen.

Was für ein kleiner Flughafen! Dafür, dass Guate die Landeshauptstadt ist, war das Ding wirklich mickerig. Schnell fand ich heraus, dass die Maschine aus Frankfurt eine Stunde Verspätung hatte. Zum Glück konnte ich mir wenigstens ein Bier kaufen und so fiel das Warten wesentlich leichter.

Als mein Onkel und ich uns endlich gegenüberstanden, war Heribert ganz gerührt. Es war ein schönes Wiedersehen! Auch Eva freute sich natürlich riesig, ihren weltenbummelnden Bruder in die Arme zu schließen. Für Heribert war es zusätzlich der erste Kontakt mit dem amerikanischen Kontinent und daher ein Erlebnis der besonderen Art.

Mit dem Taxi ging es zurück zum Hotel und gleich an die Bar, und dann gab es erst einmal viel zu erzählen und viel Bier zu trinken, bevor wir uns auf unser Zimmer zurückzogen.

Zu dritt auf den Spuren der Maya

Nach meinem Empfinden war die Nacht längst nicht zu Ende, als wir aufstanden – die beiden aus Alemania hatten noch die deutsche Zeit in den Knochen und waren dementsprechend schon hellwach. Leider stellt jedoch eine zu kurze Nacht für mich immer ein großes Problem dar. Ich spüre das Schlafdefizit den ganzen Tag über. Beim Frühstück im Hotel hatte ich wenigstens ein bisschen Zeit, mich an den Zustand zu gewöhnen. Es war nett, einfach nur den Kellnern zuzusehen, wie sie in ihren Uniformen herumliefen und einen bedienten. Eva, Heribert und ich hatten für den Tag einiges auf dem Programm, unter anderem wollten wir nach einem Leihwagen Ausschau halten. Außerdem musste ich meine BMW zum Händler bringen; da gab es etliches zu überprüfen. Auch war vorn ein neuer Reifen überfällig.

Mit dem Taxi voran ging es zuerst zu BMW. Sehr vertrauenerweckend sah der Laden nicht aus. Nicht, weil er klein war, nein, es war einfach kein Fachbetrieb für Motorräder, hier wurden nur

Autos repariert. Aber ich hatte keine andere Wahl; es war der einzige BMW-Motorradhändler weit und breit. Die Mängelliste, die ich dem Mechaniker erklärte, hatte ich schon vor Tagen zusammengestellt. Ich war sehr gespannt, was davon wirklich erledigt werden würde.

Nach der Exkursion zu BMW liefen wir ein Reisebüro an, denn zu unserem ersten gemeinsamen Ziel Tikal wollten wir fliegen. Flüge für den von uns gewünschten Zeitraum gab es jedoch nicht mehr, also beschlossen wir, die Tour von Anfang an mit einem Leihwagen zu machen. Denn den brauchten wir für die restliche Rundreise ohnehin.

Nach einem Mittagsimbiss sprachen wir bei einer Autovermietung vor und entschieden uns für einen Geländewagen. Für die Fahrt nach Tikal war das sicherlich angebracht. Heribert bot sich an, die Kosten für den Wagen zu übernehmen. Ich merkte, wie dabei ein komisches Gefühl in mir aufstieg: Warum wollte er das allein bezahlen? Machte ich einen bedürftigen Eindruck? Ich wollte mich auf keinen Fall abhängig und zu allem Möglichen verpflichtet fühlen. Schließlich setzte sich Heribert durch.

Der Jeep wurde uns gleich am nächsten Morgen von der Autovermietung vor die Hoteltür gestellt. Das würde also für die nächsten Tage mein fahrbarer Untersatz sein; das Motorrad hatte ich bereits sicher im Hotel abgestellt. Unser Plan war, es noch vor Dunkelheit bis zum Lago Izabal zu schaffen. Die Chancen dafür standen gut, denn so wie es aussah, herrschte deutlich weniger Verkehr als auf meiner Fahrt von dort nach Guatemala City. Mit meiner Einschätzung lag ich richtig: Schon nach wenigen Stunden sahen wir die Ufer des Lago Izabal. Hier mussten wir den Wagen stehen lassen und unseren Weg mit dem Boot fortsetzen, um zu unserem Ziel zu gelangen – einem abgelegenen Hotel direkt am Wasser. Diese Bleibe war im Reiseführer empfohlen worden.

Der Aufwand hatte sich in der Tat gelohnt: Ein wirklich schönes Hotel mit Schwimmbad und einfacher, aber doch schöner Einrichtung erwartete uns. Wir sprangen gleich als Erstes in den Pool. Herrlich! Das tat gut nach der langen Fahrt. In gemütlicher Dreierrunde aßen wir anschließend zu Abend und gönnten uns zum Schluss ein paar kühle Cervezas auf der Gartenterrasse.

Nach dieser schönen Nacht am Lago Izabal hieß das nächste Ziel Flores, die Stadt am Lago Petén Itzá. Ein Boot brachte uns zurück zu unserem Auto und Heribert ließ es sich nicht nehmen, das erste

Stück zu fahren. Nach etwa fünfzig Kilometern ging die Asphaltstraße in eine Schotterpiste über. Mit dem Motorrad hatte ich diese Strecke ja schon kennen gelernt; mit dem Auto kam sie mir noch viel schlechter vor. Jeder Hubbel war deutlich zu spüren, weil er von unserem Auto viel schlechter geschluckt wurde. Das ist eben das Problem bei Geländewagen. Hinzu kam, dass Heribert nicht viel Geländeerfahrung besaß. Die Strecke ging mir mehr und mehr auf den Senkel. Obendrein fing meine Schwester an, mich zu nerven. Ständig meinte sie, mitreden und kommandieren zu müssen. In dieser Hinsicht ist sie meiner Mutter wirklich sehr ähnlich. Ruhig bleiben, Dan! In Flores suchten wir uns ein Hotel direkt am Wasser und nahmen anschließend ein erfrischendes Bad im Lago. Die Sonne stand noch hoch genug, sodass wir anschließend in der Sonne brutzeln konnten.

Dann schlenderten wir durch die Gassen dieser kleinen, malerischen Stadt bis zu einem Internetcafé. Dort schrieb ich Briefe an Mina und an Andy, einen Mopedfahrer aus Koblenz. Ich hatte schon vor Beginn meiner Reise über eine gemeinsame Bekannte erfahren, dass er zur selben Zeit wie ich hier in Zentralamerika in Richtung Süden unterwegs sein würde. Schon seit einiger Zeit standen wir über E-Mail in Kontakt. Nun hatten wir uns ganz konkret auf ein Bier in Antigua verabredet.

In einer Pizzeria überlegten wir beim Essen, was wir den nächsten Tag tun wollten. Früh aufstehen und zu den Maya-Tempeln von Tikal fahren, lautete die einhellige Meinung. Bei Sonnenaufgang soll die Stimmung dort am schönsten sein.

Und so war es dann auch: Die weitläufige Tempelanlage von Tikal präsentiert sich am Morgen von ihrer angenehmsten Seite. Die Temperaturen halten sich in Grenzen und der aus dem umliegenden Urwald aufsteigende Nebel lässt die Pyramiden und anderen Bauwerke wie verwunschen erscheinen. Den ganzen Tag verbrachten wir auf dem Gelände der Tempelstadt und checkten erst gegen Abend müde, aber glücklich über das Erlebte in der Jungle Lodge ein, die sich unmittelbar neben der archäologischen Stätte befindet. Die Häuser waren früher von den Archäologen genutzt worden, die Tikal ausgegraben haben. Später wurden sie dann in eine Touristenherberge umgewandelt.

Nach einer etwas unruhigen Nacht, in der wir immer wieder vom Geschrei lärmender Brüllaffen geweckt wurden, die über das Gelände der Jungle Lodge zogen, machten wir uns tags darauf auf den Weg nach Antigua, der ehemaligen Hauptstadt von Guatemala, die etwa 1770 durch ein Erdbeben fast völlig zerstört worden war.

Koblenzer Nächte sind lang

Antigua ist heute ein klassisches Touristenzentrum. Die Besucher werden angelockt von der bunten Architektur und vom Charme der halb verfallenen Kirchen und Bauwerke. Außerdem gibt es unendlich viele Möglichkeiten, auf Märkten einzukaufen und in privaten Schulen Spanisch zu lernen – sofern man aufnahmefähig ist. Doch dazu später mehr.

Für den Abend waren wir mit Andy und einigen weiteren deutschen Motorradfahrern verabredet, mit denen er unterwegs war. Wir hatten uns noch nie zuvor gesehen und bei unserem letzten E-Mail-Kontakt beschlossen, uns in Ricky's Bar zu treffen, einem bekannten Hangout in Antigua. Die Truppe bestand aus den Koblenzern Andy und Andreas, der zusammen mit seiner Freundin Nadja als Beifahrerin unterwegs war, sowie Martin aus Tübingen.

Wir verstanden uns alle auf Anhieb prächtig und so feierten Andy, Andreas, Martin und Nadja sowie Eva, Heribert und ich ein großes »Koblenzer Hallo« in Antigua. Ich fand, dass sich da eine interessante Gruppe zusammengefunden hatte und freute mich darauf, gemeinsam mit den anderen per Motorrad durch Zentral- und Südamerika zu reisen. Doch zunächst wollte ich wie geplant die Tour mit Schwester und Onkel fortsetzen.

Drei Schritte vor und zwei zurück

Von den zahlreichen Ausflügen, die von Antigua aus angeboten werden, suchten Eva, Heribert und ich uns die Besteigung des Vulkans Pacaya aus. Wir hätten auch nach Koban fahren können, wo gerade erst ein riesiges Tempel-Ruinenfeld ausgegraben wurde – aber nein, wir wollten einen Vulkan besteigen. Da man den Teilnehmern dieser Exkursion das Schauspiel der untergehenden Sonne vom Gipfel des Pacaya aus bieten wollte, startete der Bus erst mittags.

Die Fahrt an den Fuß des Pacaya dauerte zwei Stunden. Die Straße dorthin war – zumindest auf dem letzten, unbefestigten Abschnitt – eine Katastrophe. Hurrikan Mitch hatte seinen Teil dazu beigetragen, dass sie nunmehr vor allem aus Löchern bestand. Schließlich gelangten wir an eine Stelle, ab der es unmöglich war, mit dem Bus weiterzufahren, und der Fußmarsch zum Kratergipfel begann. Der Höhenmesser meiner Armbanduhr zeigte bereits 1800 Meter über dem Meer an, als wir aus dem Bus kletterten.

Die Truppe bestand neben uns dreien aus weiteren fünf Touristen und dem Führer, nicht zu vergessen einem Rudel wilder Hunde, die immer in unserer Nähe blieben. Außerdem begleitete uns ein bewaffneter Polizist. In der Vergangenheit war es in diesem abgelegenen, unwegsamen Gelände häufiger zu Überfällen auf Touristen gekommen, und dem wollte man mit dieser Maßnahme entgegenwirken.

Der Aufstieg erwies sich als mühsam. Die dünne Luft und die wirklich miserable Piste brachten mich ganz schön ins Schwitzen. Später kamen Abendkälte und Nebel erschwerend hinzu. Kurz vor dem eigentlichen Krater erreichten wir einen Aussichtspunkt, der den Blick auf zwei weitere Vulkane ermöglicht, und danach wurde der Aufstieg erst richtig schwierig: Er führte nur noch steil aufwärts, über schwarze Asche und Geröll, was bedeutete, dass man mit den Füßen tief einsank und ein ums andere Mal die soeben gewonnenen Höhenmeter wieder hinabrutschte. Am Kraterrand sah ich auf dem Altimeter meiner Uhr, dass wir auf 2600 Metern angekommen waren.

Dort oben war es windig und kalt, aber es hatte sich gelohnt. Von Schwefeldämpfen und Nebel eingehüllt, sahen wir unten im Krater glühende Lava. Noch hier oben waren die Steine stellenweise so heiß, dass es Eva die Gummisohlen ihrer Schuhe anschmorte. Aber darüber konnte man nur froh sein, so hatte man wenigstens warme Füße.

Die Sonne war schon längst untergegangen, als wir uns an den Abstieg machten. Der fiel uns zwar leichter als der Aufstieg, war aber wegen der Dunkelheit und des schlechten Wegs nicht ganz einfach. So kam es, dass der Weg zurück länger dauerte als der Hinweg. Es war schon nach Mitternacht, als unser Bus wieder Antigua erreichte.

Am nächsten Morgen verließen wir die ehemalige Hauptstadt mit Ziel Chichicastenango. Wir hatten schon in Flores gehört, dass dort an diesem Tag ein besonders schöner Markt stattfinden sollte. Die Autofahrt dauerte einige Stunden und führte uns durch eine hügelige, dicht bewachsene Landschaft. Als wir schließlich über den Markt von Chichicastenango schlenderten, fanden wir all unsere Erwartungen bei weitem übertroffen. Hier fand tatsächlich ein traditioneller Wochenmarkt statt. Eine Flut von Farben, Lauten und Gerüchen strömte auf uns ein und überall hatten Verkäufer auf einfachen Ständen ihre Ware ausgebreitet. Das Angebot war überwältigend und die Preise derart, dass Eva einfach nicht nein sagen konnte und unter anderem eine wunderschöne Steppdecke erstand. Es war beeindruckend – für uns eine völlig andere Welt!

Noch mehr Vulkane

Von Chichicastenango ist es nicht weit zum Lago de Atitlán. Der See gilt als einer der schönsten und farbenfrohsten der Welt. Er wechselt – je nach Position des Betrachters – seine Farbe von Hellblau über Lapislazuli nach Dunkelblau und ist umgeben von rötlichen und olivfarbenen Hügeln sowie mehreren imposanten Vulkanen. Über ein Dutzend Orte mit verschiedenen Sprachen und Kulturen befinden sich rund um das Seeufer, und einige sind nach den heiligen Aposteln benannt: San Pedro, San Lucas und so weiter.

Wir entschieden uns, in Panajachel unser »Basislager« aufzuschlagen. Der Ort wird in Traveller-Kreisen auch »Gringotenango« genannt, zum einen, weil er der touristischste aller Orte am See ist, zum anderen, weil kaum einer der Touristen den Namen Panajachel richtig aussprechen kann.

An diesem Abend wurde es spät für Eva, Heribert und besonders mich. Alles fing damit an, dass wir in die »Circus Bar« gingen und dort versackten. Es spielte eine Liveband, die Stimmung war einfach klasse und Heribert und mir schmeckte an diesem Abend das Bier besonders gut. Plötzlich kommt ein Mädel in die Kneipe, das ich schon kurz in Belize kennen gelernt hatte. Dort war sie als Reiseführerin unterwegs gewesen und gerade dabei, mit einer Gruppe per Boot eine Fahrt zu einer der vielen kleinen Inseln im Golf von Honduras zu unternehmen. Ich hatte damals die Gelegenheit genutzt, mich bei ihr nach den aktuellen Straßenzuständen Richtung Guatemala zu erkundigen. Sie stellte sich als Petra vor, war aber in dem Moment ziemlich mit ihrer Gruppe beschäftigt, und so bekam ich damals von ihr nur die kurze Info, die Strecke sei wohl wieder befahrbar.

Auf jeden Fall erkenne ich sie in der Kneipe in Panajachel gleich wieder. Auch sie weiß auf den ersten Blick, wer ich bin, und setzt sich zu uns an den Tisch. Sie ist an diesem Abend ebenfalls mit einer Reisegruppe unterwegs und so quatschen wir angeregt miteinander und vernichten dabei jede Menge Alkohol. Als die Liveband am frühen Morgen aufhört zu spielen und man uns alle aus der Kneipe fegt, ziehen wir gemeinsam weiter in eine nahe gelegene Disko.

Mit Tequila und Bier geht es dort munter weiter und ich bin froh, als Heribert und Eva endlich ankündigen, dass sie zurück zum Hotel wollen. Denn in der Disko spüre ich so langsam, dass Petra Interesse an mir hat, jedenfalls glaube ich das; in meinem alkoholisierten Zustand bin ich mir allerdings nicht so ganz sicher. Umso mehr freue ich mich daher, als wir die Disko verlassen und das Hotel ansteuern und sie fest entschlossen zu mir sagt: »Und du kommst mit zu mir!«

Der Biss der Skorpionfrau

Wir hatten uns für den Morgen mit Eva und Heribert zum Frühstücken verabredet. Als ich so langsam das Bewusstsein wiedererlangte und registrierte, dass ich das Bett mit Petra teilte, verspürte ich schon wieder – oder immer noch – Lust auf Sex, und das aus gutem Grund: Wir hatten so spät in der Nacht keine Kondome auftreiben können und uns daher auf andere Praktiken beschränkt. Damit hatte ich meinen Liebeshunger noch nicht ganz und gar stillen können.

Doch irgendwie kam es nicht dazu. Petra wollte nur kurz aufstehen, um zu duschen. Die Dusche liegt jenseits des Flures, also schlüpft sie in ihre Klamotten, und als sie die Schuhe anziehen will, ist der eine schon von einem Skorpion belegt. Zum Glück ist es nur ein kleiner Skorpion, aber immerhin schlägt er zu. Wer jetzt ein großes Drama erwartet, irrt sich: Petra nahm das völlig ungerührt hin und ärgerte sich lediglich, dass sie nicht besser aufgepasst hat!

Wir gingen zu Heribert und Eva ins Hotel und ich hatte endlich Gelegenheit, mir die Zähne zu putzen und frische Klamotten anzuziehen. Viel Zeit dazu war nicht, denn das Zimmer musste zügig geräumt werden, weil es schon weitervermietet war.

Nach dem Frühstück in einem von Petras Lieblingsrestaurants suchten wir uns ein Boot, das uns über den Lago de Atitlán nach

Santiago Atitlán bringen sollte. Das Wetter machte einen guten Eindruck und eine Fähre war schnell zu bekommen. Die Überfahrt bot einen grandiosen Blick auf drei aktive Vulkane, San Pedro, Tolimán und Atitlán, und dauerte gut eineinhalb Stunden, obwohl die Entfernung nur acht Kilometer beträgt. In Santiago Atitlán legte das Boot an und wir gingen an Land. Zahlreiche Stege lagen noch unter Wasser, weil der Wasserspiegel durch vom Hurrikan bedingte Niederschläge enorm gestiegen war.

Petra erwies sich als gute Reiseführerin. Santiago Atitlán ist ein hübscher kleiner Ort, völlig von der übrigen Welt abgeschnitten und nur mit dem Boot zu erreichen. Rundherum gibt es genügend fruchtbares Land, von dem sich die Leute ernähren können. Außerdem besitzt der Ort die Fischereilizenz für den gesamten See. Alle umliegenden Dörfer müssen jährlich einen Obulus an Santiago Atitlán entrichten, wenn sie ebenfalls fischen wollen.

Sex, drugs & rock'n' roll

Zurück in Panajachel machten Petra und ich uns gleich auf den Weg zurück in ihr Hotel. Wir waren beide sehr müde und wollten uns hinlegen. Schlafen konnten wir jedoch beide nicht und so erzählten wir uns gegenseitig Geschichten aus unserem Leben.

Für mich war ihre Geschichte faszinierend, Petra führte ein aufregendes und ungezwungenes Leben. Sie war seit acht Jahren in Guatemala. Nach dem Abi war sie zunächst als Aupairmädchen in die Staaten gegangen. Ihr Hausvater war Dozent für Mayakultur und das weckte erstmals ihr Interesse an diesem Thema. Mit einem VW-Bus reiste sie im Anschluss an ihre Aupairzeit durch die Staaten, Mexiko und dann über Belize nach Guatemala, wo sie schließlich hängen blieb. Hier war sie von einer Tourismus-Organisation gefragt worden, ob sie nicht als Reiseleiterin arbeiten wolle. Mit damals gerade einmal 22 Jahren schien das keine ganz einfache Aufgabe, aber schon bald gewöhnte sie sich an das Leben in Guatemala und an die Herausforderungen ihrer Arbeit.

Vor kurzem hatte sie einen Job auf einem Kreuzfahrtschiff angeboten bekommen und zugesagt. Sie war schon einmal acht Monate auf diese Art und Weise um die Welt gereist. In fünf Tagen wollte sie zurück nach Deutschland fliegen, um vor Antritt des Jobs noch einmal ihre Familie zu besuchen. Zusammen mit mir feierte sie also im Moment ihren Abschied von Guatemala.

Ich war sehr beeindruckt und fand, dass Petra eine ungewöhnliche Frau war. Wir sprachen auch über ganz intime Dinge. So vertraute sie mir an, dass sie sich gerne Pornos anschaue; gute Pornos würden ihr viel Spaß machen. Sex zu dritt fände sie auch nicht schlecht, sagte sie. Am liebsten zwei Frauen und ein Mann. Also, das hatte ich noch von keiner Frau zu hören bekommen! Ich kenne die falschen, dachte ich. Sicher träumen und sprechen viele Männer von solchen Dingen, doch Frauen trauen sich selten, davon zu reden. Dabei wollen sie genauso ihren Spaß haben.

Nach diesem netten Nachmittag im Bett schlenderte ich zurück in mein Hotel. Für den Abend zog es uns alle wieder in die Circus Bar, die Kneipe vom Tag zuvor. Petra machte trotz der frühen Stunde schon einen angeheiterten Eindruck. Als sie sich gleich beim Betreten des Lokals einen Schnaps bestellte, musste ich Eva zustimmen – die fand, dass Petra einfach zu viel kippte. Das war vielleicht die Kehrseite der Medaille: Die ganze Freiheit und Ungebundenheit führt manchmal dazu, dass man sich nicht mehr im Griff hat – so schien es Petra jedenfalls zu gehen.

Verpasster Abschied

Dann kam unser letzter gemeinsamer Tag in Panajachel. Mit Petra hatte ich ausgemacht, dass wir uns später in einem Café treffen wollten. Aber zunächst war Frühstück mit Eva und Heribert in unserem Hotel angesagt. Was mich wunderte: Die beiden hatten sich die ganze Zeit nicht weiter zu meinem Techtelmechtel mit Petra geäußert und sie taten es auch an diesem Morgen nicht. Ich denke, sie gönnten Petra und mir den Spaß.

Meine Sachen und auch die von Eva und Heribert waren schon gepackt, also konnten wir gleich weiter zum Café, wo ich mit Petra verabredet war. Trotzdem kamen wir viel zu spät und Petra war nicht mehr da. Wir fuhren direkt weiter zu ihrem Hotel, doch da hatte sie schon ausgecheckt. Schade, Petra und ich hatten bis dahin keine Adressen ausgetauscht und nun konnte ich ihr noch nicht mal Tschüss sagen. Dann begegneten wir zufällig an einer Straßenecke einer Freundin von Petra. Ihr gab ich meine Adresse, damit sie sie an Petra weitergeben konnte, falls sie sich bei ihr melden sollte.

Auf unserer Fahrt entlang des Atitlánsees nahmen wir die Straße weiter oberhalb des Ufers, weil von dort die Aussicht noch schöner war. Unser Ziel war die Pazifikküste. Über Escuintla ging es steil den Berg hinunter nach Monterrico. Zwischendurch ergab sich immer wieder die Gelegenheit, an mit Obst überladenen Verkaufsständen Halt zu machen. Wir kauften und verzehrten Früchte, die wir überhaupt nicht kannten.

Als wir uns dem Pazifik näherten, wurde es tropisch-schwül. Kurz vor Monterrico kamen wir dann mit dem Auto nicht mehr weiter: Die letzten Kilometer bis zum Ort müssen mit einer kleinen, schäbigen, aus Holz zusammengezimmerten Autofähre zurückgelegt werden, auf die maximal zwei Autos passen. Die Fahrt verlief auf einem schmalen Fluss mit hohem Gestrüpp auf beiden Seiten. Das Ganze erinnerte an die Everglades von Florida.

Natürlich war die Fähre nicht da, als wir den Anlegeplatz erreichten. Eva besorgte gleichsam zur Überbrückung der Wartezeit drei Flaschen Gallo-Bier. Kurze Zeit später legte die Fähre auch schon an; wir konnten als zweites Fahrzeug auffahren.

Eine echte Camel-Trophy-Kulisse tat sich uns auf: urwüchsige Sumpflandschaften, ein klappriger Holzkahn und wir mit unserem Geländewagen darauf! Nach einer halbstündigen Schiffsfahrt kamen wir in Monterrico an. Vom Anlegeplatz war unser Ziel – ein Hotel, das Petra uns empfohlen hatte – nur noch einen Kilometer entfernt.

Es war eine wirklich einfache Unterkunft. Uns wies man ein kleines Zimmer mit drei Betten zu, über denen jeweils ein Moskitonetz hing. Die Lage des Hotels gleich am Meer entschädigte uns allerdings voll und ganz für die spartanischen Räumlichkeiten: Ein schöner schwarzer Sandstrand mit riesigen Wellen lag direkt vor unserer Tür. Kurz vor Sonnenuntergang nahmen wir zu dritt noch ein herrlich erfrischendes Bad in der Brandung.

See you later, alligator!

Um 6.30 Uhr klingelte Heriberts Wecker. Wir wollten früh aufstehen, um mit einem Einheimischen eine Bootsausfahrt zu machen und auf die Suche nach frei lebenden Krokodilen zu gehen. Ohne auch nur eine Tasse Kaffee getrunken zu haben, machten wir uns auf den Weg.

Mit einem kleinen Boot, aus dem erst noch das Wasser herausgeschaufelt werden musste, ging es ohne Motor los. Mit einer langen Stange stakte unser Mann uns vorwärts. Das Wetter an diesem Morgen sah auf jeden Fall besser aus als das Boot, das wenig vertrauenerweckend wirkte. Gut, dass wir so früh unterwegs sind, dachte ich nach einer Weile, als mir der Schweiß von der Stirn lief. Wir glitten durch eine faszinierende Lagunenlandschaft aus Wasser und Pflanzen. Viele Vögel lebten hier und wir konnten springende Fische beobachten. Was wir allerdings nicht sahen, waren die versprochenen Krokodile.

Wir beschlossen, dem frühmorgendlichen Ausflug einen wunderschönen Strandtag folgen zu lassen. Die Bedingungen dafür waren hervorragend. Mit einem Buch, das ich mir von Eva ausgeliehen hatte, setzte ich mich an den Strand und genoss die Sonne, unterbrochen von dem einen oder anderen Plantscher im Meer. Besonders erfrischend war das Wasser nicht, es hatte beinahe Körpertemperatur. Dafür waren die Wellen umso schöner und höher.

Am Ende dieses Sonnentags hatte ich mir ganz schön das Fell verbrannt. Kein Wunder, so lange war ich während meiner gesamten Reise nicht am Strand gewesen. Nach dem Abendessen nahmen wir lediglich noch einen Absacker im »Big Ben«, der Kneipe eines Kanadiers.

Also wirklich, was für ein Laden! Es hatte geregnet an diesem Abend und überall stand die Brühe, nicht nur auf der Straße, auch in der Cantina. Kein Wunder, dass wir die einzigen Gäste waren. Völlig versifft war die Bude! Ein Bier war alles, was ich mich zu bestellen traute. Außerdem fühlte ich mich einigermaßen matt – ich schien eine Erkältung zu bekommen. Zudem musste ich ständig husten und hatte bestimmt erhöhte Temperatur. Na super, das passte ja wunderbar. Hoffentlich würde wenigstens das Fieber schnell weggehen.

Wir entschieden uns, aus Rücksicht auf meinen Zustand noch einen Tag zu bleiben. Trotzdem fühlte ich mich am folgenden Abend immer noch matt und ausgelaugt. Doch dann musste unsere Rundfahrt weitergehen, von Monterrico aus zurück nach Guatemala City. Die Fahrt von der Küste ins Landesinnere verlief ohne besondere Vorkommnisse, doch war ich einigermaßen froh, als wir endlich unser Ziel erreichten. Wir übernachteten wieder im selben Hotel, und das empfand ich als sehr angenehm. Wenn man monatelang herumreist, freut man sich richtig, an einen vertrauten Platz zurückzukehren.

In den letzten zwei Tagen hatte sich mein Zustand zunehmend verschlechtert und so verbrachte ich die meiste Zeit im Hotelbett. Ich musste ständig husten und hatte abwechselnd Fieber und Schüttelfrost. So eine Erkältung oder Grippe hatte ich zuvor noch nie erlebt; mir ging es hundeelend. Am Tag der Abreise von Eva und Heribert war mein Zustand besonders schlimm. Aus reiner Höflichkeit stand ich jedoch auf, um mich von ihnen zu verabschieden. Als ich Wochen später mit Andy und Martin in Kolumbien unterwegs war, sollte ich noch einmal an meinen miserablen Gesundheitszustand in Guatemala erinnert werden ...

Und weiter geht die Bikertour!

Der Rückreisetag für meine Verwandten war gekommen. Es war mittlerweile Ende November und der Urlaub der beiden war um. Wir waren früh aufgestanden und hatten uns bei einer Tasse Kaffee Lebewohl gesagt. Irgendwie war ich froh, dass es nun mit meiner Tour weiterging. Außerdem waren zwei Wochen Besuch aus der Heimat mehr als genug, fand ich. Ich wollte weiter vorankommen, Spanisch lernen, mich um mein Moped und die Computerprobleme kümmern und dabei die Freiheit des Alleinseins genießen.

Schon einen Tag später hatte ich mich wieder daran gewöhnt, auf mich selbst gestellt zu sein – spätestens als ich die kurvenreiche Strecke von Guate nach Antigua in Angriff nahm. Allein mit dem Moped in einer exotischen Landschaft unterwegs zu sein, das ist genau die Droge, die ein Travel-Junkie braucht. Die Fahrt glich einem Höhenflug.

Die Orientierung in Antigua ist relativ einfach – erstens ist das Städtchen nicht sonderlich groß und zweitens folgen die Straßen in ihrem Verlauf streng geometrischen Prinzipien. Als ich so durch die Gassen in die Stadt hineinrollte, sprach mich an einer Ecke ein Motorradfahrer an. Wir waren uns gleich sympathisch und da ich noch keine Bleibe hatte, schlug er vor, ich sollte ihn zu seiner Pension begleiten.

In der Pension warteten seine drei Kumpels auf ihn. Die Truppe war aus Israel, und alle waren mit demselben Motorradmodell unterwegs: einer Kawasaki KLR 650, Farbe Grün. Alle Maschinen waren vollgepackt mit Zelten und anderem Outdoor-Equipment. Jeder der vier Israelis hatte klar definierte Aufgaben innerhalb der

Gruppe. Ariel, der größte und kräftigste, war für die Routenplanung zuständig, Avi für das Essen und Mopedreparaturen. Ohad hatte die Aufgabe, die Reisekasse zu verwalten und zu beschützen. Und Lior, der mit seinen langen Haaren aussah wie ein Jesusfreak und immerzu strahlte und lächelte, war für die Verständigung auf Spanisch verantwortlich. Sie waren in Los Angeles gestartet und wollten ebenfalls die Panamericana Richtung Süden nehmen.

Wir plauderten eine Weile und tauschten sicherheitshalber unsere E-Mail-Adressen aus, man weiß ja nie. Dadurch kann man auf Tour immer in Verbindung bleiben. Um sich zu verabreden oder auch, um sich gegenseitig zu informieren und weiterzuhelfen. Auf jeden Fall schienen die vier schwer in Ordnung zu sein. Mit dieser Truppe sollte ich später noch etliche gemeinsame Kilometer zurücklegen.

Als wir so auf der Straße standen und uns gegenseitig unsere Pläne erzählten, kam obendrein Manuela vorbei, ein Mädchen, das ich erst vor kurzem in Monterrico kennen gelernt hatte. Sie war damals nur für einen Tagesausflug dort und besuchte zu dem Zeitpunkt eine Spanischschule hier in Antigua. Jetzt war sie mit dem Lernen fertig und hatte sich ein Moped gemietet, um zwei Wochen durch Guatemala zu gondeln. Auf ihren Rat hin meldete ich mich bei ihrer Sprachschule und Gastfamilie an, wo es ihr sehr gut gefallen hatte.

Die Familie schien wirklich nett zu sein; das Essen schmeckte gut und die Küche machte einen akzeptabeln Eindruck, wie ich bei einem Besuch zusammen mit Manuela feststellen konnte. Also blieb ich gleich dort. Für eine Woche Unterkunft mit drei Mahlzeiten am Tag und fünf Tagen Einzelunterricht zu je vier Stunden täglich wollten sie 120 Dollar. Ich fand, dass das kein schlechter Deal war. Außerdem durfte ich mein Moped in der Hauseinfahrt abstellen, und ein sicherer Stellplatz ist für mich immer ein entscheidendes Kriterium.

Die Schulbank drückt

An meinem ersten Unterrichtstag war ich regelrecht aufgeregt. Auf dem Weg zur Schule, die gleich um die Ecke lag, besorgte ich mir als Erstes in einem kleinen Laden Schreibmaterial. Meine Lehrerin war Mitte vierzig und machte auf mich einen guten Eindruck.

Sie musste eine Menge Geduld aufbringen, denn besonders aufnahmefähig war ich noch nicht. Da gab es wohl einiges zu üben. Immerhin war ich schon fast fünf Monate auf Tour, und die intellektuellen Herausforderungen hatten sich bis zu diesem Zeitpunkt in Grenzen gehalten.

Vier Stunden dauerte der Unterricht, also bis 13 Uhr. Lediglich um zehn Uhr machten wir eine halbe Stunde Pause. Am Ende meiner ersten Lerneinheit qualmte mir der Kopf so sehr, dass ich mich nach dem Mittagessen gleich wieder schlafen legte.

Gegen Abend fand dann wieder das Essen im Kreise der Familie statt. Dabei erfuhr ich, dass später am Abend eine Benefiz-Party zugunsten der Opfer von Hurrikan Mitch stattfinden sollte, und das wollte ich mir nicht entgehen lassen. Auf dem Weg zum Veranstaltungsort lernte ich zwei Mädels aus Österreich kennen, die seit fünf Monaten unterwegs waren. Die Biker aus Israel konnte ich nirgendwo erblicken; da war es umso angenehmer, gleich Kontakt gefunden zu haben. Die Party fand »open air« auf einem Platz etwas außerhalb von Antigua statt. Die Folge war, dass bei mir das Bier nicht besonders gut lief, denn nachts wird es empfindlich kalt in Antigua, das immerhin auf 1500 Metern liegt, und müde war ich auch.

Diesen Zustand konnte ich nicht allzu lange ertragen, und da auch keine besonders interessanten Leute zu sehen waren, ging ich früh zurück zu meiner Gastfamilie und ins Bett. Obwohl ich nur im Schlafsack nächtigte, schlief ich ziemlich gut, denn ich hatte zudem noch eine Decke zur Verfügung. Die war auch nötig, denn in meinen Zimmer herrschte die gleiche Temperatur wie draußen.

Für die nächste Unterrichtseinheit hatte ich mir vorgenommen, kräftig Spanisch zu lernen. Die Tochter des Hauses – eine Guapa so um die dreißig – rief mich zum Frühstück. Es gab frische Ananas und Papaya, sehr schmackhaft, und dazu Café con leche. Danach büffelte ich tatsächlich ein bisschen, wurde jedoch gleich wieder müde und verschlief im Großen und Ganzen den Vormittag. Wahrscheinlich lag es daran, dass mir die mutmaßliche Grippe, die ich schon am Pazifik verspürt hatte, weiterhin zu schaffen machte.

Erst zum Mittagessen konnte ich mich wieder aufraffen. Danach machte ich mich wieder ans Lernen, doch diesmal ging ich anschließend nicht ins Bett, sondern zum Internetcafé. Ich hatte inzwischen von Mina einen überaus merkwürdigen Brief bekommen. Entweder kann sie nicht richtig lesen oder ich drücke mich komisch aus, sinnierte ich. Also setzte ich mich vor den Bildschirm und hackte für die nächsten zwei Stunden E-Mails in die Tasten.

Daheim bei meiner guatemaltekischen Familie machte ich mich wieder an meine Spanischunterlagen. Das Lernen fiel mir in diesen Tagen besonders schwer. Ich konnte nur hoffen, dass das nur durch meine Erkrankung bedingt war und mein Hirn nach dem Auskurieren besser funktionieren würde. Ich war mir nicht einmal sicher, ob ich am Abend ausgehen wollte, und das ist eigentlich immer ein deutliches Zeichen dafür, dass es mir nicht gut geht.

Nix wie raus aus Antigua!

Endlich Wochenende, endlich schulfrei! Nach dem Frühstück in einem netten Restaurant stand für mich nur eines auf dem Plan: Mopedfahren! Ich hatte mir vorgenommen, ein bisschen die Gegend zu erkunden, an einer geeigneten Stelle anzuhalten und Spanisch zu lernen. Ich entschied mich für den Vulkan Fuego als grobes Fahrtziel.

Mit kleinem Gepäck ging es los. Der Weg dorthin führte mich durch kleine Ortschaften. Die Straße war schon lange nicht mehr repariert worden, sie war voller Schlaglöcher und verlief teilweise steil den Berg hinauf. Den Helm hatte ich mir geschenkt; schließlich war schönes Wetter und ich wollte braun werden.

Die Landschaft um Antigua herum mit ihren vielen Vulkanen bietet jede Menge staubige Mopedpisten, die nur darauf warten, erkundet zu werden. An einer besonders schönen Stelle mit herrlichem Ausblick über das Tal und die dahinter liegenden Berge hielt ich an und genoss bei einer Zigarette den Moment.

Nachdem ich ein paar Fotos gemacht hatte, entschloss ich mich, länger zu bleiben, und begann damit, Spanischvokabeln zu pauken. Alle Vokabeln und Verbformen hatte ich mir auf Karteikarten notiert. Ich kam zwar einigermaßen voran, doch irgendwie gibt es in Guatemala schönere Dinge zu tun als Vokabeln lernen. Zum Beispiel Motorrad fahren und dabei einfach abschalten!

Als ich am Abend in Antigua einlief, begegnete ich lauter Motorradfahrern aus Guatemala City. So viele Biker auf einmal hatte ich auf der gesamten Strecke in Zentralamerika nicht getroffen. Wie sich herausstellte, trafen sich die Jungs jeden Sonntag in Antigua. Ich plauderte eine Weile belangloses Zeugs mit den Chicos und machte mich dann auf den Heimweg. Natürlich nicht ohne den mittlerweile obligatorischen Einkehrschwung in Ricky's Bar.

Montag war dann wieder Spanischunterricht. Eigentlich hatte ich mir vorgenommen, über das Wochenende mehr zu lernen, aber daraus war nichts geworden. Trotzdem konnte ich mich gut aus der Affäre ziehen, hatte ich den Eindruck.

Wie die Zeit vergeht!

Mit einem Blick auf den Kalender stellte ich fest, dass schon wieder ein neuer Monat angefangen hatte – Dezember! Die Zeit rannte mir einfach davon. Wenn ich tatsächlich im März wieder in Deutschland sein will, bleiben mir keine vier Monate mehr Zeit.

Wieder hatte mir die Teilnahme am Unterricht schwer zu schaffen gemacht. Ich sollte einfach mehr büffeln, nahm ich mir vor, aber das war leichter gesagt als getan. Denn am Nachmittag traf ich mich regelmäßig mit Frank, den ich in der Spanischschule kennen gelernt hatte. Frank war Mitte dreißig, kam aus Deutschland und hatte nur den Flug nach Guatemala City gebucht, das war alles. Sein Ziel war es, hier Spanisch zu lernen – Antigua ist bekannt für seine vielen Sprachschulen – und anschließend mit dem Rucksack durchs Land zu reisen.

Ich selbst hatte inzwischen die Erfahrung gemacht, dass durch die große internationale Travellerszene, die sich in Antigua einfindet, eher mein Englisch auf Vordermann gebracht wurde – und meine Vorsätze, Spanisch zu lernen, ins Hintertreffen gerieten. An jeder Ecke hatte man Gelegenheit, Englisch zu sprechen, und wer weicht nicht liebend gern auf die Sprache aus, die er am ehesten beherrscht?

Wie sich später auch auf der Weiterfahrt nach Süden herausstellen sollte, ist das Reisen mit dem Motorrad auch nicht gerade förderlich, um eine fremde Sprache zu lernen. Kontakte zu Einheimischen wie zum Beispiel in einem öffentlichen Bus oder auf dem Bahnhof kommen so gut wie überhaupt nicht vor, und die Vokabeln, die man braucht, um Probleme am Motorrad zu schildern, werden einem nicht in einer Schule beigebracht.

Abends steuert man eine günstige Unterkunft an, deren Adresse man im Mexico & Central American Handbook findet, und schon ist man wieder unter Gleichgesinnten und die Amtssprache ist Englisch. Im weiteren Verlauf der Tour resignierte ich einfach und gab den Versuch, Spanisch zu lernen, auf – sehr zu meinem Bedauern.

Doch zurück zu meiner Lernzeit in Antigua. Frank und ich saßen also nachmittags gewöhnlich auf einer Bank im Parque Central und genossen das schöne Wetter und das Leben. Wir rauchten Zigaretten, beobachteten das Leben auf der Straße und philosophierten über Gott und die Welt. Einfach wunderbar!

Déjà-vu in Monterrico

Dann war endlich wieder Wochenende! Nach einer kompletten Woche Spanisch-Intensivunterricht im kleinen Antigua war ich froh, den Ort wenigstens für zwei Tage verlassen zu können. Gemeinsam mit Frank hatte ich entschieden, übers Wochenende nach Monterrico zu fahren. Dort war ich zwar schon mit Eva und Heribert gewesen, aber mir hatte es sehr gut gefallen – bis auf die heftigen Erkältungssymptome, die mich schwer gebeutelt hatten. Also dachte ich mir, es könnte nicht schaden, erneut dort aufzukreuzen.

Gleich nach der Schule machten wir uns daran, unsere Sachen zu packen. Wir hätten viel schneller losfahren können, wären da nicht noch zwei Anrufe aus Deutschland gewesen – einer von Mina und der andere von meiner Mutter. Das war eher nervig als informativ, denn viel Neues gab es nicht in Alemania und ich wollte schließlich weg.

Gegen vier Uhr konnten wir endlich losfahren. Für die Strecke brauchte man gut zweieinhalb Stunden, also mussten wir uns beeilen, wenn wir nicht allzu lange in die Dunkelheit hineinfahren wollten. Die ersten fünfzig Kilometer bis nach Esquintla bestanden aus einer sehr schlechten Schotterstraße. Für Frank als Sozius war das alles andere als lustig, weil er lediglich mit einem Kissen unter dem Hintern auf der Gepäckhalterung saß. Ab Escuintla war die Straße gottseidank geteert.

Zwischendurch sah es stark nach Regen aus und außerdem wusste ich nicht genau, bis wann die Fähre abends nach Monterrico übersetzte. Das alles machte uns ein bisschen nervös.

Als wir endlich an der Anlegestelle ankamen, war es schon dunkel. Zu unserer Erleichterung war die Fähre aber noch in Betrieb. Frank war überrascht von der Gegend; ihm gefiel sie sehr gut. Im Dunkeln auf einer wackeligen Fähre unterwegs nach Monterrico – das hatte was!

Ich wollte wieder in das Hotel direkt am Strand, in dem ich auch das letzte Mal abgestiegen war. Das Glück war uns hold und wir bekamen tatsächlich ein Zimmer. Wir räumten kurz unsere Sachen ein und machten uns gleich auf an die Hotelbar.

Am nächsten Morgen hatte ich gleich das Bedürfnis, ins Meer zu springen. Diese hohen Wellen machten einfach riesig Spaß! Und das Wetter zeigte sich von seiner besten Seite! Damit stand für uns fest: Das wird ein Strandtag. Abwechselnd – einer musste schließlich auf unsere Sachen aufpassen – gingen wir immer wieder mal ins Wasser, lagen in der Sonne und lernten zwischendurch Spanisch.

Für den Nachmittag lieh sich Frank ein Pferd aus, um ein wenig in der Gegend herumzureiten, während ich bei einem Schildkrötenrennen zusah. Ein Schildkrötenrennen ist so, wie es klingt – ziemlich langweilig. Man markiert auf dem Strand eine Fläche – den Turf sozusagen – und am einen Ende werden die Tiere abgesetzt. Die Schildkröte, die als Erstes die Ziellinie überschritten hat, ist Sieger. Natürlich können Wetten platziert werden. Deshalb zieht so ein Rennen in einer Gegend wie Monterrico zahlreiche Schaulustige an und für die Gäste im Hotel ist es eine willkommene Abwechslung.

Oh, what a night ...

Den Abend nahmen Frank und ich wieder gemeinsam in Angriff. Und was für ein Abend es wurde! Ich hatte bestimmt fünf Tage mit den Nachwirkungen zu kämpfen. Wir starteten in der »Stadt« in einem Fischlokal, das uns die Señora aus dem Hotel empfohlen hatte. Damit der Fisch schwimmen konnte, spülten wir ihn mit viel Bier hinunter. Trotzdem kostete das Ganze umgerechnet nur knapp fünfzehn Euro; da konnte man sich nicht beschweren, fand ich.

Weiter ging es in die Kneipe des Kanadiers. Hier kam es zwangsläufig zum Absturz. Wir hatten an der Theke ein paar Mädels angesprochen, und schon nach kurzer Zeit wurde ein Tequila nach dem anderem bestellt – und mit Bier nachgelöscht. Irgendwann verließen wir mit den Mädels das Lokal. Nachdem wir eine Weile am Strand herumgestanden hatten – es war so um zwei Uhr morgens – gingen wir kurz entschlossen schwimmen.

Wir hatten jede Menge Spaß, doch irgendwann tauchte ein Typ mit einer Taschenlampe auf und signalisierte uns, dass wir das Wasser verlassen sollten. Uns erschien das total unverständlich, dennoch gaben wir nach. Und das war wohl gut so. Zwar kannte ich die Hammerwellen von Monterrico, doch nur bei Tag. Und dass wir uns nun alle im alkoholisierten Zustand befanden, erhöhte nicht gerade unsere Sicherheit. Ganz gleich, ob der Mann Polizist oder Gärtner der Hotelanlage war, er hatte Recht.

Nun, so hatten wir also Zeit weiter zu trinken – Tequila und Bier! Eine Weile ging es uns allen noch recht gut, doch dann war mit den Mädchen schlagartig nichts mehr anzufangen. Sie fühlten sich müde und wollten nach Hause. Vielleicht waren sie auch einfach nur betrunken. Über den Verlust unserer weiblichen Begleiterinnen trösteten wir uns mit noch mehr Alkohol hinweg. Als wir zahlen mussten, weil die Kneipe endgültig zumachte, war ich knapp davor, alles wieder von mir zu geben.

Aber dann überfiel uns beide mächtiger Kohldampf. Also gingen wir zurück in die Stadt und fanden tatsächlich einen Schuppen, wo man uns noch etwas zu essen machte. Als Frank schließlich nicht mehr so recht wollte, fiel seine Portion ebenfalls meinem erneut erwachten Appetit zum Opfer, und danach ging es mir richtig schlecht. Frank verhandelte derweil mit Einheimischen über den Preis irgendwelcher Drogen. Ich hing völlig betrunken in einer Ecke, bis Frank mich aufsammelte und wir gemeinsam den Rückweg antraten. Irgendwie schafften wir es bis ins Hotel und schliefen erst einmal unseren Vollrausch aus.

Ausnüchtern am Strand

So gegen zwölf Uhr erlangte ich das Bewusstsein halbwegs wieder; Frank lag noch im Koma. War das eine Nacht gewesen! Ich flößte mir einen Kaffee ein, nahm eine Aspirin dazu und ging schnurstracks ins Wasser. Das war einigermaßen leichtsinnig, denn ich hatte bestimmt noch zwei Promille. Aber egal, so wurde ich wenigstens wieder etwas klarer im Hirn. Zurück im Hotel versuchte ich, Frank zu wecken; das war aber nicht so einfach.

Beide saßen wir schließlich am Frühstückstisch und es ging uns so richtig schlecht. Erst als wir später eine Portion Spaghetti verzehrt hatten, fühlten wir uns endlich ein bisschen besser.

Den Rest des Tages verbrachten wir damit, unter den Nachwirkungen der Nacht zu leiden. Schließlich war es Zeit aufzubrechen. Als wir endlich so weit waren und unsere Sachen gepackt hatten, war es schon wieder spät, und nach einer Fahrt im Dunkeln war mir überhaupt nicht. Also war Eile geboten.

Am Tor des Hotelhofs ramponierte ich mir meinen Helm, den ich am Koffer befestigt hatte und munter an der Mauer entlangkratzen ließ. Schöner Mist! Die Überfahrt mit dem Boot machte dann schon wieder Spaß, denn das Wetter spielte mit. Für den Rückweg entschieden wir uns, über Guatemala City zu fahren. Natürlich war das ein Umweg, aber nachts sind Schotterstraßen nicht einfach zu befahren. Mir war danach, mal wieder richtig zu heizen, und obwohl ich bestimmt noch Alkohol im Blut hatte, klappte alles gut. Den Bock so richtig ranzunehmen, das macht mir eben immer wieder Spaß!

Daheim in Antigua musste ich feststellen, dass ich meinen Zimmerschlüssel irgendwo in Monterrico verloren hatte. Super, Dan, ganz toll gemacht! Dann fiel mir ein, wo das passiert sein konnte – bei der nächtlichen Schwimmaktion. Was nun? Im Haus meiner Gastgeber gab es nur den einen Schlüssel für mein Zimmer. Ich erzählte Solia, der Dame des Hauses, die Geschichte, und sie nahm es mit Fassung auf. Für diese Nacht bekam ich ein anderes Zimmer direkt am Eingang. Señora Solia meinte, sie werde am Morgen einen Schlüsseldienst kommen lassen.

Frank und ich gingen noch ins Restaurant Doña Luisa, aber wir waren beide komplett fertig. Frank bekam kaum einen Bissen herunter. Auch mir war immer noch hundeelend. Nach einer kurzen Stippvisite im Internetcafé wollte ich nur noch schlafen.

Ich kam am nächsten Morgen zwar gut aus dem Bett, in der Schule jedoch ging es mir wieder sehr bescheiden. Konzentrieren war überhaupt nicht möglich. Außerdem hatte ich das Gefühl, dass ich mir die paar Brocken Spanisch, die ich gelernt hatte, wieder aus dem Gehirn gespült hatte. Der Tag war einfach eine Qual.

Nachmittags wurde ein neues Schloss in meine Zimmertür eingebaut, was mich umgerechnet fünfzehn Euro kostete. Immer noch viel günstiger als in Deutschland, tröstete ich mich. Am

Abend verabschiedete ich mich in Ricky´s Bar von Frank, dessen Abreise unmittelbar bevorstand. Er war an diesem Tag auf dem Pacaya gewesen, den ich schon mit Eva und Heribert bestiegen hatte. Im Gegensatz zu uns hatte Frank bestes Wetter. Dafür war auf der Hinfahrt das Auto stecken geblieben, sodass er weiter trampen musste, um zum Startpunkt der Aufstiegsroute zu gelangen. Irgendwie vermittelte mir seine Erzählung das Gefühl, dass es in diesem Land gerecht zugeht.

Täglich zähl ich meine Sorgen ...

Tags darauf war ich endlich wieder einigermaßen aufnahmefähig, sowohl morgens in der Schule als auch nachmittags, als ich im Park in der Sonne saß und büffelte. Danach im Café, wo ich mich weiter mit Vokabeln und Konjugationstabellen befassen wollte, ging dann allerdings nichts mehr. Ich spürte, dass ich die Lust am Spanisch lernen verloren hatte. Alles ging mir auf die Nerven; ich kam einfach nicht voran.

Außerdem machte ich mir ständig Gedanken um mein Moped. Der Motor hörte sich nicht gut an. Der linke Zylinder klapperte wieder, wenn ich untertourig fuhr. Was konnte das bloß sein? In Guate hatte ich doch erst eine Inspektion machen lassen. Ich dachte: Wenn mir jetzt wieder der Arm des Ventilkipphebels bricht wie damals in Alaska, dann gute Nacht! Und die Gepäckhalterung war auch nicht ganz auf der Höhe. Ein Bruch hätte gerade noch gefehlt. Ja, mit dem eigenen Motorrad unterwegs zu sein, ist eine ganz besondere Angelegenheit!

Und schließlich mein Laptop: Seit Mexiko hatte ich über ihn keinen Zugang mehr ins Internet. Mein Provider CompuServe meldete permanent: Falsches Kennwort! Das war insofern misslich, als ich gerne meine Mails auf dem Laptop vorbereitete und dann bei der nächsten Einwählgelegenheit einfach ins Web jagte. Auch die Hotmail-Adresse, die ich alternativ in Internetcafés verwendete, funktionierte nicht mehr. Lediglich über Rocketmail hatte ich noch Kontakt.

Zu allem Übel arbeitete die Laptop-Hardware immer schlechter; die Tasten funktionierten nicht mehr richtig. Das war auch einer der Gründe, warum ich nicht mehr regelmäßig an meinem Tagebuch schrieb.

Und dann beklagte sich Mina ständig und machte mir immer

dieselben Vorwürfe. Meine Einstellung war allerdings sonnenklar: Ich kann und werde die Tour nicht abbrechen. Was verlangte diese Frau von mir? Falls sie deswegen Schluss machen wollte, mir war das mittlerweile egal.

Schulausflug statt Abschlusstest

Mein letzter Schultag – wie sich das anhört, dachte ich. Ich hatte das Gefühl, überhaupt kein Spanisch sprechen zu können. Das letzte Wochenende hatte es in sich gehabt und dabei mussten Frank und ich eine Menge graue Zellen vernichtet haben. Ich entschied mich, am letzten Tag mit meiner Lehrerin Joana einen Klassenausflug in ein Nachbardorf zu machen, weil man dort angeblich gut Handarbeiten und Kunsthandwerk aus Guatemala einkaufen konnte.

Mit meinem Motorrad fuhren wir die zehn Kilometer nach Ciudad Vieja, das am Fuße des Vulkans El Agua liegt. Früher war Ciudad Vieja die Hauptstadt von Guatemala gewesen, bis nach ein paar Tagen Starkregen ein riesiger Erdrutsch den Berg hinunterkam und die Stadt unter sich begrub.

Die Fahrt dorthin hatte mir und ich glaube auch Joana richtig Spaß gemacht. Bei herrlichem Wetter mit dem Moped über eine staubige Piste zu düsen und dabei vom Panorama der Vulkanberge umgeben zu sein, das ist einfach ein herrliches Gefühl!

Abschied von Antigua

Der Abreisetag fing gleich bescheiden an. Ich ging hinunter, um zu frühstücken, und dort informierte mich Solia, die Dame des Hauses, dass es heute kein Frühstück mehr gäbe. Wieso das denn, fragte ich mich. Immerhin hatte ich ja auch für die letzte Nacht bezahlt. Na gut, da war offensichtlich nichts zu machen. Ich musste sowieso mein Moped bei der Spanischschule abholen und da konnte ich auf dem Weg etwas essen.

Gesagt, getan. Ich machte einen Zwischenstopp im Internetcafé und bestellte übers Web Blumen für Mina zu Weihnachten, warf meine Post ein und rief meine Mutter an. Auch diese Dame ging mir in letzter Zeit zunehmend auf die Nerven. Ich konnte es einfach nicht haben, dass sie mich unter Druck setzten wollte, indem sie mir mitteilte, ich müsse Anfang April wieder im Betrieb sein. Die Tour ist zu Ende, wenn ich wieder da bin – Ende der Durchsage!

Als ich endlich auf den Starter drückte, zeigte die Uhr schon wieder zwölf. Egal, mein Ziel hieß El Salvador und der Weg dorthin führte über Escuintla. Diese Straße fuhr ich bereits zum dritten Mal; dementsprechend konnte ich den Bock springen lassen. Ich gönnte mir nur eine kleine Pause und war deshalb schon bald an der Grenze.

Mich überraschte der große Andrang, der hier herrschte. An die tausend Menschen waren um die guatemaltekische Grenzstation versammelt: Reisende, Geldwechsler, Beamte, Kinder und alle möglichen Händler, die mir etwas andrehen wollten. So kam es, dass ich hier meinen bislang längsten Grenzaufenthalt absolvierte.

Ganz nebenbei stellte ich beim Warten fest, dass man bei meiner Einreise von Belize nach Guatemala vergessen hatte, mir einen Einreisestempel in den Pass zu drücken. Nur das Moped war eingetragen worden. Das kann ja heiter werden, dachte ich. Aber ich war ja in Mittelamerika; da ist so etwas grundsätzlich kein Problem. Der Stempel wurde einfach nachgetragen und ich konnte sogar ohne etwas zu bezahlen die Grenzstation von El Salvador ansteuern.

Dort erwartete mich ein riesengroßes Chaos, was die Grenzformalitäten anbelangt. Ständig musste ich von einem Raum in den nächsten gehen, hier bezahlen, dort eine Kopie vorlegen, und es dauerte lange, bis ich endlich jemanden gefunden hatte, der all das für mich organisieren konnte. Aber auch das war irgendwann geschafft. Mit meiner Zeit wurde es allerdings wie befürchtet knapp.

Für die Weiterfahrt war mir die Strecke in Richtung La Libertad empfohlen worden. Sie führt am Meer entlang und ich möchte behaupten, dass die Westküste der Vereinigten Staaten einige Probleme hat, mit dem mitzuhalten, was hier an optischen Eindrücken geboten wird. Leider konnte ich keine Fotos machen; dafür war es schon zu dunkel.

In La Libertad, meinem Etappenziel für diesen Tag, nahm ich mir eine Unterkunft in der Nähe des Strandes. Ein einfacher Laden, wie sich herausstellte. Die Zimmer waren rund um einen freien Platz angeordnet, der die Möglichkeit bot, ein Feuer anzuzünden und Essen zuzubereiten. Mit ein paar Surf-Freaks, die ich gerade beim Einchecken kennen gelernt hatte, aß ich zu Abend. Sie hatten

Tunfisch mit Reis und Gemüse in der Pfanne auf dem Grill zubereitet. Da lasse ich mich doch gerne einladen, dachte ich und gönnte mir eine gute Portion.

Erinnerungen an meinen Vater

Dann kam der zwölfte Dezember. Auf den Tag genau vor vier Jahren war mein Vater bei einem Autounfall ums Leben gekommen. Verständlich, dass ich an diesem Datum viel an ihn denken musste. Mein Vater hatte in meinem bisherigen Leben eine ganz besondere Rolle gespielt. Zwischen uns hatte weniger ein Vater-Sohn-Verhältnis als vielmehr eine freundschaftliche Beziehung bestanden. Er war derjenige, der mich an viele meiner Hobbys herangeführt hat, die mir auch heute noch jede Menge Spaß machen.

So habe ich es ihm zu verdanken, dass ich es im Judo bis zum ersten Dan (Meistergrad) und damit schwarzen Gürtel gebracht habe. Mein Vater war Judo-Trainer und hatte mich schon als kleinen Jungen auf Wettkämpfe mitgenommen und so mein Interesse an dieser Sportart geweckt. Seine Leidenschaft für Judo führte ihn auch mit meiner Mutter zusammen, und dieser Sport war es, der mir zu meinem Vornamen verholfen hatte.

Außerdem brachte mein Vater mir schon früh das Mopedfahren bei. Er zeigte mir, dass er großes Vertrauen in mich hatte und ließ mich auch allein mit seinem Motorrad fahren. Das führte so weit, dass ich als Sechzehnjähriger schon Hunderte Kilometer mit dem Bike zurückgelegt hatte, ohne dass mein Vater dabei war. Und ich durfte schon früh auf dem Gelände des nahe gelegenen Motocross-Clubs fahren, wo ich lernte, wie man eine Maschine im Gelände handhabt.

All das hat mir viel gegeben, mich weitergebracht und war mir auch auf dieser Tour von großem Nutzen – Selbstbewusstsein und Selbstvertrauen, Mut zum Risiko, Motorradbeherrschung und technische Kenntnisse hatte ich schon mehr als einmal gut gebrauchen können. In Gedanken war ich also an diesem Tag mit meinem Vater unterwegs.

Ich begann den Tag mit einer kleinen Rundfahrt durch die Stadt. Hier sah es anders aus als in Guatemala und vor allem in Mexiko, denn beide Länder haben ihre Infrastruktur schon seit längerem auf den Tourismus ausgerichtet. In El Salvador ist das anders.

Kulturell gibt es hier zwar weniger zu bestaunen, doch das Land und die Städte sind noch sehr schön.

Mit Baywatch wär das nicht passiert

Mein nächstes Ziel hieß Playa Costa del Sol. Dieser Ort war mir von den Surf-Freaks aus La Libertad empfohlen worden. Mit Recht, wie ich feststellte, als ich am Strand ankam: Lang und breit war er, mit ganz feinem Sand und ohne Hotelpaläste. Hier und da ein paar Bambushütten, das war alles – wie man sich einen Traumstrand vorstellt!

Ursprünglich wollte ich noch am selben Tag weiter Richtung Honduras fahren, aber die Stelle war wirklich schön, zu schön, um sofort wieder die Biege zu machen. Eine Bleibe für mich und mein Moped gleich am Strand war schnell gefunden, sodass mir noch jede Menge Zeit blieb, die Sonne und das Meer zu genießen.

Gleich bei meinem ersten Ausflug ins Wasser erlebte ich eine unangenehme Überraschung: Ich war etwas weit hinausgeschwommen und bekam auf dem Rückweg ernsthaft Probleme, wieder zurück an Land zu kommen, denn die Strömung zog mich beharrlich aufs offene Meer. Dank meiner guten Kondition schaffte ich es schließlich doch.

Den Spätnachmittag verbrachte ich völlig entspannt in einer Hängematte vor einer Strandkneipe. Fürs Abendessen hatte ich mir schon vorsorglich einen ansehnlichen Fisch ausgesucht, den man mir später frisch vom Grill servierte. Es hatte den Anschein, als würde hier alles auf dem Feuer gebraten oder gekocht. Mir war das recht, denn so schmeckte es nur noch besser.

Als die Sonne untergegangen war, waren auf einmal alle Leute verschwunden. Tagsüber hatte es am Strand nur so von Menschen gewimmelt, doch als es dunkel wurde, war niemand mehr zu sehen. Irgendwie komisch! Als ich zurück zum »Hotel« kam, schwante mir, woran das lag. Das Hotel – genau genommen war es eine Bambushütte – war vorsorglich von allen Seiten verrammelt worden. Man hatte einen Zaun vor den Zugang geschoben und alles Verfügbare davor gestellt. Außerdem liefen bestimmt zehn Hunde umher und im Vorraum saß ein »Pistolero«. Einfach unglaublich! Jetzt wurde mir klar, warum ich der Einzige im Hotel war. Nicht schlecht, dachte ich, als ich auf mein Zimmer ging, spannende Atmosphäre im Preis inbegriffen! Dennoch schlief ich gut. Zwischendurch weckte mich zwar ab und an Hundegebell, aber sonst war alles in Ordnung.

Bei Sonnenaufgang kam wieder Leben in die Bude und es gab Frühstück. Die Leute kehrten zurück, als wäre nichts gewesen. Auch ich war guter Dinge und unternehmungslustig. So entschloss ich mich, eine Bootsfahrt zur vorgelagerten Insel zu machen. Dort sollte eine ganz besondere Palme zu bewundern sein. Und so war es auch: Da stand eine Palme, deren Stamm sich weiter oben dreiteilte. Angeblich war das einmalig auf der Welt. Forscher und andere wichtige Leute hätten das Phänomen schon untersucht und bestaunt, sagte mir der Bootsführer.

Grenzwertige Erfahrungen an den Grenzen

Perfekter Strand gut und schön, aber die Straße nach Honduras rief. An der Grenze rissen sich diverse Muchachos darum, mir bei den Grenzformalitäten zu helfen. Einer der Jungs setzte sich sogar auf einen meiner Alu-Koffer, um schnell mit bis zur Grenzstation zu kommen. Zum Glück überlebte der Koffer dieses Experiment.

Beim Zoll wurde ich richtig zur Kasse gebeten: 78 US-Dollar kostete mich der Spaß, und das nur für die Formalitäten. Immerhin bekam ich eine Quittung über den Betrag. Weiß der Himmel, wer die ausgestellt hatte und was darauf stand.

Die Grenzaktion hatte ganz schön Nerven gekostet, und ich war froh, als ich weiter konnte. Für die Nacht wollte ich eigentlich vor El Espino auf der honduranischen Seite Halt machen. Doch auf dem Weg dorthin war eine Brücke weggeschwemmt worden, sodass ich gezwungenermaßen in Choluteca mein Lager aufschlug. Schon während der Fahrt dorthin hatte ich eine Menge Verwüstung sehen können; hier musste »Mitch the Bitch« ziemlich gewütet haben.

Als ich abends in meinem Tagebuch las, fiel mir auf, dass mein Schreibstil ganz allmählich den Bach hinuntergegangen war. Der Grund war natürlich zum einen meine mittlerweile fünfmonatige Abwesenheit aus Deutschland, zum anderen aber auch mein Laptop, der sich entschlossen hatte, nicht mehr vernünftig zu arbeiten: Zum Beispiel machten die Tasten »D«, »S« und »Enter«, was sie wollten, und das hemmte ganz erheblich den Schreibfluss.

Von Choluteca in Honduras hatte ich Nicaragua angepeilt. Der Grenzübertritt war wieder alles andere als ein Osterspaziergang.

Weniger wegen der vielen Formulare, vielmehr war es diesmal das Geldwechseln. Dummerweise hatte ich mich vorher nicht genau informiert, wie der Dollar zur lokalen Währung stand. Als ich die Wechsler an der Grenze fragte, bekam ich logischerweise immer die gleiche Antwort. Natürlich hielten alle zusammen und betrogen alle Ahnungslosen nach Strich und Faden. Jedenfalls stellte sich später heraus, dass ich zu einem sehr ungünstigen Kurs getauscht hatte. Shit happens! Ich gab einem Kerl meine Papiere und als dann alles erledigt war, konnte ich bezahlen und weiterziehen. Ich war einfach nur froh, die Grenze passiert zu haben und auf meinem Weg wieder ein Stück vorangekommen zu sein.

Kurz vor der Hauptstadt Managua hatte sich die Straßensituation trotz der Hurrikanschäden, die unübersehbar waren, deutlich verbessert. In Managua musste ich feststellen, dass es in der Hauptstadt von Nicaragua kein einziges Straßenschild gibt. Ich heuerte einen Taxifahrer an, der mich zu meinem Hotel führte. Ein nettes kleines Hotel, sehr zentral gelegen, das ich mir aus dem Mexico & Central American Handbook herausgesucht hatte. Die Gegend um das Hotel sah allerdings übel aus. Trotzdem ließ ich es mir am Abend nicht nehmen, noch ein wenig spazieren zu fahren.

Internet auf dem Rummelplatz

Bei einem Jahrmarkt mit Buden und Verkaufsständen, der recht einladend anmutete, beschloss ich, den Abend zu verbringen. Als ich durch die Standreihen schlenderte, fand ich zu meiner Überraschung einen Internet-Stand. Und die Krönung: Hier konnte man kostenlos online gehen. Unvorstellbar, an einer Kirmesbude! Mitarbeiter von der hiesigen Universität führten vor, wie das Internet funktioniert, und das war die Attraktion schlechthin! Ich nutzte gleich die Gelegenheit zur Bearbeitung der wichtigsten Mails. Anschließend drehte ich noch ein paar Runden durch die Stadt.

An diesem Abend wechselte ich übrigens gezwungenermaßen zu den traditionellen Methoden des Tagebuchschreibens zurück: Mein Laptop schien vorerst den Geist aufgegeben zu haben. Also per Hand auf Papier, wie du es gelernt hast, Dan! Außerdem beschloss ich, noch eine weitere Nacht in Nicaragua zu verbringen. Online gehen und mich um die Reparatur des Laptops zu kümmern, das waren jetzt meine dringlichsten Aufgaben. Wenn ich ehrlich war, musste ich zugeben, dass das gute Stück während der Reise einiges hatte ertragen müssen. Vielleicht gab es in Costa Rica oder Panama einen Händler, der mir die Kiste wieder auf Vordermann bringen konnte. Mal sehen – vamos a ver, wie der Mittelamerikaner sagt!

Noch in derselben Nacht sollte ein Konzert zugunsten von Hurrikan-Geschädigten stattfinden – sicher nicht das Schlechteste, um den Abend zu verbringen. Da ich aber erst noch mal auf den Markt ging, um etwas zu essen, verlor ich den Überblick über die Zeit und fand letztlich den Austragungsort des Konzerts erst, nachdem schon alles vorbei war.

Ich blieb noch einen Tag in Managua, unter anderem, um am nächsten Tag mit einem Einheimischen, den ich einfach so an einer Ampel kennen gelernt hatte, eine Jeep-Tour auf den Vulkan Santiago zu unternehmen. Doch wie so oft um diese Jahreszeit herrschte am Kraterrand schlechte Sicht, sodass uns nichts weiter blieb, als die Aktion unter »V« wie »vergeblich« abzuhaken.

Mein nächstes Ziel hieß Granada. Die Stadt ist von der Hauptstadt Managua nicht weit entfernt und daher völlig stressfrei zu erreichen.

In Granada sah es für mich endlich wieder wie in einer richtigen Stadt aus. Überaus malerisch am Ufer eines Sees gelegen, ist der Ort ein echtes Fotomotiv. Und als Unterkunft fand ich ein Hotel, wo ich mein Moped – ebenfalls sehr malerisch – mitten im Zimmer parken konnte.

Am nächsten Morgen war mir zunächst nicht ganz klar, was ich mit dem Tag anfangen wollte. Es gab zwei Möglichkeiten: entweder weiter Richtung Süden oder noch einen Tag in Granada verbringen und einen Tagesausflug zu dem Örtchen Masaya unternehmen. Ich entschied mich für die zweite Option.

Die Strecke nach Masaya war ziemlich kurz, aber dafür umso schöner. In Masaya sollte es gute indianische Handarbeit zu kaufen geben. Also suchte ich dort nach einem Markt. Ohne Erfolg! Alles, was ich fand, war eine niedergebrannte Stelle. Wie sich nach einigem Herumfragen herausstellte, war das der Markt, den ich suchte; er war am Tag zuvor in Flammen aufgegangen. Na super! Weil es nichts weiter zu tun gab, schoss ich ein paar Bilder vom Lago Masaya und machte mich dann auf den Rückweg.

Wiedersehen mit Freddy

In Granada erlebe ich eine Riesen-Überraschung, als ich das Internet-Café aufsuchte. Plötzlich tippte mich jemand von der Seite an: Es war Freddy aus der Schweiz, mit dem ich unter anderem meinen Geburtstag in Anchorage gefeiert hatte. Einfach unglaublich! Wir freuten uns riesig, einander zu sehen und verabredeten uns für den Abend.

Da gab es natürlich eine Menge zu erzählen. Zum Beispiel war Freddy nicht mehr mit dem Motorrad unterwegs. Er und sein Kumpel Oli hatten in Los Angeles ihre Böcke verscherbelt. Oli war schon zurück in der Schweiz und arbeitete wieder. Freddy hatte offensichtlich noch viel Zeit und meinte, er wollte zwischendurch auch mal versuchen, hier zu arbeiten.

Solche Erlebnisse führen immer dazu, dass ich beginne, über meine eigene Situation nachzudenken. So war es auch an diesem Abend. Ich war also in Nicaragua, und es war ein tolles Gefühl, es überhaupt so weit geschafft zu haben. Dinge, die ich mir am Anfang nie hätte vorstellen können, waren mittlerweile wahr geworden – positive wie negative. Über eines war ich mir jedenfalls im Klaren: Wenn die BMW nicht völlig den Geist aufgab oder ich schwer krank werden sollte, würde ich die Tour zu Ende bringen.

Natürlich war meine Situation manchmal alles andere als einfach. Ich war alleine unterwegs und sprach kaum Spanisch. Aber bis zu diesem Zeitpunkt war ich noch in keine gefährliche, zumindest keine wirklich gefährliche Situation geraten. Und zum Glück war mir auch noch nichts gestohlen worden. Ich konnte nur hoffen, dass es weiter so gut lief. Worauf ich wirklich gespannt war, das war der Transfer von Panama nach Kolumbien und anschließend auf Kolumbien selbst. In den deutschen Nachrichten kommt das Land alles andere als gut weg, und ich hatte schon viele schlimme Sachen gehört, aber auch viel Schönes. Ich freute mich darauf, mir endlich selbst ein Bild machen zu können.

Nur die Zeit wurde langsam immer knapper. Immer wieder musste ich mir eingestehen, dass ich zu viel Zeit im Norden verbracht hatte. Und Ende März wollte ich wieder zurück in Deutschland sein; schon Anfang April sollte ich wieder in der Firma arbeiten. Darauf hatte ich überhaupt keine Lust! Ich wusste nicht, worauf ich mich auch freuen sollte, und verspürte keinerlei Bedürfnis zurückzukehren.

Die ganze Situation zu Hause war eh ein ständiges Ärgernis für mich. Die Tatsache, dass mein Vater nicht mehr lebte, traf mich in mehrerer Hinsicht hart. Von den beiden Frauen daheim – meiner Mutter und meiner Schwester – fühlte ich mich überhaupt nicht verstanden. Mein Vater war mir da viel näher gewesen. Auch mit Mina würde es auf Dauer nicht gut gehen, wenn ich weiter in meiner bescheidenen Hütte wohnen bliebe. Mina lebte in einer schönen, eleganten Wohnung und würde es nicht einsehen, am Wochenende zu mir in meine Behausung zu kommen. Trotzdem – oder gerade jetzt, nach all meinen Erfahrungen der letzten Wochen und Monate – konnte und wollte ich nicht einsehen, warum ich in überflüssigem Luxus leben sollte. Als Traveller wird man genügsam, und das ist gut so. Mina war ohnehin ein Kapitel für sich.

Schon am nächsten Morgen verabschiedete sich Freddy wieder; er wollte weiter. Ich habe noch heute E-Mail-Kontakt mit ihm. Daher weiß ich, dass er damals eine Weile durch Zentralamerika tingelte und dann wieder zurück in die Staaten ging, wo er sich eine Zeit sein Geld als Reiseführer verdiente, ähnlich wie Petra in Guatemala.

Die »reiche Küste« ruft

Ich machte mich auf den Weg nach Costa Rica. Für mich sah es an der Grenze sehr ruhig aus. Vielleicht war aber auch nur meine Erfahrung der Grund, dass ich die Lage so beurteilte. Auf der Seite von Costa Rica hatte sich eine schätzungsweise zweihundert Meter lange Menschenschlange gebildet. Auch ich müsse mich da anstellen, hieß es.

Ich kam mit ein paar Holländern ins Gespräch, die mit dem Auto unterwegs waren, und die gaben mir den Tipp, jemanden zu bezahlen und alles würde viel schneller gehen. Den Trick kannte ich natürlich schon, doch hier ging dadurch alles noch geregelter vonstatten. Diesmal brauchte ich mich um wirklich nichts zu kümmern. Alles erledigte der Muchacho für mich, den ich flugs angeheuert hatte. Ich konnte sogar zwischenzeitlich einen Hamburger essen und Kaffee trinken, während der Junge für mich arbeitete. Das Motorrad hatte ich derweil draußen vor dem großen Fenster des Restaurants geparkt, unmittelbar unter meinen wachsamen Augen. Meine Erfahrung von allen anderen Grenzübergängen war, dass hier die Sicherheit des Mopeds nicht immer gewährleistet war. Hinzu kam, dass eine Maschine in der Größe, wie ich eine hatte, in Zentralamerika eine Seltenheit ist. Und so standen immer eine Menge Schaulustiger um das »Monster« herum.

Als ich endlich von der Grenze wegkam, war es schon ziemlich spät. Mir war klar, dass ich es nicht mehr in die Berge oder gar bis ans Meer schaffen würde. In Liberia, einem Ort nur achtzig Kilometer hinter der Grenze, suchte ich mir ein Hotel. Danach war Einkaufen angesagt; unter anderem fehlte mir Rasierzeug. Das brachte mich auf die Idee, mir eine Bartfrisur zuzulegen. Ich ging zu einem Barbier, der mir eine markante Rasur verpasste. Damit wirkte ich zwar viel älter, doch nach einer Weile gefiel mir, was ich im Spiegel sah. Mal sehen, überlegte ich, vielleicht lasse ich mir dauerhaft einen Bart stehen.

Was ich über Costa Rica gehört und gelesen hatte, fand ich durchweg bestätigt: »Die Schweiz Zentralamerikas«, so wird das Land genannt. Gleich hinter der Grenze waren richtig viele Berge zu sehen und alles leuchtete in sattem Grün. Das bedeutete natürlich auch viel Regen, wie ich unmittelbar darauf zu spüren bekam!

Den Beweis für die allenthalben gepriesene Gastfreundschaft der Costa-Ricaner bekam ich gleich am Abend in Liberia. Ich war wie so oft auf der Suche nach einem Internet-Zugang und fragte mich durch. Ein Mann, dem ich gerade erst begegnet war, lud mich einfach ein, seinen privaten Internet-Anschluss bei ihm zu Hause zu nutzen. Von ihm bekam ich auch viele Hintergrund-Infos über das Land. Er erzählte, Costa Rica hätte vor einigen Jahren das Militär abgeschafft. Allein die Polizei sei heute für Recht und Ordnung zuständig – äußerst ungewöhnlich für ein mittelamerikanisches Land. Das Geld, das man mit dieser Maßnahme spare, werde für Ausbildung, Schulen, Universitäten, Krankenhäuser und andere soziale Einrichtungen verwendet. Die Folge: Alle Kinder gingen zur Schule und die Krankenhäuser seien für alle ohne Extrakosten zugänglich. Und überall im Land gäbe es Telefon. Der Mann meinte, er sage das eigentlich nicht gerne, aber die Costa-Ricaner seien anders als die übrigen Menschen in Zentralamerika. Innere Unruhen gäbe es in seinem Land zum Beispiel überhaupt nicht. Kann gut sein, dass er Recht hat, dachte ich. Positive Erfahrungen mit dem Schulsystem des Landes hatte ich jedenfalls schon gemacht: So wie dieser Mann sprachen die meisten jungen Menschen Englisch.

Dschungeltour in luftiger Höhe

Ich hatte mir für meinen ersten Tag in Costa Rica vorgenommen, nach Monteverde zu fahren, einem Regenwaldgebiet und Naturreservat hoch oben in den Bergen. Hinauf führte eine vierzig Kilometer lange Schotterstraße. Wie bei einem Regenwald nicht anders zu erwarten, schüttete es permanent und ich benötigte zwei Stunden für die Strecke nach oben. Dort quartierte ich mich gleich in einem für Traveller-Verhältnisse sehr komfortablen Hotel ein. Ich war einfach nur froh, eine heiße Dusche nehmen zu können.

Danach holte ich an der Rezeption Informationen ein und begab mich sofort auf den »Sky Walk«, eine Hängebrückentour durch den Dschungel. Die Attraktion daran war, dass man den Regenwald nicht wie sonst vom Boden, sondern hautnah aus der Perspektive von Vögel und Affen erleben konnte.

Die Gegend war wirklich sehr schön. Wenn es nicht gerade regnete, lud selbst mich, den lauffaulen Biker, der Hochwald-Dschungel zum Wandern ein. Man muss kein Förster, Biologe oder Naturliebhaber sein, um an dieser besondern Form von Wald Gefallen zu finden. Für den nächsten Tag nahm ich mir vor, eine Tour per Pferd zu unternehmen.

Am Montag wollte ich dann endgültig zu der Gruppe von deutschen Motorradfahrern stoßen, die ich schon in Antigua kennen gelernt hatte. Wir waren seither per Internet verstärkt in Kontakt und so verblieben, dass ich nach Abschluss meiner Exkursionen mit Heribert und Eva allmählich die Gruppe einholen sollte, um an einem zu vereinbarenden Treffpunkt zu ihnen zu stoßen. Weihnachten und Silvester standen vor der Tür, und wir fanden, das war der richtige Zeitpunkt.

Ich stellte fest, dass ich in einer Phase war, wo mir das Leben richtig Spaß machte. Wenn es nach mir ginge, konnte ich noch die ganze Welt bereisen! Sicher würde mir bald das Geld ausgehen. Dann müsste ich halt zwischendurch arbeiten – wie Freddy, der Schweizer. Das wäre in der Tat nicht das Schlimmste.

Der verhinderte Cavallero von Monteverde

Als ich hochschreckte, hatte ich gut eine halbe Stunde verschlafen. Also war Beeilung angesagt: Das Pferd hatte ich für acht Uhr bestellt. Vorher musste ich unbedingt frühstücken und mit einem

Anruf von Mina war auch zu rechnen. Sie hatte mir am Tag zuvor per E-Mail die Kündigung geschickt – richtig, sie hatte schriftlich mit mir Schluss gemacht. Ich war mir noch nicht ganz sicher, wie ich das finden sollte.

Schon während des Frühstücks erfuhr ich, dass an diesem Tag aufgrund des vielen Regens und des tiefen Bodens die Pferde-Tour nicht stattfinden würde. Schade, aber daran war nichts zu ändern.

Dann kam wie erwartet Minas Telefonanruf – sehr, sehr unerfreulich! Ich wurde abgekanzelt dafür, dass ich mich nicht öfters meldete und nur ein – aus ihrer Sicht – langsames Tempo vorlegte. Aber vor dem neuen Hintergrund berührte mich das noch weniger als zuvor. Das hört sich zwar hart an, aber in diesem Moment – weit weg von zu Hause und völlig auf mich selbst gestellt – empfand ich tatsächlich so. Es war meine Tour und mein Leben.

Ich entschied mich, an einer Flusstour durch das Naturreservat Monteverde teilzunehmen. Ganze 8,50 US-Dollar kostete der »Spaß im Nebelwald«. Und der sah dann so aus: Durch dichtes Dschungelgewächs führte ein zirka vier Stunden langer Rundwanderweg, auf dem es immer wieder zu regnen anfing. Und was gab es zu beobachten? Zwei Affen konnte ich in den Baumwipfeln erspähen und ansonsten nur zwei oder drei Vögel. Einer davon war sehr bunt gefiedert und mit dem Fernglas gut zu erkennen. Eine ganz nette Tour, aber umwerfend war sie nicht.

Den restlichen Tag verbrachte ich damit, mit dem Moped durch die Gegend zu düsen. Das Wetter war besser geworden und gab mir Gelegenheit, ein paar Landschaftsaufnahmen zu machen. Ich nahm mir vor, am nächsten Tag bis zur Hauptstadt San José zu fahren; ein Reifenwechsel stand an und um den Laptop musste sich auch jemand kümmern. Danach wollte ich herausfinden, wo genau die Motorradtruppe aus Deutschland steckte. Von einer ihrer E-Mails wusste ich, dass sie vorhatten, die Weihnachtstage in Puerto Viejo am Karibischen Meer ganz in der Nähe der panamesischen Grenze zu verbringen.

In dieser Nacht schlief ich nicht besonders gut. Schon abends am Kamin des Hotels, als ich mit ein paar Gästen zusammenhockte, die hier ebenfalls auf Sightseeing-Tour waren, hatte ich mich merkwürdig gefühlt. Ich konnte kaum mehr Englisch sprechen, geschweige denn mich konzentrieren und den anderen zuhören.

Ich fühlte mich insgesamt ziemlich bescheiden – nicht so sehr körperlich als vielmehr im Kopf. Scheinbar machte mir das Thema Mina doch mehr zu schaffen, als ich gedacht hatte. Zunächst hatte ich das Gefühl gehabt, das Ganze würde mich nicht weiter belasten, doch dann war ich mir nicht mehr so sicher. Und dann die E-Mail von meiner Mutter: »Eine nette Geschichte zum Lesen« hatte sie mir geschickt. Doch das war nur ein Vorwand. In ihrem Begleitschreiben hatte sie vor allem eines deutlich gemacht – sie ging fest davon aus, dass ich im April wieder meine Arbeit aufnehmen würde.

Das würde ich am Telefon mit ihr klären müssen. Natürlich konnte sie mich im Geschäft gebrauchen, doch was die Dauer meiner Reise anging, so hatte ich schon bei Beginn klar und deutlich meine Vorstellungen zum Ausdruck gebracht. Wenn sie das Geschäft vergrößern wollte, war das eine schöne Sache, aber sie konnte nicht automatisch mit meiner Rückkehr im April rechnen, so lautete mein Standpunkt.

Reparatur statt Kultur-Tour

Am nächsten Morgen machte ich mich auf den Weg nach San José. Der führte zunächst zurück den steilen Berg hinunter, aber das ging schneller, als ich gedacht hatte. Die Straße war entgegen meinen Erwartungen trocken und ich konnte es einfach laufen lassen.

San José liegt recht hoch, etwa 1200 Meter über dem Meeresspiegel. Enge, gitterförmig angeordnete Straßen strukturieren die Stadt und es gibt jede Menge Verkehr und entsprechend viele Staus. Für eine Großstadt wirkte San José ziemlich gepflegt und die Leute – die Ticos, wie sie sich selbst nennen – sind überaus freundlich. Es gibt zahlreiche Museen und in das eine oder andere hätte ich ruhig gehen können. Doch wie das so ist mit mir, ich wollte mir keine Zeit dafür nehmen; ich wollte möglichst bald mit den anderen Motorradfahren zusammentreffen. Das lag wohl daran, dass ich keine Lust mehr auf Alleinsein hatte.

Kaum war ich in San José angekommen, wollte ich wieder alles gleichzeitig erledigen: Reifenwechsel, im Internet nach Andy schauen, Hotel suchen, Laptop reparieren lassen und was weiß ich alles. Völlig gestresst nahm ich als Erstes den Reifenwechsel in Angriff. Auch das war mal wieder eine typisch mittelamerikanische

Geschichte: Die Werkstatt schickte einen Burschen los, einen Reifen kaufen. Als er zurückkam, nahm er Reifen und Felge und verschwand wieder, denn aufgezogen wurde der Reifen ebenfalls woanders.

Nach langem Überlegen entschloss ich mich, auch den Vorderreifen tauschen zu lassen. Meine Entscheidung war sicher nicht verkehrt. Immerhin war schon ein großer Riss im Mantel und ein Platzer bei voller Fahrt ist eine heikle Sache.

In San José sollte es nicht leicht sein, ein Hotel mit Garage zu finden. Andy hatte mir deshalb die Adresse von einem Laden gemailt, wo man das Moped für die Nacht gleich um die Ecke in einer Wäscherei parken konnte. Und so war es dann auch. Das stelle man sich mal in Alemania vor!

Nach dem Einchecken ging ich gleich ins Internetcafé. Dort fand ich keine besonderen Nachrichten vor, weder von meiner Familie, von irgendwelchen Kumpels noch von Mina. Natürlich hatte Mina mit mir Schluss gemacht, aber ich kannte sie ja ziemlich gut. Ich war mir sicher, dass sie das nicht endgültig gemeint hatte; zumindest hoffte ich das.

Andy und die anderen waren an diesem Morgen zur Karibikküste aufgebrochen. Spätestens am Mittwoch würde ich ihnen folgen. Denn Weihnachten allein zu verbringen, fand ich nicht erstrebenswert. Zusammen mit den Jungs stellte ich mir das allerdings ganz witzig vor.

Obwohl das von Andy genannte Hotel ziemlich groß war, konnte ich gut schlafen. Dazu muss man wissen: In mittel- und südamerikanischen Hotels kehrt eigentlich nie richtig Ruhe ein; andauernd hört man Getrappel, Türenschlagen und laute Stimmen auf den Fluren. Rücksichtnahme auf andere Gäste gibt es nicht.

Pünktlich um 7.30 Uhr wurde ich wach. Die Lavanderia öffnete um acht Uhr und bis dahin musste ich mein Moped aus dem Laden herausgeschoben haben. Auch Andy und die anderen Jungs hatten ihre Böcke – insgesamt vier – dort abgestellt, als sie hier im Hotel wohnten.

Mein nächster Tagesordnungspunkt sah vor, Zubehör für meine Kamera zu kaufen und jemanden zu finden, der nach meinem Laptop schaute. Anschließend wollte ich nach Puerto Viejo aufbrechen, um die anderen zu treffen. Mein Fotoapparat bekam eine neue Blende und Halterung, dann ging es zum Computerladen, der sich in einem Wohnviertel von San José befand. Dort wurde die Tastatur ausgebaut und gesäubert, und schon funktionierte sie wieder einwandfrei. Auch das interne Modem konnte wieder zum Leben erweckt werden. Trotzdem – beim zuständigen Internet-Provider konnte ich mich nicht einwählen. Das Problem lag also nicht beim Laptop, sondern eindeutig beim Provider.

Ich schickte von einem anderen System aus eine zweite E-Mail dorthin und hoffte, dieses Mal eine Antwort und eine Lösung für das Problem zu bekommen.

Als der Laptop repariert war, war es schon recht spät. Umgerechnet achtzig US-Dollar musste ich für diese Lapalie herausrücken. Von der hohen Rechnung war ich ziemlich geschockt und mit einem Mal hatte ich die Faxen dicke von San José. Ich beschloss, diesmal in die Nacht hineinzufahren. Ich hatte einfach keine Lust mehr auf Stadt! Voller Wut fuhr ich trotz strömenden Regens los.

Teufelsritt nach Puerto Viejo

Für mein unüberlegtes Handeln bekam ich gleich die Quittung. Ich hatte nicht die Hauptstraße, sondern eine kleine kurvenreiche Bergstraße Richtung Küste gewählt. Bei Tag war das sicherlich eine sehr schöne Strecke durch Kaffeeplantagen und Berge. Jedoch nicht bei Regen, Nebel und Dunkelheit. Menschen, die ich unterwegs nach dem Weg fragte, schüttelten mit dem Kopf, wenn sie hörten, wohin meine Reise gehen sollte.

Die Fahrt wurde zum Abenteuer; was ich da machte, war extrem gefährlich und unvernünftig! Ich weiß bis heute nicht, wie ich auf dieses schmale Brett gekommen bin. Doch ich hatte mir die Sache in den Kopf gesetzt; mit Gewalt kämpfte ich mich dem Ziel entgegen. Streckenweise konnte ich bei vorbeifahrenden Lkws längere Zeit nichts mehr sehen. Zudem musste ich ohne Visier fahren, da durch die Tönung im Dunkeln nichts zu erkennen war.

Kurz vor meinem Ziel musste ich durch eine ziemlich tiefe Pfütze. Der starke Regen hatte einen Bach über seine Ufer treten lassen und das Wasser staute sich auf der Straße. Durch so tiefes Wasser war ich zuvor noch nie gefahren. Das Ganze klappte nur, weil ich einen kräftigen Anlauf nahm. Dabei war das Moped gut bis zur halben Höhe im Wasser. Doch ich schaffte es und das fand ich dann wieder einfach geil!

Fix und Foxi kam ich um acht Uhr morgens in Puerto Viejo de Talamanca an. Ich freute mich, endlich Andy, Martin, Andreas mit Freundin Nadja zu sehen. Eres, der Israeli, fehlte allerdings. Für ihn war kurz vor Puerto Viejo Endstation gewesen. Er hatte sich ein Bein gebrochen, als er mit dem Motorrad über den Strand heizte und sich unplanmäßig hinlegte.

Erst jetzt, als der Stress langsam von mir abfiel, merkte ich, wie fertig ich von der Fahrt war. Das war mit Sicherheit bis jetzt der fahrtechnisch anspruchsvollste Abschnitt gewesen – und das bei Nacht! Bei dem Höllentempo, das ich vorgelegt hatte, hätte mir kaum einer folgen können, schätzte ich. Der neue Vorderreifen hatte sich schon bewährt – bei dem vielen Wasser hätte ich mit dem alten Reifen gleich die erste Kurve geradeaus genommen.

Doch jetzt war relaxen angesagt. Lange schlafen und lesen und vielleicht auch etwas Spanisch lernen, das waren die Dinge, die ich mir für die nächsten Tage vornahm. Kurz nach Weihnachten wollte die Truppe dann weiter nach Panama. Das konnte mir nur Recht sein. Geplant war, von dort aus mit dem Flieger oder der Fähre nach Südamerika einzureisen. Unklar war jedoch, ob wir nach Venezuela oder Kolumbien oder gleich nach Ecuador wollten. Andy war dafür, aus Zeitgründen Kolumbien auszulassen und gleich Ecuador anzupeilen. Martin hingegen hatte unbegrenzt Zeit und wollte daher gerne Kolumbien mitnehmen. Wir verschoben die Entscheidung bis Panama.

Die Frage, warum wir nicht einfach den Kanal überqueren und dann wie gehabt mit den Böcken weiterfahren sollten, stellte sich einfach nicht, denn es besteht keine Straßenverbindung zwischen Zentral- und Südamerika – die Panamericana endet plötzlich in einem Dorf namens Yaviza. Und dahinter erstreckt sich der Darién-Dschungel. Erst tief in Kolumbien geht die Panamericana weiter. Die Gründe für die Unterbrechung sind vielschichtig: Zum einen ist da der Dschungel mit seinen seltenen Tieren und Pflanzen, zum anderen die Zerstrittenheit zwischen Panama und Kolumbien, die an einen Weiterbau nicht denken lässt.

Der Reisende hat entweder die Möglichkeit, mit dem Schiff von Colón aus nach Kolumbien, zum Beispiel nach Cartagena, überzusetzen oder, wie wir es später taten, von Panama City aus einen Flieger zu nehmen.

Ich hatte von Freddy eine Adresse von einem Bikerfreak in Panama bekommen. Vielleicht konnte dieser Mann uns beim Transfer nach Südamerika behilflich sein. Wenn es nach mir gegangen wäre, hätten wir mit einem Schiff nach Kolumbien übergesetzt. Das stellte ich mir sehr romantisch vor. Aber ungefährlich sollte es nicht sein, wie ich gehört hatte.

Eine Reisegruppe nach meinem Geschmack

Den ganzen nächsten Tag regnete es in Puerto Viejo und nach Aussage der Menschen, die hier lebten, ging das schon seit Wochen so. Einfach deprimierend, wenn man bedenkt, dass ich mich hier in der Karibik befinde, dachte ich. Zeitweise war sogar die Verbindung zu der nächstgrößeren Ortschaft Limon unterbrochen. Wie so etwas zustande kommt, hatte ich in Form von Straßenüberschwemmungen bei der Hinfahrt selbst erlebt.

Da uns wegen des schlechten Wetters die Hände gebunden waren, hockten wir den ganzen Tag zusammen und lernten einander etwas besser kennen. Die drei Typen und auch die Frau waren mir recht sympathisch. Ich konnte mir gut vorstellen, dass wir gemeinsam weiterfahren und viel Spaß zusammen haben würden. Natürlich würde ich eine Menge liebgewonnener Freiheiten aufgeben müssen, aber gemeinsam etwas erleben macht schließlich auch mal Spaß. Viele Dinge konnte man vielleicht sogar noch mehr genießen. Zwar unterlag ich ab sofort einem gewissen Gruppenzwang, doch es ergaben sich auch eine Reihe von Vorteilen daraus. Ich fühlte mich akzeptiert und willkommen in der Gruppe. Zudem waren sie nicht das erste Mal zusammen unterwegs, was bedeutete, dass sie in etwa wussten, worauf sie sich einließen, als sie eine Reise mit dem Moped außerhalb Europas antraten.

Da war zunächst Andy aus Koblenz. Die Verbindung zu ihm war über eine Bekannte von mir zustande gekommen. Er war von Calgary in Kanada gestartet und wollte bis nach Chile, Feuerland, und dann die Ostküste wieder hoch nach Buenos Aires fahren. Andy war Sozialarbeiter von Beruf und ein sehr netter Kerl.

Andreas stammte aus einem Ort in der Nähe von Koblenz und war gleich bis Antigua in Guatemala geflogen. Seither begleitete er die anderen zusammen mit seiner Freundin Nadja. Andreas war

Werbegrafiker und selbständig. Es dauerte eine Weile, bis er auftaute. Meine Schwester Eva hatte so ihre Probleme mit ihm, als sie ihn in Antigua in Ricky's Bar kennen lernte. Doch Andreas und ich fanden uns gleich sympathisch.

Dann war noch Martin aus Tübingen mit von der Partie. Er hatte völlig mit seinem Zuhause abgeschlossen und sich zeitlich für die Reise kein Ende gesetzt. Er wollte auch die Küste entlang bis nach Feuerland und dann über Neuseeland, Australien und Indien wieder zurück nach Europa reisen.

Ein faszinierender Plan! Die Tour würde mich auch reizen. Doch blieb abzuwarten, was später überhaupt noch möglich sein würde, wenn ich erst einmal zurück in Deutschland war. Neben der rein finanziellen Seite würden Job, Freundin und völlig andere Lebensumstände es mir nicht leicht machen, gleich wieder auf Tour zu gehen. Doch wer konnte schon sagen, wie lange meine Beziehung mit Mina noch funktionieren würde. Die dunkelgelbe Karte hatte ich schon von ihr bekommen. Die nächste feste Freundin musste auf jeden Fall motorradtauglich sein, das hatte ich mir fest vorgenommen.

Stille Nacht unter Palmen

Pünktlich zu Heiligabend kam die Sonne hervor. Das traditionelle Warten auf das Christkind fand deshalb ganztägig am Strand statt. Nach dem schlechten Wetter der letzten Tage waren die Wellen enorm hoch. Das hatte zur Folge, dass ich beim Schwimmen gleich meine schöne Sonnenbrille einbüßte. Ich hätte es besser wissen sollen ...

Ich reagierte meinen Frust mit einem Lauf am Strand ab. Das hatte ich schon lange nicht mehr gemacht und es tat richtig gut. Ich nahm mir wieder einmal vor, regelmäßiger zu laufen. Anschließend lag ich allerdings faul in der Sonne und hörte Discman. So total entspannt hatte ich mich schon seit langem nicht mehr gefühlt.

Der Heiligabend wurde – wie bei uns in Deutschland üblich – mit einem Kirchenbesuch begonnen. Gemeinsam machten wir uns auf zu einer Baptistenkirche, wo der Gottesdienst abwechselnd in Englisch und Spanisch abgehalten wurde. Es wurde viel gesungen und immer wieder führten Kinder Tänze auf. Und zwischendurch wurden nette Geschichten erzählt.

Während der Messe hatte sich herumgesprochen, dass einige Deutsche in der Kirche anwesend waren. Wir wurden gebeten, aufzustehen und das bekannteste deutsche Weihnachtslied, »Stille Nacht«, auf Deutsch zu singen. Bis auf Nadja konnte keiner von uns auch nur zwei zusammenhängende Zeilen des Textes. Ich habe selten einen peinlicheren Moment erlebt! Zum Ausgleich beendeten wir den Abend mit einem ausgelassenen Diskobesuch.

Am ersten Weihnachtstag fuhren Martin, Andy und ich an einen anderen Strand, der etwa zehn Kilometer Richtung Limon lag. Dort gab es unmittelbar am Meer ein Naturreservat mit Dschungel und allem, was dazu gehört. Am Eingang mussten wir einen kleinen Obolus entrichten, aber der lohnte sich, denn im Vergleich zu Monteverde bekamen wir viel mehr zu sehen – unter anderem Faultiere, Affen, Spinnen und eine kleine gelbe Schlange. Das war ein richtig schöner Ausflug und das Fotografieren hat sich gelohnt. Zurück nahmen wir die Strecke am Strand entlang.

Dann war endlich der Tag des Aufbruchs gekommen. Für Andreas und seine Freundin Nadja war der südlichste Punkt erreicht; sie fuhren zurück in Richtung Hauptstadt. Bis wir anderen unsere Motorräder startklar hatten, war es ein Uhr mittags. In einer Gruppe geht halt vieles nicht mehr so schnell, daran werde ich mich gewöhnen müssen, sagte ich mir. Zum Glück hatten wir es nicht eilig. Wir wollten nur bis Almirante; das ist kurz hinter der Grenze zu Panama.

Die Grenze zwischen Costa Rica und Panama bildet ein kleiner Fluss, über den eine ziemlich schmale Brücke errichtet worden war. Lkws konnten die Brücke nur einzeln überqueren. Die Grenzformalitäten waren diesmal ein Klacks; alles klappte reibungslos. Außerdem gab es keine aufdringlichen Kerle, die gegen Bezahlung beim Grenzübertritt helfen wollen, oder Händler, die einem allen möglichen Schrott andrehen wollen. Ohne Schwierigkeiten durften wir passieren.

Das restliche Stück nach Almirante war wunderschön. Die Straße schlängelte sich über Berge und Täler durch Bananenplantagen und es gab richtig schöne Mopedkurven.

Almirante ist die Stadt der Bananen. Von hier aus werden wir in Europa mit Bananen versorgt. Außerdem ist Almirante so etwas wie eine Sackgasse. Man kann nur mit dem Schiff über den Lago de Chiriquí weiter, in die Hafenstadt Chiriquí Grande.

Da die Fähre jedoch erst am nächsten Morgen um sechs Uhr

auslaufen sollte, beschlossen wir, an der Tankstelle gleich neben der Anlegestelle die Nacht zu verbringen, um sie nicht zu verpassen. Wir errichteten unser Nachtlager, aßen und tranken noch ein Bier, bevor wir in die Schlafsäcke krochen.

Fährmann hol über!

Wir waren früh aufgestanden, nur um zu erfahren, dass die Fähre uns Mopedfahrer erst viel später an Bord lassen würde. Erst als der Dampfer schon völlig überladen war, durften wir auffahren und uns ein Plätzchen suchen. Schnell wurden die Maschinen verankert und schon ging es ab in die Bord-Stehküche zum Frühstücken. Es gab gekochte Eier, Rühreier, eine Art Mehlteig in Öl gebraten, Würstchen und Kaffee. Das Allerbeste war jedoch die unglaublich heitere Stimmung, die man hier verspürte.

Es war einfach ein Erlebnis, den Leuten bei der Arbeit und den anderen beim Essen zuzuschauen und ein bisschen mit den Locals zu plaudern. Die meisten konnten sogar Englisch, zumindest ein paar Brocken. Von der Fähre aus waren überall kleine Inseln zu sehen und zwischendurch konnten wir springende Delphine beobachten. Ich hielt noch ein Nickerchen auf einer Bank und schon waren wir am Ziel.

In Chiriquí Grande aßen wir schnell etwas in einem Restaurant und weiter ging es über einen hohen Pass auf die andere Seite der Bergkette. Ich war nur mit T-Shirt und kurzer Hose bekleidet, und da konnte es auf einer Höhe von 1200 Metern schon mal kalt werden.

Ganz unvermutet gerieten wir hier oben in eine Polizeikontrolle. Zum ersten Mal während der Tour wurde der internationale Führerschein von mir verlangt. Mit dem normalen deutschen Lappen gaben sich die Kontrolettis nicht zufrieden. Ansonsten wollten die Herren nichts von uns, auch kein Geld – was hin und wieder vorkommt –, und so konnten wir unseren Weg fortsetzen.

Die Feuerwehr, dein Freund und Helfer

Wir fuhren allmählich wieder bis auf Meereshöhe hinunter. Vor uns lag die Stadt David und die Temperaturen kletterten allmählich auf tropische Werte. Auch die Luftfeuchtigkeit nahm deutlich zu. Von David folgten wir der Panamericana und dem

Highway 1 bis nach Aguadulce. Bis nach Panama City war es noch weit – zu weit für den Rest des Tages. Alleine hätte ich es sicher schaffen können, doch nun machten wir viel öfter und länger Pause. Zudem fuhren die Jungs im Schnitt nur so um die 100 km/h, was sich für mich als äußerst gewöhnungsbedürftig herausstellte.

In Aguadulce blätterten wir auf der Suche nach einer Bleibe im Mexico & Central American Handbook und fanden heraus, dass man auf Anfrage eventuell kostenlos bei der Feuerwehr übernachten durfte. Also fuhren wir zur Feuerwehr. Dort bekamen wir nach langem Warten tatsächlich grünes Licht. In einem Abstellraum durften wir unser Lager aufbauen. Ganz in der Nähe gab es obendrein eine Möglichkeit, etwas zu essen, und zu guter Letzt saßen wir mit den Jungs von der Feuerwehr zusammen und tranken Bier – wobei die Bomberos wohlgemerkt im Dienst waren.

Ich schlief gut zwischen all den Feuerwehr-Utensilien, obwohl ich keine Isomatte dabei hatte. Ich nahm einfach den Schlafsack als Unterlage und funktionierte ein Bettlaken zur Decke um. Um sieben Uhr war für uns allerdings die Nacht zu Ende, denn bis acht Uhr mussten wir das Quartier geräumt haben. Ab acht Uhr waren die Bomberos wieder im Dienst; ab acht Uhr durfte es wieder brennen.

Etappenziel Panamakanal

Weiter ging es also. Unmittelbar vor uns musste der Panamakanal liegen. Und dann sahen wir ihn auch schon. Wir stoppten vor einer Brücke und nahmen uns Zeit für eine ausgiebige Fotosession. Dabei wurde mir plötzlich klar: Nord- und Mittelamerika lagen schon hinter mir; ich war in Panama, an der Grenze zwischen Zentral- und Südamerika!

Obwohl der Kanal an dieser Stelle weder besonders schön noch imposant war, fühlte es sich einfach toll an, hier zu stehen. Dieses Bauwerk war von so immenser Bedeutung – sowohl historisch und wirtschaftlich als auch für mich und meine Tour. Am Anfang meiner Reise schien der Panamakanal unvorstellbar weit entfernt zu sein. Und nun war ich da – einfach unglaublich!

Wenn wir erst einmal geklärt haben, wie wir uns und unsere Maschinen nach Kolumbien schaffen, wird die Zeit noch schneller vorübergehen, überlegte ich. Nur noch drei Monate und dann wird die Tour zu Ende sein – sofern ich den Wünschen meiner Familie nachgebe ... Irgendwelche Gefühle von Heimweh waren bislang bei mir nicht aufgetreten. Fast erschien mir dieser Zustand unheimlich. Ich vermisste weder meine Familie noch Mina oder Freunde. Es war gut zu wissen, dass es sie gab, doch von Sehnsucht oder Heimweh fehlte bis zu diesem Zeitpunkt jede Spur. Viel schlimmer war der Gedanke, dass die Zeit nun immer schneller vorbeigehen würde. Ab sofort war gute Planung Pflicht, um die verbleibenden Wochen und Monate so sinnvoll und schön wie möglich zu gestalten.

Als wir in Panama City ankamen, hielten wir gleich nach dem örtlichen Motorradclub Ausschau, denn das war die Adresse, die ich von Freddy bekommen hatte. Das Clubhaus sollte sich direkt neben dem US-Luftwaffenstützpunkt befinden; dort würde man immer aktuelle Informationen für durchreisende Biker bereithalten. Für uns waren natürlich Tipps für den Transfer nach Kolumbien besonders interessant.

Leider war dem Club mit dem Abzug der amerikanischen Truppen eine wichtige Einnahmequelle abhanden gekommen, sodass er schließen musste, wie wir von einem übrig gebliebenen GI erfuhren. Er erklärte uns den Weg zur Werkstatt des ehemaligen Club-Präsidenten. Aber auch der war nicht mehr anzutreffen.

Wir beschlossen, das Internet zum Thema Transfer nach Südamerika zu befragen. Andy erinnerte sich, dass man ihm in der Lavanderia in San José die Adresse eines Hotels gegeben hatte, wo man kostenlos ins Internet konnte. Wie wir schnell feststellten, war das Hotel obendrein die ideale Übernachtungsmöglichkeit für uns, denn der Preis stimmte.

Schon früh am nächsten Morgen begannen wir damit, diverse Fluggesellschaften zu kontaktieren. Die Dame, der das Hotel gehörte, war überaus freundlich und half uns dabei. Den ganzen Tag verhandelten wir am Telefon über mögliche Flugverbindungen und den Transport der Motorräder. Wenn es nach mir gegangen wäre, hätten wir einfach ein Schiff von Colon in Panama nach Cartagena in Kolumbien genommen. Die Israelis, die ich in Antigua kennen gelernt hatte und die meiner Reise immer ein Stück voraus waren, hatten in einer ihrer E-Mails behauptet, dass dies die einzige Möglichkeit sei. Wir hielten schon die ganze Zeit per Internet Kontakt und so bekam ich ständig aktuelle Informationen von ihnen. In meiner Gruppe hätte ich allerdings für die Schiffstour die Initiative ergreifen müssen, was mir damals zu lästig erschien. Zudem dauerte die Fahrt per Schiff deutlich länger und fand allein schon deswegen nicht genügend Befürworter.

Einen Tag vor Silvester war es mal wieder so weit: Ich musste mit meinem Bock in die Werkstatt. Auch der BMW-Händler in Panama City war einer von denen, die hauptsächlich Autos verkauften und reparierten; Mopeds fielen unter »Ferner liefen ...«. Entsprechend freundlich verlief die Beratung: Keiner fühlte sich verantwortlich oder zuständig und Fragen durften nicht gestellt werden. Prima, Dan, hier bist du in den richtigen Händen! Ich war echt gespannt, was die Werkstatttruppe hinbekommen würde – und was nicht. Nach meinen Vorstellungen sollten etliche Dinge überprüft bzw. durchgeführt werden: Anlasser reinigen, Vergaser synchronisieren, neues Öl mit Ölfilter und Luftfilterwechsel. Vamos a ver, mehr blieb mir nicht übrig.

Dann hatte der letzte Tag des Jahres begonnen. Am Morgen hatten wir noch überhaupt keine Ahnung, was wir am Abend und insbesondere in der Nacht unternehmen wollten. Zudem war erneut Stressprogramm angesagt: Auch die Maschinen von Andy und Martin hatten eine Inspektion dringend nötig und mussten repariert beziehungsweise abgeholt werden, die Konditionen für den Flugtransfer mussten endgültig ausgehandelt und gebucht werden – und das alles bis zwölf Uhr mittags, denn dann sollten die Geschäfte und Büros schließen.

Andy und ich fuhren zusammen zum Airport. Dort sprachen wir mit zwei Fluggesellschaften, die in die engere Auswahl kamen, weil sie Motorräder transportierten. Wir entschieden uns für die billigere Alternative: 250 US-Dollar kostete eine Maschine. Mit dem Preis waren wir einverstanden. Da wir anschließend auch unsere Tickets dort buchen wollten, bestanden wir auf einer Bestätigung des Vereinbarten, denn wir hatten nur eine Quittung über den gezahlten Betrag in der Hand. Ein Flugticket mit Abflugzeiten und anderen wichtigen Daten hatten wir bis dahin noch nicht.

Trotz unserer Bemühungen wollte man uns die Papiere – aus welchem Grund auch immer – nicht geben. Andy und ich hatten kein gutes Gefühl, als wir unsere Flugtickets kauften, doch da der Transport bei der anderen Gesellschaft das Doppelte gekostet hätte, bissen wir in den sauren Apfel.

Da wir nun schon auf dem Flughafen waren, tauschten wir kurz Geld und fuhren dann gemeinsam zum BMW-Händler. Es war wirklich das totale Stressprogramm. Man muss bedenken, dass Panama City nicht gerade klein ist, und wenn man einmal die Orientierung verloren hat, kann das viel Zeit in Anspruch nehmen. Der Service bei BMW hatte sich jedoch gelohnt. Die Vergaser hatten eine neue Einstellung wirklich verdient, das merkte man jetzt deutlich. Ich möchte zu gerne wissen, was beim Händler in Guatemala City überhaupt gemacht worden ist, überlegte ich, und hoffte inständig, dass ich nunmehr bis Chile keine Werkstatt mehr aufsuchen musste. Langsam reichte es einfach! Doch seit neuestem machte mir das Lenkkopflager Sorgen. Ein leichtes Knacken genau in der Mittelstellung war zu hören.

Martins Maschine wurde den ganzen Vormittag lang von einem Mechaniker beim Suzuki-Händler total zerlegt. Der Kickstarter arbeitete nicht mehr richtig. Den Preis hatte er zum Glück vorher ausgehandelt; so kostete der Spaß gerade mal fünfundzwanzig US-Dollar.

Als wir wieder ins Hotel kamen, war es schon früher Abend. Alle Bewohner hatten sich auf der Terrasse versammelt; eine richtig nette Truppe hatte sich zusammengefunden. Gemeinsam wurde gekocht, gegessen und anschließend gewürfelt. So kam es, dass wir schon leicht angesäuselt in den Abend starteten.

Eine Frau aus den Staaten fing schon bald an, ihr deutliches Interesse an meiner Person zu demonstrieren. Ich war durchaus nicht abgeneigt. Ein bisschen flirten, ein nettes Mädel im Arm – so lässt sich das Leben genießen.

Um Mitternacht gingen wir auf die Straße hinunter, stießen mit Sekt auf das neue Jahr an und feuerten Raketen ab. Kurze Zeit später fuhren wir zusammen in eine Disco und dann waren auf einmal alle auf der Tanzfläche. Das Girl aus Amerika und ich verstanden uns immer prächtiger, sodass wir irgendwann völlig betrunken beschlossen, uns ins Hotel zurückzuziehen.

Prosit Neujahr!

Mit einem brutalen Kater wachte ich am späten Neujahrs-Vormittag auf. Selbst mit einem Frühstück im Bauch wollte es mir nicht viel besser gehen. Ich konnte mir noch nicht mal eine Landkarte anschauen, ohne dass mir schwindelig wurde, geschweige denn mich auf irgendetwas konzentrieren. Also beschloss ich, mich auch noch für den Rest des Tages schlafen zu legen.

Erst am Abend wachte ich wieder auf. Martin hatte für uns etwas Schmackhaftes gekocht und vor allem: Das Bier schmeckte wieder. Trotzdem gingen an diesem Abend alle früh ins Bett.

Unser letzter Tag in Panama begann damit, dass wir die Flugtickets abholen mussten. Alles verlief – unseren ursprünglichen Befürchtungen zum Trotz – ohne Probleme. Am Nachmittag unternahmen wir einen erneuten Ausflug an den Panamakanal. Auf den ersten Blick gibt es dort eigentlich nichts Besonderes zu sehen. Es hätte genauso gut eine Staustufe an Rhein oder Mosel sein können – von der Vegetation einmal abgesehen. Doch wenn man sich den geschichtlichen, politischen und geografischen Zusammenhang vorstellt, wirkt der Anblick ganz anders. Wir schauten uns in einem nahe gelegenen Museum eine Videovorführung an, und spätestens danach war uns klar, um was für ein technisches Wunderwerk es sich beim Panamakanal handelt.

Der zweiundachtzig Kilometer lange Kanal war die Erfüllung des lange gehegten Traums einer Verbindung von Pazifik und Atlantik. Die Franzosen begannen das Projekt 1881, doch sie mussten aufgeben, weil die Kassen leer waren. Da wurde das Thema für die Amerikaner interessant – aus strategischen Gründen: Die Fahrt von der mittelamerikanischen Westküste per Schiff in die Karibik dauerte damals 67 Tage; durch einen Kanal hindurch sollte sich die Fahrzeit auf wenige Stunden reduzieren.

Präsident Roosevelt kaufte den Franzosen 1905 die Bauruinen, Maschinen und Rechte für 40 Millionen Dollar ab und die Bauarbeiten wurden wieder aufgenommen. Über zweihundert Millionen Kubikmeter Erde wurden bewegt. Am 15. August 1914 war der Kanal fertig. Durch unseren Museumsbesuch gut informiert, waren wir begeistert von dem gigantischen Bauwerk und fachsimpelten fröhlich drauflos. In solchen Fällen ist es natürlich besonders schön, Gesellschaft zu haben. Und – so dachte ich mir – vielleicht hätte ich doch öfter den einen oder anderen Abstecher in Sachen Kultur machen sollen, denn eigentlich ist es schon klasse, sich intensiver mit spektakulären Bauwerken oder natürlichen Weltwundern auseinander zu setzen. Ich machte mir wieder einmal klar, dass ich in meinem Leben einfach noch viele Länder würde bereisen müssen – was für ein schöner Gedanke!

Von der Traufe in den Regen

Am Nachmittag entschied ich mich, alleine nach Colon zu fahren, der panamesischen Hafenstadt an der Atlantikküste, wo die Schiffe nach Kolumbien ablegen. Die Fahrt auf die komplett andere Seite des Landes dauerte bei zirka achtzig Kilometern Entfernung etwa vierzig Minuten. Vor dieser Hafenstadt hatte man mich in Panama City gewarnt. Überfälle auf Touristen seien an der Tagesordnung, hieß es.

Colon sah tatsächlich ziemlich heruntergekommen aus. Die Häuser, Straßen und Menschen – alles wirkte völlig am Ende. Ich schoss ein paar Erinnerungsfotos und aß etwas, und dann trat ich liebend gern den Rückweg an. Kaum war ich fünf Kilometer gefahren, geriet ich in ein heftiges Gewitter mit starkem Regen. Ich war nur mit T-Shirt und Hose bekleidet und verfluchte diese Entscheidung. Geradezu wie aus Eimern fing es zu schütten an. Ich war erleichtert, als ich wieder in Panama City war und auch gleich das Hotel fand.

Vorbereitung auf Kolumbien

Am Abend hatte Martin wieder für uns alle gekocht. Andy und Martin gingen diese Nacht auf Tour, während ich bis drei Uhr morgens unter Zuhilfenahme einiger Dosen Bier E-Mails und Postkarten schrieb und mir einen Alemania-Aufkleber für mein Motorrad bastelte. Mit dem zusätzlichen Kennzeichen wollte ich in Kolumbien ergänzend zu meinem deutschen Nummernschild klarmachen, das ich kein Amerikaner bin.

Kolumbien und die dort herrschenden Sitten – besonders die mehr oder weniger öffentlich zelebrierte ablehnende Haltung gegenüber Amerikanern – waren auch der Grund, warum ich mein Motorrad aus Deutschland mitgebracht hatte. Natürlich hätte ich mir in den Staaten ein Gefährt kaufen können, doch dann hätte ich die ganze Fahrt mit einem amerikanischen Nummernschild absolvieren müssen. Und Zielscheibe möglicher Amerikaner-Hasser oder gar -Entführer wollte ich einfach nicht werden!

Rückblickend weiß ich, dass es ein nachgemachtes Nummernschild aus Pappe im Tausch gegen ein mögliches amerikanisches Nummernschild auch getan hätte. Einen Versicherungsschutz hatte ich sowieso nur für die Länder Kanada, USA, Mexiko und Belize benötigt. In diesen Ländern musste ich an der Grenze eine Extra-Versicherung abschließen. Einen weltweiten Versicherungsschutz für Mopedfahrer gibt es leider nicht mehr – für Kolumbien schon gar nicht.

Am ersten Sonntag des neuen Jahres nahmen wir Abschied von Panama, dem netten Hotel und den anderen Reisenden, die dort mit uns zu Gast gewesen waren. Panama hat mir gut getan. Hier gab es schöne Landschaften und gut aussehende Frauen, und die Mentalität der Leute lässt sowohl nord- als auch zentralamerikanische Einflüsse erkennen. Genau diese Kombination gefiel mir gut. Doch nun war es Zeit für Neues: Ein neues Jahr und ein neuer Kontinent warteten darauf, erlebt zu werden.

Warteschleife unterm Händetrockner

Als endlich alle Sachen gepackt waren, machten wir uns auf zum Flughafen. Auf der Fahrt dorthin kamen wir in einen heftigen Regenschauer und ich war binnen kurzem bis auf die Unterhose durchnässt. Aber auch in solchen Dingen bekommt man irgendwann Routine und so blieb ich gelassen. Es gibt eben Sachen, die kann man nicht ändern. Anders ausgedrückt: Mañana – morgen ist ein anderer Tag.

Am Cargo-Schalter wartete man schon auf uns; die Mitarbeiter der Airline wollten unsere Maschinen zunächst auf speziellen Paletten verzurren, damit sie sich besser mit den Hubgeräten bewegen und im Frachtraum des Flugzeugs verstauen ließen. Das ging besser, als ich angenommen hatte. Alles sah recht professionell und ordentlich aus, und schließlich waren wir uns ganz sicher, dass die Motorräder mitsamt dem Gepäck heil und sicher in Kolumbien eintreffen würden.

Weiter ging es zum Flughafen-Terminal, erst mit dem Taxi und später mit dem Bus. Da der Bus nicht unmittelbar vor dem Terminalgebäude, sondern zirka fünfhundert Meter entfernt hielt – weiß der Himmel warum –, mussten wir den Rest zu Fuß gehen, durch den immer noch munter strömenden Regen. Spätestens jetzt waren wir restlos nass und uns überkam ein mulmiges Gefühl, nicht nur, weil es im Flugzeug durch die Klimaanlage immer recht kühl ist, sondern auch weil uns klar war, dass wir spät am Abend in

Bogota auf einer Höhe von 2650 Metern bei deutlich niedrigeren Temperaturen aus dem Flieger steigen würden. Und keiner von uns dreien verspürte das Verlangen, sich eine Erkältung einzufangen.

Wir fanden die Lösung für unser Nässeproblem in der Flughafentoilette. Dort verbrachten wir einen Großteil der Wartezeit mit dem Trocknen der Klamotten, was ziemlich lustig ausgesehen haben muss, weil wir zeitweise alle miteinander, nur mit der Unterhose bekleidet, vor dem wandmontierten Gebläse des Händetrockners standen, um unser Malheur in den Griff zu bekommen. Deutlich trockener und entspannter nahmen wir einen Kaffee in der Abflughalle, bevor wir an Bord gingen.

Dieser Flug verlief vergleichsweise unspektakulär, denn wir hatten kein Hurrikan-Mitch-Wetter. Wie unangenehm das sein kann, hatte ich ja schon zu spüren bekommen, damals beim Landeanflug auf Cancún. Alles ging diesmal glatt und wir landeten wohlbehalten in Bogotá, der Hauptstadt Kolumbiens.

SÜDAMERIKA

Durch Kolumbien und Ecuador

Die Grenzkontrolle auf dem Flughafen von Bogotá war ausgesprochen lasch und somit schnell erledigt. Draußen vor dem Terminal wartete eine Horde wild gestikulierender Taxifahrer auf uns. Einer erhielt den Zuschlag, uns zum Hotel zu bringen. Wie erwartet, war es im Vergleich zu Panama überaus kalt und man spürte bei jeder noch so kleinen Anstrengung die dünne Höhenluft.

Für den nächsten Tag stand als Erstes das Abholen der Motorräder vom Zoll auf dem Programm. Ein voller Tag ging schließlich dabei drauf, denn Martin und Andy, beide ohne Carnet de Passage für ihre Mopeds unterwegs, hatten so ihre Schwierigkeiten, alle nötigen Grenzformalitäten zu erfüllen.

Nun waren wir aber glücklicherweise in Südamerika, und mit einigen US-Dollars ist hier fast alles möglich. Das Bündel wurde unauffällig über den Tisch geschoben und kurze Zeit später kam ein Zollbeamter. Er gab Martin und Andy die nötigen Stempel, bescheinigte den Papierkram auch ohne Carnet de Passage und händigte den Jungs ihre Maschinen aus. Zum ersten Mal während der Reise hatte sich das Heftchen für mich gelohnt: Ich musste diesmal keinen einzigen Peso Schmiergeld zahlen. Trotzdem dauerte es bis spät in den Abend, bis wir endlich alle Formalitäten erledigt hatten.

Aber damit waren wir längst noch nicht fertig: Nun musste eine Rampe gebaut werden, über die wir die Mopeds von der höher gelegenen Cargo-Abfertigungshalle hinunter auf die Straße fahren konnten. Das war eine Aktion! Hätten wir die Rampe nicht schon früher bauen können, zum Beispiel während des halben Tages, den wir einfach müßig herumgestanden hatten? Aber auch das meisterten wir. Martin traute sich als Erster, die äußerst wackelige und schmale Abfahrt zu nehmen. Geschafft! Zum Schluss gab es zur Belohnung für den anstrengenden Tag noch ein paar Biere in der Hotelbar, bevor wir müde ins Bett fielen.

Bogotá von seiner schönen Seite

Ich empfand die Hauptstadt Kolumbiens als sehr schöne Stadt. Im Vergleich zu vielen anderen südamerikanischen Metropolen, die ich schon auf früheren Reisen kennen gelernt hatte, ist sie sehr sauber und voller verzweigter kleiner Gassen. Darüber hinaus gibt es in Bogota die für meinen Geschmack schönsten Mädchen in ganz Südamerika.

An meinem zweiten und letzten Tag in Bogota unternahm ich morgens mit zwei Deutschen, die ebenfalls in unserem Hotel wohnten, einen Ausflug auf den nahe gelegenen Berg Monserrat. Eine Seilbahn führt auf den 300 Meter hohen Gipfel hinauf – der also knapp 3000 Meter über dem Meer liegt.

Natürlich hätten wir auch hinauflaufen können, doch man hatte uns aus Sicherheitsgründen dringend davon abgeraten. Zu viele Besucher seien schon auf dem Weg hinauf überfallen worden. Also Seilbahn. Von oben hat man einen herrlichen Blick über die ganze Stadt und wir hatten obendrein allerbestes Wetter. Das war ein Trip, der sich gelohnt hat!

Am Abend setzten wir – Martin, Andy und ich – uns zusammen, um die Weiterreise zu besprechen. Wir wollten anhand der Zeit, die uns noch zur Verfügung stand, einen Plan für die kommenden Länder und ihre Highlights aufstellen. Das Ergebnis war erschreckend: Mit der uns verbleibenden Zeit konnten wir alles, was noch auf uns wartete, nur äußerst knapp kalkulieren! Das versetzte zumindest Andy und mich in ziemliche Panik, die sich gleich am Morgen beim Packen bemerkbar machte. Wir beide hatten es sowieso generell eiliger, während Martin wie immer die Ruhe weg hatte.

Das war aber auch kein Wunder, denn Martin hatte sich schlicht und einfach für seine Reise kein Zeitlimit gesetzt. Im Job Ruhm und Ehre zu suchen und so die Erfüllung zu finden, das war nicht sein Ding. Und seine Freundin zu Hause setzte ihn auch nicht unter Druck. Sein damaliges Ziel war es, von Südamerika nach Neuseeland überzusetzen, von dort weiter nach Australien und durch Asien wieder zurück nach Europa zu reisen. Zwischendurch wollte er immer mal wieder pausieren, um das nötige Kleingeld zu verdienen.

Bis wir alle startklar waren, ging auf jeden Fall wieder eine Menge wertvolle Zeit verloren. Ich weiß bis heute nicht, warum es so schwierig ist, eine Gruppe in Gang zu setzen. Vielleicht lag es hier daran, dass wir alle drei ziemliche Individualisten waren.

Ich hatte es eilig, aus der Stadt herauszukommen. Bogota hatte mir zwar gut gefallen, aber es warteten noch viele schöne Gegenden weiter südlich auf uns. Wir durchquerten die Stadt im Eiltempo. Sowohl Andy als auch Martin hatten auf einmal überhaupt kein Problem damit, richtig Gas zu geben. So brachte dann auch die steile Abfahrt den Berg hinunter mit ihren vielen Serpentinen und all den Lkw-Überholmanövern ordentlich Spaß und Action. Es tat gut, es endlich mal wieder krachen zu lassen!

Eigentlich war geplant, bis nach Tierradentro zu fahren. Doch unterwegs meldete sich Martin und sagte, er hätte sich schon seit einiger Zeit nicht so toll gefühlt und es ginge ihm zunehmend schlechter. So schlecht, dass wir in einem Dorf hundert Kilometer vor Tierradentro anhalten und nach einer Unterkunft suchen mussten.

Wir stiegen schließlich in einer Art Privatpension ab. Das war vielleicht ein verlassenes Nest! Pünktlich um acht Uhr abends wurden alle Bürgersteige hochgeklappt und Andy und ich waren heilfroh, dass wir überhaupt noch ein paar Biere auftreiben konnten. Martin wirkte ziemlich angeschlagen. Er hatte Fieber und Schüttelfrost, fühlte sich total entkräftet und war wackelig auf den Beinen.

Zu dritt lagen wir schließlich in unserem extrem kleinen Zimmer und versuchten zu schlafen. Unsere Bleibe bot gerade Platz für drei Betten und einen kleinen Schreibtisch. In der Zimmermitte blieben uns vielleicht zwei Quadratmeter, um unsere Klamotten abzulegen.

El doctor, por favor!

Am nächsten Morgen war um sechs Uhr früh beim Nachbarn Schlachtfest angesagt und damit für uns die Nacht zuende. War das ein Spektakel! Schweine quiekten, was das Zeug hielt, und das hinderte sogar jemanden wie mich am Weiterschlafen.

Martins Zustand hatte sich über Nacht kein bisschen gebessert. Also standen wir sofort auf und erkundigten uns nach einem Arzt. Wir erfuhren zu unserer Überraschung, dass es in diesem von der Welt vergessenen Ort ein Krankenhaus gab! Wie sich später herausstellte, war das ein großes Glück.

Wir gingen zu Fuß und als wir dort ankamen, ging es Martin wirklich dreckig. Wir vermuteten schon, dass es Malaria sein könnte. Dann kam der Doktor, der die übliche Standarduntersuchung von Herz und Lunge vornahm und eine Blutuntersuchung anordnete. Das Ergebnis war Malaria betreffend negativ, dafür lautete die Diagnose auf Denguefieber! Auch eine ziemlich üble Sache; mindestens eine Woche Pause bedeutete das für Martin – und damit auch für Andy und mich, denn es war Ehrensache, dass wir ihn in dieser Situation nicht hängen lassen würden.

Gleich im Krankenhaus bekam Martin eine gründliche Körperreinigung verordnet. Ohne Handtuch und Seife stellte man ihn einfach unter eine Dusche und das war die einzige ärztliche Behandlung. Gegen das Denguefieber, so hatte man uns jedenfalls erzählt, gibt es keine Tabletten oder spezielle Therapien. Auch gäbe es keine Prophylaxe wie gegen Malaria. Wer davon betroffen sei, könne nur abwarten und hoffen, dass sein Immunsystem stark genug sei, um alleine damit fertig zu werden. Die meisten überstünden jedoch diese Tropenkrankheit ohne größere Probleme.

Nachdem wir Martin wieder in sein Bett gepackt hatten und ihn gut versorgt wussten, entschieden Andy und ich, für den Rest des Tages einen Ausflug nach Tierradentro zu unternehmen, unserem ursprünglichen Zielort.

Ohne Gepäck machten wir uns am späten Vormittag auf den Weg. Es war natürlich ein erstklassiges Gefühl, ohne den ganzen Kram dahinbrausen zu können. Da musste der eine oder andere Hubbel schon mal als Sprungschanze herhalten.

Nur gut, dass wir tags zuvor in dem armseligen Nest gestoppt hatten, denn die überaus schlechte Schotterstraße, die auf uns wartete, hätte Martin unmöglich fahren können. Auf halbem Weg legten wir eine Kaffeepause ein. Zum ersten Mal probierte ich Zimtkaffee, und ich muss sagen, es schmeckte lecker. Dann mussten wir uns schon wieder beeilen: In drei Stunden würde es dunkel werden. Unsere Strecke verlief auf einer einsamen und nur mit dem Jeep zu befahrenden Piste mitten durch den Hochwald-Dschungel. Es war mal wieder ein Kick der besonderen Art, doch unter dem Zeitdruck konnten wir nur wenige Fotos machen.

In Tierradentro mussten wir feststellen, dass sich alle Sehenswürdigkeiten im archäologischen Park befanden und dieser hatte vor einer Viertelstunde seine Pforten geschlossen. So ein

Mist! Ein Besuch in Tierradentro und seinen Grabhöhlen, die mit präkolumbianischen Mustern bemalt sind, ist eigentlich ein Muss.

Um wenigstens etwas von Tierradentro zu haben, folgten wir einem kleinen Pfad bergan und konnten zur Entschädigung ein paar behauene und verzierte Steine bewundern, die vermutlich einmal als Grabstellen gedient hatten. Trotz unseres Pechs mit den Öffnungszeiten war es ein lohnenswerter Tagesausflug gewesen, fand ich.

Auch in den nächsten Tagen verspürten Andy und ich permanent den Wunsch, aus dem Kuhdorf herauszukommen. Nicht einmal ein Bier konnte man am Abend trinken gehen; der ganze Ort ging uns heftig auf die Nerven. Also überredeten wir Martin, seinen Kram zusammenzupacken und sein Krankenbett nach San Agustin zu verlegen. Dort gab es noch mehr archäologische Funde zu bestaunen und sicher auch kneipenkulturell etwas mehr zu erleben. Ohne zu wissen, worauf er sich einließ, sagte Martin ja.

Die Straße führte am Anfang immer geradeaus. Doch im weiteren Verlauf zog sich der Weg kontinuierlich hoch und runter durch die Bergwelt der Anden. Für Martin muss die Fahrt die absolute Hölle gewesen sein. Mit vielen Pausen schafften wir es schließlich doch, aber wir kamen spät in San Agustin an. Ein Hotel in der Stadtmitte war leicht zu finden, und Martin legte sich sofort hin, aber Andy und mich zog es noch vor die Tür.

San Agustin – wo die Uhren langsam ticken

Auch San Agustin ist in archäologischer Hinsicht ein Highlight in Kolumbien. Hier wurden erst vor wenigen Jahren Gräber mit sorgfältig behauenen Steinstelen entdeckt, deren Herkunft bis heute nicht geklärt ist. Außerdem gibt es eine faszinierende Bergwelt zu bewundern. Wir beschlossen, zwei Tage zu bleiben, damit Martin sich weiter erholen und Andy und ich vernünftige Tagesausflüge unternehmen konnten.

Nach einem herrlichen Frühstück auf der Terrasse unseres Hotels wollten Andy und ich uns den Parque Archeologico de San Agustin anschauen, der nur zweieinhalb Kilometer von der Stadt entfernt ist. Zu meinem Entsetzen entdeckte ich beim Besteigen des Mopeds, dass ein »Ei« aus dem hinteren Reifenmantel quoll. Der Mantel hatte mich viel Geld gekostet und war gerade mal 8000

Kilometer gelaufen, aber schon fast runtergefahren und jetzt auch noch das »Ei«. Ich war sauer. So kann ich unmöglich weiterfahren, zumal später mit Gepäck, überlegte ich.

Andy hatte noch zwei nagelneue Mäntel in Reserve. Seine alten waren allerdings schon recht weit abgefahren. Wir fassten einen Plan, der recht südamerikanisch, weil zeitraubend anmutet.

Wir fuhren statt zum Park in die nächste Ortschaft, die etwa zwanzig Kilometer entfernt war, um für mich einen neuen Mantel aufzutreiben oder, falls wir nichts finden sollten, Andys alten Hinterreifen bei mir aufziehen zu lassen. Das Ende vom Lied war, dass Andy komplett auf »neu« wechselte und ich seinen »alten« bei mir aufziehen ließ. Unglaublich, die Reifen-Tauschaktion nahm den ganzen Tag in Anspruch! In Südamerika geht eben alles etwas langsamer. Aber daran hatte ich mich schon lange gewöhnt.

Als wir nach San Agustin zurückkamen, erwartete uns eine erfreuliche Neuigkeit: Im Hotel Casa del Sol auf einem Berg etwas außerhalb von San Agustin war für den Abend eine Fete angesagt.

Das Hotel bestand mehr oder weniger aus kleinen Bambushütten an einem Berghang und ich hatte das Gefühl, dass hier die Zeit völlig an Bedeutung verloren hatte. In der Hängematte liegen, mit Blick auf die wilde Landschaft, relaxen und philosophieren und dabei einen Joint rauchen – das kann auch für einen Sportler wie mich einfach göttlich sein. An diesem Abend waren sicherlich alle Anwesenden mit irgendetwas gedopt. Schließlich ist San Agustin schon immer Anziehungspunkt für die Ur-Generation der Hippies gewesen, und so war Gras rauchen hier etwas absolut Normales.

Was mich betraf, ich kam diesmal nicht richtig in Stimmung. Irgendwie war ich mit dem Kopf bei meiner Rückkehr nach Good Old Germany. Die Zeit ging mir einfach zu schnell vorbei. Nicht mehr lange und ich musste wieder arbeiten und der Alltagstrott fing von vorne an. Kein besonders angenehmer Gedanke. Vor allem, wenn man sich an das entspannte Leben in Südamerika gewöhnt hat.

Wiedersehen mit den vier Israelis

Als wir tags darauf zum Abendessen in eine Pizzeria gehen, treffen wir dort zu unserer großen Überraschung die vier Israelis, die ich in Antigua kennen gelernt hatte. Ich war zwar schon seit Tagen per

E-Mail mit ihnen in Kontakt und wusste, dass sie in der Gegend waren, aber dass sie nun ausgerechnet hier aufkreuzten, das war schon ein toller Zufall. Oder vielleicht auch nicht, denn irgendetwas müssen Mopedfahrer, die auf der Panamericana unterwegs sind, gemeinsam haben – und sei es nur ihre Vorliebe für Pizza.

Die Jungs hatten natürlich für den Wechsel auf den südamerikanischen Kontinent die riskantere Variante gewählt – mit dem Schiff von Panama nach Kolumbien. Während wir in der Kneipe hockten und auf unser Essen warteten, erzählten sie die abenteuerliche Geschichte ihrer Überfahrt.

Das Drama fing schon bei der Suche nach einem geeigneten Schiff an. Eine richtig große Fähre sollte erst ein paar Tage später ablegen; das einzige Schiff, das die Jungens frühzeitig mitnehmen konnte, war ein kleines Fischerboot. Und so ein Fischerboot verfügt natürlich nicht über Vorrichtungen wie einen Kran oder Ladebaum, um die Motorräder sicher an Bord zu nehmen. Mithilfe einer selbst gebastelten Laderampe verfrachteten die Jungs eigenhändig ihre Mopeds auf das wackelige Schiffchen. Nur mit viel Anstrengung und Glück gelang die Aktion, ohne dass dabei eine Maschine ins Wasser plumpste.

Doch dann ging das Abenteuer erst richtig los. Kaum waren sie auf offener See, kam Wind auf und die Wellen wurden immer höher. Die Motorräder müssen auf Deck nur so herumgeflogen sein, denn eine vernünftige Verzurrung war nicht möglich gewesen. Zu allem Übel war die Besatzung die meiste Zeit betrunken und konnte den Jungs nicht helfen, zum Teil wohl auch, weil sie aufgrund des Seegangs ganz andere Sorgen hatte.

Drei oder vier Tage muss diese Horrorfahrt gedauert haben. Alle vier Israelis wurden seekrank, waren außer Gefecht und vegetierten die ganze Zeit mehr oder weniger vor sich hin. Das wenige, was sie an Proviant dabei hatten, spuckten sie kurze Zeit später wieder über die Reling. Ich wäre gestorben.

Wie ich später während meiner Reise noch feststellen sollte, waren die Israelis tatsächlich ziemlich harte Jungs, aber die Überfahrt muss sie wirklich an ihre Grenzen gebracht haben. Von einer romantischen Seefahrt mit Sonnenuntergang war das weit entfernt!

Im archäologischen Park von San Agustin

Wir begannen den nächsten Tag wieder mit Frühstücken in der Sonne. Den archäologischen Park von San Agustin hatten wir immer noch nicht gesehen, und da es Martin mittlerweile besser ging, hatten wir nun ein Ziel für ein gemeinsames Nachmittagsprogramm.

Die Israelis waren schon vor Ort, als wir am Parkeingang eintrafen. Was wir zu sehen bekamen, war überaus beeindruckend: uralte Grabstätten, die von großen Steinfiguren bewacht werden. Wir nahmen uns einen Führer und ließen uns alles genau erklären. Warum die Gräber dort entstanden, weiß man bis heute nicht. Unter anderem sind in ein Bachbett verschiedene Bilder gemeißelt worden. Der Führer erklärte uns, dass die Frauen damals ihre Babys im Fluss zur Welt gebracht haben. Man glaubte, dass der neue Mensch so ein besseres Leben haben würde. Sehr fortschrittlich, die alten Indios. Bei uns gilt die sanfte Unterwassergeburt als etwas Neues und Besonderes.

Als wir abends mit den Israelis zusammensaßen, entschieden wir uns, am nächsten Tag gemeinsam Richtung Ecuador weiterzureisen. Das bedeutete: früh aufstehen, denn die Israelis waren generell beim ersten Hahnenschrei marsch- oder eben abfahrbereit.

Motorrad-Konvoi durch die Berge

Vor der Abfahrt mussten noch einige Probleme an Martins Maschine gelöst werden. Finde ich gut, dass ich nicht immer der Einzige bin, der ständig etwas am Moped zu fummeln hat, dachte ich bei mir. Auch die Israelis hatten noch ordentlich zu tun: Kettenritzel wechseln war angesagt. Also fuhren wir drei Deutsche vor zu einem nahen Wasserfall am Rio Magdalena, dem bedeutendsten Fluss Kolumbiens. Bestimmt zweihundert Meter fällt das Wasser steil den Berg hinab. Ich arbeitete mich mit meiner Kamera bis dicht an die Kante heran und schoss so ein paar spektakuläre Fotos.

Mittlerweile waren auch die anderen eingetroffen und wir fuhren zum Vulkan Purace im gleichnamigen Nationalpark. Die Strecke dorthin führt mitten durchs Andenhochland, doch leider waren weder das Wetter noch die Sicht gut. Dennoch fühlte es sich einfach prima an, mit sieben Motorrädern in den südamerikanischen Kordilleren über einsame kurvenreiche Bergstraßen und durch abgelegene Bergdörfer zu brausen. So wie es aussah, würden wir auch die nächsten Tage weiter zusammenbleiben.

Am Abend waren wir schließlich auf 3350 Metern Höhe angekommen und es war empfindlich kalt. Zum Glück mussten wir nicht draußen zelten, sondern fanden Unterschlupf in einer Schutzhütte.

Wir machten uns gleich ans Kochen. Unglaublich, wie schnell die vier aus Israel Essen organisieren und zubereiten konnten. Und ihre Kochkünste waren alles andere als schlecht. Ein 3-Gänge-Menü mit Suppe und Hauptgericht war im Nu fertig. An diesem Abend passierte nicht mehr viel, denn wir wollten früh mit dem Aufstieg auf den Vulkankrater beginnen.

Die Besteigung des Purace

Um fünf Uhr klingelte der Wecker. Nach einer Tasse heißem Tee konnte es losgehen. Eine Gruppe von Australiern und Kolumbianern schloss sich unserer kleinen Truppe an.

Wir fuhren mit unseren Mopeds zu einem Militärstützpunkt, der als Ausgangspunkt für die Route gilt. Von dort ging es nur zu Fuß weiter. Die Temperatur lag um den Gefrierpunkt und ich fand, dass sich das so früh am Morgen grässlich kalt anfühlte. Der Aufstieg fiel uns allen bei der dünnen Luft nicht leicht. Martin, der sich vom Denguefieber noch nicht ganz erholt hatte, schaffte es nicht ganz bis oben. Er drehte auf halber Strecke um, während wir anderen uns tapfer weiter vorankämpften.

Oben angekommen – wie konnte es anders sein: schlechte Sicht. Immerhin, wir hatten den 4600 Meter hohen Purace bestiegen! Das war für uns Grund genug, schnell in dieser eisigen Höhe einen Kessel Tee zu kochen und einige Kekse als kleine Stärkung zu uns zu nehmen.

Der Abstieg verlief problemlos und zügig. Vom Militärstützpunkt aus, wo unsere Motorräder standen, fuhren wir ein Stück weiter den Berg hinunter zu den Schwefelbädern. Die Therme war sehr heiß, aber genau das Richtige nach dieser Strapaze. Dann kehrten wir zur Schutzhütte zurück. Jetzt gab es nur noch eins: Sachen packen und weiter nach Ecuador in wärmere Gefilde.

Haute Cuisine im Schneidersitz

Die ganze Fahrt über regnete es und von der sicherlich wunderschönen Landschaft um uns herum konnten wir nur wenig sehen. Irgendwann, als es dunkel wurde, suchten wir nach einer geeigneten Stelle zum Übernachten und fanden einen großen Stall. Das hört sich unbequem an, war aber keine schlechte Lösung, denn so standen Zelte und Mopeds wenigstens im Trockenen.

Die Israelis schickten sogleich ihren Minister für Ernährungsfragen vor und der bereitete für alle ein schmackhaftes Abendessen. Es war einfach unglaublich, was die Jungs selbst unter diesen Umständen zaubern konnten. Ich war todmüde von der Vulkanbesteigung; die Höhe hatte mich ganz schön geschlaucht und so legte ich mich nach dem Essen zügig ab.

Als wir am nächsten Morgen losfuhren, kamen wir nur ein paar Meter weit und schon hatte Martin am Hinterrad den ersten Platten des Tages. Ach so, das passiert nicht nur mir, sondern auch anderen, freute ich mich insgeheim. Den Plattfuß hatten die Israelis, allen voran der Technikminister, schnell mit einem Flicken behoben und die Fahrt konnte weitergehen. Zum Übernachten fanden wir in Ipiales ein verlassenes Gebäude im Kolonialstil, nur wenige hundert Meter von der Kirche entfernt. Der Bau war völlig heruntergekommen und ohne jede sanitäre Anlagen. In diesem Punkt konnte ich die Israelis einfach nicht verstehen: Schon für ein bis zwei Dollar konnte man sich in einem Hotel einmieten, aber die Burschen zogen eine Unterkunft im Dreck oder irgendwo in der Pampa vor. Aber immerhin: Mit ihrem leckeren Essen hatten sie mich jedes Mal für die miserable Unterkunft entschädigt.

Dennoch, zwischendurch – und besonders an diesem Abend – musste ich immer mal wieder über unsere »Annehmlichkeiten« fluchen: Nicht einmal ein Tisch oder ein Stuhl waren vorhanden und alles war sehr schmutzig. Für jeden, der das noch nicht selbst erlebt hat, ist so etwas mit Sicherheit eine besondere Erfahrung. Wir drei aus Deutschland mochten anfangs nur stehen, während die Israelis auf dem Boden sitzend fröhlich kochten. Und dabei kam ihnen wie so häufig mit einem Lächeln der Spruch über die Lippen: »Feel like at home!« – fühl dich wie zu Hause.

Erneut musste ich eine Nacht ohne Isomatte nur im Schlafsack verbringen. Aber daran war ich eigentlich selbst Schuld. Ich war schon in Mexiko davon ausgegangen, dass ich in Südamerika nicht mehr campen würde und hatte deshalb meine Isomatte und das Zelt Mina mit auf die Heimreise gegeben. Meinen schweren Judo-Anzug übrigens auch, denn die Hoffnung, eine Möglichkeit zum Trainieren oder Kämpfen zu finden, hatte ich längst aufgegeben.

Also musste ich in dem Stall ohne isolierende Unterlage schlafen, und das war bei der Kälte, die hier herrschte, überhaupt nicht prickelnd! Zum Glück fand ich ein Brett, legte ein paar Mopedjacken darauf und konnte auf diesem Lager einigermaßen die Nacht überstehen.

Zurück zum Essen. Einfach so, als wäre es nichts Besonderes, brachten die Jungs extrem schmackhafte Empanadas auf den nicht vorhandenen Tisch. Und die auch noch frisch zubereitet. Immer wieder unglaublich, welche genialen Kochfähigkeiten sie neben allem anderen Know-how besaßen. Ich übernahm die Aufgabe, alles fotografisch zu dokumentieren. Das Abendessen war einfach göttlich – das könnte ich nicht einmal in der Hightech-Küche von Mina zubereiten. Und als die kalte Nacht endlich vorbei war, kam die Krönung: In unserer Schmuddelbude bekamen wir Kaffee mit Keksen »am Bett« serviert. Einfach unbeschreiblich!

Ipiales ist eigentlich nur eine Grenzstadt zu Ecuador und hat nichts Besonderes zu bieten. Pflicht ist allerdings der Besuch der Kirche, die als eines der touristischen Highlights Kolumbiens gilt. Ein kleines Mädchen hatte hier vor Jahren eine Marienerscheinung gehabt – für die Kolumbianer ein guter Grund, an dieser Stelle eine riesige Kirche zu errichten!

Erste Eindrücke von Ecuador

Von Ipiales sind es nur noch sieben Kilometer bis zur Grenze nach Ecuador. Die Einreise in das Äquatorland verlief ohne größere Probleme und war in wenigen Minuten erledigt. Und dabei hatte ich die abenteuerlichsten Horrorgeschichten gehört, was die Grenzüberquerung von Kolumbien nach Ecuador angeht. Laut Reiseberichten von anderen Mopedfahrern müssten angeblich unzählige Formulare ausgefüllt werden und teilweise bräuchte man sogar einen Rechtsanwalt, der einem hilft, die Grenze zu passieren! Vielleicht hatten wir nur Glück, auf jeden Fall traf nichts von alledem zu.

Gleich hinter der Grenze gibt es in dem Ort Tulcán einen ganz besonderen Friedhof, den wir als Nächstes besuchten. Die Verstorbenen werden in den Wänden einer großen Mauer in einer Art Schublade aufbewahrt. Der ganze Friedhof ist von Zypressen umgeben, und aus dieser Hecke hat man die unterschiedlichsten Figuren herausgeschnitten. Der Begründer dieser letzten Ruhestätte war von seinem Werk so begeistert, dass er sich in seinen Grabstein meißeln ließ: Ein Friedhof so schön, dass er zum Sterben einlädt!

Danach rauschten wir durch das Tal »Gruta de La Paz« mit seiner unglaublich schönen Landschaft. Ich war selig; so hatte ich mir im Traum meine Mopedfahrt durch die Anden vorgestellt: Eine kleine Schotterstraße schlängelt sich durch die einsame Bergwelt und die Fernsicht gibt den Blick frei auf grüne Wiesen und schneebedeckte Berge. Und das bei strahlend blauem Himmel. Der Wettergott der Andenvölker schien es an diesem Tag tatsächlich gut mit uns zu meinen: wolkenloser Himmel und trockene Straße – welch eine Wohltat nach den letzten Wochen. Ausgerechnet in der Karibik und im nördlichen Südamerika hatte ich das schlechteste Wetter während meiner bisherigen Reise erlebt.

Unser nächstes Ziel hieß Otavalo. In dem Ort mit seinen 22 000 Einwohnern leben die Nachkommen der Caranqui-Indianer, die an jedem Wochenende einen traumhaft bunten Markt veranstalten. Hier sollte es besonders schöne Wollwaren und allerlei Kunsthandwerk geben. Doch all das musste noch bis zum nächsten Morgen warten.

In Otavalo entschied sich die Truppe zum Glück, mal wieder in einem Hotel zu übernachten. Es tat gut, endlich duschen zu können – und noch dazu warm. Ich hatte mich schon fast mit dem Gedanken abgefunden, nie mehr richtig sauber zu werden.

Shopping in Otavalo

Zwar war Ausschlafen angesagt, aber bei mir funktionierte das nicht so richtig. Zu sehr hatte ich mich an das frühe Aufstehen mit den Israelis gewöhnt. Noch war die Sonne längst nicht oben und es war leicht nebelig, als ich zum Marktplatz spazierte. Dort war schon allerhand Betrieb und es gab, angefangen von Lebensmitteln, zum Teil in großen Säcken abgepackt, über lebende Tiere und allen möglichen Kleinkram bis hin zu Klamotten wirklich alles zu kaufen. Mein besonderes Interesse galt den Pullovern, Decken und sonstigen Strickwaren aus Lamawolle, die hier bergeweise herumlagen. Bei dieser Riesenauswahl musste ich mir erst einmal einen Überblick verschaffen, und das tat ich dann auch ausgiebig, indem ich einfach zwischen den Ständen herumschlenderte.

Beim zweiten Durchgang gemeinsam mit Martin und Andy habe ich dann gnadenlos zugeschlagen: ein schöner Pullover, eine Hängematte und eine Stofftasche. Zum Glück gab es keine Möglichkeit, irgendwo mit der Kreditkarte noch mehr Bolivares – richtig, in Ecuador zahlt man mit Bolivares – abzuheben, sonst hätte der Kaufrausch wohl kein Ende genommen. Fast den ganzen Tag schlenderten wir über den Markt. Weil uns allen die Atmosphäre in Otavalo so gut gefiel, hängten wir noch einen Tag dran.

Dann war es wieder an der Zeit, Mina anzurufen. Bei unserem letzten Telefonat an ihrem Geburtstag ging es Martin noch sehr schlecht und ich hatte ihr ausführlich davon erzählt. Mina meinte, dass Andy und ich uns ganz bestimmt angesteckt hätten und ebenfalls an dem Tropenfieber erkranken würden. Doch ich konnte sie beruhigen. Die Stimmung während des Gesprächs war diesmal außerordentlich gut; wahrscheinlich freute sie sich zu hören, dass ich gesund war.

Die Äquatortaufe fällt ins Wasser

Als wir am nächsten Tag aufbrechen wollten und alle Maschinen bepackt waren, diagnostizierte Martin bei seinem Motorrad hinten einen Platten. Schon wieder! Diesmal war jedoch kein neues Loch zu finden; aus einem der Flicken entwich die Luft. Same procedure ...

Wir wollten es bis Quito schaffen. Ich war einigermaßen neugierig, denn auf dem Weg in die Hauptstadt Ecuadors mussten wir zwangsläufig irgendwo den Äquator überqueren. Während der Fahrt hielten wir ständig Ausschau nach einer Art Denkmal oder einem Hinweisschild, aber nichts dergleichen war zu sehen. Schließlich lag die Stadt Quito vor uns und wenig später checkten wir im Hotel ein. Wir hatten den Äquator überquert, ohne es zu merken! Später erfuhren wir, dass es auf der Panamericana keine besondere Markierung gibt, wo sie auf den Äquator stößt. Ein Denkmal, das diesen besonderen Punkt kennzeichnet, befindet sich auf einer Nebenstraße weiter östlich. Zu dumm.

Die von uns gewählte Unterkunft lag nicht im Zentrum, sondern etwas außerhalb in einem Wohngebiet. Die Israelis bereiteten am Abend draußen wie gewohnt ein großes Essen zu, das wir gemeinsam im Garten an einem langen Tisch zu uns nahmen. Wir schienen einen ganz vertrauenswürdigen Eindruck zu machen – was ich mir manchmal nicht so recht vorstellen konnte, wenn ich mir anschaute, wie wir herumliefen –, weil sich zwei Deutsch-Italiener und ein Würzburger zu uns gesellten.

Wir verstanden uns auf Anhieb prima, die Stimmung stieg, die Lautstärke der Musik auch, und im Nu war eine Party im Gange. Einige Mädchen aus dem Hotel schlossen sich uns an und es wurde getanzt – wir Jungs in voller Biker-Montur.

Bastel mal wieder

Gleich am nächsten Morgen stand ein Besuch in einer der zahlreichen Hinterhofwerkstätten von Quito an, wo noch richtig »geschraubt« und improvisiert wird. Der zuständige Mechaniker war Deutscher und so konnten wir ihm ausführlich unsere Sorgen berichten. An Martins und meiner Maschine musste ein neues Lenkkopflager eingesetzt werden. Martin benötigte zudem frisches Gabelöl und bei mir mussten die Vergaser synchronisiert und neu eingestellt werden. Christian, so hieß der Mechaniker, schlug vor, wenn wir die Kosten niedrig halten wollten, könnten wir ihm ja bei der Arbeit behilflich sein.

Das war uns recht, und so verbrachten wir den ganzen Tag in der Werkstatt mit Schrauben. Als wir meinen Vergaser zerlegt hatten, sah man, dass der eine Kolben starke Riefen und Einkerbungen aufwies. Daher stammte also das Klappern! Da auf die Schnelle kein neuer Vergaserkolben aufzutreiben war, wurde der alte einfach plangeschliffen.

Den ganzen Tag schufteten wir und waren abends immer noch nicht fertig. Es half nichts, wir mussten einen weiteren Tag dranhängen. Ein weiteres Problem bestand darin, passende Reifen für meine Gummikuh aufzutreiben. Ich benötigte, wie das bei BMW üblich ist, 17-Zoll-Reifen. Die Händler am Ort führten aber nur 18-Zoll-Mäntel.

Als wir abends zurück ins Hotel kamen, hatten die Israelis riesige Mengen Fleisch eingekauft, und das wurde nun draußen auf dem Grill zubereitet. Was für ein Essen! Es gab unendlich viel Fleisch und dazu keine einzige Beilage. Etwas unüblich, aber lecker war es trotzdem!

Am nächsten Morgen ging es gleich früh wieder in die Werkstatt. Zufällig hatten Martin und ich die gleichen Lenkkopflagergrößen, und was noch besser war, es waren auch zwei neue vorrätig. Schließlich bauten wir alles wieder zusammen und dann kam der große Augenblick für mich: Startversuch!

Zu meinem großen Erstaunen dauerte es gar nicht lange und der Motor sprang an und brummte zufrieden vor sich hin. Das hätte ich zwei Stunden zuvor nicht für möglich gehalten. Allein der Vergaser besteht aus über fünfzig Einzelteilen und da kann beim Zusammenbau schnell etwas übersehen werden – oder übrig bleiben! Was jetzt noch fehlte, waren neue Bremsbeläge. Für meine Bremsanlage mussten sie extra zurechtgeschnitten werden, denn wir konnten keine passenden auftreiben. Aber auch da kann man sich – zumindest in Südamerika – ganz elegant behelfen. Manche Autos von BMW benutzen den gleichen Bremssattel, nur der Belag ist um ein Vielfaches dicker. Kein Problem, meinte Christian, der Mechaniker. Die Bremsbeläge wurden schlicht und ergreifend so weit heruntergeschliffen, bis die Scheibe meiner Vorderradbremse zwischen die Beläge passte. Auch nicht schlecht. In Westeuropa unvorstellbar, hier Routine!

Endlich war all das repariert, gewartet und ausgetauscht worden, was ich auf meiner langen Liste hatte, und der ganze Spaß kostete mich gerade einmal umgerechnet fünfzig Euro. Am Abend ging ich mit Martin und Andy essen und anschließend im Internetcafé surfen, bis auf einmal in der ganzen Stadt Quito der Strom ausfiel. Ein »Blackout« schien in Quito nichts Besonderes zu sein, von Unruhe keine Spur. Schon kurze Zeit später brannten auf allen Tischen Kerzen, als ob nichts vorgefallen wäre und romantische Beleuchtung der Normalzustand sei.

Zum Cotopaxi – auf Biegen und Brechen ...

Mit der Entscheidung, ob wir den Cotopaxi besteigen sollten, taten wir uns ein bisschen schwer. Ein Pärchen aus Alaska, das wir im Hotel kennen gelernt hatten, hatte sich als Führer angeboten. Die beiden waren schon einmal auf dem Vulkan gewesen, der immerhin eine Höhe von 5900 Metern hat. Wir argumentierten hin und her und dann fiel die Entscheidung zugunsten einer Besteigung.

Mit von der Partie waren die vier Israelis, das Pärchen aus

Alaska, Andy, Martin und ich. Als Erstes mussten wir für fünf Personen Bergsteigerausrüstung ausleihen. Dabei kam richtig Stress auf, aber auch diese Aufgabe bewältigten wir.

Bis zum Parkeingang war es ein ordentliches Stück, zunächst über die Panamericana, die hier »Straße der Vulkane« heißt, und dann ab nach Osten in die Pampa. Bis auf 4000 Meter schafften es die Maschinen ohne dramatischen Leistungsverlust. Doch kurz vor der Schutzhütte, die auf 4800 Metern liegt, wartete auf uns ein besonders enges und schwieriges Stück.

Ausgerechnet hier ließen die Motoren deutlich nach. Der Serpentinenweg, auf dem wir uns steil den Berg hinaufarbeiteten, war eher als Trampelpfad zu bezeichnen. Um in den engen Kurven nicht stecken zu bleiben, musste man intensiv mit der Kupplung arbeiten. Es kam, wie es kommen musste – binnen kurzem war dem Kassenminister der Israelis die Kupplung durchgeschmurgelt.

Martin und Andy hatten ebenfalls schwer zu kämpfen. Andy musste sein Gepäck abladen; und die Maschine von Martin musste ich den Rest bis nach oben fahren. Zu den besonders schweren Geländebedingungen kam die extrem dünne Luft hinzu, und das brachte Mann und Maschine im Nu an die Leistungsgrenze.

Ich konnte zufrieden sein. Ohne Sturz oder stecken zu bleiben hatte mich die schwere BMW bis zur Schutzhütte gebracht. Mein Adrenalinspiegel reichte zwar bis unter die Schädeldecke, aber ich fühlte mich gut. Meine Erfahrungen, die ich als Jugendlicher im KTM-Crosstraining gesammelt hatte, waren endlich einmal voll zum Tragen gekommen.

Die Schutzhütte war speziell für Bergsteiger ausgelegt, die sich hier einige Tage an die Höhe und die dünne Bergluft gewöhnen wollen. Auch Andy, Martin und ich hätten hier gerne eine Weile Station gemacht, um uns zu akklimatisieren. Doch den Israelis waren die Kosten für die Unterkunft wie immer viel zu hoch und so bauten wir ein paar hundert Meter von der Schutzhütte entfernt mitten im Schnee unsere Zelte auf.

Mit Einbruch der Dämmerung wurde es schlicht saukalt. Schnell tranken wir vor dem Schlafengehen eine Tasse heißen Tee und aßen Kekse dazu. Dann hieß es für zirka drei Stunden ruhen, denn um 23.30 Uhr wollten wir mit dem Aufstieg beginnen. Von Schlafen konnte keine Rede sein; es war eisig kalt und wir alle hatten große Probleme mit der Höhe. Wir hatten Kopfweh, begleitet von leichtem Brechreiz.

Pünktlich um 23.30 Uhr standen alle auf. Wegen der Kälte fand das Anlegen der kompletten Bergsteigerausrüstung in den winzigen Zelten statt: Lange Unterhose, Jeans, Motorradhose, Motorradjacke, Knieschutz, Schuhe mit Eiskrallen, Mütze, Handschuhe, Gurtweste, Pickel und Taschenlampe. Martin ging es überhaupt nicht gut und er blieb daher gleich liegen. Das erst kürzlich überstandene Denguefieber steckte ihm noch in den Knochen.

Draußen war es inzwischen noch kälter und zudem hatte es kräftig geschneit. Zum Aufwärmen und Wachwerden tranken wir kräftigen heißen Kaffee und dazu gab es wieder Kekse.

Dann brachen wir auf. Ich merkte schnell, dass ich mich zum Zeitpunkt unserer Ankunft auf dieser Höhe deutlich besser gefühlt hatte. Nun quälten mich Luftknappheit und Kopfschmerzen. Ich war nicht der Einzige, dem es dreckig ging. Andy kehrte schon nach dreihundert erklommenen Metern um und wankte zurück ins Zeltlager.

Als der Boden immer vereister wurde, befestigten wir die Eiskrallen an den Schuhen. Es schneite, Sicht war so gut wie keine vorhanden und ständig quälte uns die Atemnot. Durch die eisige Kälte ließ zudem die Leistung der Batterien in den Taschenlampen nach und die Leuchtkraft wurde immer geringer.

Wir kämpften uns in zwei Seilschaften voran. Ich war mit Ariel, dem für die Reiseplanung zuständigen Ministerpräsidenten der Israelis, und dem Mädel aus Alaska in einer Gruppe. Wir beiden schwergewichtigen Kerle fochten unseren ganz persönlichen Kampf. Teilweise bewegten wir uns sogar auf allen Vieren den Berg hinauf, und das nicht, weil der Anstieg so steil oder schwierig gewesen wäre. Immer wieder musste man – nach nur einem zurückgelegten Höhenmeter – eine Pause einlegen.

Das Pärchen aus Alaska hatte uns gründlich instruiert. So mussten wir beim Überqueren von steilen Abhängen und Gletscherspalten unbedingt darauf achten, dass die Seile permanent gespannt blieben. Und bei jeder noch so kurzen Pause musste man sich gleich mit dem Eispickel im Eis absichern. Das war für uns blutige Anfänger alles nicht so einfach.

Als beide Seilschaften dann zusammen eine Pause einlegten, beschlossen wir einstimmig, die Besteigung abzubrechen. Zum einen war unsere Gruppe bereits völlig erschöpft, zum anderen würden die Taschenlampen wegen der Kälte bald den Geist aufgeben. Auf halber Strecke zum Gipfel, auf einer Höhe von circa 5500 Metern, kehrten wir schließlich um. Wir trösteten uns damit, dass wir selbst bei Erreichen des Gipfels nicht in den Genuss der überall in der Literatur beschriebenen grandiosen Sicht gekommen wären.

Im Nachhinein muss man diesen »Ausflug« als puren Leichtsinn bezeichnen. So eine Bergbesteigung muss viel gründlicher geplant und vorbereitet werden, als wir das getan hatten. Von unserer mageren Bergerfahrung ganz abgesehen, hätten wir uns viel länger akklimatisieren müssen, bevor wir uns an so einen gewaltigen Aufstieg wagten. Und überhaupt – für fußfaule Motorradfahrer war diese Bergbesteigung eine bis zwei Nummern zu groß und damit viel zu gefährlich.

Der Abstieg fiel uns etwas leichter und als wir wieder an unserem Lagerplatz waren, wollten die anderen nur noch eins: schlafen. Ich hingegen war immer noch aufgedreht und hellwach. Ich beschloss, zur Schutzhütte zu gehen, wo ich mir einen Kaffee kochte, und legte mich schließlich dort schlafen. Später, als ich wieder einigermaßen wach war, unterhielt ich mich mit einem Pärchen, das sich in der Schutzhütte aufhielt. Es hatte am Morgen wie wir den Gipfelsturm versucht und ebenfalls aufgrund der miserablen Wetterbedingungen die Tour abgebrochen.

Am späten Nachmittag, als alle wieder an Deck waren, packten wir die Zelte zusammen und fuhren die steile kurvenreiche Strecke zurück. Für Martin war das extrem hart: Bestimmt zehn Mal hat es ihn bei der Abfahrt verrissen und er landete wieder und wieder im Dreck.

Weiter unten wartete die defekte Maschine unseres israelischen Freundes auf uns, die wir irgendwie zurück nach Quito schaffen mussten. Mit den Erfahrungen, die wir alle mittlerweile auf dieser Tour gesammelt hatten, war das keine allzu große Herausforderung. Wir befestigten ein Seil an der Gabelbrücke des kaputten Bocks und dann am Gepäckträger meiner BMW und schleppten den Israeli bis zur Hauptstraße.

An der Panamericana warteten wir knapp eine Stunde, bis ein freundlicher Pick-up-Fahrer hielt. Wir luden die Maschine auf und begleiteten den Pick-up als Motorrad-Eskorte nach Quito. Mittlerweile war ich so müde, dass ich fast während der Fahrt eingeschlafen wäre.

In Quito brachte ich trotzdem noch die Energie auf, mir einen neuen Hinterreifen aufziehen lassen – im alten steckten schon mehrere Nägel! Siebzig US-Dollar kostete mich der Spaß und die Qualität war miserabel. Doch es musste einfach sein; es gab keine Alternative.

Der Ruf der Wildnis

Vor unserer Weiterreise in den weiter südlich gelegenen Dschungel mussten zunächst die in Otavalo gekauften Souvenirs wie Decken und Pullover in Pakete verpackt und nach Deutschland verschickt werden. Bei der Vertretung einer deutschen Speditionsfirma hatte man uns – zumindest am Telefon – das günstigste Angebot gemacht.

Als wir bei der Spedition vor Ort vorsprachen, hörte sich das alles ganz anders an. Das Mädel, mit dem wir sprachen, war ebenfalls Deutsche und sehr nett. Ihrem Charme und dem lästigen Umstand, dass wir andernfalls eine andere Spedition hätten suchen müssen, war es zu verdanken, dass wir dennoch unsere Pakete aufgaben. Am Ende zahlten wir für Verpackung und Transport mehr als für den Inhalt. Aber was hätten wir sonst machen sollen?

Ich weiß nicht, ob es mit der Paketaktion zu tun hatte – als wir ins Hotel zurückkommen, kommt es aus heiterem Himmel zwischen uns dreien zu einer Meinungsverschiedenheit. Und diesmal kracht es richtig! Andy und ich wollen zügig weiter Richtung Süden. Martin hingegen will sich mehr Zeit lassen. So gehen die Meinungen eine ganze Weile hin und her und das Ende vom Lied ist, dass wir an diesem Tag nicht weiterfahren.

Andy und Martin profilierten sich als die Hauptstreithähne, während ich mich im Wesentlichen heraushielt. Meine Meinung und Einstellung war eh allen klar – ich war auf der Seite von Andy, da uns beiden etwa die gleiche Zeit für den Rest der Tour zur Verfügung stand. Andererseits waren Andy und Martin gemeinsam gestartet, sodass ich beim Tempo weniger mitzureden hatte. Jedenfalls konnten sich Andy und Martin nicht einigen und so wurde überhaupt keine Entscheidung getroffen. Unsere Stimmung tendierte Richtung Nullpunkt.

Es folgte ein erneuter Besuch bei Christian, dem Mechaniker, um nach der Rüttelstrecke am Cotopaxi alle Schrauben kontrollieren und nachziehen zu lassen. Anschließend machte ich mich auf die Suche nach Motorradhandschuhen. Ich fuhr schon einige Zeit ohne, weil mir meine in Kolumbien geklaut worden waren. Ich hatte sie irgendwo bei einem Stopp auf einem Marktplatz für nur wenige Sekunden unbeaufsichtigt auf dem Tank liegen lassen. Wir hatten die Maschinen nebeneinander geparkt und waren mit einem Biker-Pärchen aus Holland im Gespräch. Ein Augenblick genügte – als ich mich wieder umdrehte, waren die Handschuhe spurlos verschwunden.

Leider konnte ich nichts Geeignetes finden. Immerhin stieß ich bei meiner Suche auf eine Landkarte, die wir für die Weiterfahrt gut gebrauchen konnten. Danach verzog ich mich ins Internetcafé und schrieb bis spät in die Nacht einen Sammelbrief an die Lieben in der Heimat, mit dem ich alle auf den neuesten Stand brachte.

Bye, bye Quito

Am 23. Januar verließen wir die ecuadorianische Hauptstadt Quito. Irgendwie hatten wir Deutschen uns doch geeinigt und beschlossen, gemeinsam Bolivien anzusteuern. Schon recht früh am Morgen machten wir uns auf den Weg und steuerten aus der Stadt heraus, was sich jedoch aufgrund der nicht vorhandenen Beschilderung als gar nicht einfach herausstellte.

Die Isrealis hatten sich wie immer etwas Besonderes vorgenommen: Sie wollten durch die hohe Bergwelt weiter nach Peru. Bei schönem Wetter war die Strecke landschaftlich sicher ein Traum. Doch bei der derzeitigen Großwetterlage war sie das ganz sicher nicht. Andy, Martin und ich hatten uns daher entschlossen, die Strecke entlang der Küste und damit durch die Wüste zu nehmen.

Wir fuhren zunächst landeinwärts in den Dschungel, genauer gesagt nach Baños; das hatte uns ein Typ aus dem Internetcafé empfohlen. Als Station zum Übernachten zogen wir jedoch einen Ort vor Baños vor, denn Baños selbst ist touristisch und damit teuer. Die Fahrt dorthin war nicht gerade angenehm. Es regnete und von der Landschaft, die bestimmt sehenswert war, bekamen wir nichts mit. Außerdem musste man höllisch aufpassen, dass es einen nicht in der nächsten Kurve umhaut.

Als kleine Entschädigung gab es ein delikates Abendessen. Ich leistete mir eine Pizza und war gerade dabei, sie genüsslich zu verzehren, als Martin uns erzählte, dass er mit dem Gedanken spielte, die Reise abzubrechen und nach Deutschland zurückzukehren. Für Andy und mich kam dies völlig überraschend. Der Grund war angeblich, dass er seine Freundin vermisste. Ich nahm allerdings an, dass ihm unser Reisetempo zu schnell und zu anstrengend war; vielleicht wollte er sich auch einfach nur von uns absetzen. Diesmal fand keine Streiterei wie in Quito statt. Martin schilderte uns seine Absicht ohne Vorwurf. Andy und ich versuchten natürlich, ihn umzustimmen. Wir konnten uns nur zu gut vorstellen, was es für ein Gefühl sein musste, einfach aufzugeben.

Am Sonntagmorgen regnete es immer noch – warmer, penetranter, endloser Dschungelregen. Wir hoben kurz die Köpfe und registrierten die erbärmliche Wetterlage und keiner fühlte sich animiert, sein Bett zu verlassen. Eigentlich stand eine Dschungeltour auf dem Programm. Doch bei solch einem Regen und dem vielen Matsch und ohne Aussicht auf Wetterbesserung kann man ruhig etwas länger schlafen.

Und ewig schraubt der Biker

Mit einem ausgiebigen Hotelfrühstück im Bauch und ohne eine Dschungeltour absolviert zu haben fuhren wir weiter in Richtung Baños. Während eines Tankstopps wollte ich kurz mein Öl auf eventuelle Späne untersuchen, die sich vom Kolben des Vergasers möglicherweise in den Motorölkreislauf geschlichen hatten. Was ich zu meinem großen Erschrecken entdeckte, waren jedoch keine Späne, sondern ein weit unterschrittener Mindestölstand. Das konnte doch nicht wahr sein! Erst in Panama hatte ich das Öl wechseln lassen.

Ich kam beim Nachfüllen zu dem Schluss, dass man dort möglicherweise bei der Ölstandkontrolle den Messstab ganz hinein geschraubt hatte, anstatt ihn nur aufzustecken – wie in der Bedienungsanleitung vorgeschrieben. Das führt natürlich zu unterschiedlichen Messergebnissen!

Ich nutzte die Gelegenheit, die Kofferhalterung nachzujustieren und mit Hilfe von Klebeband wieder auf Spannung zu bringen. Der Grund ist schnell erklärt: Die Aluboxen werden an der Kofferhalterung meiner BMW mit zwei verschraubten Metallplatten befestigt; dazwischen befindet sich ein rundes Distanzstück aus Kunststoff. Die Distanzstücke hatten während der Fahrt durch das ewige Rütteln und Scheuern an Durchmesser verloren, sodass sich die Alukoffer lockerten, obwohl die Schrauben in den Metallplatten bombenfest angezogen waren. Mir blieb nichts anderes übrig, als die Metallplatten mit Klebeband zu umwickeln, um so das größer gewordene Spiel auszugleichen.

Weiter ging die Fahrt – und es regnete immer noch wie aus Eimern. Dann waren wir endlich in Baños, einem touristischen Dörfchen mit vielen Kneipen. Wir nahmen in einem Café ein zweites Frühstück zu uns, bevor wir die Tour fortsetzten. Zum Glück ließen wir uns dabei Zeit, sonst hätten wir die vier Israelis nicht gesehen, die gerade auf der Hauptstraße an uns vorbeibrausten. Was für ein Zufall! Sie erzählten uns, dass sie hier in Baños eine Nacht bleiben und dann weiter durch die Berge Richtung Süden fahren wollten.

Die Fahrt durch die Berge muss landschaftlich ein Traum sein. Einziger Nachteil: Es regnet allgemein oft und im Januar noch mehr. Andy und ich und vor allem Martin, wir hatten die Nase gestrichen voll vom Regen und so schlossen wir uns nicht den Israelis an, sondern fuhren in Richtung Küste. Von dort wollten wir durch die Wüste weiter Kurs Richtung Süden nehmen.

Das morgendliche Aufstehen verlagerte sich in diesen Tagen immer mehr nach vorne. Andy hatte geradezu Hummeln im Hintern; keine fünf Minuten konnte er still sitzen. Er erzählte uns, er hätte geträumt, er habe nur noch vier Wochen Zeit für die Tour. Was für ein Alptraum!

Die Machete macht's

Und es regnete weiter in Strömen. Wenn sich der Dunst kurzzeitig lichtete, konnten wir einen Blick auf die Schönheit und die Weite der Landschaft erhaschen. Dann bot sich uns das grandiose Panorama eines Hochwalddschungels, der sich bis an den Horizont erstreckt.

Andy war nun so in Eile, dass wir nur noch ganz selten anhielten, um Bilder zu machen. An einem besonders schönen Aussichtspunkt musste er allerdings klein beigeben und wir machten eine Pause. Ich kam dort mit einem Bauern ins Gespräch. Nach kurzer Zeit bot er mir an, seine Machete zu kaufen. Von so einem Original, einer abgewetzten Machete mit kräftigen Gebrauchsspuren, hatte ich schon immer geträumt. Der Deal war schnell unter Dach und Fach und wir waren beide zufrieden.

Es war eine große Machete, zusammen mit Scheide und Gürtel. Umgerechnet neun Dollar kostete mich der Spaß. Ich befestigte das Monstermesser seitlich am Sturzbügel meiner Maschine und stellte zu meiner Freude fest, dass das richtig gefährlich aussah. Von meiner Sitzposition aus konnte ich direkt zur »Waffe« greifen.

Ich wusste natürlich, dass jeder Bandit hier ein Schießeisen trug und dass ich mit meiner Machete nichts ausrichten konnte. Trotzdem fühlte ich mich gleich sicherer. Als ich wieder auf meinem schwer beladenen Moped saß, sah ich aus wie ein neuzeitlicher Ritter, der in die Schlacht zieht. Ich bot – zumindest aus meiner Sicht – ein Respekt einflößendes Bild für potenzielle Diebe und Strolche, und genau das wollte ich erreichen!

Wir setzten die Reise mit hohem Tempo fort. Für mich war es ein völlig neues Erlebnis, mit einer Gruppe ein derartiges Tempo vorzulegen, aber immerhin kam ich dabei aus fahrtechnischer Sicht auf meine Kosten. Wie ich auf meinem Altimeter ablesen konnte, verlief die Route ständig auf einer Höhe von ungefähr 3500 Metern. Dass die Gegend schön war, konnte ich jedoch nur vermuten. Denn es regnete und regnete und es wollte nicht aufhören.

In Loja machten wir Station. Während wir das Gepäck abluden, stellte Martin fest, dass die Scheibenbremsbeläge an seinem Hinterrad völlig abgenutzt waren. Die haben wir sicherheitshalber noch gewechselt, bevor wir uns schlafen legten.

Wer reitet so schnell durch Nebel und Regen?

Regen, Regen, Regen – nichts hatte sich während der Nacht geändert und die Lust, bei diesem Wetter aus dem Bett zu klettern, hielt sich sehr in Grenzen. Wir machten uns dennoch auf. Regenkleidung war in diesen Tagen rund um die Uhr ein absolutes Muss.

Wir kamen durch zahlreiche Ortschaften ohne jegliche Beschilderung und Kennzeichnung und so war es kein Wunder, dass wir uns irgendwann um gut hundert Kilometer verfahren hatten. Den Hinweis bekamen wir erst an einer Militärkontrolle. Also mussten wir den ganzen Weg wieder zurück. An der Abzweigung, wo uns der Fehler unterlaufen war, konnte man nur mit viel Phantasie eine Art Beschilderung erkennen.

Die Landschaft sah im Nebel gespenstisch aus. Ich war heilfroh, dieses Stück nicht alleine fahren zu müssen. Wenn man alleine unterwegs ist, bekommt man bei solchen Wetterbedingungen schnell das heulende Elend.

Wir mussten uns an diesem Tag zusätzlich beeilen, denn die Grenze nach Peru sollte nach unseren Informationen pünktlich um achtzehn Uhr die Pforten schließen. Doch auf der schmalen, kurvigen Bergstraße kamen wir nur langsam voran, durchschnittlich mit 50 km/h. Kurz vor der Grenze wurde das Wetter zum Glück besser. Endlich konnte man die Landschaft bewundern und das hob unsere Stimmung. Zu gerne hätte ich das eine oder andere Foto gemacht, aber dafür war wirklich keine Zeit.

Um 18.05 Uhr stoppten wir am Schlagbaum – genau fünf Minuten zu spät. Die Grenzbeamten waren schon heimgegangen. Das bedeutete, dass wir erst am nächsten Morgen in Peru einreisen und unsere Fahrt fortsetzen konnten. Schöner Mist.

In der Kneipe genau gegenüber vom Grenzposten bestellte ich mir ein großes Bier und spülte meinen Frust mit großen Schlucken hinunter. Das war vielleicht ein Tag! Dichter Nebel und ständig Regen, tiefe Schlammpisten, insgesamt zweihundert Kilometer falsch gefahren und dann die Grenze wegen fünf Minuten Verspätung nicht passiert. Doch wer weiß, wofür das gut war.

Die Nacht verbrachten wir in der Grenzstadt Macará. Am nächsten Morgen waren wir schon um 7.30 Uhr beim Bäcker, um acht Uhr sprachen wir bei den Zöllnern vor und nach nur eineinhalb Stunden hatten wir die Grenzformalitäten hinter uns. Das bedeutete absolute Rekordzeit. Obendrein war es ein sehr angenehmer Grenzübergang – keine nervenden Kinder und Geldwechsler und zudem nette Grenzbeamte.

Von der Küste Perus ins bolivianische Hochland

El condor pasa ...

Endlich in Peru. Für mich war es bereits das zweite Mal; schon im Herbst 1992 war ich hier gewesen, damals mit Claus, meinem Kumpel aus Santiago de Chile. Wir hatten uns die Hauptstadt Lima, Cuzco, Machu Picchu und die Dschungelstadt Iquitos am Amazonas angeschaut.

Es war eine sehr schöne, erlebnisreiche Zeit gewesen. Doch damals waren wir völlig anders drauf, was die Art des Reisens anging. Übernachtet wurde nur in den teuersten und besten

Hotels. Gereist wurde per Flugzeug und die Reise war minutiös von einem Reisebüro geplant worden.

Das hier ist nun wirklich ganz anders. Jetzt bin ich mit dem Moped unterwegs und komme den weiten Weg aus Alaska. Um alles muss ich mich selbst kümmern – angefangen bei der Route über die Unterkünfte bis hin zum Mopedservice. Bis hinunter nach Chile ist es noch ein weiter Weg. Ich denke, richtig begreifen werde ich die Tour erst, wenn ich die Reise beendet habe und wieder zurück in Deutschland bin. Nur die Anstrengungen und die Sorge um das Motorrad dämpfen zurzeit meine Stimmung. Ein Beispiel: Gerade habe ich die Grenze nach Peru passiert, Geld getauscht und bin endlich wieder auf einer geteerten Straße mit Discman im Ohr unterwegs, da muss ich doch tatsächlich wieder einen Platten bekommen und das auch noch ausgerechnet an meinem neuen Hinterreifen!

Doch ich hatte Glück im Unglück, dass mir das gleich am Anfang des Wüstenareals passierte, keine zwanzig Kilometer von einer Reifenwerkstatt entfernt, die wir kurz zuvor passiert hatten.

Diesen volcanisador und die Art und Weise, wie die Reparatur ausgeführt wurde, werde ich nie vergessen. Die Werkstatt und das Haus der Familie waren aus Bambusrohren gebaut und das Wohnzimmer diente zugleich als Arbeitsplatz. Für uns Europäer ein Anblick wie im Mittelalter. Auch das Werkzeug hätte hunderte Jahre alt sein können. Und dann die Technik des Schlauchflickens: Ein Topf wurde auf glühende Kohlen gelegt und als er richtig heiß war, wurde er zusammen mit Flicken und Schlauch zwischen zwei Schraubzwingen befestigt und der Flicken eingebrannt. Das nennt man wohl Heißvulkanisation. Diese klassische und völlig veraltete Methode, einen Reifen zu flicken, hatte ich nun live miterlebt. Während der Reparatur liefen bestimmt zehn Kinder neugierig um uns herum, und ich konnte tolle Fotos schießen.

Nach diesem Erlebnis ging es weiter – immer in der Hoffnung, dass der Flicken hielt und keine weiteren Löcher hinzukamen. Die Landschaft hatte sich mittlerweile geändert; vor uns lag ein riesiges Wüstenareal. Wir waren ein gutes Stück gefahren, bis wir leicht schockiert erkannten, dass wir überhaupt kein Wasser dabei hatten. Wir drei benahmen uns wie die absoluten Anfänger: Rund vierhundert Kilometer Wüste lagen vor uns und wir Volltrottel hatten nicht einen einzigen Tropfen Flüssigkeit dabei. Das war doch Kamikaze!

38

37 Motorradfahrer halten zusammen. Notfalls gehts im Schlepptau durch die peruanische Wüste Richtung Lima.

38 In den Grabstätten von Chanchilla

39

40

41

39/43
Die Insel Taquile im Titicacasee ist berühmt für ihre strickenden männlichen Bewohner.

40 Vikunjas

41 Tee und frisches Omelett – gleich gibt es Frühstück!

42 Machu Picchu – ein rätselhafter Ort in den Wolken …

44

45

46

44 *Das Hochwasser hat alle Straßenbrücken weggeschwemmt. Da hilft nur eines: Die Überquerung des Flusses über die Eisenbahnbrücke.*

45 *Ein Hotel komplett aus Salz gebaut.*

46–48 *Der Jeepfahrer traut sich hier nicht in das tiefe Wasser und die BMW versinkt so tief in Salz und Sand, dass sie mit fünf Personen geschoben werden muss.*

49 *Die Rettung: Abschleppaktion durch den Salar de Uyuni.*

47

48

49

50 Ein Dorffest im bolivianischen Hochland.

51 Stets warm angezogen: Lamas

52 Im Torres del Paine kann man aus jeder Pfütze trinken.

53 Viehzäune unter blauem Himmel im Süden von Chile.

54 Wie in Alaska: Gletscher prägen auch die Südspitze des amerikanischen Doppelkontinents.

50

51

52

53

54

55

55 In Patagonien und Feuerland kreuzt die Strecke immer wieder die Grenze zwischen Argentinien und Chile.

56 Dank guter Beziehungen kann mein Motorrad die Heimreise auf einem Frachtschiff antreten – zwar als Deckspassagier, aber dafür kostenfrei. Es hat sich sein Gnadenbrot in Deutschland aber auch wirklich verdient.

56

Wie konnte das passieren? Ich glaube, wir hatten einfach vergessen, den inneren Schalter umzulegen – von nass auf trocken. Die Tage zuvor war Regen unser ständiger Begleiter gewesen. Auf die Idee, dass man in der Wüste Wasser brauchen könnte, sind wir in unserer Begeisterung, auf trockener Straße ordentlich Kilometer zu schrubben, einfach nicht gekommen.

Erschwerend kam hinzu, dass Andy zunehmend Probleme mit der Kupplung hatte, die schließlich mitten in der Wüste den Geist aufgab. Jeder Gedanke daran, wie man da draußen etwas fixen kann, war verschwendete Zeit. Also hängten wir Andy mit seinem maladen Bock an meine Gummikuh. Mit 90 km/h brummten wir weiter durch die Wüste. Das muss ein Bild für die Götter gewesen sein. Koblenzer Mopedfahrer schleppt Koblenzer Mopedfahrer Hunderte von Kilometern durch die Wüste von Peru ab. Noch dazu ohne einen Tropfen Wasser.

Die Nacht verbrachten wir in Chiclayo, einer Stadt mitten in der Wüste. Andy war, wie man sich leicht vorstellen kann, an diesem Abend noch intensiv mit seiner Kupplung beschäftigt. In einer Werkstatt hatte man ihm zugesagt, die alte Kupplung neu zu belegen, das würde nicht viel Zeit in Anspruch nehmen. Am Nachmittag des nächsten Tages stand jedoch fest, dass ein weiterer Tag für die Reparatur draufgehen würde. Wir konnten uns nur der Situation fügen und ich beschloss, den restlichen Tag für das Internet zu nutzen.

So lange brauchte ich auch. Chiclayo ist zwar mit 500 000 Einwohnern eine etwas größere Stadt und es gab auch ein Internetcafé. Von Übertragungsgeschwindigkeit konnte jedoch keine Rede sein; außerdem wurde die Leitung ständig unterbrochen. Das schien jedoch für die Einheimischen völlig normal zu sein; der Laden war brechend voll mit Internet-Junkies.

Ich schrieb ein paar Sammel-E-Mails und musste dabei feststellen, dass mein Rocketmail-Account nicht mehr reagierte. Hoffentlich liegt das nur an der langsamen Verbindung, sonst sind alle meine Adressen und meine Tagebuchkopien verloren, schoss es mir durch den Kopf. Ich wurde leicht panisch, denn ich hatte zur Sicherheit meine Tagebuchaufzeichnungen im Internet gespeichert. Und es gab ein paar E-Mail-Adressen von Freunden und Bekannten, die ich nur unter Hotmail und Rocketmail verwendete. Wie sich später jedoch herausstellte, war tatsächlich nur der langsame Verbindungsaufbau schuld daran, dass keine Verbindung zustande kam.

Nassrasieren in der Wüste

Was gibt es sonst über die Wüstenstadt Chiclayo zu berichten? Ziemlich langweilig und heruntergekommen sah es dort aus; Häuser und Straßen befanden sich in einem katastrophalen Zustand. Doch die Stadt machte einen sehr lebendigen Eindruck.

Nur wenige Schritte von unserer Bleibe entfernt war ein Friseur, bei dem ich mir aus Langeweile die Haare schneiden und den Bart abrasieren ließ. Diese Aktion wurde jedoch zum besonderen Erlebnis, weil es immer wieder erstaunlich ist, wie unterschiedlich die Auffassungen über Nassrasuren sein können.

Die beste Rasur hatte ich in Antigua bekommen. Zunächst hatte man mir den langen Bart gründlich eingeweicht. In der Zwischenzeit schärfte der Friseur an einem langen Lederriemen das Rasiermesser. Diese superscharfe Klinge ließ er dann gekonnt über mein zugewachsenes Gesicht gleiten. Mit der freien Hand wurde die Haut immer wieder auf die richtige Spannung gebracht. Anschließend wurde die rasierte Fläche mit Alkohol desinfiziert und die Haut mit Pflegemitteln beruhigt. Das Ergebnis war die gründlichste und schonendste Rasur meines Lebens.

Die besten Rasierer sind nach meiner Erfahrung ältere Männer. Sie verfügen über die entsprechende Praxis und Gelassenheit – im Gegensatz zu der jungen Dame, die mich in Chiclayo verarztete. Nach einer schmerzhaften, blutigen Prozedur verließ ich noch mit vereinzelt längeren Bartstoppeln im Gesicht einigermaßen unzufrieden den Laden.

Geduldsprobe

Und noch einen Tag mussten wir wegen Andys Kupplungsschaden in Chiclayo verbringen. Etwas Entschädigung bot da nur das Frühstück auf der Dachterrasse eines Cafés.

Dann konnten wir uns endlich wieder auf den Weg machen. Ein langer Tag stand uns bevor, zunächst hundertdreißig Kilometer über die Panamericana Richtung Süden, immer am Meer entlang. Wir waren unterwegs nach Chimbote, doch zuvor wollten wir die Ruinen der »Schlammstadt« Chan Chan besichtigen.

Diese Ruinen zählen zu den interessantesten archäologischen Sehenswürdigkeiten Lateinamerikas. In Chan Chan wurden Gebäude und Stadtmauern aus Lehmziegeln gebaut und anschließend reich verziert. Jeder der zahlreichen Herrscher von Chan Chan wollte sich verewigen, indem er noch höhere Bauten und noch prächtigere Tempel errichtete.

Ohne weitere Komplikationen erreichten wir schließlich die Hafenstadt Chimbote. Von hier führt ein kleiner, holpriger Schotterweg in die Berge hinauf bis nach Huaraz, und bis dahin wollten wir es an diesem Tag schaffen.

Laut Reiseführer ist Huaraz die Bergsteigerhauptstadt Perus. Sie liegt rund vierhundert Kilometer nördlich von Lima in einem 300 Meter hohen Tal und ist beliebter Ausgangspunkt für Bergtouren. Die Gipfel rundherum erreichen spielend 6000 Meter. Höchster Berg der Gegend ist der Huazcaran mit 6768 Metern. Eine Stadt umgeben von schneebedeckten Gipfeln, das war ein Anblick, den Andy und ich uns nicht entgehen lassen wollten.

Also nahmen wir den Schotterweg in Angriff. Martin stoppte unvermittelt nach etwa zwanzig Kilometern. Ohne etwas zu sagen, drehte er um und fuhr allein zurück ans Meer hinunter, um dort die Straße Richtung Lima zu nehmen. Anscheinend wollte er den schlechten Weg nicht auf sich nehmen.

Ich fand das ziemlich daneben. Zwar hatten vor allem Andy und ich ein Interesse daran, nach Huaraz zu fahren, aber wir waren eine Gruppe und da hätte sich Martin der Mehrheit fügen müssen. Ich denke, er hätte uns wenigstens stoppen können, um uns sein Vorhaben mitzuteilen, anstatt einfach abzuhauen. Andy und ich waren sprachlos und konnten sein Verhalten überhaupt nicht verstehen. Da Andy und Martin jedoch schon lange befreundet waren, gab ich zu dieser Aktion keinen weiteren Kommentar ab.

Andy und ich fuhren zunächst weiter. Während einer kurzen Trinkpause entschieden wir uns dann, ebenfalls umzudrehen und die Strecke durch die Wüste am Meer entlang zu nehmen, denn das Wetter in den Bergen sah mittlerweile recht bedrohlich aus, und der äußerst üble Straßenzustand gab uns den Rest.

Zwischendurch legten wir einen Fotostopp ein und fotografierten uns gegenseitig, wie wir in vollem Tempo über die Schotterpisten rauschten. Dann nahmen wir die Panamericana Richtung Süden. Was für eine Gegend! Auf der linken Seite sah man die schneebedeckten Anden vor einem bedrohlich aussehenden Gewitterhimmel und rechts das dunkelblaue Meer mit seinem sonnigen Horizont. Einfach faszinierend, diese Landschaft mit ihren starken Kontrasten.

Kurz vor Lima wurde es plötzlich stockdunkel. Gewaltige Wolken hingen tief herab und versperrten jeglichem Sonnenlicht den Weg. Sekunden später fing es an zu prasseln. Doch wir hatten nur noch wenige Kilometer bis nach Lima, also hielten wir durch. In Perus Hauptstadt mussten wir höllisch aufpassen, dass wir keine Leute überfuhren, denn alle rannten wie panisch im strömenden Regen hin und her.

Lima wurde von dem spanischen Eroberer Francisco Pizzaro gegründet und gilt seither als eines der wichtigsten kulturellen und wirtschaftlichen Zentren in Südamerika. Heute wohnen fast fünf Millionen Menschen in Lima – zirka ein Drittel der Gesamtbevölkerung Perus.

Andy und mich zog es in den vornehmeren Stadtteil Miraflores. Nach längerem Suchen fanden wir ein Hotel, das unseren Vorstellungen entsprach. Anscheinend hatte Martin die gleichen Ansprüche wie wir, denn er hatte kurz vorher eingecheckt. Er berichtete, er hätte sich bei der Abfahrt auf der Schotterstraße hinten einen Lagerschaden eingehandelt. Eigentlich eine üble Geschichte, doch Martin hatte schnell eine Werkstatt – vor allem eine, die das passende Lager vorrätig hatte – gefunden. Seinen Alleingang kommentierte er nicht weiter und so sparten auch Andy und ich uns jede Bemerkung.

Dolce Vita in Miraflores

Nach den Strapazen des Vortags tat Ausschlafen richtig gut. Einigermaßen erholt und ausgeruht schlenderten wir auf den Marktplatz.

Das Wetter an diesem relaxten Sonntagmorgen war nicht zu toppen. Die meisten Männer liefen in kurzen Hosen umher und die Frauen trugen luftige Kleidchen. Überall in den Straßen waren fröhliche Menschen unterwegs.

Es war der totale Kontrast zu dem, was ich sieben Jahre zuvor in Lima erlebt hatte. Zur damaligen Zeit war die Guerilla-Organisation »Leuchtender Pfad« aktiv und nirgendwo war man sicher. Überall waren deshalb damals Militärstraßensperren aufgebaut; Auto fahren durfte man nachts nur mit Ausnahmegenehmigung. Zusätzlich musste die Innenbeleuchtung eingeschaltet sein, damit man von draußen sehen konnte, wer sich im Fahrzeug befand.

Diesmal war alles völlig entspannt. Mir fiel außerdem auf, dass die Autos mittlerweile durchschnittlich in einem viel besseren Zustand waren. Mit etwas Großzügigkeit konnte man gewissermaßen kalifornisches Flair verspüren. Die Stadt war nicht wiederzuerkennen.

Nach einem Frühstück in der Sonne schnappte ich mir meine Maschine und cruiste die Strandpromenade entlang. Martin und Andy war nicht danach zumute und so genoss ich das lässige Café-Racing alleine. Am Strand tobte das Leben. Tausende von Menschen lagen in der Sonne oder badeten im Meer. Eine Band spielte in einer Konzertmuschel und Fallschirmspringer waren am Himmel zu sehen.

Weiter führte meine Stadtrundfahrt ins Zentrum. Dort konnte ich mich gut an die Plaza de Armas und das Hotel erinnern, in dem wir damals die Tage verbracht hatten. Später rief ich von einer Telefonagentur aus Mina an. Sie verbreitete wieder einmal schlechte Stimmung. Aber das konnte meine gute Laune nicht trüben.

Frühjahrsputz

Erster Februar – höchste Zeit für eine gründliche Mopedpflege. Seit sieben Monaten war ich unterwegs; schätzungsweise 40 000 Kilometer lagen schon hinter mir und meinem zweirädrigen Gefährt. Ob man es mir ansah, vermag ich nicht zu sagen. Bei meinem Bock war das definitiv der Fall – da musste etwas geschehen!

Bevor ich auch nur irgendetwas an meiner Gummikuh anfasste, ließ ich sie für umgerechnet drei Euro gründlich waschen – an einer sauberen Maschine arbeitet es sich eindeutig besser. Anschließend fuhren Andy, Martin und ich zu diversen Händlern, um verschiedene Ersatzteile zu besorgen. Doch leider waren dort selbst die einfachsten Dinge nicht vorrätig – nicht einmal ein Ölfilter für meine BMW war aufzutreiben. Zu guter Letzt landeten wir wie schon in Quito in einer Hinterhofwerkstatt.

Dort wurden mein gebrochener Gepäckträger und die Halterungen für die Koffer geschweißt, die sich ganz allmählich durch die Dauerbelastung der vielen Fahrerei auf schlechten Strecken verabschiedet hatten.

Zum Schluss gab es noch einen Ölwechsel, allerdings ohne Filterwechsel – der alte wurde nur ausgebaut und mit Benzin gereinigt. Alles schien nun wieder in bester Ordnung zu sein, soweit es von außen zu erkennen war. Der klappernde Kolben des Vergasers musste bis Buenos Aires warten. Ich konnte nur hoffen, dass die Maschine mit mir einer Meinung war. Falls sie das schafft, wird sie zurück nach Deutschland mitgenommen und bekommt einen Ehrenplatz, nahm ich mir vor.

Tags drauf waren die Mopeds von Martin und Andy an der Reihe. Ich hoffte inständig, dass am Mittwoch alle so weit sein würden und wir in die Berge und weiter nach Cuzco fahren konnten. Denn in Cuzco wollte ich ausreichend Zeit haben, um eine Gehörlosenschule besuchen zu können.

Mir stand also der ganze Tag zur freien Verfügung. Genügend Zeit für eine Stadtbesichtigung. An der Plaza de Armas, dem schönsten Platz der Stadt, legte ich los. Die Gebäude rings um den Platz mit ihrem historischen Stil und den schönen Holzbalkonen bilden eine prächtige Kulisse. Der reich verzierte Brunnen in der Mitte ist der so genannte »Null-Punkt-Brunnen«. Er verdankt seinen Namen der Tatsache, dass von hier alle Entfernungen des Landes gemessen werden.

In der Kirche des Klosters San Francisco, das ich vor allem wegen seiner Katakomben aufgesucht hatte, kam ich mit einem Mädel ins Gespräch. Sie machte gerade eine Kirchenführung in Englisch und ich schloss mich einfach ihrer Gruppe an. Als die Führung zu Ende war, stellte ich ihr ein paar belanglose Fragen, um mit ihr ins Gespräch zu kommen. Sie zeigte mir einige weitere Dinge in der Kirche, unter anderem die Folterkammer, doch dann musste sie wieder zurück zu ihrer Arbeit in einem nahe gelegenen Reisebüro.

Ihr Name war Maria Theresa, kurz Tere, und da ich überaus angetan von ihr war – sie hatte eine chinesische Mutter und einen peruanischen Vater und war eine exotische Schönheit – holte ich sie nach der Arbeit ab. Wir setzten uns in ein nettes Café mit Blick auf die Plaza de Armas und tranken Pisco Sour.

Schon kurze Zeit später waren wir leicht angetrunken und kamen uns deutlich näher. Das ging eine gute Stunde so, bis wir schließlich aufbrachen und über die Plaza de Armas schlenderten. Für den Abend war Tere eigentlich mit einer Freundin verabredet.

Also holten wir Teres Freundin ab und fuhren zu dritt auf der BMW durch Lima in den Stadtteil Miraflores. Mit zwei hübschen

Mädels im Rücken war das eine sensationelle Fahrt! Man muss sich das vorstellen: Sonnig-warmes Wetter, ohne Helm und dazu zwei Latino-Schönheiten, mit denen man über die Schnellstraße einer Großstadt braust – einfach super!

Wir suchten uns ein Lokal, wo man draußen sitzen konnte, und tranken weiter Pisco Sour. Schließlich verabschiedete sich die Freundin und ich ging mit Tere ans Meer hinunter, wo wir bis in die frühen Morgenstunden blieben. Diese Nacht war noch schöner als damals am Strand von Vancouver, als ich zusammen mit dem Harley Davidson-Fahrer Gordon und seinem Kumpel Richard mit zwei süßen Engländerinnen eine Beachparty gefeiert hatte. Außerdem wurden wir diesmal nicht von der Polizei vertrieben. Zu zweit allein war es viel romantischer und so vergnügten wir uns bis in die Morgenstunden miteinander.

Wer nicht schlafen will, muss fahren

Kaum war ich zurück im Hotel, waren die anderen Jungs auch schon an Deck und bei der Vorbereitung zur Weiterfahrt. Alle Maschinen waren auf Vordermann gebracht worden und alle bereit für noch mehr Kilometer. Zum Glück war ich schon da, als Mina in aller Frühe anrief, um mir meine Augenwerte durchzugeben. Ich hatte vor einigen Tagen meine einzige Brille mit Korrekturgläsern zerbrochen und musste mir wohl oder übel eine neue anfertigen lassen.

Danach war ich wach genug, um ebenfalls zu packen. Zusätzlich zu meinem Gepäck musste ich einen Ersatzhinterreifen verstauen. Aber auch das bekam ich in den Griff. Es war schon fast Mittag, als wir loskamen, und es lag eine glühende Hitze über der Stadt. Als wir sie endlich durchquert hatten, fuhren wir auf die Panamericana Richtung Süden auf.

In der Wüstenoase Huacachina legten wir eine Pause ein. So eine Oase ist eine Erfahrung der besonderen Art. Hunderte von Kilometern durchquert man trockenes Land und dann steht man plötzlich vor einem See, umgeben von grünen Pflanzen und Palmen! Damit nicht genug. Schon bald entdeckten wir ein paar Jungs, die auf Brettern die steilen Dünenhänge hinunterdüsten – Sandboarding!

Andy und ich liehen uns gleich Bretter aus und marschierten damit die größte Düne hinauf. Das Laufen auf dem losen Sand war alles andere als einfach, und wir kamen ziemlich außer Atem oben an. Wir schnallten uns die Bretter unter und glitten zur Belohnung mühelos den Hang hinunter. Eigentlich hatte ich mir das Ganze schneller vorgestellt, doch der Sand bremste scheinbar stark. Trotzdem machte es viel Spaß und ein einmaliges Erlebnis war es allemal.

Unliebsame Begegnung mit dem Asphalt

Nach dieser vergnüglichen Einlage nahmen wir Kurs auf Nazca, ein weiteres Highlight Südamerikas. Wir waren noch nicht weit vorangekommen, als mir ein böses Malheur passiert. Ich fahre ganz normal in eine leichte Kurve hinein und schon rutscht mein Motorrad ohne Vorankündigung weg. Auf der Seite liegend schlittern wir beide über den heißen Asphalt.

Ohne es zu wissen, war ich durch eine Ölpfütze gefahren. Ich schlittere also hinter dem Moped her und sehe plötzlich Autos auf mich zukommen. Alles läuft wie in Zeitlupe ab und man fühlt sich gleichzeitig wie ferngesteuert. Mein einziger Gedanke ist, dass die Autofahrer hoffentlich nicht schlafen und mir und meinem Moped ausweichen.

Als es mir unter dem Hintern zu heiß wird, drehe ich mich von meiner ursprünglichen Rückenlage auf den Bauch. Dabei denke ich die ganze Zeit eigentlich nur an meine arme Gummikuh, die mächtig Funken sprühen lässt, während ich ohne Handschuhe und nur in Jeans auf dem Asphalt unterwegs bin. Mir ist völlig unklar, warum ich keine Schmerzen verspürte. Nach einer Ewigkeit kommt endlich alles zum Stehen. Meine Maschine und ich liegen mitten auf der Straße, und der entgegenkommende Verkehr weicht wie ferngesteuert über den Sand am Straßenrand aus – es ist nichts weiter passiert. Sofort stehe ich auf und es gelingt mir tatsächlich, den schweren Bock aufzurichten.

Dass ich ohne Handschuhe und Lederhose einen Sturz bei zirka 100 km/h ohne einen einzigen blutenden Kratzer überstanden habe, grenzt an ein Wunder. Während ich auf dem Bauch gerutscht war, hatte ich mich instinktiv auf die Ellenbogen gestützt, die durch die Goretex-Jacke gut gepolstert waren. Hinten mussten die Kuppen der Stiefel herhalten, und so sahen sie dann auch aus.

Sofort begann ich am Straßenrand mit der Suche nach möglichen Beschädigungen. Auf die Schnelle waren keine größeren Macken zu erkennen. Der Gepäckträger und ein Zylindersturzbügel waren verbogen und der rechte Zylinderkopfdeckel war ein gutes Stück runtergeschmirgelt worden. Alles andere schien okay zu sein. Doch irgendwo tropfte Öl! Halb so schlimm, eine Schraube vom Ölkühler hatte sich gelockert, das war alles.

Ich hatte riesiges Glück gehabt. Noch nie in meinem Leben hatte ich den Tod so dicht vor Augen gehabt, und die Sache hätte böse ausgehen können. Letztlich bestätigte meine Bauchlandung eine alte Biker-Weisheit: Auch bei vernünftiger Geschwindigkeit und Fahrweise kann immer etwas passieren!

Als wir in Nazca ankamen, war der Tag für mich gelaufen. Ich schüttete mir zwei Büchsen Bier zur Beruhigung hinter meine arg strapazierte Goretex-Jacke und fiel erledigt ins Bett.

Bei E.T. in Nazca

Die Gegend um Nazca wird seit über fünftausend Jahren von Menschen bevölkert. Hier blühte einst eine geheimnisvolle Kultur, von der die riesigen Figuren und mysteriösen Linien in der Wüste stammen, für die Nazca heute berühmt ist. Bis heute ist ihre Bedeutung nicht entschlüsselt.

Auf unserem Tagesplan standen außerdem die Chauchilla-Gräber. Mit dem Motorrad diese Merkwürdigkeiten zu untersuchen, würde nicht viel bringen, da alles viel zu weitläufig und unüberschaubar ist. Also fuhren wir mit dem Taxi zum Flughafen. Kurze Zeit später waren wir mit einer kleinen Cessna in der Luft.

Die verschiedenen Linien dieser archäologischen Rätsel sind aus der Vogelperspektive sehr gut zu sehen und man kann erstaunlich gut verschiedene Figuren erkennen: eine riesige Spinne, einen Affen – oder Astronauten, ganz wie man will. Ich hatte gelesen, dass manche Forscher eine astronomische Bedeutung dahinter vermuten, und Erich von Däniken hatte gar behauptet, dass die Figuren von Außerirdischen stammen.

Unser Pilot flog steile Kurven, damit wir gute Sicht hatten und Fotos schießen konnten. Schon bald hatte ich mit heftiger Übelkeit zu kämpfen. Als wir endlich umdrehten, war ich erleichtert. Viel länger hätte ich die Schräglagen-Fliegerei nicht aushalten können.

Fly Dan Airways!

Mein Sitzplatz war neben dem Piloten und ich hatte die gleichen Instrumente wie er vor mir. Während des Fluges fragte ich ihn allerlei über diese Instrumente und ihre Funktion. Der Pilot erklärte mir die Handhabung des Steuerknüppels sowie verschiedene Messinstrumente und dann fragte er mich ganz teilnahmslos, ob ich die Maschine zurück zum Flughafen steuern wolle. Keine Frage, natürlich wollte ich.

Aufgeregt übernahm ich das Ruder und lenkte die Maschine nach den Anweisungen des Piloten. Sofort ging es mir besser und der Brechreiz war verschwunden. Doch nur wenige Minuten später verlangte Martin nach einer Tüte und gab alles von sich. Von meinen Flugkünsten schien er nicht begeistert zu sein! Für mich war es jedoch ein Erlebnis der Sonderklasse. Nach diesem Abenteuer waren die Grabstätten von Chauchilla an der Reihe. Mitten in der Wüste kann man dort tausende Jahre alte Mumien in offenen Gräbern besichtigen. Die Szenerie war beeindruckend und gleichzeitig makaber. Ich war erstaunt, wie gut die Mumien erhalten waren.

Als wir am späten Nachmittag zurück im Hotel waren, machte ich mich daran, meine Maschine zu reparieren. In einer kleinen Werkstatt gab man mir die Möglichkeit, selbst die erneut gebrochene Kofferhalterung zusammenzuschweißen. Das war gar nicht so schwer, wie man meinen sollte. Mit dem richtigen Werkzeug und den Möglichkeiten einer Werkstatt ist das Arbeiten am Motorrad eben ein Klacks.

Auf ins Hochland

Obwohl wir am nächsten Morgen früh aufstanden, saßen wir erst gegen Mittag auf unseren Böcken. Hier und da ein bisschen getrödelt und dann noch ein Schwätzchen gehalten, und die Zeit verfliegt wie nichts. Ich war mit zwei Mädels aus Buenos Aires ins Gespräch gekommen und wir hatten uns angeregt unterhalten. Zum Schluss hatten sie mir endlich ihre Heimatadresse verraten; mochte Buenos Aires auch nicht auf meinem Reiseplan stehen – man kann ja nie wissen.

Bei strahlendem Sonnenschein verließen wir die Wüstenstadt Nazca. Unser Ziel hieß Cuzco, das etwa fünfhundert Kilometer entfernt hoch oben in den Bergen liegt. Auf dem Weg dorthin befindet sich der Huachujasa-Pass mit 4367 Metern Höhe. Das war eine Fahrt! Aufgrund der dünnen Luft zogen die Maschinen kaum noch. Zu allem Übel fing es zu regnen an, und der Regen ging in Schnee über. Schon bald hinterließen die Mopeds tiefe Reifenspuren und die Landschaft war völlig verschneit. Einfach unglaublich, wenn man bedenkt, dass wir erst drei Stunden zuvor in der glühend heißen Wüste von Nazca gestartet waren.

Die Fahrt über den Pass war schlicht ein Erlebnis. In der schneebedeckten Landschaft sahen wir Familien mit Kindern und Lamas, die zu Fuß durch die eisige Kälte stapften. Für Westeuropäer ist so etwas einfach unvorstellbar. Bitterkalt war es da oben und ich konnte mich nicht erinnern, wann ich in meinem Leben schon einmal so gefroren hatte. Um die Kälte besser ertragen zu können, fing ich an zu singen. Zum Glück konnte mich keiner hören.

Am Spätnachmittag erreichten wir das Dorf Chalhuanca. Wir drei waren völlig erledigt und nahmen deshalb gleich das erstbeste Hotel. Keine hundert Meter hätte ich mehr fahren können, so unterkühlt und erschöpft war ich!

Als wir am nächsten Morgen losfahren wollten, brachte Andy zunächst seine bereits berüchtigte »Kickstarter-Nummer«: Das Ding funktionierte gelegentlich einfach nicht. Also wurde mal wieder ein bisschen repariert und dann konnte es endlich losgehen. Allerdings hielt die Fahrfreude nur etwa eine Stunde an. Diesmal hatte ich am Vorderrad einen Plattfuß. Motorradfahren könnte so schön sein, dachte ich und wünschte mir einen Tag ohne Panne, aber das war – so die bisherigen Erfahrungen – Wunschdenken und sollte einfach nicht drin sein.

Zuerst versuchten wir, den Platten selbst zu flicken. Dabei stellte sich heraus, dass unser Kleber schon ziemlich alt war, was dazu führte, dass der Flicken nicht richtig hielt. Darauf fuhren Andy und ich ins nächste Dorf zu einer Werkstatt. Auch dort war man mit der alten Methode des Heißvulkanisierens bestens vertraut und der Flicken wurde einfach auf den Schlauch gebrannt.

Und schon trat das nächste Problem auf: Der Mantel wollte nicht mehr zurück auf die Felge; er ließ sich einfach nicht über den Felgenrand ziehen. Andy und ich wollten schon auf der Suche nach einer Lösung in die nächste Stadt fahren, als Martin dazu kam. Er löste das Problem mit Gewalt unter gleichzeitigem Einsatz von Pressluft aus dem Kompressor. Wo rohe Kräfte walten ...

Vor uns lagen nun endlose Schotterpisten, auf denen es sich wunderbar heizen ließ. Dabei überquerten wir Pässe, die zum Teil über 4500 Meter hoch lagen. Die letzten vier Stunden bis Cuzco, das immerhin noch 3400 Meter über dem Meeresspiegel liegt, mussten wir im Dunkeln fahren. Das war schade, denn gerade das letzte Stück vor der alten Inka-Metropole ist landschaftlich besonders schön. Schon von weitem konnten wir die Lichter der Stadt erkennen und vom letzten Berg aus hatten wir einen atemberaubenden Blick auf das nächtliche Cuzco.

Station in Cuzco, der alten Inka-Hauptstadt

Cuzco ist anders als die übrigen Städte Perus. Auf Schritt und Tritt begegnet man alter Inka-Baukunst und spanischem Kolonialstil. In der Stadt leben über 150 000 Indigenas, so nennen sich die Ureinwohner Südamerikas auf Spanisch. Dadurch bekommt Cuzco einen ganz besonderen Charakter.

Auch hier war ich sieben Jahre zuvor schon einmal gewesen und wie in der Hauptstadt Lima hatte sich hier so ziemlich alles verändert. Cuzco hat sich zur internationalen Party- und Szenestadt gemausert. Hier treffen sich Touristen und Traveller aus der ganzen Welt. Sie feiern, trinken und tanzen in aus dem Boden gestampften Lokalitäten bis früh in die Morgenstunden. Eine ausgelassene Stimmung liegt Tag und Nacht in der dünnen Luft von Cuzco.

An der Plaza de Armas, dem Herzen der ehemaligen Inka-Hauptstadt, fanden wir eine brauchbare Unterkunft. Eigentlich wollte ich ausschlafen, doch eine innere Unruhe ließ das nicht zu und so lag ich lange wach.

Ich denke, ich war einfach aufgeregt, nach sieben Jahren wieder in Cuzco zu sein. Diesmal war ich nicht bequem mit dem Flieger angereist, sondern mit dem Moped den weiten Weg von Alaska gekommen. Das fühlt sich schon etwas anders an. Außerdem verbinde ich mit Cuzco schöne und vor allem spannende Erinnerungen an die Zeit, die ich damals zusammen mit meinem chilenischen Freund Claus hier verbracht hatte. Die Touristen-Szene war zu der Zeit zwar bei weitem nicht so ausgeprägt wie heute, doch die eine oder andere Szenekneipe gab es schon damals.

Auf jeden Fall hatten Claus und ich damals in Cuzco eine Menge Spaß, etwas getrübt von jenem Erlebnis, das ich schon eingangs geschildert habe, als wir leutselig von einem Unbekannten »Berauschendes« kaufen wollten und dabei in die Falle gingen. Sicher waren es die Erinnerungen an damals, die mich innerlich so aufwühlten, aber irgendwann schlief ich schließlich doch ein.

Das Frühstück am nächsten Morgen fand bei strahlendem Sonnenschein in einem schönen Restaurant an der Plaza de Armas statt. Was für ein wunderschöner Tag! Danach war Postkarten schreiben an der Reihe; das hatte ich schon lange nicht mehr gemacht. Gegen Mittag machten wir uns auf zu einem ausgiebigen Stadtrundgang, bei dem wir uns Kirchen im Kolonialstil und alte Gemäuer der Inkas anschauten.

Ich hatte unterwegs auf meiner Tour von einem Deutschen die Adresse eines gewissen Michael bekommen, der im Urubamba-Tal in der Nähe von Cuzco in einer Schule für Gehörlose und Schwerhörige arbeiten und dessen Frau ein vegetarisches Restaurant in der Stadt betreiben sollte. Da ich meine Zivildienstzeit in einer Schule für Gehörlose und Schwerhörige absolviert hatte, war ich daran interessiert, eine solche Einrichtung in Peru zu besuchen. Also nahm ich am nächsten Tag Kontakt zu den beiden auf.

Michael hatte keine Zeit, mir die Einrichtung zu zeigen, und so führte mich seine Frau durch die Schule. Bedauerlicherweise waren gerade Schulferien und nur wenige gehörlose und schwerhörige Kinder im angeschlossenen Internat anzutreffen. Nach einem Rundgang durch die Räumlichkeiten gab es nichts weiter zu tun und wir fuhren gemeinsam zurück nach Cuzco. Dort lud mich Michaels Frau zum Essen in ihr Lokal ein, und Michael kam später dazu. Von dem Besuch in der Gehörlosenschule hatte ich mir mehr versprochen. Zu gerne hätte ich mehr Schüler und vor allem das Lehrpersonal und die Schulleitung kennen gelernt.

Orte mit schwierigen Namen

Einer der Vorteile von Cuzco liegt darin, dass man die Stadt als Ausgangspunkt für Touren zu berühmten Inkastätten nutzen kann. Wir buchten uns bei einer solchen Tour ein, die allerdings einen großen Nachteil hatte – wir mussten ganz früh aufstehen. Schon um 5.30 Uhr sollte es von der Plaza de Armas losgehen. Dafür blieb es uns erspart, unsere Maschinen zu beladen und die üblichen Reparaturen vorzunehmen. Ganz entspannt stiegen wir in den Bus und ließen uns chauffieren.

Proviant für den Trip hatten wir nicht eingekauft; das war auch nicht nötig. Um diese Zeit umschwärmten schon Dutzende Verkäufer unseren Bus und boten durch die offenen Fenster allerlei Essen und Getränke an. Sogar frischen Kaffee und Kuchen gab es. Das ist die segensreiche Seite einer ausgeprägten Tourismus-Infrastruktur!

Die Fahrt ging zunächst durch ein schönes Tal bis Ollantaytambo. Ich hatte allerdings um die Uhrzeit noch kein Auge für die Natur. Ollantaytambo ist ein kleiner verträumter Ort an der Zugstrecke nach Machu Picchu. Für den Bau der Häuser werden hier weniger Lehmziegel verwendet, man nutzt vielmehr Natursteine, denn die Häuser stehen auf den Grundmauern der alten Inkastadt. Einst hatte Ollantaytambo große religiöse Bedeutung; hier wurden die Herzen der toten Inkaherrscher bestattet. Ihre Körper hingegen fanden im Sonnentempel von Cuzco die letzte Ruhe.

Noch spannender als die Überreste der Inkastadt fand ich die Begegnung mit einigen alten Bekannten: Als hätte sie jemand dorthin bestellt, standen auf einmal unsere israelischen Freunde vor uns. Alle sahen ziemlich fertig aus, doch Ariel, der in der vergangenen Nacht sein Motorrad reparieren musste und nur zwei Stunden Schlaf abbekommen hatte, sah am schlimmsten aus und war eindeutig der Gesichts-Pharao. Sie hatten anstrengende Tage hinter sich und das merkte man ihnen, die sonst immer bester Dinge waren, diesmal deutlich an.

Die Jungs waren wie erwähnt in Ecuador durch die Berge weiter Richtung Süden gefahren. Landschaftlich muss dieser Teil von Südamerika wirklich ein absoluter Leckerbissen sein. Doch was das Wetter anbelangt, war die Gegend zu dieser Zeit eine Katastrophe: Kälte, Regen, Schnee, Hagel und Matsch – um nur einige der widrigen Umstände zu nennen, die einem Biker das Leben schwer machen. Hinzu kommt, dass die Bergstraßen der Cordillera De Los Andes sehr hoch liegen, meist über viertausend Meter.

Außerdem bevorzugten die Israelis fast immer das Zelt als Nachtquartier, um Geld zu sparen. Den ganzen Tag durch Matsch und Schlamm in eisiger Kälte unterwegs und abends im nassen Zelt schlafen, nur um am nächsten Tag wieder in die nassen und kalten Klamotten zu schlüpfen, das schlägt nach etlichen Tagen selbst dem härtesten Israeli aufs Gemüt. Und genau so sahen sie aus, als wir sie in Ollantaytambo trafen.

Dieser extreme Ehrgeiz, den jeder von ihnen an den Tag legte, war uns dreien aus Deutschland schnell aufgefallen. Es musste mit ihrer Herkunft und ihrer Geschichte zu tun haben: Alle vier waren im Kibbuz aufgewachsen und durchliefen nach dem Abitur eine harte Ausbildung beim Militär. Als wir mit ihnen unterwegs waren, war mir aufgefallen: Je schwieriger und bescheidener die Situation war, desto mehr strengten sie sich an, und das mit einem unerschütterlichen Enthusiasmus.

Von Ollantaytambo nahmen wir gemeinsam – Andy, Martin und ich und die Israelis – den Zug Richtung Aguas Calientes, die Zugstation unmittelbar unterhalb von Machu Picchu. Unser Zug schlängelte sich gemütlich durch das Tal des Rio Urubamba, bis wir an eine Stelle kamen, wo aufgrund der heftigen Regenfälle der letzten Zeit ein Bergrutsch ein Stück der Gleisanlage unter sich begraben hatte. Gezwungenermaßen mussten wir die letzten achtzehn Kilometer bis Aguas Calientes auf den Bahngleisen zu Fuß zurücklegen.

Wie es sich gehörte, fing es an zu regnen und die Strecke schien nicht enden zu wollen. Zum Glück hatten wir nette Gesellschaft: ein Mädel aus den Staaten und zwei Jungs aus Australien, mit denen ich mich während unserer unfreiwilligen Wandertour gut unterhielt, und auch zwei Chicas aus Argentinien waren dabei.

Nach etwa drei Stunden erreichten wir endlich Aguas Calientes. Als Erstes steuerten wir ein Café an, wo wir zur Stärkung einen Kakao trinken wollten. Immer wieder erstaunlich: Dort, wo Kaffee oder Kakao angebaut wird, schmeckt er mit Abstand am schlechtesten! Wahrscheinlich wird alles exportiert, und nur das, was in anderen Ländern keiner haben will, bleibt für die einheimische Bevölkerung übrig. Erst mit sehr viel Zucker war die Brühe genießbar.

Nachdem wir unsere Zimmer bezogen hatten, machten wir uns auf zu den heißen Quellen oberhalb des Ortes – aguas calientes, wie der Name schon sagt. Ein steiler Pfad führte den Berg hinauf, der schließlich in eine Treppe überging.

Oben an den Quellen war bereits eine Wasserparty im Gang – viele nette Nymphen, viel Bier und vergnügte Jungs. Es herrschte eine ausgelassene Stimmung im Bad und alle hatten ausnahmslos ihren Spaß. Man muss sich die Szene so vorstellen: In einem mit heißem Quellwasser gefüllten Becken tummelten sich Reisende aus der ganzen Welt. Die Mädels in Bikinis und die Jungs in Shorts planschten im warmen Wasser und jeder hatte eine kühle Flasche Bier in der Hand. Es ging zu wie auf einer Singleparty; an jeder Ecke wurde geflirtet, was das Zeug hielt.

Hoch, Kultur!

Wer sich Machu Picchu in Ruhe und bei guter Sicht anschauen will, muss beizeiten aus den Federn, denn schon am frühen Nachmittag ziehen meist Nebel auf, die den Besuchern den Blick auf die umliegenden Berge und manchmal auch auf Machu Picchu selbst nehmen. Mit dem Bus geht es zunächst über eine Brücke auf die andere Seite des Rio Urubamba und dann eine steile Serpentinenstraße den Berg hinauf.

Machu Picchu liegt fünfhundert Meter über dem Tal des Rio Urubamba auf einem von Menschen umgestalteten Berg. Die Anlage ist das Schönste und Rätselhafteste, was die Inkas hinterlassen haben. Vom Tal aus kann man sie nicht sehen, doch von oben sieht man alles, was sich unten im Tal abspielt, etwa die Züge, die in die Bahnstation einfahren – wenn sie fahren. So blieb Machu Picchu einer der wenigen heiligen Orte der Inkas, der nicht von den spanischen Eroberern entdeckt wurde.

Man weiß, dass viele Mitglieder des Königshauses nach der Zerstörung des Inkareiches durch die Spanier in entlegene Bergregionen flohen. Machu Picchu mag eine ihrer Zufluchtsstätten gewesen sein. Auf der eingeebneten Bergkuppe sieht man heute die Überreste von Befestigungen, Tempeln und Palästen.

Am Ende unserer Besichtigungstour verschwanden die Wolken fast vollständig und man hatte eine grandiose Aussicht über Machu Picchu und auf die umliegenden Berge. Es war nicht mein erster Besuch auf Machu Picchu und der Ort hatte mich auch dieses Mal wieder total beeindruckt – die versteckte Lage oben auf dem Berg, die grandiose Aussicht und die gut erhaltenen Ruinen.

Wir bestiegen den Shuttlebus und fuhren die Serpentinen hinunter nach Aguas Calientes. Von dort machten wir uns zu Fuß die Bahngleise entlang auf den Weg nach Ollantaytambo, denn es fuhr noch immer kein Zug bis Aguas Calientes. Der Marsch war beschwerlich und machte überhaupt keinen Spaß und wir waren froh, als wir endlich in Ollantaytambo in den Bus nach Cuzco einstiegen. Abends in Cuzco gingen wir alle zusammen essen, um uns gebührend von den lässigen Jungs aus Israel zu verabschieden.

Und da zeigte sich wieder, welche Dimensionen der Tourismus in Cuzco angenommen hat – wir wählten ein Restaurant mit israelischer Küche! Und natürlich ging es anschließend in eine der zahlreichen Diskotheken, doch an diesem Abend musste ich mich früh geschlagen geben; offensichtlich bahnte sich eine neue Erkältung an.

Wir drei Deutschen hatten uns als Nächstes den Lago Titicaca vorgenommen. Wegen einer neuerlichen Erkältung war ich überhaupt nicht gut drauf; sie machte die Fahrt für mich zu einer einzigen Quälerei. Ich fühlte mich müde und fertig, was zur Folge hatte, dass ich während der Fahrt immer wieder in einen Sekundenschlaf fiel. Gottseidank schreckte ich jedes Mal rechtzeitig auf.

Über einen Pass erreichten wir den Altiplano, jene Hochebene, die bis nach Bolivien hineinreicht. Die Strecke verlief zum Teil auf einer Höhe über viertausend Metern, doch die Fahrt war recht eintönig. Außer ein paar schneebedeckten Fünftausendern und weidenden Lamas und Alpacas gab es wenig zu bestaunen.

Unsere Route folgte einer gut ausgebauten Straße und so konnten wir unseren Zielort Puno vor Einbruch der Dunkelheit erreichen. Dort oben auf fast 3900 Metern ist die Luft sehr dünn und es wird nachts bitterkalt. Puno ist berühmt für seine Folklore-Feste. Wir erwischten gerade noch das Ende der großen und farbenprächtigen Feier »Fiesta de la Virgen de la Candelaria«. Aber dafür konnten wir kein größeres Interesse aufbringen. Nachdem wir eine Bleibe gefunden und die Motorräder sicher abgestellt hatten, gingen wir essen und fielen anschließend nur noch ins Bett.

Das komplette Titicaca-Programm

Der weltberühmte Titicacasee ist etwa hundertfünfzig Kilometer lang und fünfzig Kilometer breit und das höchstgelegene schiffbare Gewässer der Welt. Die Legende besagt, dass der erste Inka – Manco-Capac – auf einer Insel im See erschaffen wurde. Von dort ging er nach Cuzco und schuf nun seinerseits das Inka-Imperium.

Eine Bootsfahrt auf dem Titicacasee vermittelt einen guten Eindruck vom Leben hier. Es folgt völlig anderen Gesetzmäßigkeiten, als wir sie von zu Hause kennen. Wie die vielen anderen Touristen auch, machten wir eine Tour zu den schwimmenden Schilfinseln. An einer dieser Inseln wurden wir abgesetzt, damit wir uns ein bisschen umschauen konnten. Hier war das volle Touristenprogramm angesagt, doch abgesehen davon war es sehr schön dort. Martin und ich mieteten uns ein Schilfboot und fuhren damit um die Insel herum.

Strickende Männer auf Taquile

Unser nächster Anlaufpunkt war die feste Insel Taquile. Sie liegt mitten im See; ein Boot braucht gute drei Stunden bis dorthin. Früher war Taquile ein Geheimtipp unter Reisenden; heute ist die Insel überlaufen.

Hier war eine Übernachtung bei einer Familie geplant. Trotz des Rummels wirkte die Szenerie auf mich fast ursprünglich. Eine Besonderheit der Insel, auf der etwa 1500 Menschen leben, ist die Arbeitsteilung: Die Frauen spinnen und die Männer stricken. Daher auch der Name Taquile – »Wo die Männer stricken«. Das Wetter eröffnete phantastische Möglichkeiten für Fotos. Leider hatte sich meine Erkältung immer noch nicht gebessert. Aber das hinderte mich nicht daran, den spektakulären Sonnenuntergang zu genießen.

Die Nacht auf der Insel war verdammt kalt. Zum Glück hatte ich meinen Schlafsack dabei. Martin und Andy mussten sich eine Decke teilen und froren sich fast den Hintern ab. Als früh am Morgen die ersten Sonnenstrahlen durch die Tür fielen, standen wir auf. Wir wurden begrüßt von unserer Gastfamilie, die schon dabei war, für uns ein Frühstück zuzubereiten – Mate de Coca und Pfannkuchen. Beim Anblick des offenen Feuers hätte ich nicht erwartet, dass dabei so leckere Sachen herauskommen würden.

Auf der Insel Taquile trug sich übrigens eine Episode zu, die ebenso absurd wie lustig ist. Irgendwo quäkte die ganze Zeit ein blechern klingendes Transistorradio. Was soll ich sagen, plötzlich hörte ich vertraute Töne: Modern Talking. Eine Insel auf einem See hoch in den Anden, wo es kein fließendes Wasser und keinen Strom gibt – aber Modern Talking läuft! Modern Talking goes Titicaca – das wäre doch mal eine Schlagzeile, sollte die Band jemals ein erneutes Comeback planen …

Andy und Martin kauften noch Mützen ein, die uns der Familienvater auf einer Decke am Boden präsentierte. Nachdem wir uns bei der Familie bedankt und verabschiedet hatten, machten wir uns die steile Treppe hinunter zurück ins Dorf.

Es war ein wundervoller Tag – nicht nur das Wetter, einfach alles stimmte. Gegen Mittag gingen wir die steile Treppe weiter hinunter, an der die Männer saßen und strickten. Wir mussten aufs Schiff; an Deck bei bestem Wetter genossen wir die Rückfahrt. Als die Sonne unterging, kamen wir in Puno an und es wurde schon wieder recht kalt.

Trennung am Valentinstag

Dann kam Sonntag, der 14. Februar, aber mir war absolut nicht nach Valentinstag zumute. Ich hatte eine Entscheidung getroffen und die hieß: Ich werde von nun ab allein weiterreisen. Ob diese Entscheidung richtig war, würde sich erst noch herausstellen müssen. Dennoch war sie notwendig: Ich hatte von meinen beiden Compañeros die Nase voll und sie offensichtlich von mir. Der Hauptgrund für diese Wende war der Abend auf der Insel Taquile gewesen, als Martin mir sagte, dass er und Andy ab Santiago de Chile gerne alleine weiterreisen würden. Sie seien genug in Gruppen unterwegs gewesen. Auch zu dritt sei man schon eine Gruppe und daher für Fremde nicht so zugänglich. Und da ich mich entschieden hätte, weiter bis nach Feuerland zu reisen, läge ihnen sehr daran, mir das rechtzeitig mitzuteilen.

Ich konnte den beiden anmerken, dass es ihnen nicht leicht fiel, mir das zu sagen. Aus gutem Grund: Ich hatte von diesem Moment an das Gefühl, ein lästiges Anhängsel für die beiden zu sein. Und gerade das wollte ich unter keinen Umständen. Jemandem hinterherlaufen ist überhaupt nicht meine Art. Vielleicht hatten sie Recht; vielleicht waren wir zu dritt weniger zugänglich für andere. Dann lösen wir das Problem aber so, dass wir nicht erst ab Santiago, sondern sofort getrennt weiterfahren, sagte ich mir.

Ich merkte an meiner Reaktion, dass sich bei mir seit Beginn der Reise einiges verändert hatte. Zunächst war »nur« Santiago de Chile mein Ziel gewesen. Erst im Verlauf der Tour merkte ich, dass ich die Reise gern bis ans Ende der Welt fortsetzen wollte. Feuerland schien mir ein markantes Ziel zu sein; dort endete die Panamericana, und das wäre auch ein geeigneter Schlusspunkt. Doch je mehr ich darüber nachdenke, desto mehr bin ich überzeugt: Ich wollte schlicht und ergreifend nicht zurück nach Deutschland; ich wollte auf Tour bleiben. Ich war vom Traveller-Virus befallen. Ich war high, ich war süchtig nach weiteren

Erlebnissen und Eindrücken und sicher auch süchtig nach der Anerkennung und Bestätigung, die ich permanent bekam. Dazu ist anzumerken: In Zentral- und Südamerika gibt es keine Motorradkultur. Wer hier mit dem Bock unterwegs ist, steht ständig im Mittelpunkt, wird umringt von einer Traube von Menschen. Und das fühlt sich gut an. So gut, dass man ständig mehr will!

Außerdem kam ich mir überhaupt nicht allein vor. Wer lange unterwegs ist, wird feststellen, dass er im Lauf der Zeit eine familiäre Beziehung zu den anderen Langzeit-Reisenden entwickelt. Schließlich begegnet man sich immer wieder. Die beiden klassischen Reiseführer, Lonely Planet und South American Handbook, tragen sicher dazu bei. Fast alle Traveller orientieren sich zum Beispiel an den darin empfohlenen Unterkünften. Man sucht am Abend eine der genannten Adressen auf, und plötzlich ist man zu Hause. Zu Hause, weil man mit anderen zusammen ist, die man vielleicht schon zuvor getroffen hat und mit denen man eine gemeinsame Form des Lebens teilt. Man hat die gleichen Sorgen und Probleme im Kreise einer großen Familie. Ich vermisste weder Deutschland, noch die Art, wie man dort lebt.

Ich wollte weiter, weiter als mein ursprünglich gestecktes Ziel Santiago de Chile. Ich wollte bis nach Feuerland. An die Strapazen und Unannehmlichkeiten während solch einer Reise hatte ich mich längst gewöhnt; ich hatte gelernt, damit umzugehen. Sicher war es manchmal stressig, doch dieser Stress gehörte eher zur positiven Sorte, die einen wach hält und zu mehr Leistung anspornt.

Also verabschiedete ich mich nach dem Frühstück von Andy und Martin. Von Martin kam nur ein »Tschüss«. Er bedauerte meinen Alleingang sicher nicht. Zwar hatte es zuvor keine größeren Reibereien gegeben. Doch irgendwie stimmte zwischen uns beiden die Chemie nicht. Von Andy hingegen kam immerhin eine Umarmung. Insgesamt bestärkte mich der Abschied in meinem Entschluss. Jetzt wird es wieder richtig spannend, dachte ich. Denn bei meiner Vorplanung für die kommenden Länder war ich nicht gerade ins Detail gegangen.

Ich fuhr zurück an den Titicacasee, zu den berühmten Chullpas von Sillustani. Andy und Martin hatten sich gleich auf den Weg nach Bolivien gemacht. Es war ziemlich kalt auf dem Bock, doch zum Glück regnete es nicht und das Mopedfahren machte großen Spaß, zumal ich wieder selbst das Tempo bestimmen konnte.

Die Chullpas von Sillustani

Auf einer Halbinsel des Umayo-Sees liegt eine der schönsten Ruinenstätten ganz Perus. Das Wort Chullpa bedeutet Begräbnisturm und beschreibt damit recht treffend die Funktion dieser Bauwerke. Die meisten Chullpas sind rund und bestehen aus bearbeiteten Steinen, die ähnlich wie in Cuzco oder Machu Picchu ohne Mörtel zusammengesetzt wurden. Der höchste Begräbnisturm von Sillustani misst zwölf Meter. In seiner Nähe fanden Archäologen einen Goldschatz aus der Inkazeit.

Ich genoss die Nachmittagsstimmung: Vor mir lag der im Gegenlicht glitzernde See und die vorgelagerte Insel Umayo und dahinter sah ich den weiten Altiplano mit seinen schneebedeckten Bergen. Schließlich machte ich mich ebenfalls auf in Richtung Bolivien. Die anderen hatten jetzt einen genügend großen Vorsprung, sodass nicht unbedingt die Gefahr bestand, dass wir uns begegneten.

Kurz vor der Grenze musste ich mir natürlich einen Platten einfangen, diesmal im Vorderreifen. Mit etwas Glück im Unglück rollte ich mit meinem Restschwung bis vor eine Reifenwerkstatt. Eine gute Stunde dauerte die Reparatur. Damit war mein Abstandpolster zu den anderen mehr als genügend, ich hatte nämlich wenig Lust, sie gleich an der nächsten Straßenecke wieder zu treffen. Allerdings würde ich auch nicht mehr allzu lange Tageslicht haben.

Den Grenzübertritt nach Bolivien brachte ich schnell hinter mich. Dennoch hatte ich zu viel Zeit verloren, um noch rechtzeitig vor Torschluss das bedeutendste Museum von Bolivien und den archäologischen Ort Tiwanaku zu erreichen.

Weiter ging es nach La Paz. Die Strecke dorthin und der unglaublich weite Horizont waren faszinierend. Schon von weitem konnte man den Berg Uimani und seinen Gletscher erkennen. Wenige Kilometer vor La Paz sieht man dann vom Berg herunter die riesige Stadt unter sich – einfach umwerfend.

Karneval in La Paz

La Paz ist nicht die Hauptstadt Boliviens, aber mit ungefähr einer Million Einwohnern die größte Stadt des Landes, und außerdem befinden sich hier der Präsidentenpalast, Ministerien und Behörden. La Paz ist wirtschaftlich von großer Bedeutung und Hauptanziehungspunkt für Touristen.

An meinem ersten Abend in La Paz war ich früh zu Bett gegangen und wachte deshalb erholt und frischen Mutes auf. Ich hatte vor, zunächst zum Fremdenverkehrsbüro und anschließend zu einer Motorradwerkstatt zu fahren. Neue Reifen mussten her und ich wollte mir ein Mittel besorgen, das man in die Reifen füllt, um einen Platten zu verhindern. Doch alle Geschäfte schienen geschlossen zu sein und kaum ein Mensch war auf der Straße. Eine Frau erklärte mir, dass die Geschäfte auch morgen wegen des Karnevals geschlossen seien.

Das war für mich das Signal zum Aufbruch. Ich fuhr sofort zurück ins Hotel und hoffte, noch rechtzeitig dort anzukommen, bevor man dort meine abgegebene Wäsche in die Mangel nahm. Gerade noch geschafft! Jetzt hielt mich nichts mehr in der Stadt und ich machte mich auf den Weg in die Yungas, nach Coroico. Eine wunderschöne steile Bergstraße sollte mitten durch den Hochwalddschungel dorthin führen.

Davor lag ein Pass mit bestimmt 4500 Metern Höhe und der Motor verlor kräftig an Leistung; ich schätze fast die Hälfte. Gerade als ich oben auf der Passhöhe ankomme, bricht mir die Maschine unvermutet aus. Was ist los mit dir, Dan? Das ist doch nicht besonders schnell für dich, da ist nur eine schmierige Schicht auf der Straße! Ich hatte großes Glück gehabt, denn ein Stückchen weiter ging es steil einen Abhang hinunter!

Die Fahrt mit dem Motorrad durch den Hochwalddschungel der Yungas ist ein Erlebnis: Steile Abhänge fallen von der schmalen Schotterpiste hinab bis tief ins Tal. Zwischendurch fährt man immer wieder unter kleinen Wasserfällen hindurch, die sich durch den vielen Regen gebildet haben. Die Straße ist meist so schmal, dass gerade mal ein Auto Platz findet. Wenn ein Fahrzeug von unten entgegenkommt, hält man auf der Seite zum Abhang, denn wer von unten kommt, hat Vorfahrt. Jährlich verunglücken auf diese Weise mehr als tausend Menschen. Bei einem Unfall ist die Überlebenschance gering, was wohl auch damit zusammenhängt, dass es hier keine Rettungswagen gibt. Man schickt stattdessen gleich den Leichenwagen.

Dann war ich in Coroico. Ich war der Meinung, dass ich mir eine schöne Bleibe verdient hatte, und suchte mir deshalb ein Hotel mit

Schwimmbad und grandiosem Blick auf die Berge aus. Der »Luxus« tat nach den letzten Absteigen richtig gut.

Als ich gerade am Pool liege und das Leben genieße, erblicke ich Andy und Martin. Bestimmt werden wir uns in Zukunft noch öfter begegnen. Und so sitzen wir am Pool zusammen und führen jeder für sich eine getrennte Reiseplanung durch. Das ist schon kurios. Martin erzählt mir, dass er auf der Strecke von La Paz nach Coroico zu Boden gegangen ist, wahrscheinlich genau an der Stelle, wo ich ins Schleudern gekommen bin.

Meine Reiseplanung am Pool ergab, dass die Zeit für mich sehr knapp geworden war. Trotzdem wollte ich es unbedingt bis Feuerland schaffen. Das bedeutete: Es mussten Abstriche gemacht werden, denn am 26. März ging definitiv mein Flug nach Deutschland. Ich hatte mir das Rückflugticket schon in Panama City zugelegt, als wir den Flug nach Bogota klar gemacht hatten, denn im dortigen Reisebüro akzeptierte man meinen »internationalen Studentenausweis« aus Antigua. Der Kaufpreis für die Flugtickets verringerte sich dadurch um 25 Prozent.

Meine Mutter hatte mir in einer E-Mail zu Silvester unmissverständlich klar gemacht, dass ich spätestens Mitte April in der Firma anzutreten hätte. Ansonsten müsse sie sich anderweitig orientieren, wie sie sich ausdrückte. Also die für mich vorgesehene Stelle anderweitig besetzen. Das war ein starkes Argument.

Die Rückfahrt aus den Yungas nach La Paz machten Andy, Martin und ich gemeinsam. Aufgrund des feuchten Klimas war die Fahrt zeitweise die reinste Schlammschlacht. Die Fahrbahn war unbefestigt und voller Furchen und Schlaglöcher. Diesmal war Andy an der Reihe, einen Sturz hinzulegen. Er geriet mit Vorder- und Hinterrad in zwei unterschiedlichen Rinnen und verlor durch das Schlingern das Gleichgewicht. Zum Glück war nichts Schlimmes passiert. Motorrad aufrichten und weiter ging's.

In La Paz suchten wir gemeinsam ein Hotel. Wir hatten zwei Adressen ins Auge gefasst und klapperten sie nacheinander ab. Dabei erwies sich die zweite aus meiner Sicht als die bessere. Das Kriterium: sichere Abstellplätze für die Motorräder. Andy und Martin wollten allerdings nicht bleiben. Mir war das nur recht.

Den Abend verbrachte ich mit einigen Kanadiern und einem Israeli, der ebenfalls mit dem Zweirad unterwegs war. Bis spät in die Nacht gab mir der Israeli Tipps für den Salzsee, der mein nächstes Ziel sein sollte. Und dann war da noch eine Holländerin, von der ich brauchbare Infos über die Tierra del Fuego bekam. Am Ende war ich so richtig heiß auf die Weiterreise!

Früh am nächsten Morgen ging ich mit dem Israeli auf einen Markt. Eigentlich ist die ganze Stadt ein einziger Indianermarkt; es gibt kaum Geschäfte, wie wir sie kennen. Ich wollte mir Tankseitentaschen für mein Moped anfertigen lassen. So etwas ist in La Paz nichts Besonderes; mit Sonderwünschen oder Individualanfertigungen hat hier niemand ein Problem. Bereits am Abend hielt ich meine neuen Tanktaschen in den Händen und freute mich wie ein kleines Kind. Meine Ausrüstung war nun wieder auf Vordermann und bereit für die Salzwüste. Auch mein Motorrad war wieder fit; es hatte neue Reifen bekommen, während ich auf die Taschen wartete.

Auf den Abend war ich den ganzen Tag gespannt gewesen. Ich war mit einem Mädel aus Prag zum Essen verabredet. Ich hatte sie in Coroico im Hotel kennen gelernt. Wir hatten uns damals angeregt unterhalten, doch es war – und zumindest ich fand das schon bedauerlich – zu keiner intimeren Begegnung gekommen. Durch Zufall hatten wir uns in La Paz wiedergetroffen – im selben Hotel. Diesmal lief alles anders: Nach dem Essen besorgten wir uns ein paar Dosen Bier und gingen zurück ins Hotel, wo wir gemeinsam die Nacht in ihrem Zimmer verbrachten.

Zum Thema »Frauen kennen lernen« hatte ich ja schon einige wichtige Erfahrungen auf der Reise gemacht. Wenn man unterwegs ist, geht alles viel einfacher und vor allem schneller. Daheim braucht es eine gewisse Zeit, bis es zum ersten Kuss kommt. Auf Reisen sieht das anders aus. Der Grund liegt sicher darin, dass die Begegnungen eh nur kurzer Natur sind; dann zieht es jeden in eine andere Richtung. Zwar trifft man sich manchmal andernorts an einer Sehenswürdigkeit wieder, doch allgemein verlaufen die Wege aufgrund unterschiedlicher Reiseziele getrennt. Und so kommt es, dass bei gegenseitiger Sympathie oft nicht lange um den heißen Brei geredet wird und schnell Taten folgen.

Der größte anzunehmende Unfall

Der folgende Tag entwickelte sich zum Albtraum schlechthin und rückte mein Ziel, bis nach Feuerland zu fahren, in ganz weite Ferne, zumindest für einige Zeit. Ich war fröhlich gestartet, mit neuen

Reifen und Tankpacktaschen. Mein erstes Ziel hieß Oruro, und die Fahrt dorthin machte richtig Spaß. Es war ein bisschen kalt, doch die wunderschöne Hochgebirgslandschaft entschädigte mich voll und ganz.

Zirka fünfzig Kilometer weit war die Straße gut asphaltiert. Dann ging sie in eine üble Schotterpiste über, der ich Richtung Uyuni folgte. Kurze Zeit später wurde es noch übler: Auf einmal gab es keine Straßenschilder mehr und große Wasserlachen und kleine Bäche versperrten regelmäßig die Piste. Außerdem war ich schon seit Stunden keiner Menschenseele mehr begegnet, die ich nach dem Weg fragen konnte.

Als wieder einmal eine Bachdurchquerung anstand, passierte genau das, was eigentlich niemals hätte passieren dürfen. Zwar hatte ich zunächst gestoppt und mir in aller Ruhe eine Furt gesucht. Doch ich musste dabei etwas übersehen haben. Zum Beispiel einen Stein von der Größe eines Kürbisses.

Ich rolle vorsichtig in das munter dahinfließende Hochlandflüsschen hinein und genau an der tiefsten Stelle, wo die Strömung am stärksten ist, bleibe ich mit dem Motorrad stecken. Alles passiert innerhalb von Sekundenbruchteilen und ehe ich mich versehe, hat mich die Kraft des Wassers in eine derartige Schieflage gebracht, dass ich schließlich mitsamt der Maschine umkippe und in den eisigen Fluten lande. Ich stehe unter Schock und nur dem kräftigen Adrenalinausstoß habe ich es zu verdanken, dass ich nach zwei verzweifelten Versuchen den Bock wieder aufrichten und bis ans rettende Ufer schieben kann.

Ich bin fix und fertig und fühle mich dabei so schlecht wie noch nie auf dieser Tour. Ich fürchte, dass das, was soeben passiert ist, das Ende der Tour bedeuten kann. Ich habe nämlich gerade eben den größten Fehler begangen, den man in einer solchen Situation machen kann: Um möglichst schnell aus dem eiskalten Wasser herauszukommen, hatte ich auf den Anlasser gedrückt! Ohne Erfolg, versteht sich. Da stand ich nun am Ufer und nichts ging mehr. Ich wusste nicht, wie ich weiterkommen sollte, und ich wusste auch nicht einmal, wohin.

Als hätte der Himmel ihn mir geschickt, tauchte plötzlich ein Mann mit einem Fahrrad auf. Er bot mir an, mit zu ihm nach Hause zu kommen. Gemeinsam machten wir uns auf den Weg und schoben unsere Zweiräder zum nächstgelegenen Dorf, wobei er mich tatkräftig unterstützte. In einer Art Scheune konnte ich schließlich erschöpft von der Schieberei mein Nachtlager aufschlagen.

Platz für das Motorrad gab es dort auch. Ich fing sofort an, alles näher zu untersuchen und musste schon nach wenigen Minuten mit Entsetzen feststellen, dass Vergaser, Luftfilter und vor allem die Zylinder voll mit Wasser und Schlamm waren. Na klar, das kommt davon, dass du versucht hast, den Bock mit dem Anlasser zu starten, du Trottel, musste ich mir eingestehen.

Ich zerlegte die betroffenen Teile und trocknete sie, soweit es ging, und dann versuchte ich verzweifelt, alles mit Benzin zu reinigen. Doch bei einem erneuten Startversuch hörte ich komische Geräusche, die offensichtlich von der Elektronik kamen. Stopp und nicht weiter, Dan! Da muss ein Fachmann dran!

Ich verbrachte die Nacht in der Scheune auf Strohmatten. Um mich herum lag überall mein Zeug zum Trocknen. Zwischendurch, wenn ich aus dem Schlaf hochschreckte, betete ich, dass alles wieder gut werden möge. Als ich am nächsten Morgen aufwachte, hoffte ich zunächst, alles wäre nur ein böser Traum gewesen. Doch die Realität hatte mich schnell wieder eingeholt. Da lagen meine nassen Klamotten und da stand meine Gummikuh, die komische Geräusche machte und nicht lief.

Ein Mann aus dem Dorf hatte mir am Abend zuvor versprochen, mich mit seinem Auto in die nächste Stadt zu bringen. Wie ich am Morgen erfuhr, litt er aber immer noch unter den Nachwirkungen des abendlichen Karnevaltreibens und war angeblich fahruntüchtig. Also musste eine andere Lösung her. Ich ging in den Ort hinein und konnte am Marktplatz einen Lastwagenfahrer überreden, mir zu helfen.

War das eine Aktion: An einem Hang luden wir das Motorrad auf den Laster, wo es festgezurrt wurde, und dann konnte es losgehen. Nach nur zwanzig Kilometern hielt der Fahrer an einer Tankstelle und nannte mir seinen Preis für den Job: 1000 bolivianische Dollar, umgerechnet gut 125 Euro sollte der Spaß kosten. Spätestens in diesem Moment bereute ich, mich nicht im Vorfeld mit ihm über den Preis unterhalten zu haben. Eigentlich ist das überall in Mittel- und Südamerika üblich, aber in meiner Aufregung hatte ich das komplett vergessen.

Doch was hätte ich machen sollen? Niemand sonst im Dorf hatte ein Auto, geschweige denn einen Laster. Und in diesem gottverlassenen Nest fuhr vielleicht alle paar Tage ein Auto durch.

Und gleich einen Lkw zu erwischen, der mich samt Maschine mit in die Stadt nahm, das war mehr als unwahrscheinlich. Hinzu kam, dass mir die Zeit davonlief. Wäre mir so etwas in Alaska passiert, hätte ich zwar fürchterlich geflucht, aber der Trip in die nächstgrößere Stadt wäre sicher entspannter verlaufen.

Der Mann wusste, wie man die Not anderer ausnutzt. Um ganze fünfundzwanzig Euro konnte ich ihn schließlich herunterhandeln. Weiter ging die Fahrt, bis wir schließlich im tiefer werdenden Matsch stecken blieben. Das war für die Anwesenden kein Grund zur Panik, sondern fiel anscheinend in den Bereich des Alltäglichen. Wir sammelten Steine und legten sie unter die angetriebenen Räder. Schon nach wenigen Versuchen waren wir wieder frei und es konnte weitergehen.

In regelmäßigen Abständen mussten wir an Militärposten anhalten und Geld für die Weiterreise zahlen. Trotzdem schätzte ich, dass der ganze Trip alles in allem, Benzin eingerechnet, deutlich weniger kostete als hundert Euro. Außerdem nahm der Fahrer unterwegs immer wieder Leute mit, die ebenfalls zahlen mussten, wenn auch sicher nicht so viel wie ich. Der Typ war ein richtiger Halsabschneider!

Am Stadtrand hielt der Lkw plötzlich an. Warum fährt er mich nicht zu einer Werkstatt, überlegte ich. Angeblich durfte er nicht in die Stadt reinfahren, das würde noch mehr Geld kosten. Das war mit Sicherheit gelogen, aber was konnte ich tun? Gemeinsam schoben wir die BMW in die Stadt hinein. An der ersten Werkstatt schob ich sie gleich vorbei; bei der zweiten hatte ich einen besseren Eindruck. Mittlerweile war es kurz vor Einbruch der Dunkelheit. Also ließ ich meine Gummikuh dort und brachte mein Gepäck schnell in ein Hotel in der Nähe. Dann tauschte ich Geld und ging zurück zur Werkstatt. Dort sagte man mir, der Hauptmechaniker hätte keine Zeit. Mir blieb nichts weiter übrig, als meinen Bock zur nächsten Werkstatt zu schieben, und so landete ich schließlich bei Mechaniker Nummer vier. Auch er hatte eigentlich keine Zeit, wollte aber eine Ausnahme machen.

Vertraue deiner Werkstatt!

So eine Werkstatt würde man in Deutschland vielleicht auf einem heruntergekommenen Schrottplatz finden: eine kleine, völlig verschmutzte Garage, voll mit allerlei Gerümpel und ausrangierten

Motorteilen. Doch Eddy, der Besitzer, verstand sein Handwerk. Motorblock und Zylinder wurden komplett zerlegt und mit Benzin ausgewaschen und gesäubert. Oft gab es Situationen, da mochte ich gar nicht hinsehen. Allein bei dem Gedanken an die verschiedenen Drehmomente, die beim Zusammenschrauben des Zylinders angewendet werden müssen, die aber mangels richtigen Werkzeugs ignoriert wurden, wurde mir mulmig.

Doch wie gesagt, Eddy schien zu wissen, was er tat, und ließ sich nicht aus der Ruhe bringen. Blieb nur zu hoffen, dass die Elektronik nichts abbekommen hatte. Bitte, bitte, ich möchte »nur noch« bis Santiago kommen, flehte ich innerlich. Feuerland und all die anderen Sperenzchen konnte ich mir jetzt wohl abschminken. Doch Santiago de Chile als Reiseziel, das war immer noch vorstellbar. Ich glaube, ich habe in meinem ganzen Leben noch nicht so viel gehofft und gebangt!

Morgen oder übermorgen würde die Entscheidung fallen. Die Reise würde in jedem Fall weitergehen – die Frage war nur: mit dem Motorrad oder mit dem Bus? Ich stand schon früh auf und fuhr mit dem Taxi zur Werkstatt. Was mich dort erwartete, damit hatte ich nicht gerechnet: Schon vor neun Uhr waren Vater und Sohn an meinem Moped zugange.

Ich sah mir genau an, wie der Vergaser zerlegt wurde. Meine Sorge war, dass es in der Werkstatt keinen Kompressor gab, um kleine Öffnungen ordentlich durchzublasen und zu reinigen. Stattdessen nahmen die Burschen schmutziges Benzin zum Reinigen und der Mund ersetzte den Kompressor. Wenn das nur gut geht, dachte ich. Doch wie sich später zeigen sollte, hatte ich Eddy unterschätzt. Er arbeitete zwar mit den primitivsten Mitteln, trotzdem ging es zügig vorwärts.

Dann wurden sämtliche Teile wieder zusammengebaut und der erste Startversuch konnte stattfinden. Die Spannung stieg ins Unermessliche! Eddy drückt auf den Anlasserknopf und siehe da, der Anlasser dreht sich und auch die Zündkerze funkt munter. Das ist schon mal ein sehr gutes Zeichen! Vor dem zweiten Anlauf setzt Eddy die Zündkerze ein, dann drückt er den Anlasserknopf und das schier Unglaubliche geschieht: Der Motor qualmt, stinkt, knattert und die Ventile klappern, dass einem Angst werden kann – aber das Ding läuft. Madre Dios! Gracias!

Vor lauter Freude musste ich sofort Vater und Sohn umarmen. Schon morgen kann die Reise weitergehen, frohlockte ich. Die Maschine musste zwar noch eingefahren werden, aber mein einziger Gedanke in diesem Moment war: Hoffentlich schafft sie es bis nach Santiago de Chile! Dann machte ich Fotos von der Werkstatt und Vater und Sohn und verabschiedete mich aufs Herzlichste. Die Tage, die wir gemeinsam an meinem Motorrad geschraubt hatten, hatten uns miteinander verbunden und so tauschen wir zum Abschied kleine Geschenke aus: Vom Junior bekam ich eine Fahne seines Lieblings-Fußballvereins. Im Gegenzug gab ich ihm mein kleines Schweizer Taschenmesser.

Verglichen mit dem Mopedtransport kostete mich die Reparatur eine Kleinigkeit – keine fünfundzwanzig Euro! Auf den Lkw-Fahrer hatte ich noch immer und jetzt erst recht eine Stinkwut.

The tour must go on!

Am Sonntag brach ich von Oruro auf. Mein Motorrad schnurrte und ich war glücklich. Ich fuhr denselben Weg zurück und kam wieder an die Stelle, wo ich zuvor »gekentert« war. Ich war ganz schön aufgeregt, als ich erneut die Durchquerung in Angriff nahm. Äußerst üble Erinnerungen wurden in mir wach. Doch diesmal überließ ich nichts dem Zufall, wählte eine andere Furt und fuhr mit voller Konzentration durchs tiefe Wasser ans andere Ufer – ohne umzukippen.

Auch der weitere Verlauf der »Straße« hatte es in sich. An zahlreichen Stellen war sie von reißenden Bächen überflutet und oft war ich mir überhaupt nicht sicher, ob ich es schaffen würde, auf die andere Seite zu gelangen. Ein Problem war, dass die Luftfilteröffnung an meiner Gummikuh einfach viel zu tief saß. So kam ich mehrmals in die Situation, dass der Motor beinahe ausging. Einer der querenden Flüsse war so tief, dass ich anstelle der Straßenfurt die benachbarte Bahnbrücke benutzen musste. Als Erstes lud ich mein Gepäck ab, um möglichst wenig Gewicht auf der Maschine zu haben. Dann lief ich bei laufendem Motor und mit schleifender Kupplung neben dem Bock her auf die bestimmt zweihundert Meter lange Bahnbrücke hinauf. Das muss man sich einmal vorstellen: Die Brücke bestand eigentlich nur aus Schienen. Darunter waren in einem mehr oder minder regelmäßigen Abstand quer verlaufende Bohlen befestigt. Darunter kam lange nichts und dann der Fluss. Abgesehen von der Sorge, dass ich in einen der Zwischenräume treten und mitsamt der Maschine in die Tiefe stürzen konnte, musste ich beten, dass nicht obendrein ein Zug kam!

Aber auch das war irgendwann geschafft. Ich fühlte mich allerdings an diesem Tag rein körperlich nicht besonders gut. Zum einen plagte mich eine beginnende Erkältung, zum anderen fühlte ich mich von der schwierigen Strecke total überfordert, und über ihren Verlauf war ich mir überhaupt nicht mehr sicher. Es fehlte jegliche Beschilderung und der Pfad gabelte sich ständig. Mir blieb nichts weiter übrig, als auf gut Glück zu fahren, immer in dem Glauben, dass ich den richtigen Weg gefunden hatte. Wenigstens traf ich zwischendurch einmal auf Einheimische, die ich nach dem Weg fragen konnte. Sie bestätigten mir, dass ich in die geplante Richtung fuhr.

Ich fühlte, dass ich am Ende meiner physischen und psychischen Kräfte angekommen war. Meine Angst steigerte sich ins Unermessliche, als ich mir vorstellte, ich könnte mich in der Einsamkeit der Hochlandebene verfahren oder einen Motorschaden bekommen. Besonders schlimm war, mit niemandem die Sorgen teilen zu können. Was ich mir da vorgenommen hatte, überstieg fast meine Kräfte. So viel Angst und Ungewissheit hatte ich während der gesamten Tour nicht erlebt. Als Belohnung für die Strapazen sah ich jedoch eine wunderschöne Landschaft, und ich wurde Zeuge einer Familienfeier, bei der Einheimische in indianische Tracht gekleidet wie vor Hunderten von Jahren tanzten und feierten.

Nach einer schier endlosen Tortur kam ich in Uyuni an, einem trostlosen Wüstennest 3700 Meter über dem Meer und Ausgangspunkt für Touren zum Salar de Uyuni. Doch sofort stellten sich mir wieder Fragen über Fragen, was die Weiterfahrt betraf. Alle Straßen Richtung Süden seien überflutet und Bäche nicht passierbar, sagte man mir. Na super!

Durch die nasse Salzwüste

Ich musste eine Entscheidung treffen: entweder über den Salar de Uyuni weiter nach San Juan und dann zum Lago Colorado und Lago Verde nach Chile, oder um den ausgetrockneten Salzsee herum und dann weiter Richtung Süden nach Argentinien.

Der Salar de Uyuni ist mit etwa 160 Kilometern Länge und 130 Kilometern Breite der größte Salzsee der Welt. In der Trockenzeit verdunstet das Wasser komplett und man kann trockenen Fußes über seine Salzkruste laufen. Ich war in der Übergangszeit an seinen Ufern angekommen. Das bedeutete: Das Wasser war noch nicht ganz weg und es gab Stellen mit einer Wassertiefe von bis zu einem halben Meter.

Ein großes Problem bei der Seeüberquerung ist das viele Salz, besonders in Verbindung mit Wasser. Solche Bedingungen zerstören früher oder später jede Elektronik, egal ob Motorrad oder Auto, wenn man sie nicht ausreichend schützt.

Ein weiteres, aus meiner damaligen Sicht allerdings geringeres Problem war das Fehlen jeglicher Orientierungsmöglichkeiten auf dieser riesigen Salzfläche. Ohne Ortskenntnisse oder GPS war man verloren. Letztlich entschied ich mich dennoch für das Abenteuer der Salzseeüberquerung.

Dazu musste die BMW entsprechend präpariert werden. Für die Autowerkstatt in Uyuni war ein solcher Auftrag – die Isolierung gegen Wasser und Salz – kein Einzelfall. Alle Fahrzeuge, die dieses Terrain durchqueren wollen, müssen vorher sorgfältig konserviert werden. So wurden die Elektronikteile dick mit Fett eingeschmiert und anschließend mit Folie umwickelt. Zum Schluss wurde das gesamte Moped mit einem dünnen Öl eingesprüht. Außerdem besorgte ich mir noch eine Schutzfolie, die ich unmittelbar am See um den gesamten Motor herum anbringen wollte.

Dann konnte es losgehen. Am Rande des Sees zeigten mir Einheimische grob die Richtung zu meinem ersten Ziel auf dem See, dem Hotel Sal Casa Blanca. In einer der Reisezeitschriften, die Andy mit sich herumschleppte, hatte ich von diesem Haus komplett aus Salzblöcken gelesen. Nicht nur die Außenmauern sollten aus Salz sein, auch ein großer Teil der Inneneinrichtung wie Tische, Stühle und sogar die Betten – auf denen natürlich eine normale Matratze lag.

Ich müsse zwanzig Minuten in jene Richtung fahren und würde dann schon das Hotel sehen, sagte man mir. Wenn nicht, hätte ich mich wohl verfahren. Dann solle ich bloß nicht planlos suchen, sondern sofort umkehren und dieselbe Strecke tunlichst zurückfahren.

Gesagt, getan. Ich fuhr auf den völlig glatten Salzuntergrund auf und gab Gas. Ein komisches Gefühl, über einen ausgetrockneten See zu fahren. Durch den aufsteigenden Dunst flimmerte alles. Doch schon nach fünfzehn Minuten sah ich, wie sich in der Ferne ein Haus im Wasser spiegelte. Kurze Zeit später stand ich vor dem Hotel Sal Casa Blanca.

Ich nahm mir Zeit, das Bauwerk ausführlich zu bestaunen. Tatsächlich, es bestand ausschließlich aus gepressten Salzquadern. Trotzdem strahlte es eine gemütliche Atmosphäre aus, was auf die vielen Wandteppiche und handgestrickten Tischdecken zurückzuführen war.

Kurze Zeit später lernte ich eine Angestellte des Hotels kennen, ein Mädchen indianischer Abstammung und so um die achtzehn Jahre alt. Ich fragte sie nach dem Weg zur Insel Pescado. Sie machte mir verständlich, dass die Insel nicht so einfach zu finden sei, denn auf dem See spiegelten sich die umliegenden Berge; außerdem fehle es für Ortsfremde an jeglichen Orientierungspunkten. Daraufhin fragte ich, ob sie mitfahren und mir den Weg zeigen wolle. Das Mädel zeigte sich erfreut über meine Idee und so fuhren wir schon kurze Zeit später los.

Eine Stunde dauerte die Fahrt bis zur Insel. Meine Begleiterin schien sich tatsächlich auszukennen, hatte ich den Eindruck. Auf der Insel, die vulkanischen Ursprungs ist, wachsen Unmengen von Kakteen, manche bis zu sechs Meter hoch und hundert Jahre alt. Wir machten eine kleine Wanderung und legten anschließend auf einem großen Felsbrocken eine Pause ein. Sogar Vikunas, die zur Familie der Kamele und Lamas zählen, konnten wir beobachten.

Die Nadel im Heuhaufen

Schon früh begann es dunkel zu werden, und so machten wir uns auf den Rückweg. Zunächst machte das Mädel einen sicheren Eindruck, was die Richtung anging. Doch schnell wurde es dunkler und die Sicht schlechter und meine Reiseführerin deutlich unsicherer. Zudem wurde das Wasser immer tiefer und ich erkannte, dass wir diese Strecke nicht gekommen waren. Auch gut, viele Wege führen nach Rom, dachte ich.

Schließlich war das Wasser so tief, dass die Räder in der Salzlake versanken. Zu allem Übel fing die Ölwarnlampe an zu blinken. Trotzdem blieb mir nichts anderes übrig, als mich immer weiter durch das Wasser zu quälen, bis wir schließlich stecken blieben. Ich schaute auf das Thermometer und las eine Öltemperatur von 160 Grad ab. Kein Wunder, Vollgas im ersten Gang, der Motor nach der großen Reparatur noch nicht richtig eingefahren und eine Wasserschutzschürze um den Motor herum, die jegliche Luftkühlung verhindert – das konnte auf Dauer auch nicht gut gehen.

Plötzlich bekam ich es mit der Angst zu tun. Wir konnten kaum noch etwas erkennen und zudem wurde es richtig kalt. Wie sollten wir zu Fuß bloß zurück zum Hotel finden? Verängstigt und frierend liefen wir händchenhaltend durch das knietiefe Salzwasser auf der Suche nach dem Hotel. Es war offensichtlich, dass meine Begleiterin nicht mehr wusste, wo wir waren. Zudem plagte mich die Sorge um mein Moped, das wir stehen lassen mussten. Falls wir es zum Hotel schafften, würden wir überhaupt in der Lage sein, es wiederzufinden?

Voller Angst und ohne Nahrung und Wasser irrten wir über den See. Mir gingen dabei all die Warnungen und Horrorgeschichten durch den Kopf, die ich über den Salar de Uyuni gehört hatte. Irgendwann glaubten wir schwach die Lichter der Stadt Uyuni zu erkennen, aber es hätten auch genauso gut Sterne sein können, die sich im Wasser spiegelten. Außerdem fehlte uns jeglicher Referenzpunkt, um die Entfernung einschätzen zu können.

Stundenlang irrten wir nun schon über den See und unsere Angst wurde immer größer. Irgendwann wollte ich eine Pause machen und mich schlafen legen. Doch das Mädchen hatte eine gute Kondition und wollte weiter. Schließlich konnte ich sie doch überreden. Wir kauerten uns auf dem feuchten Boden zusammen. Ohne Unterlage und Decke lagen wir da und uns wurde schnell kalt. Trotzdem versuchten wir, wenigstens ein bisschen zu schlafen, denn wir würden unsere Kräfte brauchen. Aber daraus wurde nichts; im Nu klapperten uns vor Kälte die Zähne.

Grenzenlose Angst quälte mich. Gründe gab es genug und es kamen immer neue dazu: Wir hatten kein Wasser dabei und uns quälte der Durst. Und es war immer noch dunkel und bitterkalt. Es half alles nichts; wir mussten weiter, wenn wir nicht erfrieren wollten. Planlos liefen wir in der riesigen Salz- und Wasserwüste umher. Würde uns am Morgen ein Suchtrupp finden?

Ich hätte heulen können. Mir taten die Füße weh; ich konnte kaum noch laufen. Wieder mussten wir eine Pause einlegen, doch nur für kurze Zeit; vor lauter Kälte fingen wir wieder an zu laufen. Halt durch, Dan, in zwei Stunden wird die Sonne aufgehen! Wo würden wir sein, wenn wir uns wieder einigermaßen orientieren konnten? Immer wieder sahen wir Lichter, doch vielleicht waren es auch nur die Sterne, die sich im Wasser spiegelten. Zwischendurch stießen wir auf Autospuren, denen wir folgten. Doch wohin führten sie? Ich war genauso ratlos wie meine Begleiterin.

Dann ging endlich die Sonne auf und mit dem ersten Licht fand das Mädchen die Orientierung wieder. Plötzlich konnten wir das Hotel sehen. Unglaublich, wir hatten den Weg zurück geschafft!

Das Erste, was wir bei unserer Ankunft im Hotel feststellten, war die Tatsache, dass sich ganz offensichtlich niemand wegen unserer Abwesenheit Sorgen gemacht hatte. Der Mann an der Rezeption war ein bisschen überrascht, uns zu sehen, sagte jedoch nichts. Komisch, wo doch nur ein weiteres Pärchen aus der Schweiz hier im Hotel übernachtet hatte. Für mich war es unfassbar, dass man in der Nacht kein Licht gemacht hatte, um uns eine Orientierungshilfe zu geben. Das hätte uns manches erleichtert und erspart.

Doch wir waren beide gerettet und nur darauf kam es an. Als Nächstes war das Motorrad an der Reihe. Wie konnte ich meine Gummikuh am ehesten wiederfinden?

Die Gummikuh am Gummiseil

Das Schweizer Pärchen hatte einen Führer dabei, und der bot sich an, uns bei der Suche behilflich zu sein. »Das Moped steht einen halben Meter tief im Wasser«, das war alles, was ich ihm als Tipp geben konnte. Gemeinsam fuhren wir los – das Schweizer Pärchen mit seinem Führer, meine »Reiseführerin« und ich – bis zu einer Stelle, wo das Wasser für das Auto zu tief wurde. Doch weit und breit war kein Motorrad in Sicht. Wir kletterten aufs Autodach, um bessere Sicht zu haben – nichts zu sehen. Schließlich schwärmten wir zu Fuß aus. Plötzlich sah ich in der Ferne etwas schimmern. Mein Moped? Immer weiter rannte ich darauf zu und dann erkannte ich meine BMW. Was für ein Glück!

Der Motor sprang sogar an, doch er lief nur im Leerlauf. Möglicherweise hatte die Elektronik Schaden genommen. Die Räder waren tief im Salz eingesunken und auch zu zweit wollte es uns nicht gelingen, das Gerät aus dem Wasser zu schieben. Zu fünft bekamen wir die Maschine schließlich frei.

Das Abschleppen mithilfe eines Gummiseils ging besser als erwartet. Ein skurriler Anblick: Ich saß auf meiner BMW und wurde über den Salzsee gezogen – mal ein ganz anderes Fahrgefühl. Auf diese Weise würden wir schon bald eine Werkstatt erreichen und Näheres über den Zustand der Maschine erfahren. Die Tour führte uns jedoch zunächst nur bis zum Hotel. Dort musste ich den Fahrer mit viel Geld und wenig schönen Worten überzeugen, dass er mich weiter bis nach Uyuni abschleppte. Er stellte sich ziemlich stur und war anfangs überhaupt nicht davon abzubringen, dass er seinen Teil bereits erfüllt hätte.

In unserer Auseinandersetzung gebrauchte ich sogar das Wort Bandit, worauf er verständlicherweise ziemlich erbost reagierte und das Gespräch total eskalierte. Sicher, ich hatte mich in meiner Wortwahl vergriffen, aber ich stand noch immer unter dem Eindruck der Erlebnisse der letzten Nacht. Außerdem hatte ich nicht geschlafen und war völlig erschöpft. Schließlich konnte ich ihn nach etlichen Entschuldigungen und hartnäckigem, von Geldscheinen untermauertem Bitten dazu bewegen, mich nach Uyuni abzuschleppen.

In Uyuni brachte er mich als Erstes zu einem Autowaschplatz. Ich reinigte mein Gefährt von Dreck und Salz, so gut es ging, und dann machte ich einen erneuten Startversuch. Diesmal sprang der Motor gar nicht erst an. Beim Überprüfen der Elektronik musste ich feststellen, dass die Platine mit den elektronischen Bauteilen aufgrund der fehlenden Kühlung angeschmort war. Ob sie kaputt war? Ich drehte die Zündkerze raus und startete. Kein Zündfunke! Die auch im Eimer? Nachdem ich die Kerzen gesäubert hatte, wagte ich einen weiteren Versuch und diesmal sprang der Motor sofort an. Wieder einmal hatte ich Glück gehabt! Einzig und allein die total verschmutzten und verölten Zündkerzen waren schuld gewesen.

Erleichtert fuhr ich zurück zum Hotel – und traf dort auf die fast vollständige Truppe der Israelis! Lediglich einer fehlte: Ariel hatte sich von der Gruppe abgeseilt und war allein unterwegs. Mit den restlichen drei Israelis und dem Schweizer Pärchen machte ich mich auf ins Restaurant. Natürlich hatte ich die größte Story von allen zu berichten.

Chile oder Argentinien?

Am nächsten Tag stellte sich mir einmal mehr die Frage, welchen Weg ich zur Weiterreise wählen sollte. Es gab zwei Möglichkeiten: entweder den See zu umfahren und dann die zwei Seen Laguna Colorada und Laguna Verde auf dem Weg nach Chile zu besuchen, oder über Argentinien weiter Richtung Süden zu fahren. Die Israelis hielten die Strecke über Argentinien für die bessere.

Ich fuhr zum Zollamt von Uyuni, denn wer weiter nach Chile oder Argentinien reisen will, muss sich zuvor den Ausreisestempel abholen. Dann entschied ich mich für den Weg um den See herum, auch wenn der Rio Grande angeblich nach dem vielen Regen immer noch sehr hoch war.

Die Antwort auf die Frage, ob ich ihn trotzdem passieren könnte, ließ nicht lange auf sich warten. Sie kam vom Rio Grande persönlich und war ein klares Nein. Die Leute am Ufer signalisierten mir mit den Händen eineinhalb Meter Wassertiefe. Das war eindeutig zu tief.

Während ich am Ufer stand und überlegte, wie es weitergehen sollte, kam ich auf die Idee, die Weiterfahrt auf den Bahnschienen entlang des Flusses zu versuchen. Auf dem Gleiskörper fuhr es sich nicht schlecht, doch ich entschied mich, einfach über die Felder zu fahren. Auch auf dieses Ansinnen erhielt ich sofort eine Absage, denn ich legte mich nach wenigen Metern in den Matsch. Der Boden war vom Niederschlag so aufgeweicht, dass ich es nur mit Mühe schaffte, das Moped aufzurichten. Als ich endlich völlig lehmverschmiert wieder auf dem Motorrad saß, kostete es mich enorme Anstrengungen, uns beide auf den Damm und die höher gelegenen Bahnschienen zu bringen. Die Gleise führten nach Tupiza und das war ab sofort meine Richtung. Ich wusste, dass ich von dort die Möglichkeit hatte, nach Argentinien einzureisen. Von dort wiederum konnte ich weiter nach Chile fahren.

Many rivers to cross ...

Und wieder einmal stand ein Tag unter dem Motto »Abenteuer«. Als ob ich das gerne machen würde und zu meinem neuen Hobby erklärt hätte, musste ich bestimmt fünfzehn Flüsse durchqueren. Einer davon war so tief, dass ich mich erneut entschied, stattdessen eine Eisenbahnbrücke zu nehmen. Schade, dass niemand da war, um die Szene zu filmen. Ich konnte mich gar nicht entscheiden, auf welche der fehlenden Bohlen ich zuerst treten sollte.

Die weitere Fahrt verlief ohne jegliche Beschilderung und vor allem ohne irgendeinen Straßenbelag. Insgesamt war alles noch viel schlechter als der Abschnitt von Oruro nach Uyuni. Gute zweihundert Kilometer machte ich an diesem Tag, die vielleicht schlimmsten meiner gesamten Tour. Durch ausgetrocknete Flusstäler führte meine Route, und die ersetzten wohl nach örtlicher Auffassung die Hinweisschilder. Ich orientierte mich zusätzlich am Stand der Sonne und meinem Gefühl, immer in der Hoffnung, die richtige Richtung gewählt zu haben und irgendwann die Stadt Tupiza zu erreichen.

Dann kam es, wie es kommen musste – irgendwann hatte ich mich total verfahren. Ich sprach mit dem Fahrer eines Jeeps, und der nordete mich wieder ein. Als Gegenleistung dafür sollte ich mit einem Mädel, das er bei sich im Auto hatte, zurück in sein Dorf fahren, da sie dort etwas vergessen habe und ich mit dem Moped ja schneller sei. Immerhin – sie sprach gutes Englisch und sah obendrein ziemlich sexy aus.

Kurz vor Beginn der Dunkelheit erreichte ich die Stadt Tupiza. So schlammverschmiert war ich während der gesamten Reise bisher nicht unterwegs gewesen. Meine Klamotten und das Motorrad waren komplett mit Matsch beschichtet. Aber das war alles weiter kein Problem, denn da ich es bis Tupiza geschafft hatte, wusste ich: Ich konnte in wenigen Tagen Santiago de Chile erreichen. Die restlichen 2400 Kilometer verlaufen auf gut asphaltierten Straßen. Sonntag war außerdem ein guter Tag, um dort einzutreffen. Am Montag konnte ich mich dann um den Transport meiner Gummikuh zurück nach Deutschland kümmern.

Mein Tempo und mein Fahrstil waren zu diesem Zeitpunkt recht bedenklich. Zwar kam ich immer wieder durch wunderschöne Gegenden, aber ich nahm mir überhaupt keine Zeit, sie zu genießen oder gar Fotos zu machen. Berge ohne Ende, riesengroße Kakteen und absurde Felsformationen – all das bekam ich aufgrund meiner permanent hohen Geschwindigkeit nur schemenhaft mit. Auf einer schlechten Schotterpiste fuhr ich schneller als die meisten Autofahrer auf einer guten asphaltierten Straße. Kurven nahm ich permanent mit Fußeinsatz. Ich wage zu behaupten, dass auch ein guter Motocross-Fahrer ohne Gepäck und mit leichtem Motorrad seine Mühe gehabt hätte, mir zu folgen. Wie vom Teufel geritten driftete ich durch die Kurven, immer im absoluten Grenzbereich – in meinem und dem der Maschine. Mein Adrenalinspiegel und der Spaß am Heizen trieben mich zu fahrerischen Höchstleistungen an.

Schon um 6.30 Uhr war ich am nächsten Morgen startklar. Ich hatte gerade voll getankt und war auf dem Weg zur Grenze, als sich mal wieder ein Problem mit dem Motorrad anbahnte. Was war bloß mit der Gangschaltung los? Sie ließ sich nur noch sehr schwer betätigen. Es verging aber auch kein Tag ohne Ärger mit dem Bock! Egal, jetzt wird weitergefahren!

Das tat ich dann auch und als Motor und Getriebe richtig warm waren, war das Problem verschwunden. Die Strecke zur Grenze bot jede Menge optische Reize. So viele große Kakteen habe ich selbst auf der Baja California nicht bewundern können. Und das bei tief stehender Sonne!

Durch Argentinien und Chile nach Feuerland

Die Grenze stellte kein Problem dar. Der Grenzort heißt auf bolivianischer Seite Villazón und in Argentinien La Quiaca. Kaum hatte ich argentinischen Boden betreten, fühlte ich mich um einiges besser: Die Mentalität der Menschen hier ist ganz anders; es herrscht viel mehr Lebensfreude. Von all den Bevölkerungsgruppen, die mir während der Reise begegnet sind, waren mir die Menschen in Bolivien am pessimistischsten vorgekommen. Die Stimmung dort war gedrückt, und die Menschen waren zurückhaltend. Ganz anders in Argentinien; hier waren alle freundlich und kontaktfreudig. Das tat nach den letzten Strapazen richtig gut.

Bei meiner ersten Pause in Argentinien bekam ich gleich das beste Steak serviert, das ich je in meinem Leben verspeist habe. Ich hatte in einem kleinen Ort an einem Restaurant gehalten. Auf Empfehlung des Kochs bestellte ich mir ein großes Stück Fleisch. Dass es in Argentinien gutes Fleisch gibt, wusste ich. Doch was ich hier auf den Teller bekam, übertraf all meine Erwartungen. Ein riesiges, saftiges Stück Fleisch, frisch auf dem Grill zubereitet, der Geschmack unbeschreiblich!

Mein Etappenziel für den Tag sollte Salta sein. Es war kalt, doch im Verlauf der Strecke bekam ich wunderschöne Gesteinslandschaften zu sehen, die mich die widrigen Temperaturen vergessen ließen. Außerdem ging es immer weiter abwärts und dabei wurde es deutlich wärmer. Das sah man auch an der Vegetation, die immer üppiger wurde. Den ganzen Tag herrschte perfektes Mopedwetter und obwohl ich einen Haufen Kilometer hinter mich brachte, verlor ich für keinen Moment dem Spaß am Fahren.

Ich freute mich auf jeden weiteren Kilometer durch Argentinien. Während ich vor mich hin düste, fiel mir ein, dass längst ein Ölwechsel fällig war und die Ventile auch nachgestellt werden mussten. Wenn ich das gleich morgen erledige, kann ich mehr Gas geben, überlegte ich. Die kurvenreiche Landschaft lud jedenfalls dazu ein. Ich fühlte, dass es mir richtig gut ging und dass ich ganz im Einklang mit mir und meiner Umwelt war. Das Land Argentinien, seine Menschen und vor allem die gut ausgebauten Straßen trugen sicher einen großen Teil dazu bei: Ich hatte das Gefühl, wieder in der Zivilisation zu sein.

Auf dem Boden der Tatsachen

In der Motorradwerkstatt von Salta wurde ich aus meiner Umlaufbahn heruntergewunken. Die Landung war hart: Eine Zylinderkopfschraube war wieder locker; offensichtlich bot ihr das Gewinde nicht genügend Halt. Das gleiche Problem wie damals in Kanada. Mierda, fluchte ich, und so etwas gleich früh am Morgen! Die Jungs in der Werkstatt meinten aber, das Problem sei in den Griff zu bekommen. In drei Stunden könne ich weiterfahren.

Die Zwischenzeit nutze ich dazu, meinen Freund Claus in Santiago anzurufen und meine baldige Ankunft anzukündigen. Außerdem war ich lange nicht mehr online gewesen, und so wartete eine Menge neuer Nachrichten auf mich. Ich nahm mir vor, sie in aller Ruhe zu beantworten, sobald ich in Chile bei Claus war.

Gegen zwei Uhr nachmittags schlenderte ich zum Mopedladen, um zu schauen, wie weit die Sache gediehen war, doch war wegen Siesta geschlossen. Na toll! Genervt verbrachte ich die nächsten Stunden im Hotel.

Als ich später in der Werkstatt einlief, musste ich zu meiner Beruhigung und zur Entschuldigung der Mechaniker feststellen, dass sie schnelle und gute Arbeit geleistet hatten. Meine BMW war fertig. Ich starte den Bock – der Motor läuft, doch die Ventile klappern nach wie vor. Es ist zum Verzweifeln. Ich möchte endlich mal ein Motorrad mit normaler Geräuschentwicklung fahren. Ohne Klappern und ohne Probleme. So viel Geld habe ich schon in Reparaturen zur Behebung des Problems investiert, und alles ist wie gehabt. Ich hab's satt!

Meine Frustration über den Zustand der Maschine hielt mich nicht davon ab, an diesem Tag noch bis spät in die Nacht zirka 600 Kilometer herunterzuspulen, bis ich gegen Mitternacht irgendwo in irgendeiner Bleibe hundemüde ins Bett fiel.

Die absolut längste Etappe

Mein Etappenziel am nächsten Tag sollte Mendoza sein, doch bis dahin war es ein ordentliches Stück. Wenn meine »World Map South America« nicht log, mussten es so um die 1400 Kilometer sein. Eigentlich eine Wahnsinns-Etappe, aber mich trieb schlicht und ergreifend der Ergeiz, so schnell wie möglich nach Santiago de Chile zu kommen, dort kurz die Formalitäten für den Rücktransport der BMW zu erledigen und dann im Eiltempo weiter nach Feuerland zu düsen. Ich spürte mittlerweile ganz genau: Wenn ich es nicht bis nach Feuerland schaffte, würde die Tour in meinem Kopf nie beendet sein. Die restliche Zeit einfach in Santiago abzuhängen und zu entspannen, das kam mir überhaupt nicht in den Sinn.

1400 Kilometer hin oder her – ich wollte jedenfalls so lange fahren, bis es dunkel wurde. Die Strecke bis zum Übernachtungsort war eh nicht sonderlich interessant gewesen – viel Wüste mit wenig spektakulären Ansichten –, aber dafür war die Straße umso besser, und so war es überhaupt kein Problem, Kilometer zu schrubben. Trotzdem war ich nicht gut drauf. Die Quälereien, die ich mir in den letzten Tagen zugemutet hatte, bekam ich allmählich zu spüren. Auch schien erneut eine Erkältung oder ein Fieber im Anmarsch zu sein.

Mit gut hundertsechzig Sachen bretterte ich Richtung Süden. Zu gern hätte ich dabei meinen Discman eingesetzt, doch ich hatte bei irgendeiner Gelegenheit meine Kopfhörer verloren. So ein Mist, gerade bei dieser einsamen Wüstenlandschaft wäre ein bisschen Musik gut gekommen und hätte meine Laune wenigstens etwas verbessert. Kurz vor Mendoza wurde die Gegend Gott sei Dank schöner. Der Boden war anscheinend wieder fruchtbarer, denn hier wurde viel Weinanbau betrieben.

Die Durchfahrt durch Mendoza war, wie könnte es anders sein, sehr schlecht beschildert. Ich hatte größte Probleme, meine Richtung zu finden, aber irgendwann war ich auf der anderen Seite der Stadt angelangt. Immerhin schaffte ich es an diesem Tag noch bis Uspallata, wo ich in einem billigen Tankstellenhotel übernachtete. Dort traf ich auf zwei Typen aus Argentinien, die mich zum Abendessen einluden. Die beiden waren mit einer Honda Goldwing und einer BMW GS 1000 wie der meinen unterwegs. Der eine war Zahnarzt und der andere Winzer von Beruf. Was mich besonders freute: Die Jungs sprachen gut Englisch.

Damit lag nur noch ein kurzes Stück bis Santiago de Chile vor mir. Bei strahlend blauem Himmel startete ich in den Tag, der mich in die Hauptstadt des Nachbarlandes bringen sollte. Bis zur chilenischen Grenze bot sich mir jede Menge Gelegenheit, Fotos von den Anden und ihren schneebedeckten Gipfeln zu schießen. Es war schon ein tolles Gefühl, dieses mächtige Gebirge von der einen bis zur anderen Seite überquert zu haben.

Kurz vor der Grenze gab es noch die Puenta del Inca zu besichtigen, eine berühmte Naturbrücke mit heißen Quellen und Bädern darunter. Ich war beeindruckt: Die Menschen der Region hatten sich früher auch schon nette Dinge einfallen lassen! Unmittelbar vor der Grenze hatte ich einen atemberaubenden Ausblick auf den höchsten Berg des gesamten amerikanischen Kontinents, den Aconcagua mit seinen 6969 Metern Höhe.

Die letzte neue Grenze

Die Einreise nach Chile klappte bestens. Einerseits war ich mittlerweile in diesen Dingen zum Routinier geworden, andererseits traf ich auf sehr freundliche Beamte. Nun war ich in Chile angekommen, dem letzten Land auf meiner ursprünglich geplanten Route. Das kurze Stück nach Santiago führte über eine serpentinenreiche Straße, genau das Richtige für mich und mein Moped! Schon kurze Zeit später sah ich Chiles Hauptstadt vor mir. Ein Hotel suchen musste ich mir nicht, denn ich wollte bei Claus wohnen, meinem alten Reisegefährten.

Claus arbeitet in der Druckerei seiner Eltern. Sein Großvater war von Deutschland nach Chile ausgewandert, hatte in Santiago eine deutschsprachige Zeitung und eine Druckerei aufgebaut. Der Enkel bekleidete nun die Rolle des Juniorchefs der Druckerei. Er verstand es, mit den Menschen und vor allem mit Frauen umzugehen. Das merkte ich zum ersten Mal ganz deutlich, als ich mit ihm in Peru in der Dschungelstadt Iquitos war.

Wir saßen damals in einer Kneipe am Ufer des Amazonas und eine Live-Band spielte gute südamerikanische Musik. Es herrschte eine tolle Atmosphäre: eine Mischung aus tropischem Flair, südamerikanischer Musik, guten Cocktails und einem interessanten Publikum.

Als die Jungs von der Band schließlich eine Pause einlegen, steht Claus plötzlich auf, schnappt sich irgendeine Gitarre und fängt einfach an zu singen. Als die Band zuvor gespielt hatte, war die Stimmung sicher toll gewesen. Doch als Claus nun da vorne steht und einen Ohrwurm nach dem anderen produziert, von Elvis Presley bis zu den Beatles, sind auf einmal alle Blicke, vor allem die der Frauen, auf ihn gerichtet. Die Stimmung kocht derartig hoch, dass von der eigentlichen Band niemand mehr etwas wissen will. Als er dann wieder zurück an unseren Tisch kommt, stehen wir für den Rest des Abends im Mittelpunkt, umgeben von einer Traube von Mädchen!

Claus war mittlerweile aus seinem Elternhaus in Santiago ausgezogen und hatte sich ein eigenes Haus gekauft. Da ich zuvor noch nie in dieser Gegend gewesen war, hatten wir uns in Providencia verabredet, denn dort kannte ich mich aus.

Das war ein Wiedersehen! Wir freuten uns beide ausgelassen und feierten das Ganze mit viel Cerveza und Pisco, dem chilenischen Nationalgetränk. Kaum angekommen, fühlte ich mich schon fast wie zu Hause. Obendrein wartete ein herrlich bequemes Bett auf mich, in das ich am Ende dieses Abends glücklich hineinfiel. Mein letzter Gedanke war, dass ich mich riesig auf die nächsten Tage freute.

Die Heimreise rückt näher

Erster März – der letzte Monat meiner Panamerika-Reise war angebrochen. Ich hatte mein ursprüngliches Ziel, Santiago de Chile zu erreichen, geschafft. Doch die vielen Gedanken, Erlebnisse und Eindrücke, die ich gesammelt habe, waren überwältigend und längst noch nicht verdaut.

Ich war stolz auf mich: Über weite Strecken alleine, ohne beklaut oder überfallen zu werden, hatte ich es geschafft, den weiten Weg von Anchorage in Alaska nach Santiago de Chile zurückzulegen. Aber ich fühlte auch eine gewisse Dankbarkeit, das alles gesund und ohne größere Verletzungen überstanden zu haben. Das einzige Wölkchen an meinem ansonsten strahlend blauen Panamericana-Himmel war die Frage, wie leicht oder wie schwer mir die Rückkehr in mein soziales Umfeld und die Arbeitswelt in Deutschland fallen würde.

Ich begann damit, mich um den Rücktransport meines Motorrades zu kümmern. Inzwischen hatte ich mich so an die Kiste gewöhnt, dass ich sie auf keinen Fall in Südamerika zurücklassen wollte. Nein, meine Gummikuh hatte es sich verdient, mit zurück nach Deutschland zu kommen und dort in den Ruhestand zu gehen. Trotzdem musste sie erneut zum Mechaniker für eine gründliche Inspektion; schließlich war meine Reise noch nicht zu Ende.

Carolina, die Ex-Austauschschülerin unserer Familie, meinte, sie wolle mir bei den organisatorischen Dingen ein wenig helfen. Schon am nächsten Morgen besorgten wir zunächst einen Ölfilter, den wir mit zur Werkstatt nahmen. Dann gingen wir zu Claus in die Firma, von wo aus wir mit verschiedenen Speditionen und Fluggesellschaften telefonierten, um die günstigsten Konditionen für den Transport des Motorrades in Erfahrung zu bringen. In der Familie war man aber der Meinung, dass ich die Maschine unter Umständen kostenlos per Schiff nach Hamburg befördern könnte; sie würden da jemanden kennen. Das klang natürlich verlockend, denn mit dem Flugzeug sollte der Spaß so um die 1100 US-Dollar kosten.

Mañana-Virus und Moped-Transport

Einfach unglaublich, was die hier für eine Ruhe haben, maulte ich einige Tage später in mich hinein. Ich hatte noch immer keine genaue Auskunft von Axel bekommen, einem Freund und Nachbarn der Familie, dessen Eltern eine große Reederei besaßen. Er war derjenige, der sich weiter um die kostengünstige Mopedverschiffung kümmern wollte.

Irgendwann konnte und wollte ich nicht länger warten. Ich beschloss, nicht länger zu warten und zunächst meine Weiterreise ans Ende der Panamericana in Angriff zu nehmen. Mir blieb nichts weiter übrig als zu hoffen, dass der Schiffstransport nach Hamburg schon irgendwie klappen würde. Wenn nicht, dann musste ich eben die teure Flugzeugalternative wählen.

Apfelstrudel oder Bier?

Also fuhr ich ohne ein Ergebnis abzuwarten zunächst nach Chillan und dann weiter bis Osorno. Dort wollte ich eine Familie besuchen, die mit der Familie von Claus befreundet war und bei der meine Schwester Eva nach dem Abitur einige Zeit verbracht hatte. Da die Strecke eher langweilig war, beschloss ich, die Fahrt durch kräftiges Drehen am Gasgriff ein wenig aufzupeppen. Dazu passte das schöne Wetter mit Temperaturen um die fünfzehn Grad.

Ab Osorno wurde die Landschaft mit jedem Meter schöner. Kurz vor meinem Ziel sah ich immer wieder Schilder mit der deutschsprachigen Aufschrift »Kuchen«. So ein Stück Apfelstrudel könnte ich auch vertragen, überlegte ich für einen Moment, doch dann hatte ich auch schon das Haus gefunden. In einer angrenzenden Halle befand sich eine Kuriosität: das erste Oldtimer-Museum von Chile.

Ich hatte meinen Besuch von Santiago aus angekündigt und wurde von Bernhard, dem Familienoberhaupt, freundlich empfangen. Gerade war ein Fernsehteam zu Besuch gewesen, um einen Bericht über das Museum zu drehen, und es herrschte ein heilloses Durcheinander. Doch das war nun für Bernhard nicht weiter wichtig. Er zog mich sofort in die Museumskneipe, um mit mir ein Bier zu trinken.

Bernhard verdiente sein Geld eigentlich mit Landwirtschaft. Doch schon in jungen Jahren hatte er seine Leidenschaft für Oldtimer entdeckt und zu seinem Hobby erklärt. Das »auto museum moncopulli« lief sozusagen als Nebenerwerbsquelle. Ein paar ansehnliche antike Amikutschen gab es unter anderem zu bewundern.

Den Abend verbrachten wir im allein durch seine Größe beeindruckenden Landhaus der Familie, wo wir gemeinsam zu Abend aßen und uns unterhielten. Als ich später zu Bett ging, schlief ich zunächst gut ein, doch dann wurde die Nacht ziemlich unangenehm: Gegen ein Uhr wachte ich mit Hustenanfällen auf, die erst nach zwei Stunden aufhörten. Heute frage ich mich, ob das immer noch Nachwirkungen der Erkrankung waren, die ich mir in Mittelamerika zugezogen und die mich unter anderem in Antigua so geplagt hatte.

Auf der Suche nach der passenden Regenhaut

Beim Frühstück sprach ich mit Bernhard über meine Weiterfahrt. Ich erfuhr, dass zwar eine Fähre von Puerto Montt nach Caiten fuhr, aber erst gegen 22 Uhr. Es war außerdem die Einzige! Also hatte ich genügend Zeit, mich ein wenig mehr auf dem Anwesen umzuschauen. Bernhard lud mich in seinen Jeep und machte mit mir eine ausführliche Grundstücks-Besichtigungsfahrt.

Die Familie nannte etwa dreihundert Kühe ihr Eigen; auf dem Gutshof waren acht Leute beschäftigt. Bernhard konnte sehr interessant erzählen, zum Beispiel wie man Weideland bewirtschaftet und vergrößert. Kein Wunder; schließlich hatte er Agrarwirtschaft studiert. Danach zeigte er mir stolz »sein« Automobilmuseum, in dem nun wieder Ruhe und Ordnung herrschten.

Ich verabschiedete mich nach dem Mittagessen und fuhr im strömenden Regen nach Puerto Montt. Völlig durchnässt und durchgefroren kam ich an der Fähre an. Nachdem ich mir ein Ticket besorgt hatte, machte ich mich auf die Suche nach neuer Regenbekleidung; meine alte hatte sich irgendwo zwischen Peru und Bolivien in Wohlgefallen aufgelöst. Auf der Strecke durch Argentinien und Zentralchile war keine nötig gewesen. Doch hier im Süden von Chile gehört sie zum Standard-Equipment.

Ich fand schließlich etwas, das nach wasserundurchlässiger Motorradbekleidung aussah, doch war das Ding etwas zu klein für mich. Ich hatte zwar noch eine Reserve-Regenkombi dabei, doch die war mit der dicken Mopedkleidung darunter noch enger. Allein sie anzuziehen war jedes Mal ein ziemlicher Akt. Richtig wasserdicht war sie obendrein nicht mehr. Egal, du brauchst unbedingt etwas anderes als die enge Kombi, Dan!, sagte ich mir und kaufte das Ding.

Pünktlich um 22 Uhr legte das Schiff ab. Ich war enttäuscht, als ich die schmalen Sitze erblickte. Das konnte ja eine gemütliche Nacht werden! Und dabei hätte ich so gerne an meinem Tagebuch geschrieben und dazu eine Cerveza getrunken.

Die Sonne von Chile

Strahlender Sonnenschein begrüßte die Passagiere am nächsten Morgen – für den regnerischen Süden von Chile überaus ungewöhnlich. Wir legten in Caiten an und dort lernte ich gleich zwei Jungs aus Argentinien kennen, die ebenfalls mit dem Motorrad unterwegs waren, allerdings in die andere Richtung – nach Alaska! Natürlich waren die beiden neugierig, wie es mir ergangen war, und so tauschte ich mit ihnen Informationen aus, bevor ich bei erstklassigem Wetter weiter über die Carreterra Austral nach Coyhaique fuhr.

Eine Schotterstraße führte durch eine unglaublich schöne, faszinierende, einsame und wilde Landschaft. Ich war völlig überrascht, ein derartiges Naturschauspiel anzutreffen. Trotz der strahlenden Sonne war es recht kalt. Ich möchte gar nicht wissen, wie es sich anfühlt, wenn es regnet, und wie kalt es dann auf dem Moped wird, dachte ich.

Ich durchquerte verschiedene Nationalparks, die ich nur von der Hauptstraße aus kennen lernte. Ich hatte keine Zeit, weiter in die Reservate hineinzufahren. Die schlechte Schotterstraße mit ihren vielen Kurven und das ständige Anhalten für Fotos ließen mich nur sehr langsam vorankommen. Aber das war mir egal, die Landschaft war einfach ein Traum.

Noch vor Anbruch der Dunkelheit hatte ich Coihaique, mein Tagesziel, erreicht. Der Tag war gigantisch gewesen und nachdem ich alles Notwendige wie zum Beispiel das Motorrad entladen erledigt hatte, legte ich mich schlafen. Auch die nächsten Tage wirst du volles Programm haben, da zählt jede Stunde Schlaf, Dan!

Die Morgenstunden sind in dieser Region auch bei strahlendem Wetter eisig kalt. Vor mir lag nun die schönste Strecke Patagoniens, das hatte zumindest die Holländerin behauptet, die ich in La Paz getroffen hatte. Der Lago General Carrera, wie er auf chilenischer Seite, oder Lago Buenos Aires, wie er auf argentinischer Seite heißt, sollte landschaftlich einzigartig schön sein. Ich war gespannt.

Als ich dort ankam, wusste ich, dass ich soeben den großartigsten Abschnitt meiner gesamten Tour hinter mir gelassen hatte. Einfach faszinierend, diese wilde Landschaft: schneebedeckte Berge und dazu der strahlend blaue See mitten in unberührter Natur. Dazu wärmten die Sonnenstrahlen mittlerweile ganz gut und so ließ es sich prima aushalten.

Ich bedauerte, nicht mehr Zeit zu haben. Da war ich schon über acht Monate unterwegs und immer hatte ich den Eindruck, nicht genügend Zeit zu haben. Lag es an mir oder an dem, was ich erlebt und gesehen hatte? Oder war es meine Lust auf immer mehr?

Der Grenzübertritt von Chile nach Argentinien verlief ohne Probleme. So schnell hatte ich lange keine Grenze mehr passiert. Von der argentinischen Grenzstadt Los Antiguos ging es weiter nach Las Heras, einer Ölindustriestadt. Mein Tagesziel, die argentinische Grenze zu passieren, war damit erreicht. Noch dazu war es ein unglaublich schöner Tag gewesen.

Dennoch war ich in Gedanken bei dem einzigen Unsicherheitsfaktor, den ich im Moment überhaupt kannte – mein Motorrad: Hoffentlich hielt es den Rest der Tour durch. Der Hinterradstoßdämpfer leckte, die Reifen waren völlig abgefahren und der Motor hörte sich auch nicht gut an.

I'm singing in the sun

Die Nacht in Las Heras war kurz, denn ich ließ mich schon um halb sechs wecken. Ich kam auch gleich in die Gänge. Nachdem ich zusammen mit dem Hotelchef in der Küche einen Kaffee zu mir genommen hatte, fuhr ich los. So früh war ich lange nicht mehr unterwegs gewesen.

Mittlerweile war ich tief in Patagonien. Kaum eine Menschenseele war um diese Zeit unterwegs und über mir spannte sich ein strahlend blauer Himmel. So langsam schwante mir allerdings, dass es in der Gegend sehr selten regnet. Das konnte mir nur recht sein, denn bei den niedrigen Temperaturen wollte ich auf keinen Fall nass auf der Maschine sitzen.

Die Fahrt durch die Wüstenlandschaft war eher langweilig. Zum Glück hatte ich vor der Abfahrt statt des Gehörschutzes die Discman-Ohrhörer eingesetzt, also schaltete ich den Walkman an und vertrieb mir die Zeit mit Singen. An diesem Tag schrubbte ich gut tausend Kilometer bis nach Punta Delgada.

Auf der Fahrt durch Patagonien und Feuerland wechselt man ständig die Grenzen zwischen Chile und Argentinien. Punta Delgada ist zum Beispiel wieder auf chilenischer Seite. Auch diesmal verlief der Grenzübertritt reibungslos. Kein Vergleich mit dem, was ich in Zentralamerika erlebt hatte!

Es gibt nur zwei Fährverbindungen zur Insel Feuerland – in Provenir und zwanzig Kilometer südlich von Punta Delgada. Ich entschied mich für die zweite Möglichkeit. Der Ort war so klein, dass es dort weder ein Hotel noch eine Pension gab. Die zwanzig Kilometer zurück nach Punta Delgada zu juckeln, darauf verspürte ich nach der tausend Kilometer langen Tagestour jedoch überhaupt keine Lust.

Der ganze Tag war eh wieder eine typische Dan-Aktion gewesen. Einfach drauflos fahren, was das Zeug hielt, mit der Hoffnung, irgendwie würde es schon weitergehen. Und wie so oft ging es schließlich auch weiter. An der Anlegestelle kam ich mit einem Soldaten ins Gespräch, der hier Wache schob. Ich fragte ihn, wann die nächste Fähre nach Feuerland gehe. So ganz nebenbei erkundigte ich mich auch, ob in seiner Kaserne noch eine Übernachtungsmöglichkeit für mich vorhanden sei. Ich versuchte es halt einfach ins Blaue hinein; schließlich hatte diese Taktik damals in Panama auch geklappt, als wir bei der Feuerwehr übernachteten. Warum sollte das nicht auch hier bei den Soldaten möglich sein? Der Soldat erkundigte sich brav bei seinem Vorgesetzten und wenig später bekam ich einen Lagerschuppen als Nachtquartier zugewiesen. So einfach kann das gehen!

Mir ging es zu diesem Zeitpunkt einfach super. Ich war »high« vom Herumreisen, und die Vorstellung, so kurz vor dem Ziel zu sein, war durch nichts zu übertreffen. Alles war möglich und der absolute Höhepunkt der Tour lag unmittelbar vor mir: Ushuaia, die südlichste Stadt der Welt und Endpunkt der Panamericana!

Die Übernachtung in der Militärkaserne war obendrein auch noch kostenlos. Nach dem Frühstück gegenüber in der Kneipe musste ich nur ein kurzes Stück bis zur Fähre zurücklegen.

Die Landschaft setzte sich auf Feuerland so fort, wie ich sie auf dem Weg zur Fähre erlebt hatte. Die Frage, warum die Insel Feuerland heißt, hatte ich mir während der Überfahrt beantworten lassen: Es wird erzählt, dass Magellan die rauchenden Lagerfeuer der dort lebenden Indianer gesehen und daraufhin das Land Tierra del Humo, Land des Rauchs, getauft hat. Karl V. setzte sich mit der Begründung »kein Rauch ohne Feuer« darüber hinweg und änderte den Namen in Feuerland. Unglaublich, aber wahr!

Wo ein Ende ist, ist auch ein Anfang

Die Fahrt nach Ushuaia dauerte gut sechs Stunden und dann hatte ich die südlichste Stadt der Welt erreicht. El fin del mundo – das Ende der Welt! Ich ließ die Maschine auf der Hauptstraße ausrollen. Das Gefühl, das mich in diesem Moment ergriff, war eines, das weder ich noch ein anderer ernsthaft erwartet hätte, als ich vor neun Monaten die Tour in Angriff nahm. Neben all der Begeisterung und Euphorie, das Ziel meiner Reise erreicht zu haben, machte sich sehr schnell ein anderes Gefühl breit und verdrängte alle anderen. Etwas in mir sagte: Wenden und zurückfahren! Nicht zurück zu meinem Hotel oder nach Santiago zu meinen Freunden. Ich wollte zurück nach Alaska fahren. Und nicht wegen Alaska, sondern wegen der Strecke, die es bis dorthin zu bewältigen gab.

Ich war total angefixt vom Rausch des Reisens und Erlebens. Die Sucht, die wahrscheinlich jeder Traveller kennt, hatte mich gepackt, und ich wollte es einfach nicht wahrhaben, dass dieser tolle Trip vorbei sein sollte. Bis heute bin ich mir nicht sicher, ob es nicht tatsächlich besser gewesen wäre, genau das zu tun – einfach zu wenden und zurück zu fahren Richtung Norden!

Ich nahm mir vor, am nächsten Tag an dem Schild, welches das Straßenende markiert, mit meiner Gummikuh anzustoßen und zu feiern. Das hatten wir uns beide redlich verdient!

In meiner Unterkunft wartete eine Überraschung auf mich: Andy und Martin waren da, sozusagen zeitgleich eingetroffen. Ganz unverabredet! Martin bot sich an, am Abend für uns alle zu kochen. Mit ein paar Dosen Bier auf unser Wiedersehen beschlossen wir den Abend.

Nachdem ich nun endgültig mein Ziel erreicht hatte, verließ mich allmählich meine Rastlosigkeit. Ich gönnte ich mir sogar zur Feier des Tages eine Runde Ausschlafen. Für den restlichen Tag hatte ich mir allerdings viel vorgenommen. Als Erstes schaute ich mir zwei Museen an: das Gefängnismuseum und das Museum »Am Ende der Welt«.

Zwischendurch stellte sich mir immer wieder die Frage, ob ich noch in die Antarktis fliegen wollte. Schließlich war ich so nah dran. Doch als ich den Preis erfuhr und die Zeit, die der Trip in Anspruch nehmen würde, fiel mir die Antwort leicht: Nein, Dan, das ist jetzt echt nicht mehr drin.

Nicht ohne meine Gummikuh!

Eine weitere Frage, die ich mit mir klären musste: Will ich die Insel und Stadt Puerto Wilhelms besuchen? Als ich hörte, dass ich mein Motorrad nicht mitnehmen konnte, verlor ich auch daran jegliches Interesse. Stattdessen entschloss ich mich, eine ausgiebige Fotosafari im Nationalpark Tierra del Fuego zu machen. Dort befindet sich auch das Schild, welches das Ende der Panamericana markiert und auf dem die Entfernung nach Alaska angegeben ist – 17 848 km – und dort wollte ich kräftig feiern.

Wie der Zufall es wollte, traf ich dort ein nettes Paar aus Frankreich, die mit mir Party machten und Fotos von mir und meiner BMW schossen. Es war schon ein abgefahrenes Gefühl, am Ende dieser gewaltigen Straße angekommen zu sein. Und zugleich auch ein komisches. Das war sozusagen das Ende der Reise! Neun Monate war ich kontinuierlich Richtung Süden gefahren, und jetzt hieß es: zurück in den Norden nach Santiago de Chile!

Northbound

Am nächsten Morgen machte ich mich auf zur Fähre von Porvenir Tierra del Fuego nach Punta Arenas. Das Schiff verkehrt nur einmal täglich um 14 Uhr. Ich hatte sechs Stunden Fahrt und eine Stunde Reserve eingeplant, denn das Wetter sah an diesem Tag nicht gut aus und vor allem war es sehr windig. Sicherheitshalber zog ich beim Tanken schon mal die komplette Regenmontur an.

Die Schotterpiste zur Fähre war zwar in einem schlechten Zustand, aber leicht feucht und damit ganz ordentlich zu befahren. Bis zur Grenze bei Rio Grande hatte ich kräftigen Gegenwind. In meinem ganzen Motorradleben hatte ich noch nie vorher (aber auch danach nicht wieder) mit so viel Wind zu kämpfen. Selbst mit Vollgas schaffte ich gerade einmal 80 km/h. Wenn der Wind von der Seite kam, musste ich in Schräglage gehen, als würde ich mit Maximalgeschwindigkeit durch eine Kurve heizen! Ich überlegte, wie es wohl wäre, jetzt mit einer kleineren Maschine, einer 600er oder gar einer 250er, unterwegs zu sein, und wollte nicht eine Sekunde tauschen.

Ich kam pünktlich in Porvenir an – nur um zu erfahren, dass der Hafen in Punta Arenas wegen des starken Windes und des damit verbundenen hohen Seegangs geschlossen war. Falls überhaupt, würden Schiffe erst wieder gegen 16 oder 17 Uhr verkehren. Das tat mein Dampfer zum Glück dann auch. Ich achtete darauf, dass meine BMW gut verzurrt wurde, und schon stampfte das Schiff durch die meterhohen Wellen.

Die Überfahrt war sicher nichts für Leute, die schnell seekrank werden. Zweieinhalb Stunden dauerte der Törn, aber ich war vom Kampf gegen den Wind so müde, dass ich die Fahrt irgendwo an Deck auf einer Bank komplett durchschlief und nicht die Spur von Übelkeit verspürte.

In Punta Arenas suchte ich mir zum Übernachten ein etwas besseres Hotel, wo man auch gut essen konnte. Meine Hoffnung, in dem Ort eine Sauna zu finden, wo ich mich so richtig entspannen konnte, wurde nicht erfüllt, und so entschied ich mich, gleich am Morgen weiterzufahren. Mein Tagesziel hieß Torres del Paine.

Das Wetter hatte sich wieder beruhigt. Die ersten Kilometer verliefen über eine gut asphaltierte Straße. Der Rest bis Puerto Natales war übelste Schotterpiste. Hoffentlich versagt jetzt nicht mein Moped; der Hinterradstoßdämpfer ist völlig am Ende, ging es mir durch den Kopf. Dazu kam kräftiger Gegenwind, was dazu führte, dass ich mich zum ersten Mal während der gesamten Reise mit dem Benzin verkalkulierte und schließlich mangels Sprit stehen blieb. Ausgerechnet hier!

Doch ich hatte Glück. Bereits das zweite Auto hielt an, nahm mich mit zur nächsten Tankstelle und brachte mich die ganzen fünfzehn Kilometer wieder zu meinem Motorrad zurück. Das muss man den Chilenen wirklich lassen – sie sind ungeheuer freundlich!

In Puerto Natales konnte ich dann volltanken, bevor ich mich in den Nationalpark Torres del Paine aufmachte. Schon die Anfahrt im letzten Licht des Sonnenuntergangs war erhebend. Auf den Boden der Tatsachen brachte mich dann der deftige Eintritt, den ich am Parkeingang zu entrichten hatte. Ich fuhr ins Refugio Pesada Rio Serrano und übernachtete dort in einer Schutzhütte. Hier trafen sich Reisende aus allen Ländern der Erde und natürlich tauschte man Tipps und Informationen aus. Auf diese Weise bekam ich genügend Input, um für die nächsten Tage viel Spaß zu haben. Auf dem holzbefeuerten Ofen der Hütte kochte ich mir als Abendessen eine kräftige Suppe mit Ei, dazu gab es dann noch Brötchen und Käse.

Das Wandern ist des Bikers Frust

Am nächsten Morgen nahm ich die Innentaschen aus den Aluboxen heraus und packte in ihnen zusammen, was ich für eine Wanderung als nötig erachtete. Die herausnehmbaren Innentaschen hatten sich während der Tour als überaus praktisch erwiesen, denn so brauchte ich beim Einchecken in einer Unterkunft nicht die kompletten Boxen vom Motorrad abzumontieren. Ich trug meine zwei Innentaschen während meiner Wandertour wie jemand, der mit zwei Plastiktüten vom Einkaufen kommt. Alle Hiker, die mir begegneten, starrten mich mit großen Augen an. Sie alle waren mit Hightech-Outdoor-Hiking-Equipment unterwegs, bestehend aus Wanderschuhen und -klamotten und einem Highend-Rucksack, nicht zu vergessen Wanderstöcken. Ich dagegen kam mit meiner abgewetzten Mopedkluft daher und hielt in jeder Hand eine billige Tasche. Es war irgendwie so, als würde ich mit zwei Aldi-Tüten durch die schönste Einkaufsmeile flanieren, um in Edelboutiquen Dessous einzukaufen. Mir war das völlig egal, ich fand diese unkomplizierte Art zu reisen einfach klasse!

Dies sollten meine ersten echten Wandertage während meiner Panamerika-Reise werden. Ich war gespannt, ob mir diese Art der Fortbewegung überhaupt Spaß machen würde. Die Landschaft mit den schneebedeckten Bergen und die Torres del Paine, die »Türme des Südens«, wirkten jedenfalls sehr einladend auf mich. Knapp fünf Stunden dauerte der Hike bis zur ersten Schutzhütte, dem Refugio Pekoe. Von dort ging es weitere drei Stunden hinauf zum Refugio Grey, wo ich die Nacht verbrachte. Als ich dort oben nach meinem ersten Wandertag Bilanz zog, musste ich feststellen: Ich war ziemlich geschafft!

Dann war Sonntag, also Ruhetag, und ich plante nur einen kleinen Vormittagsausflug zu jenem berühmten Gletscher, der direkt in den Lago Argentino mündet. Eigentlich führt dort kein offiziell markierter Wanderweg hin, doch das hielt mich nicht ab. Als ich am Seeufer ankam, wusste ich, dass meine Entscheidung richtig gewesen war. Natürlich kennen wir Gletscher aus den Alpen. Doch wenn die Eismassen unmittelbar in einen See »kalben«, ist das für uns Europäer nicht alltäglich. Es war einfach ein majestätischer Anblick. Für mich schloss sich hier gewissermaßen ein Kreis – ich war von den kalbenden Gletschern Alaskas kommend bei ihren »Kollegen« auf der Südhalbkugel angelangt.

Weiter ging es den Berg ein Stück hinab zum Refugio Pekoe. Eigentlich hatte ich nur einen kleinen Spaziergang im Sinn gehabt, aber ich kam regelrecht fertig am Abend dort an. Zum Glück ließ man mich auf einer der Sitzbänke schlafen, sonst hätte ich schlechte Karten gehabt: Die Schutzhütte war völlig überbelegt.

Das Grauen kehrt zurück ...

Die Übernachtung auf der Sitzbank war kostenlos und dafür gar nicht so schlecht gewesen. Einigermaßen erholt machte ich mich auf in das »Valle del Frances«, ein weiteres optisches Highlight dieser Gegend. Auf dem Weg dorthin wurde mir klar: Die Zeitangaben auf der Karte stimmen überhaupt nicht mit der Realität überein. Zu allem Übel hatte ich mich weit vor Erreichen des Aussichtspunkts bereits mächtig verlaufen. Langsam überkam mich ein ganz bestimmtes Kribbeln, wie ich es schon auf der Fahrt von Bolivien nach Argentinien erlebt hatte ...

Dieses Kribbeln war pure Angst, weil ich mich verlaufen hatte. Auf dem Weg von Bolivien nach Argentinien hatte ich zum ersten Mal in meinem Leben dieses äußerst unangenehme Gefühl verspürt, noch dazu in hoher Dosis. Die Fahrt über den menschenleeren Altiplano war einfach mit zu großem Risiko verbunden gewesen. Ich hatte mich beispielsweise ausschließlich am Sonnenstand und aus dem Gefühl heraus orientiert. Und ich war auf diesem Streckenabschnitt völlig auf mich alleine gestellt gewesen. Hunderte Kilometer in alle Richtungen keine Menschenseele! Und selbst wenn ich dort einen Menschen getroffen hätte, wäre dies vermutlich ein Indianer gewesen, mit dem ich mich kaum hätte verständigen können.

Natürlich war die Situation in Bolivien nicht mit meinem Verlaufen im Nationalpark Torres del Paine zu vergleichen. Doch ich war zu diesem Zeitpunkt von den Vorfällen im Verlauf der Tour geschafft. Ich hatte keine Lust mehr, ständig am Limit unterwegs zu sein, oder mich sogar darüber hinaus zu bewegen. Ich wollte einfach keine weiteren unnötigen Risiken eingehen. Und dieses Verlaufen im Torres del Paine erinnerte mich nur zu gut an die schlimmen Stunden, die ich in Altiplano erlebt hatte. Als ich so umherirrte, stieß ich auf eine Gruppe junger Frauen aus Israel, die sich ebenfalls verlaufen hatten. Mit gemeinsamer Anstrengung fanden wir schließlich wieder zurück auf den richtigen Pfad. Als ich die Mädels sah, ging es mir sofort wieder besser. Geteiltes Leid ist halbes Leid! Genau das ist in meinen Augen der große Vorteil, wenn man zu zweit oder in einer Gruppe unterwegs ist: Gefährliche Situationen lassen sich deutlich gelassener hinnehmen. Man kann sich austauschen, gemeinsam nach einer Lösung suchen und dabei seine Gedanken unter Kontrolle halten.

Kaum waren die Mädels und ich wieder auf dem richtigen Weg angelangt, trennten wir uns wieder, denn der Wanderweg, den ich mir vorgenommen hatte, war sehr anspruchsvoll. Er führte über Geröllhänge hinweg und an Steilwänden entlang. Unterwegs war es mir immer wieder ein Rätsel, wie ältere Menschen diese Tortur bewältigten, noch dazu mit Gepäck.

Irgendwann war ich mit meinen Kräften am Ende. Zeit war auch nicht mehr viel übrig, bis die Sonne untergehen sollte. Also entschied ich mich, nicht bis zum Aussichtspunkt zu laufen, sondern den Rückweg anzutreten. Hunger hatte ich außerdem. Auch das war ein Unterschied zu den gut besuchten Wanderregionen der Alpen: Hier konnte man nirgendwo unterwegs an einer Alm Halt machen, um etwas Essbares zu kaufen. Trinken war kein Problem; man konnte ungefiltert aus jedem Bach trinken. Den ganzen Tag an der frischen Luft unterwegs, noch dazu ohne Essen – ich war überglücklich, als ich abends wieder im Refugio war.

Der Bock ruft

Nach diesem Tag mit seinen kraft- und nervenraubenden Erlebnissen hatte ich erst einmal die Nase voll vom Wandern. Dieses Freizeitvergnügen ist wirklich nichts für einen gehfaulen Mopedfahrer wie mich. Obendrein dauert alles viel zu lange. Es kann passieren, dass man den ganzen Tag immer auf den gleichen Berg schaut und die Landschaft immer die gleiche bleibt. Hinzu kam, dass meine Füße und vor allem beide Knie und Hüften schmerzten. Wundern durfte ich mich allerdings nicht, denn ich hatte nicht gerade die besten Wanderschuhe oder gar eine angemessene Ausrüstung dabei. Daher fiel mir die Entscheidung, die gesamte Wanderexpedition abzukürzen und mich auf den Weg zurück nach Puerto Natales zu machen, einigermaßen leicht.

Das Wetter war wieder herrlich, ganz nach meinem Geschmack. Für diese Jahreszeit, so wurde mir immer wieder berichtet, war es ungewöhnlich schön. Normalerweise sollte es regnen und stürmen.

Und Schnee wäre auch keine Seltenheit. Ich hatte also mal wieder richtig Glück gehabt.

Zurück nach Puerto Natales, über das wahrscheinlich letzte Stück Schotterpiste auf meiner Tour! Das war schon ein komisches Gefühl. Ich fuhr gen Norden, meine Tour von Alaska bis Feuerland war damit eigentlich zu Ende. Auch neun Monate sind irgendwann vorbei – eine bittere Erkenntnis für mich, aber »Esta la vida!«, so ist das Leben.

Ich legte einen Tag Erholungspause in einer Pension in der Hafenstadt Puerto Natales ein: ausgiebig ausschlafen und gut frühstücken, unter anderem selbst gebackenes Brot von der Hausherrin der Pension. Anschließend stand lässiges Surfen im Internet auf dem Programm, gefolgt von einem entspannten Stadtbummel. Nach so langer Zeit »on the road« tat das auch mal gut! Was mir zu meinem Glück fehlte, war eine Sauna. Und tatsächlich konnte ich ein Sportzentrum mit Sauna ausfindig machen. Ich gönnte mir zwei relaxte Gänge mit anschließender Massage und ließ es mir richtig gut gehen. Seit Alaska hatte ich keine Sauna mehr von innen gesehen.

Danach setze ich meinen Stadtbummel fort und wen treffe ich? Die Motorradreisenden aus Israel! Die Wiedersehensfreude war bei uns allen riesengroß. Wir beschlossen, das zufällige Zusammentreffen zu feiern und entschieden uns, in dem Graben neben der Straße, wo wir uns getroffen hatten, zu übernachten. Die Israelis fühlten sich wie immer sofort wie zu Hause und begannen bald zu Grillen. Wie immer gab es riesige Mengen Fleisch zu essen und es wurde ein wunderschöner Wiedersehens- und Abschiedsabend zugleich. Ich kann nur immer wieder betonen: Ich hatte mit diesen Israelis ein paar wirklich nette Jungs kennen gelernt und die Erinnerungen an unsere gemeinsamen Erlebnisse werden mir ein Leben lang bleiben.

Wir verbrachten die Nacht am Lagerfeuer sitzend und quatschten bis in die frühen Morgenstunden. Zwischendurch durfte jeder von ihnen eine Runde mit meiner BMW drehen. In Ecuador, nach der Fahrt hoch zum Cotopaxi, als ich mit meiner schweren Gummikuh immer noch genügend Leistungsreserven zur Verfügung hatte, um die engen und steilen Kurven zu meistern, hatten sie sofort den Wunsch geäußert, einmal damit fahren zu dürfen. Damals hatte ich gesagt, erst müssten wir unser Ziel

Feuerland erreichen. An diesem Abend konnte ich mein Versprechen einlösen.

Nun aber trennten sich endgültig unsere Wege. Die Israelis wollten nach Ushuaia und dann zurück nach Santiago de Chile, wo ihre Tour enden sollte. Ich hingegen nahm am nächsten Abend die Nachtfähre nach Puerto Montt. Kurz vor Abfahrt gönnte ich mir in einem Lokal mit herrlichem Ausblick auf den Hafen und die dahinter liegenden Berge eine große Portion frischen Fisch. Der Wirt konnte sogar einigermaßen gut Deutsch. Und wen lerne ich dort kennen? Ein Mädel aus meiner Heimatstadt! Sie sagte, sie studiere in Santiago de Chile und mache zur Zeit in Puerto Natales ein paar Tage Urlaub mit ihrer französischen Freundin. Ich komme immer wieder zu dem Schluss: Die Welt ist ein Dorf!

Schweren Herzens nahm ich Abschied vom Süden Chiles, denn nun stand das Ende meiner langen Reise unmittelbar bevor. Trotzdem war ich wirklich gespannt, wie meine Rückfahrt sein würde, was mich bei meiner Rückkehr in Santiago erwarten, wie die Verschiffung des Mopeds verlaufen und wie meine eigene Rückreise nach Deutschland sein würde. Außerdem wollte ich zuvor in Puerto Montt einen Schulfreund aus Deutschland treffen.

Mit Peter hatte ich einige tolle Abenteuer erlebt. Mit 15 hatten wir per Pedale die Insel Sardinien umrundet und ein paar Jahre später die Insel Kreta. Hinzu kam eine weitere Sardinien-Tour mit einem umgebauten Hanomag, bei der auch meine Schwester Eva mit von der Partie war. Kurzum, Peter gehört zu meinen ältesten und besten Freunden. Er machte zu dieser Zeit gemeinsam mit einem Freund Urlaub im Süden Südamerikas und ich war sehr gespannt darauf, ihn hier unten im Süden von Chile zu treffen.

Die Nacht an Bord des Fährschiffs nach Puerto Montt war recht frisch. Ich lernte gleich Georg kennen, einen Weltenbummler, mit dem ich viele unterhaltsame Stunden auf dem Schiff verbringen sollte. Zusammen mit bestimmt fünfundzwanzig anderen machten wir es uns in einem großen Schlafsaal gemütlich – oder besser: einem Raum, der mit zahlreichen kleinen, spartanisch ausgestatteten Doppelbetten bestückt war. Wir beide hatten uns den besten Platz ausgesucht: Unsere Betten standen so zueinander, dass wir ein bisschen mehr Platz für unser Gepäck hatten. Eigentlich war die Fähre mehr für den Frachttransport bestimmt. Ein Großteil des Schiffes war mit Containern und Lkws beladen.

Dementsprechend war der Aufenthaltsraum für Passagiere nur sehr begrenzt. Es gab eine Kantine für die Passagiere der ersten Klasse, dahinter eine kleine Bar, eine Rezeption und eine Fernsehecke – das waren die einzigen Möglichkeiten für uns, uns innerhalb des Schiffes zu bewegen.

Die Besatzung versuchte, uns die Zeit an Bord – vier Tage dauerte die Fahrt von Puerto Natales nach Puerto Montt – so angenehm wie möglich zu gestalten. Es gab unter anderem Führungen, bei denen der Maschinenraum und die Brücke besichtigt werden konnten. Auch wurden verschiedene Diashows und Filme über den Süden von Chile gezeigt. Die Gäste an Bord waren hauptsächlich Touristen, von denen ich viele von meinem Wanderausflug nach Torres del Paine her kannte. Auch ein Schweizer Biker und seine kolumbianische Freundin waren mit an Bord. Er hatte seine Tour in den Staaten gestartet und war nun ebenfalls am Ende der Reise angekommen.

In Puerto Montt kamen wir früh am Morgen an und ich machte mich gleich auf den Weg zum Hotel, das mein Kumpel Peter für uns vorreserviert hatte. Überflüssig zu erwähnen: Wir standen schon seit geraumer Zeit in E-Mail-Kontakt und hatten alles detailliert geplant und verabredet.

Das Wiedersehen war laut und herzlich. Wir zogen gleich in die nächste Kneipe und feierten kräftig. Schließlich hatten wir deutliche Probleme mit der Schwerkraft und legten uns zur Sicherheit ein paar Stunden aufs Ohr.

Am Nachmittag zog es uns in die Hafenkneipe, die uns Georg, der Weltenbummler, empfohlen hatte. Dort trafen wir auch die anderen Jungs vom Schiff und es wurde eine recht gesellige Runde.

Rückkehr nach Santiago de Chile

Am nächsten Tag hatte ich eine ordentliche Strecke vor mir; ich wollte es bis nach Santiago schaffen. Ich wäre zwar gerne einen weiteren Tag mit Peter in Puerto Montt geblieben, doch ich musste mich dringend um die Verschiffung meiner BMW kümmern, und so hatte ich einfach keine Ruhe. Nachdem ich mich von den anderen beim Frühstück verabschiedet hatte, ging es auf die Piste.

Es dauerte nicht lange, da musste ich meine neue Regenkleidung anziehen. Bis es dunkel wurde, verlief die etwa tausend Kilometer lange Fahrt recht gut. Ich fand, es war an der Zeit, dem Motor noch einmal ordentlich die Sporen zu geben. Gegen Abend machte mir jedoch die schlechte Sicht zu schaffen: Der Scheinwerferreflektor hatte bei der Unterwasseraktion in Bolivien ziemlich gelitten, und das Rücklicht hatte dabei komplett den Geist aufgegeben. So kam es, dass ich bei meiner Ankunft in Santiago beinahe von einem Auto über den Haufen gefahren wurde.

Dieser Zwischenfall war übrigens während der gesamten Reise die einzige wirklich brenzlige Situation, die durch andere Fahrzeuge zustande kam. Abgesehen natürlich von meinem Ausrutscher in der Wüste von Peru. Das war allerdings allein mein Fehler gewesen – ich war durch eine Öllache gefahren.

Vor Reiseantritt hatte ich mir viele Horrorgeschichten über die Fahrgewohnheiten der Südamerikaner anhören müssen. Alle würden wie die Henker und ohne Rücksicht auf Verluste fahren. Diese Erfahrung habe ich zum Glück nicht teilen müssen. Schließlich sind Autos auch für Südamerikaner ein teures Gut und keiner kann es sich erlauben, sein Gefährt einfach so zu Schrott zu fahren. In Südamerika herrscht lediglich eine andere Systematik: Eine rote Ampel zum Beispiel wird als Anregung verstanden, nicht als ein Befehl. Aber das wissen alle, und so handelt man dementsprechend. Und dann funktioniert alles wie gewohnt.

Vorbereitungen zur Abreise

Ich war immer noch hin- und hergerissen, ob ich die Verschiffungsaktion mit einer Spedition oder mit Alex, dem Bekannten von Claus, durchziehen sollte. Mit einer Spedition würde mich der Spaß gut 1000 Euro kosten. Dafür würde meine Gummikuh dann aber fliegen und käme schnell, sicher und pünktlich zusammen mit mir in Frankfurt an. Bei dem Schiffstransport, wie Alex ihn mir anbot, würde mich der ganze Spaß quasi nichts kosten. Zur Dauer wollte er sich nicht äußern ...

Allerdings würde die BMW in Hamburg ankommen und ich müsste an dem Tag, wo die Ladung gelöscht würde, vor Ort sein. Das Moped würde auf keinen Fall mehrere Tage unbeschadet im Hafen auf mich warten können. Darüber hinaus war ich mir nicht sicher, ob Claus den Mopedtransport zum Hafen durchführen konnte. Schließlich entschied ich mich dennoch für den Seeweg.

Die Aktion, die daraus entstand, ist ein typisches Beispiel für die Gastfreundschaft und Lebensweise meiner chilenischen Freunde. Alles dauert seine Zeit, jede Menge Geduld ist erforderlich und genaue Auskünfte gibt es schon gar nicht. Doch kurz vor Toresschluss, wenn man denkt, jetzt ist alles zu spät, klappt plötzlich alles – vielleicht sogar noch besser, als man es erträumt hatte. Das Ganze ging folgendermaßen vor sich: Als ich schon wieder in Deutschland war, liehen Claus und Peter, der mittlerweile bei Claus angekommen war, einen Anhänger aus und karrten meine Maschine nach Valparaiso, der nächsten Hafenstadt, knapp zweihundert Kilometer von Santiago entfernt. Sie erledigten den ganzen Papierkram und verluden die Gummikuh – mit dem Ergebnis, dass der Transport mich keinen Cent kostete!

Die Reise sollte also jetzt zu Ende sein. Ich konnte es kaum glauben. Ich verbrachte den letzten Tag mehr oder weniger in der Druckerei meines Freundes Claus. Am Abend kam Bewegung in die Mannschaft und es fand eine Abschiedsparty statt. Claus hatte Mitarbeiter seiner Firma, alle Verwandten und Freunde und ein paar hübsche Mädels eingeladen. In letzter Sekunde besorgten wir gemeinsam Getränke und etwas zu knabbern. Um die Situation etwas zu verdeutlichen: Für 21 Uhr hatte Claus seine Freunde eingeladen und um 21 Uhr standen wir noch im Supermarkt. Das ist selbst für mich und meine chronische Unpünktlichkeit eine Nummer zu groß.

So schnell es ging, räumten wir die Wohnung auf, zogen uns um und machten uns frisch. Um 22 Uhr kamen die ersten Gäste, unter anderem ein deutsches Pärchen, Nachbarn von Claus. Auch Alex, den Juniorchef der Reederei, lernte ich an diesem Abend persönlich kennen.

Dann brach mein definitiv letzter Tag in Südamerika und damit der letzte Tag meiner Tour an. Es war der 26. März und schon am nächsten Morgen sollte ich wieder deutschen Boden betreten. Ich konnte kaum noch sagen, ob ich traurig war oder froh, nach Hause zu kommen. Aufgeregt war ich jedenfalls überhaupt nicht. Schließlich hatte ich während der letzten neun Monate spannendere Dinge erlebt.

Auf dem Flughafen von Santiago geht mir nur ein einziger Gedanke durch den Kopf: dass meine Reise jetzt endgültig zu Ende ist. Von Alaska bis Feuerland mit dem Motorrad entlang der Panamericana. Über 55 000 meist anspruchsvolle Kilometer, durch sechzehn Länder mit zum Teil völlig unterschiedlichen Kulturen. Noch vor einem Jahr war es für mich fast unvorstellbar gewesen, diese Reise bis zum Ende durchzuführen. Jetzt ist es für mich unvorstellbar, dass sie schon vorüber ist.

Blick zurück nach vorn

Dann sitze ich im Flugzeug, Abflug 18 Uhr, con destino Frankfurt. Gestern habe ich mir den ersten Eintrag im Tagebuch angeschaut. Mir kommt es so vor, als sei das vor vielleicht neun Wochen gewesen – aber doch nicht vor neun Monaten!

Als ich meine eiserne Reisegefährtin bei der Spedition abgegeben habe, bin ich noch einmal mit der Hand über den Tank gefahren, um mich für ihre Dienste zu bedanken. Zwischen mir und dem Motorrad war auf dieser Reise eine regelrechte Hassliebe entstanden. Ständig gab es etwas zu flicken und ich hatte Pannen, die so manchem die Tour vermasselt hätten! Andererseits hat es mir aber auch sehr gute Dienste geleistet und mich nie wirklich hängen lassen.

Bilder der vergangenen Wochen und Monate gehen mir durch den Kopf. In Nordamerika hatte ich noch den Eindruck gehabt, dass mir unendlich viel Zeit zur Verfügung stand. Aber da waren zunächst die spannenden Tage mit Tom in Alaska, und dann die Verabredung mit Kathryn in Seattle, die mein Vorankommen bremsten. Ab diesem Zeitpunkt ging dann alles ziemlich schnell. Ich musste mich beeilen, um Mina in Mexiko zu treffen – wie es mit ihr zurück in Deutschland weitergehen würde, war mir im Moment noch ein Rätsel. Kurz danach stand der Besuch von Eva und Heribert in Guatemala an, und danach war die Zeit einfach nur noch geflogen.

Von da an hatte ich es dann wirklich eilig gehabt, was größtenteils an meinem Zeitlimit lag. Schon im April sollte ich meinen Job in der Firma meiner Eltern antreten, und trotzdem wollte und musste ich die Reise bis ans Ende der Welt zu Ende bringen.

Während der Tour gab es einige sehr markante Momente. Da war die Einreise nach Mexiko, als sich innerhalb von Sekunden alles veränderte. Gut vier Monate war ich durch Nordamerika gereist. Plötzlich war ich in Zentralamerika, in der so genannten Dritten Welt. Fast alle Abläufe, die sich während der bisherigen Reise automatisiert hatten, mussten neu programmiert werden.

Dann kam der Punkt, wo ich mit Martin und Andy am Panamakanal stand, der Grenze zwischen Mittel- und Südamerika. Ich kann mich noch gut erinnern, dass ich dabei an Alaska gedacht habe. Damals in Alaska war Panama unendlich weit entfernt gewesen – und plötzlich war ich da!

Ein weiteres, für mich besonders markantes Ereignis war die Einreise nach Kolumbien. Viele schlimme Geschichten hatte ich über das Land gehört, und wahrscheinlich deshalb wirkte es auf mich so anziehend. Rückblickend finde ich, dass es ein unheimlich interessantes und abwechslungsreiches Land ist.

Ein absolutes Highlight war die Ankunft in Ushuaia, der südlichsten Stadt der Welt. Ich war am Ende der Panamericana, am Ende der Welt angekommen und hatte damit mein ursprüngliches Reiseziel weit überschritten.

Die Maschine hat inzwischen abgehoben. Morgen werde ich daheim sein. Ich glaube nicht, dass ich dort in der Zwischenzeit viel verpasst habe. Die Neuigkeiten von Freunden und Kumpels sind an ein paar Abenden erzählt. Für mich hingegen ist eine Reise zu Ende gegangen, deren Eindrücke und Erlebnisse mich verändert haben. Ich hoffe sehr, dass die Erfahrungen aus dieser Tour mir auch bei den neuen Aufgaben, die nun vor mir liegen, weiterhelfen werden.

Epilog

Nach meiner Rückkehr nach Deutschland blieb mir kaum Zeit zum Luft holen. Ich habe mich schnell wieder eingelebt – die äußeren Umstände ließen mir keine Wahl. Schon wenige Wochen nach meiner Ankunft stand ich im Geschäft meiner Eltern, mitten im Stress und voll im Trott. Zu gerne hätte ich über all das Erlebte in Ruhe nachgedacht oder es mit anderen geteilt, aber dazu war wenig Zeit.

Erschwerend kam hinzu, dass Mina mir verbot, in ihrer Gegenwart auch nur ein Wort über die Tour zu verlieren, geschweige denn Bilder zu zeigen oder Ähnliches. Unsere Beziehung erreichte damit ihren dramatischen Höhepunkt. Oder auch traurigen Tiefpunkt, ganz wie man es betrachtet. Vier Monate später zogen wir den endgültigen Schlussstrich und beendeten sie.

Andere Beziehungen wurden dagegen gefestigt: Tom Hall und Familie kamen ein Jahr, nachdem ich sie in Alaska kennen gelernt hatte, nach Koblenz, und wir verbrachten drei wundervolle Wochen miteinander. Unter anderem begleitete ich sie auf einer Deutschland- und Schweiz-Rundreise. Auch Avi, der Technikminister der Israelis, kam mich ein Jahr später besuchen. Gemeinsam mit Andy, der bei mir in der Nähe wohnt, erkundeten wir – natürlich per Motorrad – die umliegende Gegend und das heimische Nachtleben und schafften tatsächlich einen Abstecher bis Amsterdam. Derzeit planen wir drei eine gemeinsame Tour durch Israel.

Sechs Wochen nach meiner Rückkehr nahm ich in Hamburg meine treue Gummikuh in Empfang. Als sich vor mir das Tor der Zollfrachthalle öffnete, traute ich meinen Augen nicht. Mein Motorrad stand völlig verrostet da, als hätte ich es zehn Jahre im Regen stehen lassen. Schuld an dem katastrophalen Zustand war die lange Überfahrt: Die Maschine hatte ungeschützt an Deck des Frachters gestanden. Seeluft und Spritzwasser hatten ihr mehr zugesetzt als die 55 000 Reisekilometer durch Nord- und Südamerika.

Auf unserer gemeinsamen Fahrt nach Koblenz musste ich immerzu daran denken, welch enorme Strecke dieses Motorrad mit mir zurückgelegt und was es alles überstanden hatte: Hitze,

Kälte, Sonne, Regen, Matsch, Schnee, Eis, Schotterpisten, Sand, Steinschlag, Stürze, Süß- und Salzwasserflutungen, Wettfahrten, Wutausbrüche und miserable Mechaniker.

Schon bei meiner Ankunft in Chile hatte ich beschlossen, die Maschine mit zurück nach Deutschland zu nehmen. Denn trotz aller Schwierigkeiten, die immer wieder aufgetreten waren, hatte sie durchgehalten und damit in meinen Augen das Gnadenbrot verdient. Doch eine Komplettüberholung war dringend erforderlich, damit sie nicht irgendwann auseinander fiel.

Ich gab meine BMW 1000 GS in Koblenz in professionelle Hände. Dort wurde sie zunächst bis auf die kleinste Schraube zerlegt. Der Rahmen wurde neu lackiert und zusätzlich mit einem Gummi-Schutzlack überzogen. Am Motor wurden alle beweglichen Teile ausgetauscht. Technisch gesehen war der Kilometerstand somit wieder bei Null.

Der White-Power-Hinterradstoßdämpfer, den ich extra für die Reise anstelle des Original-BMW-Federbeins eingesetzt hatte, wurde sogar auf Garantie ausgetauscht. Darüber hinaus wurden natürlich alle Flüssigkeiten und alle Züge ausgewechselt. Und der Scheinwerfer, der durch die Tauchfahrt in Bolivien stark in Mitleidenschaft gezogen war, machte einem besseren Platz.

Die Restauration hat viel Zeit und vor allem Geld gekostet. Doch darf man, so meine ich, nicht nach der Rentabilität dieser Entscheidung fragen. Hier waren ganz klar Emotionen im Spiel, die jeden Euro rechtfertigten!

Als ich damals auf der Autobahn von Hamburg nach Koblenz vor mich hintuckerte, sah meine Gummikuh jedoch erbärmlich aus, sie klapperte und lärmte und fuhr überhaupt nicht gut. Wenn mich ein Polizist angehalten hätte, er hätte mir möglicherweise seine Dienstwaffe angeboten, um dem Ding den Gnadenschuss zu verpassen. Aber ich selbst empfand das genaue Gegenteil: Noch nie war ich mit einem derart erhabenen Gefühl auf deutschen Straßen unterwegs gewesen, noch nie hatte ich beim Motorrad fahren eine solche Gänsehaut erlebt!

Die Southbound-Motorradstatistik:

Gefahrene Kilometer:	55 000

Reifenpannen:	8

1 x Puerto Vallerarta
1 x Guadalajara
2 x auf dem Weg nach Mexiko City
1 x San Agustin
1 x Ecuador
1 x Wüste Peru
1 x hinter dem Titicacasee

Verbrauchte Reifen:	10

2 x Vancouver
2 x Mexiko City
2 x San José/Costa Rica
2 x Quito/Ecuador
2 x La Paz/Bolivien

Werkstattbesuche:	15

3 x Anchorage
1 x Calgary
3 x Vancouver
1 x Bakersfield
1 x Guadalajara
1 x Mexiko City
1 x Cancun
1 x Guatemala City
1 x Lima/Peru
1 x Salta/Argentinien
1 x Santiago de Chile

Durchreiste Länder:	16
Verschwendete Zeit:	keine!

Flugverbindung
Venezuela
Panama City
Bogota
Puracé
(4800 m)
Otavalo
Ipiales
Kolumbien
Quito
Cotopaxi
(5897 m)
Guayaquil
Peru
Brasilien
Chiclayo
Trujillo
Machu Picchu
(2280 m)
Bolivien
Lima
Cuzco
Yungas
Nazca
La Paz
Lago de Titicaca
Uyuni
Salar de Uyuni
Tupiza
Pazifischer
Ozean
Paraguay
Salta
Chile
Argentinien
Aconcagua
(6960 m)
San Juan
Valparaiso
Mendoza
Talca
Santiago de Chile
Osorno
Atlant
Pto. Montt
Oze
Chaitén
Fährverbindung
Coihaique
Tres Lagos
Torres del Paine
Rio Gallegos
Pto. Natales
Pta. Delgada
Punta Arenas
Rio Grande
Porvenir
Ushuaia